मेरी तिब्बत यात्रा

मेरी तिब्बत यात्रा

महापंडित राहुल सांकृत्यायन

लोकभारती प्रकाशन

पहला पुस्तकालय संस्करण 1937 में प्रकाशित

लोकभारती प्रकाशन
पहली मंजिल, दरबारी बिल्डिंग, महात्मा गांधी मार्ग
प्रयागराज-211 001
वेबसाइट : www.lokbhartiprakashan.com
ईमेल : info@lokbhartiprakashan.com

शाखाएँ : 1-बी, नेताजी सुभाष मार्ग, दरियागंज
नई दिल्ली-110 002
अशोक राजपथ, साइंस कॉलेज के सामने
पटना-800 006
1, अनमोल सोराबजी संतुक लेन, धोबी तलाव,
मरीन लाइंस, मुम्बई-400 002

पहला लोकभारती सजिल्द संस्करण : 2024

मूल्य : ₹ 795

बी.के. ऑफसेट
नवीन शाहदरा, दिल्ली-110 032
द्वारा मुद्रित

MERI TIBBAT YATRA
by Rahul Sankrityayan

ISBN : 978-81-19996-35-3

प्राक्कथन

मैंने अपनी इस यात्रा को तिब्बत से लौटते ही प्रेस में दे दिया था, किन्तु कुछ कारणों से 36 पृष्ठ तक छपकर काम रुका रहा। और अब तीसरी बार तिब्बत से लौटने के बाद यह पुस्तिका पाठकों के हाथ में जा रही है। इसमें 128वें पृष्ठ के बाद दो-तीन पृष्ठ लुप्त हो गए हैं, इसलिए वहाँ सिलसिला कुछ टूटा-सा मालूम होगा।

प्रूफ देखने में पंडित उदय नारायण त्रिपाठी, एम.ए. से बहुत मदद मिली, जिसके लिए उन्हें धन्यवाद देता हूँ। यात्रा के अन्तिम दो अध्याय 'सरस्वती' में निकले थे। चित्र 'सरस्वती' तथा 'प्रवासी' (बांग्ला) में प्रकाशित हुए थे। ब्लॉकों के देने के लिए हम दोनों के आभारी हैं।

पटना — **राहुल सांकृत्यायन**

6-3-1937

क्रम

प्रथम खंड

ल्हासा से उत्तर की ओर

प या (फेन् -बो)
30-7-34

प्रिय आनन्द जी,

कलिम्पोङ् से ल्हासा तक वही पुराना रास्ता था, इसीलिए उसके बारे में विशेष लिखने की आवश्यकता न थी। ल्हासा में दो महीना ग्यारह दिन रहे। इस बीच में 'विनयपिटक' के अनुवाद तथा 'विज्ञप्ति' के एक भाग को संस्कृत में करने के अतिरिक्त दो महत्त्वपूर्ण तालपत्र के संस्कृत-ग्रन्थों—'अभिसमयालंकार-टीका' और 'वादन्याय-टीका' को खोज पाने का सौभाग्य मिला। दोनों पुस्तकों के फोटो ले लिये। एक कॉपी अपने पास रख, निगेटिव-सहित एक-एक प्रति पटना के श्री जायसवाल जी के पास भेज दी है। अबकी बार यहाँ भिक्षुओं तथा गृहस्थों के नाना प्रकार के वस्त्र-आभूषण भी संग्रह कर रहा हूँ—बहुत कुछ कर चुका हूँ। तिब्बत में चित्रकला पर एक लेख लिख चुका हूँ, जो किसी हिन्दी-पत्र में भेज दूँगा—सचित्र। साथ ही यहाँ के चित्रकारों के सभी रंग, उनके बनाने के ढंग, तूलिका आदि का संग्रह किया है। तिब्बती भाषा की दूसरी और तीसरी पुस्तक को छापने के लिए कलकत्ते भेजा था, रास्ते में उसी थैले में किसी ने शराब रख दी, जिससे भीगकर पुस्तक के कितने ही भाग अ-पाठ्य हो गए। विनय-पिटक के हिन्दी-अनुवाद को भी आदमी के हाथ ही ग्यांची—जहाँ कि अंग्रेजी डाकखाना है—भेजा है। देखिये, सकुशल पहुँच जाए तब, नहीं तो योगिनी, डाकिनी के मुल्क में कहीं फिर बोतल लुढ़क गई, तो वह भी 'राम-राम सत्य'। अपने राम ने तो कसम खा रखी है कि यदि लिखी हुई कोई पुस्तक एक बार गुम या नष्ट हो जाय, तो फिर उसमें हाथ नहीं लगाना।

हाँ, तो फेम्बो (फेम्-बो, पुराना फन्-युच्) की यात्रा की क्यों जरूरत पड़ी? दसवीं सदी से तेरहवीं सदी तक कितने ही अच्छे-अच्छे विद्वान् इसी प्रदेश में हुए थे। मेरे एक विद्वान् मित्र का कहना है कि फेम्-बो हमेशा तंत्र-मंत्र से बगावत करता रहा है। रावण की लंका में विभीषण के समान दीपंकर श्रीज्ञान के प्रशिष्य

पंडित श-र-बा तो मंत्र-तंत्र के इतने कठोर विरोधी थे, कि पीछे दूसरों को हलफ लेकर गवाही देनी पड़ी, कि श-र-बा मरने के बाद जरूर नर्क में गया। इतने से भी फेम्बो हमारे जैसे नास्तिकों के लिए चा-छेन्-पो (परम पवित्र) ठहरा किन्तु उतने ही से शायद ईं-जानिब इधर तशरीफ न लाते। मालूम हुआ कि इधर दसवीं से तेरहवीं शताब्दी तक के कितने ही विहार हैं, जिनमें रे-डिङ् में तो निश्चित ही थोड़ी सी तालपत्र की पुस्तकों के होने की बात बतलाई गई हैं, और सम्भावना औरों में भी है। वस्तुत: यही कारण है इधर आने का।

जब पुस्तक के लिए आना था, तो उसके लिए विशेष तैयारी करनी जरूरी थी। यद्यपि सभी पुराने मठों के लिए पुस्तकें दिखाने आदि के काम के लिए भोट सरकार से चिट्ठी मिलनेवाली है, किन्तु अभी उसमें कुछ देर थी, इसीलिए यह दो सप्ताह की यात्रा उसके बिना ही करनी पड़ रही है। हाँ, भोट के वर्तमान राजा रेडिङ्-रिम्पो-छे ने एक पत्र अपने रे-डिङ्-मठ के लिए दे दिया है और शिकम की महारानी के भाई र-क-सा कुशो ने तग्-लुङ के लिये चिट्ठी दे दी है। इसी तरह दो-तीन और चिट्ठियाँ मिल गई हैं। चिट्ठियों के बाद दूसरा प्रश्न था साथी-सवारी का। छु-स्रिन्-शर के स्वामी साहु पूर्णमान् ने अपने छह खच्चरों तथा खच्चरवाले को दे दिया। सवारी का प्रश्न तो इस प्रकार हल हो गया। रहा साथियों का—इसके सिवा एक फोटोग्राफर की भी आवश्यकता थी। हमारा रोलैफ्लेक्स कैमरा पुस्तकें छापने से इनकार करता है। सौभाग्य से ल्हासा के फोटोग्राफर श्री लक्ष्मीरत्न ने चलना स्वीकार कर लिया। किन्तु अभी एक और साथी को जैसे इन-ची-मिन्-ची (=जरूर ही) ही ले जाना था, क्योंकि हम ऐसे प्रदेश में जा रहे हैं, जहाँ संख्या और पिस्तौल-बन्दूक ही हमारी रक्षा कर सकती हैं। हमारे खच्चरों के सरदार सो-नम्-ग्यल्-म्-छन (=पुण्य-ध्वज) खाम् के (पूर्वीय तिब्बत) के हैं, जहाँ की कहावत है—तुम अपने ही भरोसे पर जी सकते हो। उन पर पूरा भरोसा है। अपने राम तो हथियार बाँध ही नहीं सकते। हाँ, जो चौथे साथी मिले, उनका जन्म-स्थान अम्-दोका है, जहाँ पर भी गोली-गट्ठा लेकर नब्बे-सौ आदमी मिलकर ही मंजिल तय कर सकते हैं, किन्तु वे भी तलवार के धनी नहीं है। गेन्-दुन-छों-फेल् (=संघ-धर्मवर्द्धन) यही उनका नाम है—अच्छे चित्रकार हैं तथा इतिहास और न्याय-शास्त्र में अच्छा प्रवेश रखते हैं। कह-सुनकर उनके कन्धे से भी एक सात गोली की पिस्तौल एवं कार्तूसों की माला लटकायी गई। श्री लक्ष्मीरत्न को लोग नाती-ला के नाम से जानते हैं। उनकी नानी नाती कहा करती थीं, फिरिश्तों ने ल्हासा पहुँचने पर इस नाम को यहाँ पहुँचा दिया, फिर (ला=जी) जोड़कर भोट-वासियों ने उन्हें नाती-ला बना दिया। बुढ़ापे तक अब उन्हें नाती-ला ही होकर रहना है। हाँ, तो नाती-ला को बहुत एतराज था—एक छोटा-सा सात गोली का तमंचा बाँधने पर। उनका कहना था—हमारी छाती पर बराबर मि-टि-कु (=ग्यारहवीं शताब्दी के आचार्य स्मृति ज्ञान कीर्ति के नाम से फर्जी बनवायी मिट्टी

की छोटी मूर्ति) ही रहती है। हमारे ऊपर गोली नहीं लग सकती कहने पर उन्होंने पिस्तौल द्वारा परीक्षा कराने से इनकार कर दिया। खैर, किसी तरह वे भी पिस्तौल लटकाने को राजी हुए।

सो-नम्-ग्यल्-म् छन् (उच्चारण सोनम् ग्यंर्जे) ने कहा कि 18वीं तिथि (छठे मास की 30 जुलाई) ही को चलना अच्छा है, बीस को थम्-ब (=शून्य) आ जाएगा, और आगे भी साइत अच्छी नहीं। इस प्रकार आज 8.30 बजे तैयारी करते-कराते ल्हासा से निकले। साथ में फेम्बो में चराई के लिए छु-शिन्-शर् के बाकी 6 खच्चर तथा उनका दूसरा आदमी था।

आजकल वर्षा ऋतु है। भूले-भटके कितने ही बादल हिमालय के इस पार भी आ पहुँचते हैं। और मैदान और पहाड़ जिधर देखो उधर ही हरी मखमली—छोटी-छोटी घास बिछी हुई है। भोट-देशियों का इस सपङ् (=हरियाली) पर नाज करना बचा है। तीन मास के लिए तो यहाँ की पर्वतमालाएँ अद्भुत सौन्दर्य धारण कर लेती हैं। हरी घासों के अतिरिक्त कहीं-कहीं पीले-नीले फूल भी फूले दिखाई पड़ते हैं। ल्हासा के बाद पहला घर तब्-चीका आया। यहीं भोट-सरकार की टकसाल तथा सैनिक-कार्यालय है। पहले सिपाही भी थे, किन्तु इधर अनावश्यक होने से उन्हें छुट्टी मिल गई है। शायद तुमने सुना होगा कि ल्हासा में जल से बिजली भी पैदा की जाती है। पैदा करने वाले चल बसे, नहीं तो उनका इरादा था ल्हासा को विद्युत् से आलोकित करने का। चीन आ ही रहा है, और आ रहे हैं पण्-छेन्-रिम्पो-छे (=टशीलामा) भी। इसलिए कोई आश्चर्य नहीं, यदि बिज्जु देवी का कदम ल्हासा में पहुँच जाए। खैर, अभी तो इस बिजली से टकसाल तथा तब्-ची के कार्यालयों में ही प्रकाश हो रहा है।

तब्-ची से आगे पहाड़ की जड़ में हरे-भरे खेतों के बीच एक घर मिला। फिर दाहिनी ओर की कोनेवाली उपत्यका में सहस्रों हरे-भरे खेतों की सीढ़ियों को छोड़ते, हम बाईं ओर नदी पार हो हल्की चढ़ाई चढ़ने लगे। एक फलहीन, किन्तु सुन्दर, बाग आया और तब्-ची से तीन मील आने पर बिजली-बत्ती की मा (=लोक्-शुइ-आ-मा) हमें मिली। एक मामूली से घर में पानी द्वारा पहिया घूम रहा है, और बिजली पैदा हो रही है। पानी तो इतना काफी है कि उससे सारे ल्हासा को रोशन करके भी बिजली बची रह सकती है। उससे जरा ही ऊपर पानी पार कर कुछ नए, किन्तु टूटे-फूटे, मकान मिले। मालूम हुआ, बिजली देवी के लिए पहले अच्छे-अच्छे मकान बने थे, किन्तु उन्हें वे पसन्द न आए और वे नष्ट हो गए, और अब उनके लिए टूटी मड़इया मिली है। असल में तो चाहिए था ज्योतिषी को फाँसी दे देना क्योंकि उसने ऐसी बुरी साइत बताई। कुछ दूर और ऊपर चढ़ने पर एक वृक्ष-रहित आखिरी गाँव मिला, और फिर जोत् (Pass) तथा उससे चार-पाँच मील इस पार एक भी गाँव नहीं है। अब चढ़ाई भी कुछ कठिन

थी और ऊँचाई के कारण हवा के पतलेपन से जानवरों का दम भी अधिक फूल रहा था। उपत्यकाएँ और उनकी बेटी-पोतियाँ सभी घन-नील-वासना थीं। सिर्फ एक ओर बेरास्ते चलती पचास-साठ चमरियाँ (याक) काला दाग सा बन रही थीं। यद्यपि दूर-दूर पर सफेद भेड़ों के झुंड चर रहे थे, किन्तु न हिलने-डुलने के कारण वे जहाँ-तहाँ पड़े पत्थर ही जान पड़ते थे। पिछले वर्ष दलाई लामा फेम्बो पधारे थे, इसलिए रास्ता बनाया गया था—बल्कि हमारे दोस्त कादिर भाई के कहने के मुताबिक तो उस पर मोटर चल सकती है। आपको शायद ल्हासा में दलाई लामा के लिए तीन मोटरों का आना मालूम है। उसी अपशकुन से—कुछ लोग कहते हैं—दलाई लामा को शरीर त्याग करना पड़ा, और उनके कृपापात्र कुम्-मे-लाको को, जो बिजली-मोटर जैसी खुराफातें सोचा करते थे, सर्वस्व से हाथ धो एक कोने में निर्वासित होना पड़ा।

रास्ता कुछ तो अच्छा जरूर है। गो-ला (यही इस जोत् का नाम है) के ऊपर चढ़कर पीछे की ओर मुड़कर देखने पर ल्हासा नगरी सुदूर दिखाई पड़ी। दूरबीन से देखने पर वह कुछ और स्पष्ट हुई, किन्तु उससे भी विचित्र, दूर क्षितिज के अन्त तक, सहस्रों पर्वत-शिखर थे जो तिब्बत देश को सहस्रशीर्षा पुरुष बना रहे थे। दूसरी ओर देखने पर नीचे की उपत्यका में अनगिनत खेत बतला रहे थे, कि फन-युल वस्तुत: फन्-युल् (= हित का देश) है।

अब हरी उतराई शुरू हुई। जोत्पर हम डेढ़ बजे पहुँचे थे, तब से 4.30 बजे तक उतराई ही उतराई रही। बिना वृक्षों के कुछ घर छोड़कर हम और नीचे उतरे, और पा-या पहुँच गए। हमारे साथी संघ-धर्मवर्द्धन तभी से दिमाग लड़ा रहे हैं कि पा-या का अर्थ क्या है। किन्तु हमारा कहना है, पा-या का अर्थ पाया ही है—इतनी मेहनत से जो पाया; और बिना चोरों की गोली का शिकार हुए पाया!

× × ×

नालन्दा (तिब्बत)
31-7-34

पा-या से 8.30 बजे रवाना हुए। अब हमारे ही 6 खच्चर साथ थे। एक लाल पहाड़ी के पार करते ही कितने स्तूपों से युक्त लङ्-थङ् (=बैलों का मैदान) का विहार दिखाई पड़ा। पा-या से यह स्थान दो मील से अधिक न होगा। हममें से किसी को यह बात मालूम न थी, अन्यथा कल यहीं आकर ठहरे होते। तिब्बत के प्राचीन मठों के कायदे के अनुसार यह मठ पहाड़ के ऊपर न होकर मैदान में है। हमारे दीपंकर श्रीज्ञान (982-1054 ई.) के प्रशिष्य पो-तो-पा-रिन्-छेन्-गसल् (1027-1104 ई.) के शिष्य लङ्-थङ्-पा-र्दो-र्जे-सेङ्-गे (= बज्र सिंह) ने इस विहार को बनाया था।

लङ्-थङ्-पा बड़ा ही विनयधर था, उसके बारे में कहा जाता है कि उसे जन्म-भर में सिर्फ तीन बार हँसी आई थी। संसार के दुख को वह हर वक्त इतना अनुभव करता था कि उसके लिए हँसना हराम था। तीन बार में दो बार की ही बात हमें मालूम हो सकी—(1) एक छोटा बच्चा एक गेहूँ के दाने को उठाकर खाना चाहता था। प्रयत्न करने पर भी वह उसे नहीं उठा सकता था। उसी समय उसकी नाक का पोटा बहकर दाने से लगा। दूसरे ही क्षण साँस के साथ दाना बच्चे के मुँह पर आ गया और वह बड़ा प्रसन्न हो गया। यह देखते ही लङ्-थङ्-पा को भी हँसी आई। (2) किसी मन्दिर के चढ़ावे में एक बड़ा फीरोजा चढ़ा हुआ था। एक चूहा उसे चुराकर अपने बिल में ले जाना चाहता था; लेकिन वह उठाने में सफल न होता था। चूहा जाकर अपने दूसरे साथी को लाया। फिर पहले चूहे ने अपने अगले पैरों से फीरोजे को छाती में दबाया। साथी ने उसकी पूँछ को मुँह से खींचकर मदद दी। और इस प्रकार फीरोजा लेकर वे अपने बिल में चले गए। चूहे की इस सफलता को देखकर लङ्-थङ्-पा को हँसी आ गई। पुराने विहारों की जैसी दुरवस्था आम तौर से तिब्बत में दिखाई देती है, वैसी ही इसकी भी है। जब हमारे खच्चर आँगन में गए, तो पहले हमने समझा, शायद यह ठहराव होगा; किन्तु बाद में मालूम हुआ कि यही लङ्-थङ्-पा का बनवाया विहार है। बारहदरी में घूमते ही दीवार पर लिखा द्कर्-छग् (= बीजक) दिखाई पड़ा। फिर हम मन्दिर के भीतर गए। अस्त-व्यस्त बहुत-सी मूर्तियाँ रखी हुई हैं। सामने पिछली दीवार तथा बाईं ओर की दीवारों में क्रमश: मैत्रेय और बुद्ध की पीतल की मूर्तियाँ हैं। दोनों मूर्तियों के शरीर-मंडल सुन्दर और पुराने हैं। मैत्रेय की बाईं ओर एक विचित्र-सी भारतीय लामा की मूर्ति देखी। पूछने पर मालूम हुआ, यह भारतीय सिद्ध फ-दम्-पा-सङ्स्-र्ग्यस् (सत्पिता बुद्ध, मृत्यु 1118 ई.) हैं। बहुत जीर्ण-शीर्ण मूर्ति कही जाती है। सामने नीचे कुछ और भी छोटी-बड़ी पीतल की मूर्तियाँ हैं, जिनमें अधिकांश भारत से लाई गई हैं—यह उनकी बड़ी नाक, नीची भौंह, कम चौड़ा मुँह, सुन्दर छाती और कमर बतला रही है। ढूँढ़ने पर भी उन पर अक्षर नहीं मिले। एक ओर बहुत-सी पुरानी, भोट अक्षर में लिखी हुई पुस्तकें बे-परवाही से रखी हुई हैं। पीछे के बने देवालयों तथा पुराने स्तूपों को देखकर हम लौट आए। धर्मवर्द्धन ने बीजक से खास-खास बातों का नोट लेना शुरू किया। नाती-ला ने फोटो लिये। अभी मन्दिर के अँधेरे में पड़ी सिद्ध फ-दम्-पा की मूर्ति का भी फोटो लेना था। किट्सन्-लैम्प के सहारे उसका भी फोटो लिया गया। बाहर के स्तूपों और सारे विहारों के भी फोटो लिये। इसी वक्त किसी आदमी ने जाकर गाँव के जमींदार से—वस्तुत: तो यहाँ का जमींदार भोट सरकार है और खेती का काम उसकी ओर से कोई नौकर करवाता है—कह दिया। जवाब-तलब किया गया। हमारे साथी ने जाकर भोट-राज रे-डिङ्-रिम्पो-छे की लाल लाख की मुहर से अंकित चिट्ठी दिखला दी। मामला वहीं समाप्त हो गया।

मध्याह्न के भोजन के उपरान्त हमारा काफिला नालन्दा के लिए रवाना हुआ। भारत के नालन्दा के नाम पर जहाँ लंका में एक नालन्दा है, वहाँ तिब्बत भी उससे वंचित नहीं है। प्राय: दो घंटे चलने पर हम नालन्दा पहुँचे। यद्यपि स्थान निचले मैदान से कुछ ऊपर चढ़कर है; किन्तु यहाँ भी मैदान-सा ही है। उसके निचले भाग पर बहुत-से परित्यक्त खेत हैं। कुछ खँडहर भी कहीं-कहीं खड़े हैं। नालन्दा बहुत ही सुन्दर जगह पर है, और आजकल पिछले पहाड़ों के हरित-वसन हो जाने से तो वह और भी अनुपम हो गया है। यह विहार पन्द्रहवीं शताब्दी के आरम्भ में ही बन गया था। निर्माता रोङ्-स् तोन् शाक्य-ग्र्यल्-म् छन् अपने समय के अच्छे दार्शनिक थे और चोङ्-ख-पा (1357-1419 ई.) के महाविद्वान् शिष्य म्खस्-प्रुब् (1385-1432 ई.) के प्रतिद्वन्द्वी थे। किसी समय नालन्दा तिब्बत का नालन्दा था। चोङ्-ख-पाके अनुयायियों के डे-पुङ् आदि विहारों की भाँति यह एक अच्छा विद्या-केन्द्र था। इसमें दो ड-सङ् (1 सङ्स्-छेन=महागुह्य, 2 मृछन्-ञिद्=दर्शन) हैं। प्रदेशों के क्रम से कई खम्-जन् और छात्रावास भी हैं। ढाई हजार रहने लायक घरों में पाँच सौ ही भिक्षु रहते हैं, जिनमें भी पढ़ने-वाले पचास से अधिक नहीं। पहले हम ब्चु-ब्र्यद्-ल-व्रङ् गए। यहाँ एक बड़ा लम्बा-चौड़ा बीजक लगा हुआ है। बाहर द्वार पर एक भयंकर काला कुत्ता बँधा हुआ है, जिसके सामने से रक्षक के साथ भी निकलना आसान काम नहीं है। पूछने पर बतलाया गया, म्छोग्-स्प्रुल्-रिम्पो छे से तालपत्र की पुस्तकों के बारे में पूछें। आने पर देखा, लामा प्राय: दो दर्जन भिक्षुओं को विनय पढ़ा रहे हैं। पूछने पर सहृदयता के साथ बतलाया, यहाँ तालपत्र की पुस्तकें नहीं हैं। हाँ, स-छेन् कुन्-द्गऽ-स्ञिङ्-पो के (1098-1158 ई.) समय का बना एक चित्रपट है। चित्रपट के निकालने में अभी देर थी, इसलिए हम विहार के पुरातन मन्दिर चू-ला-खङ्को (= विहार) देखने गए। पुजारी जरा देर में आए। भीतर बुद्ध की विशाल मूर्ति है, जिसके सामने रोङ्-स्तोन् की प्रतिमा है। फोटो लिया। बाहर कुछ और छात्रावासों को देखते सारे विहार के फोटो के लिए बगल की पहाड़ी पर चले। बहुत करने पर भी सारा विहार एक फिल्म में न आ सका। लौटने पर चार बज गए थे। अभी पुराने चित्रपट के भी फोटो लेने थे, इसलिए आज नालन्दा ही हम रात्रि-वास को ठहरे। फोटो ले लेने पर रहने के लिए अच्छे स्थान का प्रबन्ध भी हो गया। उक्त लामा ने जो कि स्वयं अवतार हैं, बड़े प्रेम का बर्ताव किया।

शाम को कुछ मिनटों के लिए शास्त्रार्थवाली बगीची में (छोस्-रा में) भी हो आए। बीस-पचीस आदमी कुल थे। खूब ताली पीटते, शोरगुल करते शास्त्रार्थ हो रहा था। यहाँ तालपत्र की पुस्तकें तो नहीं देखने में आईं, किन्तु नालन्दा का दर्शन और रात्रि-वास अवश्य ही सन्तोष का विषय है।

× × ×

ग्य-ल्ह-खङ्

1-8-34

नालन्दा से सवेरे विदाई ली। बादल था; किन्तु बूँदा-बाँदी नहीं थी। एक छोटा-सा जोत पार कर फिर खेतों के पास आ गए। नालन्दा में बतलाया गया था कि पा-छब् दो घंटे का ही रास्ता है; किन्तु हमें चलते-चलते चार घंटे लग गए। मार्ग 18 मील से कम का न होगा। हमारा रास्ता अधिकांशत: पश्चिम की ओर था, जिससे बादल फाड़कर समय-समय पर आती सूर्य की तीक्ष्ण किरणें कष्ट नहीं देती थीं। 12 बजे हम पा-छब्-लो-च-व-ञि-म-ग्रगस् की (ज. 1055 ई.) समाधि पर पहुँचे। यह लो-च-व-तिब्बत के तीन सबसे बड़े विद्वान अनुवादकों में हैं। आशा थी कि शायद यहाँ कोई तालपत्र की पुस्तक हो, किन्तु यहाँ तो एक मामूली स्तूप है, जिसके भीतर, कहा जाता है कि महान अनुवादक का शरीर है। पास में मठ है, जिसमें बाईस-चौबीस भिक्षुणियाँ वास करती हैं।

पा-छब् में बहुत ठहरना नहीं पड़ा। कुछ ही मिनटों बाद हम फिर चल पड़े, और डेढ़-दो मील बाद पर्वत के कोने में छिपा ग्य-ल्ह-खङ् (भारतीय देवालय) आ गया। सम्-भे की तरह के स्तूपों को, जो भारत में आठवीं शताब्दी के आसपास ही बनते थे, देखकर ही मालूम होने लगा कि यह तो आठवीं-नवीं शताब्दी के बाद का विहार नहीं हो सकता। मैत्रेय देवालय के सामने र्दो-रिङ् (=महास्तम्भ) और उसके लेखकों तो देखकर और भी विश्वास हो चला कि यह विहार—या कम-से-कम उसका कुछ भाग सोङ्-चन्-स्गम्-बो के समय का बना है। आज पास के गाँव में घुड़दौड़ थी। मठ के सभी भिक्षु तमाशा देखने गए थे। सामान बाहर ही रख दिया। तब तक हमने र्दो-रिङ के लेख की छाप लेनी चाही। रायसाहब मनोरंजन घोष ने पटना में छापे का सामान बाँध दिया था; किन्तु अभी तक छाप लेने का मौका नहीं आया था। पहले प्रयत्न में जैसी छाप आई, उस पर ही सन्तोष करना चाहिए। यद्यपि लेख में लिखनेवाले का नाम नहीं है; किन्तु ल्हासा में ऐसे र्दो-रिङ् राजाओं के ही हैं, इससे अनुमान है, यह स्तम्भ भी तिब्बत के किसी राजा का ही है। पास का मैत्रेय देवालय शङ्-स्ञ-नम-र्दो-र्जे-द्वङ्-फ्युग् ने बनाया था, जो आचार्य शान्तरक्षित के शिष्य सम्राट ख्रि-स्रोङ्-ल्दे-ब्चन् (802-845 ई.) का समकालीन था। पाषाण-स्तम्भ पर चाहे किसी का लेख हो, उसमें लिखनेवाले ने बौद्ध-जनों को दस अच्छी बातों का उपदेश दिया है, जिनमें मुख्य बुद्ध में एकान्त निष्ठा रखना, धर्म का मन में ख्याल रखना, (मूल) दृष्टि (अनात्मवाद आदि) को चित्त में रखना आदि हैं। थोड़ी देर बाद मैत्रेय देवालय का पुजारी आ गया। आज उसी के यहाँ रहने का निश्चय हुआ। रहने के लिए विशाल सभामंडप मिला। मन्दिर में मैत्रेय की विशाल मूर्ति है। कहते हैं, तुर्कों के युद्ध के समय मन्दिर में आग लगा दी गई थी। समझ में नहीं आता,

तुर्क कब इधर आए। मन्दिर में हस्त-लिखित तीन कन्-जुर और तीन तन्-जुर हैं, जो एक के ऊपर एक छल्ली बाँधकर रखे हुए हैं। मन्दिर के एक कोने में द्विभुज, लोकेश्वर, बुद्ध और एकादशमुख लोकेश्वर की पाषाण-मूर्तियाँ हैं। पाषाण की मूर्तियाँ भोट देश में अति दुर्लभ हैं। ये मूर्तियाँ भारतीय मालूम होती हैं। मैत्रेय के दर्शन के बाद हम प्रधान मठ को देखने गए। पुस्तकों, मूर्तियों और कमखाब की छतों से मालूम होता है कि किसी समय यह विहार बहुत रौनक पर था। विद्यार्थियों के रहने के बहुत-से मकान हैं। स्तोद्, स्मद् दो-ड-सङ् (महाविद्यालय) तथा शास्त्रार्थ की बगीची के होते हुए भी अब विहार श्रीहीन है। भिक्षु 180 के करीब बतलाए जाते हैं। एक अवतारी लामा और दो-म्खन्-पो (Dean) भी हैं। हमें आशा थी कि इस पुराने विहार में तालपत्र की पुस्तक शायद मिल जाय; किन्तु निराश होना पड़ा। तीन पुराने चित्रपट देखे, जिन्हें रिन्-छेन् -ब्सम्-ग्रुव् ने बनवाया था। भारत से आई कुछ मूर्तियाँ यहाँ के विहार में हैं। सम्भव है, कुछ और भी महत्त्वपूर्ण वस्तुएँ हों; किन्तु उसके लिए अधिक दिन और अधिक परिचय की आवश्यकता है।

कल कोई विशेष बात न थी, इसीलिए लिखने की इच्छा न हुई। मेघ के झिमझिमाते ही में हम लोग ग्य-ल्ह-खङ् से चल दिये। हाँ, वहाँ कूड़े में से कुछ हस्त-लिखित पुस्तकों के पन्ने लिये। उनमें एक पोथी शतसाहस्रिका की बारह पोथियों में से थी। दो छोटी-छोटी जोतें पार करनी पड़ीं, फिर कुछ दूर तक जौ-गेहूँ के हरे खेतों में से चलना पड़ा। मामूली ढालुआँ चढ़ाई के (थोड़ी-सी प्राय: सवा मील) बाद शर् बुम्-पा मठ में पहुँचे। दीपंकर के शिष्य डोम-तोन् के प्रशिष्य श-र-बा का यह निवास-स्थान था। एक घेरे में बहुत-से स्तूप हैं, जिनमें एक में श-र-बा का शरीर भी है। इसी की बगल में एक छोटा स्तूप है, जिसके महत्त्व के बारे में कहा जाता है कि संसार में चाहे हिम-प्रलय हो जाय; किन्तु इस स्तूप पर बर्फ नहीं पड़ेगी। एक और सम्मेलन-घर है, किन्तु वहाँ भी कोई विशेष वस्तु नहीं है। आजकल यह विहार भिक्षुणियों (?) का है, जिनकी संख्या पूछने पर एक वृद्धा भिक्षुणी ने कहा—तीन-बीस, सोलह-सत्रह अर्थात् 76-77। हमने आशा की थी, शायद यहाँ हमारे काम की कोई चीज हो। 2.30 बजे हम लोग फिर रवाना हुए। चढ़ाई थी और एक छोटी जोत। यहीं दूसरी ओर के पहाड़ पर हमने नाती-ला को एक ऽ दुद्-मो-नग मो (= काली भूतनी) दिखलाई। हमने कहा—देखो, (1) इसके वस्त्र बिलकुल काले हैं, जैसे इस मुल्क के स्त्री-पुरुषों के नहीं हुआ करते, (2) इसका आकार अधिक लम्बा-चौड़ा है, (3) इसके पास भेड़ें या चमरियाँ नहीं हैं और (4) न आसपास हरी घास है। नाती-ला भी अब हमारी भाषा को समझने लगे है। पाँच बजे के करीब हम रे-ङिङ् (अथवा कन्-सू और मंगोलिया के रास्ते पर) पहुँच गए। एक गाँव में रहने का स्थान मिलने पर अगले गाँव में एक गरीब के घर में जगह मिली। गाँव का नाम फन्-दा है। 'यथा नाम तथा गुण' तो नहीं मालूम होता।

पो-तो (दीपंकर के प्रशिष्य पोतोपा का निवास) यहाँ से तीन-चार मील से अधिक नहीं है; किन्तु रास्ता अलग होने से जाने की सलाह नहीं हुई। आज पौने-नौ बजे चले। थोड़ी दूर पर पहाड़ के किनारे सात स्तूप (कुछ छोटे स्तूपों के साथ) दिखाई पड़े। ये भी दीपंकर की परम्परा के एक विद्वान् के हैं—नाम है सनेङ्-सर् स्तूप। इधर के पहाड़ों पर कुछ झड़ियाँ दिखाई पड़ती हैं, जो यहाँ के लिए नई चीज हैं। झाड़ियाँ अधिकतर जंगली गुलाब की हैं। तीन-चार मील चलने के बाद मानव-बस्ती खतम हो गई। हाँ, चमरियाँ तो जोत के पास तक मिलीं। रास्ते में एक जगह अपने दाएँ, पहाड़ पर एक कस्तूरी मृग को भागते देखा। ठीक मध्याह्न में हम जोत के ऊपर पहुँचे। इस जोत पर डाकुओं का भय बहुत अधिक रहता है; किन्तु हमारे साथियों के पास दो पिस्तौलें और एक बन्दूक भी है। उतराई में हम लोग पैदल चलना अधिक पसन्द करते हैं, इससे खच्चर की पीठ कटने का डर भी कम रहता है। दो बजे तक हम उतरते ही गए। फिर बाईं ओर की पहाड़ी रीढ़ को पार कर लेने पर स्तग्-लुङकी नदी आ गई। मठ अभी डेढ़ मील पर था। रास्ता उतराई का था। सब लोग पैदल चलने लगे। संघ-धर्मवर्द्धन के खच्चर की लगाम उसके पैर में आ गई। हमारे खच्चरवाले सो-नम्-ग्यंजे को गुस्सा तो आया धर्मवर्द्धन पर; किन्तु उसे निकाला उसने खचरी पर। पहले से भी सो-नम्-ग्यंजे को शिकायत थी कि धर्मवर्द्धन क्यों नहीं काम करते; किन्तु बचपन से ही अभ्यास न होने के कारण वे मेहनत करने में असमर्थ हैं। मठ के पास पहुँचने पर हम लोग उसे धार के इस पार छोड़ लामा के पास गए। शिकम की महारानी के भाई र-क-स कुशो का पत्र होने पर भी एक बहुत ही दरिद्र जगह हमें बतलाई गई। इसे हम अपना अपमान समझ रहे थे कि इसी समय ख्याल हुआ कि खच्चरों के आने में देर क्यों हो रही है। थोड़ी देर में सो-नम-ग्यं-जे आया, बोला—मैं साथ नहीं चलूँगा; मैं ल्हासा लौटूँगा। हमने भी समझाया, दूसरे साथियों ने भी समझाया; किन्तु वह नहीं माना। एक खच्चर लेकर चल दिया। पीछे मालूम हुआ, वह ल्हासा की ओर न जाकर अपने जन्म-स्थान खम् की ओर जा रहा है। इस प्रकार डाकुओं से भरे इस प्रदेश में पाँच खच्चरों को हमारे मत्थे मार वह चलता बना। आज खच्चरों को बाँधने और खिलाने का काम नाती-ला और धर्मवर्द्धन पर पड़ा। यात्रा में भी कुछ कमी करनी पड़ेगी। यहाँ से रे-डिङ् के लिए दो आदमी मिलनेवाले हैं। देखो, कल क्या होता है।

उक्त घटना ने चित्त को कुछ चिन्तित बना दिया था, ऐसे समय विहार-दर्शन को गए। प्रधान विहार सन् 1980 में स्तग्-लुङ्-थङ्-पा दों-ग्लिङ्-रस्-पा ने बनवाया था। एक आँगन के गिर्द विशालकाय बुद्ध-मूर्तियों के गृह हैं। मूर्तियाँ सुन्दर हैं। अनेक कन्-जुर्, तन-जुर् की सुन्दर हस्त-लिखित पुस्तकें ईंटों की छल्ली की तरह रख दी गई हैं। जब पढ़ना नहीं, तो दूसरी तरह रखने की आवश्यकता क्या? आखिर कुछ समय बाद जीर्ण मन्दिर के गिरने पर ये पुस्तकें

भी नष्ट हो जाएँगी; किन्तु क्या दाम से भी ये लोग एक-दो प्रतियाँ दे सकेंगे?

× × ×

ल्ह-खङ्-ग्दोङ्
4-8-34

आज जब हम सोये पड़े थे और घर में भी अँधेरा था, तभी सो-नम्-ग्यंजे आ पहुँचा। पूछने पर बतलाया कि उसके सामान को रास्ते में से कोई उठा ले गया, जब कि उसे फेंककर पीछे की ओर भागते खच्चर को वह पकड़ने लौटा। यह भी कहा कि रात को वह पहाड़ में सोया था। उसकी इन बातों पर विश्वास न होता था, बल्कि और सन्देह बढ़ता जाता था कि कहीं मारकर सामने लूटने के लिए तो नहीं आया है। हमारे पास 500 रुपये के पैसे भी हैं, और कुछ दूसरे सामान भी। ऐसा सन्देह करने का कारण था—सो-नम्-ग्यंजे के जन्म-स्थान के लोगों को स्वभाव। उसके देश में लूटमार सभी लोगों का पेशा है। यद्यपि सो-नम्-ग्यंजे का चार-पाँच वर्ष का रिकॉर्ड बहुत अच्छा रहा है, तो भी हम उसे अर्द्ध-विक्षित समझते थे। वह कहता भी था, मैं तो नदी में छलाँग मारकर जान दे दूँगा। इस प्रकार आज रास्ते भर हम लोग संशकित और सजग ही चलते रहे।

स्तग्-लुङ् मठ से प्राय: डेढ़ मील तक साधारण ढालू भूमि पर चलकर, एक सूखे पत्थरों को जोड़कर बनाए पुल से हम धार के बाएँ हो लिये। रास्ते में पहाड़ के वक्ष में ढके एक मठ का फोटो लिया। जिस जगह हम चल रहे थे, वह ल्हासा से (12000 फीट) अधिक ठंडा है, तो भी आज के पहाड़ जंगली गुलाब और करौंदे की झाड़ियों से खूब ढके थे। छोटी-छोटी घास तो वर्षा के कारण होगी; किन्तु बिच्छू-घास तो बारहमासी है, जिसकी यहाँ बहुतायत है। चारों ओर हरियाली की अद्‌भुत शोभा है। हमारे काफिले में दो नौकरों की बढ़ोतरी हुई। उन्हें हमने $2^3/_{10}$ साङ (प्राय: 9 आने) रोज पर रखा है।

12 बजे हम लोग फुन्-दो के, ब्रह्मपुत्र की उस शाखा के, तट पर पहुँच गए, जो ल्हासा होकर गुजरी है। यहाँ आदमियों के लिए लोहे की साँकल पर चमड़े से बाँधी लकड़ियों का झूला है। सामान के लिए चमड़े की नाव या क्वा है, जानवरों को तैर कर पर होना पड़ता है। हम लोग दो घंटे के इन्तजार के बाद क्वा से उतर सके। मंगोलिया और कन्-सू (चीन) की ओर का यह प्रधान रास्ता है। यहाँ भी लकड़ी की नाव का इन्तजाम करना चाहिए था।

छ-ला पार करने के बाद ही पुरुषों के बालों में भेद दिखलाई पड़ता है। ये लोग खाम्वालों की भाँति सामने के बालों को कैंची से कटवाते हैं। जहाँ से इस पत्र को लिख रहा हूँ, वहाँ से आधे दिन के रास्ते पर ला-ग्विस् (जोत्-युगल) है,

जिसके पार होते ही हम होर् देश में पहुँच जाते हैं, भोट देश के होते हुए भी वहाँ के स्त्री-पुरुषों की पोशाक में बहुत फर्क है।

2 बजे हम लोग रवाना हुए। अब हम ल्हासावाली नदी की बाईं शाखा के दाहिने से चल रहे थे। यह धार तो पिछली धार से बहुत बड़ी है। खैरियत यही है कि इसे हमें पार नहीं करना होगा। इधर के पहाड़ों पर तो और भी अधिक झाड़ियाँ और हरियाली है। खेती के लायक जमीन होने पर भी खेत देखने में नहीं आते। नदी के पार एकाध जगह सरसों के पीले फूल दिखलाई पड़ते थे। हाँ, जगह-जगह पहाड़ों पर चरती चमरियों के चलायमान काले दाग जरूर दिखलाई पड़ते थे। दो-एक जगह परित्यक्त ऊँचे घरों की पत्थर की दीवारें बतला रही थीं, किसी समय इधर अब से अधिक बस्ती थी। नदी की उपत्यका काफी चौड़ी है। दो-तीन जगह हमें होर प्रान्तवाले मक्खन-विक्रेताओं की लदी चमरियाँ मिलीं। दो-तीन जगह तीर्थाटक भिखमंगे भी मिले। होर् की दो-तीन तीर्थाटिकाओं के फोटो लेने का भी हमने प्रयन्न किया।

5 बजे हम उस स्थान पर पहुँचे, जहाँ से, रे-डिङ् का रास्ता मंगोलिया के रास्ते से अलग होता है। यहाँ एक मन्दिर है, जिसे रिग्स-ग्सुम्-स्गोन्-पो का ल्ह-खङ् (=देवालय) कहा जाता है। लोग कहते हैं। इसे स्त्रोङ्-व्चन् स्गम्-पो ने बनवाया था। स्थान तो महत्त्वपूर्ण जरूर है। तो भी देवालय इतना पुराना नहीं होगा। हां, यह ग्यारहवीं-बारहवीं शताब्दी से इधर का भी नहीं हो सकता। मन्दिर के भीतर बुद्ध की दो सुन्दर मूर्तियाँ हैं। कुछ और मूर्तियों के अतिरिक्त एक एकादशमुख अवलोकितेश्वर की भी मूर्ति है। ल्ह-खङ् (=देवालय) पहाड़ के उस कोने पर है, जहाँ से मंगोलिया का रास्ता मुड़ता है। बगल के गृहपति ने स्वागतपूर्वक हमें अपना सबसे अच्छा कमरा दिया। इस कमरे में आसन और चाय की चौकियों के अतिरिक्त दीवारों पर कितने ही चित्रपट और एक कोने में सजाकर रखी पद्मसम्भव की मूर्ति है। किट्सन् लैम्प के सहारे हमने एक फोटो लेने का प्रयत्न किया। आ जाए, तब है।

यहाँ से रे-डिङ् पाँच मील के करीब है। कल सवेरे ही वहाँ पहुँच जाएँगे।

× × ×

रे-डिङ्, 5-8-34

अपनी घड़ी से 7.30 बजे और नाती-ला की घड़ी से 7.45 बजे हम लोग रवाना हुए। आकाश मेघाच्छन्न था। छोटी-छोटी फुहारें पड़ रही थीं। ला-गविस्की की ओर से आनेवाली धार को पार कर हम बड़ी धार की दाहिनी ओर से ऊपर की ओर चढ़ने लगे। आज का भी पहाड़ झाड़ियों और घास से ढका था। नदी की दूसरी ओर चमरी (याक) चरानेवाले डोक्-पा लोगों के तम्बुओं से धुआँ निकल रहा था। रास्ते में दो-चार जौ के खेत भी देखे। पुराने परित्यक्त खेतों की मेंड़ों से मालूम होता था

कि किसी समय इधर अधिक खेत थे। प्राय: तीन मील चलने के बाद देवदार के एकाध छोटे वृक्ष दिखाई पड़ने लगे। मील भर रहने पर तो पहाड़ में हजारों हरे-हरे देवदार थे। इधर देवदार काटने की सख्त मनाही है, इसलिए यहाँ इतने वृक्ष दिखाई पड़ते हैं। सर्दी के बारे में पूछने पर मालूम हुआ कि यहाँ की यह बड़ी नदी भी ऊपर से जम जाती है, और आदमी तथा जानवर आसानी से इस पार से उस पार जा सकते हैं। उस वक्त देवदार की हरियाली को छोड़कर और कहीं हरियाली देखने में नहीं आती। ल्हासा से यह स्थान अधिक ऊँचा है, इसमें तो सन्देह नहीं; लेकिन आश्चर्य यह है कि यहाँ के पहाड़ों पर जितनी हरियाली दिखलाई पड़ती है, उतनी ल्हासावाले पहाड़ों पर नहीं।

हमने एक मानी पार की। फिर देखा, हमारे दो साथी एक छोटे चट्टान पर पत्थर के टुकड़ों को मार रहे हैं, और साथ ही कहते जा रहे हैं—"चा-फु, मा-फु" (चाय प्रदान करो, मक्खन प्रदान करो)। मालूम होता है, सभी श्रद्धालु यात्री यहाँ पर चा-फु, मा-फु करते हैं, तभी तो इस छोटी-सी चट्टान पर पचासों गोल-गोल गड्ढे हो गए हैं। पहले तो गोल गड्ढों को देखकर मेरा माथा ठनका—कहीं ल्हासा के पुरातन लेखवाले शिला-स्तम्भ की भाँति यहाँ भी तो किसी पुराने लेख को कूटा नहीं जा रहा है; लेकिन पीछे यह देखकर सन्तोष हुआ कि इस चट्टान पर लेख नहीं है। एक घुमाव को पार करते ही देवदार के घने जंगल में रेडिङ् गुम्बा सामने आ गई।

हमारे साथियों ने अपनी पिस्तौल और बन्दूक को हाथ में ले लिया, क्योंकि हथियारों को बिना हाथ में लिये इस गुम्बा के भीतर जाना निषिद्ध है। पश्चिमवाले विशालकाय स्तम्भ के पास पहुँचकर हमने रे-डिङ् रिम्पो-छे की चिट्ठी भीतर गुम्बा के अफसर दे-छङ् पास भेजी। थोड़ी देर में बुलावा आया, और ब्ल-ब्रङ् (ब्ल-मऽि-फो-ब्रङ्=लामा का महल) के एक कमरे में रहने के लिए स्थान मिला।

अब हमें सबसे पहले उस काम की फिक्र हुई, जिस काम के लिए इतनी दूर, इतनी परेशानी के साथ आए हैं। धर्मवर्द्धन ने जाकर पूछा, तो मालूम हुआ कि रे-डिङ् रिम्पो-छेने पत्र में सिर्फ ठहरने के लिए अच्छा स्थान देने को लिखा है। मुझे तो इस बात पर पहले विश्वास न होता था। और विश्वास करने को जी क्यों चाहे? इतनी तकलीफ झेलकर, पग-पग पर चोरों के खतरेवाले इस प्रदेश में तो हम इसलिए आए थे कि रे-डिङ् में हमें दीपंकर श्रीज्ञान के हाथ के लिखे ताल के पत्ते देखने को मिलेंगे। देखने को ही नहीं, बल्कि हम तो फोटो लेने के सारे सामान के साथ आए थे। क्या हमारा यह सारा प्रयत्न व्यर्थ जाने को है? उस चिट्ठी के भीतर एक दूसरे अफसर के लिए भी चिट्ठी थी, जो एक दिन पूर्व ल्हासा चला गया। साथियों को ख्याल हुआ, शायद उसमें कुछ हो। उपस्थित अफसर दूसरे की चिट्ठी को खोलने से डरता था; किन्तु हम लोग समझने थे, उसमें भी हमारे ही बारे में कुछ लिखा होगा। हमें रिम्पो-छे महाशय ने सिर्फ पत्रवाहक थोड़े ही बनाया होगा।

आखिर उसे भी खोला गया; पर उसमें हमारे बारे में कुछ भी नहीं था। वह उनका व्यक्तिगत पत्र था। वास्तव में मुझे तो दूसरे पत्र के खोल लिये जाने पर मालूम हुआ कि यहाँ के अफसर को एक अलग भी पत्र था। यदि यह पहले मालूम हुआ होता, तो मैं दूसरे पत्र को खोलने की सलाह न देता। अब जरा पत्र का इतिहास सुन लो। पिछली यात्रा में जब वे रे-डिङ् रिम्पो-छे से-रा विहार में पढ़ते थे, तभी उन्होंने मुझसे कहा था कि उनके विहार में दीपंकर के हाथ की कुछ पुस्तकें हैं; रे-डिङ् चलने पर वे उन्हें दिखाएँगे। उस समय रे-डिङ् रिम्पो-छेक तिब्बत के राजा नहीं हुए थे। अबकी बार जब उनसे मिला, तब यह चिट्ठी मिली। और उस चिट्ठी में पुस्तक का जिक्र नहीं! यदि मुझसे यह बात ल्हासा में ही कह दी गई होती, तो शायद मैं ऐसी खतरनाक यात्रा को न करके इस समय को किसी दूसरे मठ में लगाता। इससे तो हजार गुना अच्छा होता, यदि मैं रिम्पो-छे के पत्र को न लाया होता। सम्भव है, उस समय ऐसा अच्छा ठहरने का स्थान न मिलता, किन्तु उससे लाभ होता।

रे-डिङ् विहार को आचार्य दीपंकर के शिष्य तोन्-पा ने (1003-64 ई.) आचार्य के देहान्त के (1054 ई.) बाद बनाया था। ऽब्रोम्-स्तोन-पा भिक्षु न होते हुए भी आचार्य का प्रधान शिष्य था, और तिब्बत में उनके पहुँचने के वक्त से ही वह छाया की भाँति बराबर साथ रहा। उसके बनाए विहार में आचार्य की चीजों का होना जरूरी ही ठहरा। इन चीजों में ऊपर कहीं एक तालपत्र की पुस्तक का बस्ता है, जिसका आधा भाग जल गया बतलाया जाता है। इसके अतिरिक्त कुछ पुराने चित्रपट हैं, जिनमें दो वे हैं, जिनको चित्रकार ने दीपंकर को देखकर बनाया था, और जिनका वर्णन दीपंकर के पुराने जीवन-चरित्र में भी आता है। अफसर भिक्षु ने दूसरी चिट्ठी के खोलने से पहले कहा था कि सोने का चढ़ावा चढ़ाने से दीपंकर वाले दोनों चित्रपट बाहर लाए जा सकते हैं, उस वक्त फोटो ले लेना, पर दूसरी चिट्ठी में कुछ न देखने पर हमने फिर चित्रपट की बात छोड़ दी।

मध्याह्न भोजन के बाद एक पथ-प्रदर्शक के साथ हम भिन्न-भिन्न मन्दिरों के दर्शन के लिए चल पड़े। पहले पश्चिम भाग के ग्सेर्-बुम मन्दिर में गए। मन्दिर छोटा है, जिसमें दीपंकर, ऽब्रोम्-स् तोन्-पा आदि की छोटी-छोटी मूर्तियाँ है। गुम्बा में भिक्षुओं की रजिस्टर्ड संख्या तो 370 बतलाई जाती है; किन्तु कुत्तों की संख्या भी काफी है। ग्सेर-ऽबुम् (लाख-सुवर्ण) मन्दिर में वैसा सोना तो नहीं दिखलाई पड़ा; पर ठीक द्वार पर ही एक कुत्ता मरा पड़ा था, जिसे हटाने की जरूरत अभी लोग अनुभव नहीं कर रहे थे। वहाँ से परिक्रमा में होते हम स्गोम-प-ल्ह-खङ में पहुँचे। स्गोम्-प ऽब्रोम्-स् तोन्-पा का (मृ. 1064 ई.) प्रशिष्य तथा श-र-बा का शिष्य था (समय बारहवीं सदी)। मन्दिर के भीतर बहुत-सी मूर्तियाँ हैं, और दीवारों पर बहुत-से चित्रपट लटक रहे हैं। दीवारों पर के पुराने चित्रों का भोट-देश में मिलना मुश्किल है, क्योंकि लोग समय-समय पर चित्रों को नया करते रहते हैं; किन्तु चित्रपटों में

हमें पुराने मिल सकते हैं। तिब्बत में आने के बाद आज ही हमें भारतीय चित्रपट दिखलाई पड़े। कुछ ऐसे चित्रपट इस मन्दिर में भी हैं। इसके पास ही तम्-चन् का पवित्र देवदार है, जिसके ऊपर भोट का उक्त महान देवता निवास करता है। श्रद्धालु नाती-ला ने इस देवता के ऊपर एक चाँदी का टंका चढ़ाया। अब हम चलकर पूर्व किनारे आ गए। तुमको यह भी मालूम होना चाहिए कि यहाँ के कितने ही देवदारों के नाम पुराने ग्रन्थों तक में दर्ज हो गए हैं। पश्चिम दिशा में चन्दन-द्कर्-पो (श्वेत चन्दन) और चन्दन-द्मर्-पो (रक्त चन्दन) हम देख चुके थे। अब पूर्व ओर ग्रुव् सिल् और योन्-तन् (गुण) के दो देवदारों को देखा। इन पुराने देवदारों में कितने ही अब सूख गए हैं, फिर भी उनको कायम रखा गया है। अब हम प्रधान देवालय ग्चुग्-ब्लग-खङ् की ओर चले। रास्ते में ऊपर की ओर एकतल्ले की बहुत-सी घरौंदे-जैसी अस्त-व्यस्त कोठरियाँ हैं। इन्हीं में यहाँ के भिक्षु रहते हैं। रास्ते में एक नागदेवता की झोंपड़ी है, और फिर आधा दर्जन कुत्तों की बैठक।

प्रधान देवालय यहाँ का भी स्तग्-लुङ के प्रधान देवालय की तरह भीतरी आँगनवाला है। हाँ, इसकी दीवारें उतनी ऊँची नहीं हैं। यह आँगन भी पीछे से जोड़ा गया मालूम होता है, क्योंकि ऽब्रोम्-स्तोन् (डोम्-तोन्) का बनाया छोटा मन्दिर आँगन के पूर्वोत्तर कोने पर है। दक्खिन का भाग खम्भों के बरामदे में है, जिसके पश्चिमी भागों में चौरासी सिद्धों के चित्र भीत पर बने हुए हैं। चित्र बहुत पुराने नहीं है, तो भी उनमें कितनी ही पुरानी परम्परा है। पश्चिमी बरामदे या बारादरी से होते हुए हम उत्तरी भाग के पश्चिमवाले देवालय में घुसे। बिजलीबत्ती हमारे हाथ में थी। भीतर दो स्तूप और बुद्ध तथा मैत्रेय की मूर्तियाँ हैं। दीवारें तेईस-चौबीस हाथ से कम ऊँची न होंगी और उनके सहारे कन्-जुर्, तन्-जुर् की पुस्तकें छत तक चुनी गई हैं। ये सभी पुस्तकें हाथ से सुन्दर अक्षरों में लिखी गई हैं। इनमें से बहुत-सी तो सात सौ वर्ष की होंगी। किन्हीं-किन्हीं पर पहले के मालिकों के नाम भी हैं। ग्रब्-फू-पा नाम के किसी विद्वान् का नाम बहुत-सी पुस्तकों में देखा जाता है। इस देवालय के पास पूर्व की ओर दूसरा देवालय है। इसमें भी स्तूपों और मूर्तियों के अतिरिक्त वैसी ही पुस्तकों की छल्लियाँ दीवार के सहारे जोड़ी हुई हैं। कुछ पुस्तकों के पन्ने तो कीड़े खा भी रहे हैं, पर कीड़ों को खाकर खतम करने में अभी शताब्दियाँ लगेंगी। इस समय कीड़ों के भक्ष्य होने के सिवा इनका कोई प्रयोजन भी नहीं मालूम होता। ये इस तरह नहीं रखी गई हैं कि उनमें से कोई पुस्तक निकाली जा सके। मैं सोच रहा था कि भोट-देश के पुराने मठों में कैद इन पुस्तकों का कभी उद्धार होगा। सोचने से तो यही मालूम होता है कि किसी मुहम्मद बिन बख्तियार का पैदा होना असम्भव होने से शायद समय-समय पर मन्दिरों को तबाह करनेवाले अग्निदेव ही इनका उद्धार करें, अथवा शायद किसी समय ज्ञानपूर्वक और क्षोभपूर्वक ही इनका उद्धार हो। दूसरी बात अधिक जँचती है, किन्तु अभी तो उसके लिए बहुत क्षीण-सी लाली पूर्व

की ओर दिखाई पड़ती है। फिर सोचने लगा, क्या नालन्दा और विक्रमशिला में भी शताब्दियों से एकत्रित ताल की पोथियों को इसी प्रकार रखा गया होगा, जब कि मुहम्मद बिन बख्तियार की फौज आग और तलवार लेकर उनके द्वार पर पहुँची थी? पर ऐसी छल्ली बनाने में ताल की पुस्तकों का आकार बाधक था।

अन्त में हम सबसे कोनेवाले पुराने मन्दिर में गए। यह औरों की भाति विशाल नहीं है, पर डोम्-तोन् का बनवाया होने से यह परम पवित्र है। इसके भीतर प्रधान मूर्ति मंजुवज्र की एक छोटी-सी पीतल की मूर्ति है। यह मूर्ति ख्रो-फु-लो-च-व (जन्म 1173 ई.) के पास थी। यही वह लो-च-व है, जो सन् 1200 में विक्रमशिला के प्रधान आचार्य शाक्य श्रीभद्र को नेपाल से भोट ले आया था। पश्चिम ओर की दीवार पर प्राय: पाँच-छह हाथ ऊपर काँच लगे दो बक्सों के भीतर दीपंकर श्रीज्ञान के वे दो चित्र हैं, जिन्हें चित्रकार ने उन्हें देखकर बनाया था। दक्षिण ओर के चित्रपट में आचार्य के बाएँ हाथ में एक तालपत्र की पुस्तक है, और दाहिना हाथ उपदेश-मुद्रा में है। चेहरे का बुढ़ापा तथा खोपड़ी और मुँह का लम्बापन भी बतलाता है कि उक्त कथानक में कुछ सत्य का अंश है। वैसे तो तुम जानते ही हो कि सभी धर्मस्थान झूठ के अड्डे हैं। शायद उतनी झूठी कथाएँ और जगह नहीं मिलेंगी, जितनी धर्म के दरबार में। धर्म वस्तुत: झूठ की आयु को लम्बा करने में बड़ा सहायक होता है। इस मन्दिर में भी झूठ का एक बड़ा भारी इश्तिहार है। वर्तमान रे-डिङ् लामा के (जिनकी आयु इस समय बाईस वर्ष की है) पैर का एक काले पत्थर पर निशान काँच के भीतर रखा हुआ है। श्रद्धालु भक्तों से कहा जाता है कि बचपन में लामा रिम्पो छे ने पैर को महज स्वभाव से पत्थर पर रख दिया था और उस पर यह निशान उतर आया। यदि समन्तकूट और नर्मदा नदी की पहाड़ी पर बुद्ध के बड़े-बड़े पाद-चिह्न उतर सकते हैं, तो यहाँ एक अवतारी लामा के छोटे-से पद-चिह्न के उतरने में कौन-सी असम्भव बात हो सकती है? यदि भगवान् अपने भक्तों के झूठ के इस तूफाने बदतमीजी को देखते तो क्या कहते?

अब हम दूसरे नम्बरवाले मन्दिर के द्वार के बाहर के स्तम्भागार में आए। रे-डिङ् के पुराने चित्रपट आजकल यहीं टांगे गए हैं। इन चित्रपटों की संख्या दर्जन से अधिक है। सभी चित्र अजन्ता की चित्रकला से अभिन्न हैं। मुझे तो आशा न थी कि अजन्ता से इतनी समानता रखनेवाले चित्रपट यहाँ हो सकते हैं। दो में तो अजन्ता के प्रसिद्ध बोधिसत्व जैसी खड़ी तसवीर है—वही आभूषण, वही बंकिम ठवनि, वैसे ही कम और सुन्दर आभूषण, वैसी ही विशाल भुजाएँ और वक्ष, वैसा ही उदर-प्रदेश। फोटो लेने की अनुमति न होने से मैं उनकी नकल भारत नहीं ला सकता, इसका बड़ा अफसोस रहा।

अपने स्थान पर लौटकर मैंने धर्मवर्द्धन को एक चित्रपट की नकल करने के लिए भेजा। उन्होंने अभी सिर को भी पूरा नहीं उतारा था कि हुक्म आया, रे-डिङ्

रिम्पो-छे के पत्र में अनुमति नहीं है, इसलिए नकल नहीं कर सकते। आज के बर्ताव से चित्त को अत्यन्त क्षोभ हुआ। रे-डिङ् के लिए बहुत खेद हुआ। यदि उन्हें मंजूर न था, तो ल्हासा में ही क्यों नहीं कहा दिया? "हाँ", कह कर वैसा पत्र लिखना कभी भद्रोचित नहीं कहा जा सकता। इस मठ में एक बार आग लगी थी, जिसमें ये चित्रपट बाल-बाल बचे हैं। नहीं कहा जा सकता कि भारतीय कला की अमूल्य निधि और दीपंकर के हाथ की यह पवित्र पुस्तक (जिसमें शायद उनकी हिन्दी में रचित वज्रासन-वज्रगीति भी हो) न जाने कब इन नादान रक्षकों के हाथ से सर्वदा के लिए नष्ट हो जाय। जब दूसरी ओर ख्याल करता हूँ, तो मुझे ऐसे क्षोभ का कारण भी नहीं मालूम होता। प्रभुता पाकर ऐसा भाव होना संसार में सर्वत्र देखा जाता है। पवित्र समझी जानेवाली वस्तुओं के साथ भी ऐसा बर्ताव होता ही है। मुँह पर अप्रीति कर बात न करना भी मनुष्य का स्वभाव है। खिलाड़ी सभी बाजियाँ नहीं जीता करते, तो मुझे इस अफसलता पर क्षोभ क्यों?

ब्रग्-ग्र्यब, 7-8-34

कल सवेरे रे-डिङ् से प्रस्थान करते वक्त एक बार फिर प्रधान देवालय देखने की इच्छा हुई। पहले लिखने में हमने गलती की। उत्तर ओर तीन देवालय हैं, जिनमें सबसे पश्चिमवाला मैत्रेय देवालय कहा जाता है, बाकी दो ग्सुङ्-रब्-द्वुस्-म और ग्सुङ्-रब्-शर्-म कहे जाते हैं। दूसरी बार जाने का मतलब था उन पुराने चित्रपटों को एक बार फिर देख लेना; लेकिन इस वक्त वहाँ मठ के भिक्षु बैठे पाठ करते और सत्तू खाते थे। इन चित्रपटों को यहाँ के लोग ग्र्य-थङ् (भारतीय चित्रपट) कहते हैं। इनकी संख्या सोलह है। कुछ छोटे चित्रपट भी भारतीय ढंग के हैं। सन् 1239 में चंगेज खाँ के सेनापति दो-तीन रे-डिङ् मठ को जला दिया था, इसलिए उससे पहले की चीजों में ये चित्रपट और कुछ ही और चीजें हो सकती हैं। उसी समय उक्त सेनापति ने ग्र्यल्-खङ् को भी जलाया था। ग्र्यल्-खङ् के बारे में लिखते वक्त मैंने लिखा था—'कहते हैं, तुर्कों के युद्ध के समय मन्दिर में आग लगा दी गई थी। समझ में नहीं आता, तुर्क कब इधर आए।' अब मालूम होता है, ग्र्य-ल्ह-खङ् का पहला नाम ग्यल्-खङ् (राजगृह) था। वहाँ का पाषाण-स्तम्भ भी इस बात की पुष्टि करता है। तुर्कों से वहाँ के लोगों का मतलब मंगोल लोगों से ही है। मंगोलिया की ओर से आनेवाली सेना का रास्ता भी तो इधर से ही था।

रे-डिङ् से चलते वक्त आकाश मेघाच्छन्न था। आगे चलने पर बूँदाबाँदी भी शुरू हुई। रास्ते में एकाध जगह चमरी के हलों से खेत जोते जाते देखे, यह शायद हमारे यहाँ के माघ-पूस की जुताई की भाँति खेत को अधिक उपजाऊ बनाने के लिए होगा। बारह बजे हम फिर फुन्-दो के घाट पर पहुँचे। उतरने में बहुत देर न

लगी। उस दिन फुन्-दो ही में रहना था।

स्तग्-लुङ् से लिये दोनों आदमियों को छोड़ना था, इसलिए एक आदमी की जरूरत थी। गन्दन-छों-कोर के लिए 9.5 साङ् (प्राय: 2.5) तय हुआ। सीधे जाने से दो दिन का ही रास्ता है। आज लम्बी मंजिल थी और छ-लाकी बड़ी जोत् को पार करना था, इसलिए सात बजे ही रवाना हुए। आखिरी पाँच मील के रास्ते को छोड़ बाकी पहले ही वाला रास्ता था। नए रास्ते में रिन्-छेन्-ब्रग् (रत्नशिला) मठ मिला। हमारा नया नौकर जल्दी गन्दन्-छों-कोर् पहुँचाकर लौटना चाहता था, इसलिए वह नाक की सीध पर आगे-आगे खच्चर ले जा रहा था। सामने एक पहाड़ पर कुछ स्तूपों-सहित एक मठ देखा। उसने समझा, यही पोतो है, और हमें लेकर तीन बजे वहाँ पहुँच गया। पूछने पर मालूम हुआ, यह तो ब्रग्-र्ग्यव् (पृष्ठ शिला) विहार है। इस मठ का संस्थापक ब्रग्-र्ग्यव्-प्, डोम्-तोन् के शिष्य पो-तो-प (1027-1104 ई.) का समकालीन था। इस प्रकार मठ की प्रथम स्थापना ग्यारहवीं सदी में हुई थी; पर उस समय का मठ कुछ नीचे था। आजकल इस मठ में एक अवतारी लामा रहता है। इससे पहले का तीसरा लामा बड़ा सिद्ध समझा जाता था। उसी की समाधिवाले घर में हम लोगों का आसन लगा। समाधि नहीं, एक छोटे-से स्तूप के अन्दर लामा का मृत शरीर ही पद्मासनासीन रखा हुआ है। इस प्रकार के सुरक्षित रखे मृत शरीर को यहाँवाले मर्-दोङ् कहते हैं। मर जाने पर शरीर को नमक के भीतर रख दिया जाता है। दो महीने में शरीर सूख जाता है। फिर शरीर पर एक प्रकार का लेप करके स्तूप में रख दिया जाता है। किन्हीं-किन्हीं स्तूपों में छोटे छिद्र रखते हैं, जिससे लोगों को लामा का दर्शन होता है। हमारे पास के मृत लामा के स्तूप का छिद्र काफी बड़ा है। हमने लैम्प की रोशनी में फोटो लेने की कोशिश की; देखें, सफलता हो तब।

ल्हासा, 10-8-24

परसों शाम को मुझ ल्हासा लौट आना पड़ा। मैंने एक सप्ताह और बाहर ही रहने का विचार किया था। पो-तो, गन्दन्-छों-कोर्, येर्-वा जैसे मठ तथा भोट-सम्राटों के समय के दो पाषाण-स्तम्भों को देखना जरूरी था; किन्तु परसों सवेरे हमारे सो-नम्-ग्यं जे पर फिर पागलपन आ गया। उसने और जगह जाने से इनकार ही नहीं कर दिया, बल्कि वह अपनी लम्बी तलवार पर हाथ रखने लगा। भोट में वैसे भी मनुष्य का प्राण बहुत मूल्य नहीं रखता, और यह आदमी तो मन-खम् प्रदेश का रहनेवाला है, जहाँ पर लोग मृत्यु से खेल करते हैं। इन्हीं कारणों से दीर्घ और कठिन चढ़ाई चढ़कर, प्राय: तीस-बत्तीस मील की दौड़ लगा, 8 अगस्त को मैं ल्हासा चला आया।

तुम्हारा—राहुल सांकृत्यायन

द्वितीय खंड

चाङ् की ओर

गङ्
8-9-34

प्रिय आनन्द जी,

8 अगस्त को फेन्-बो से लौटकर ल्हासा पहुँचे। उससे पहले की बात पिछले पत्र में लिख चुके हैं। इस एक महीने में कोई बड़ा काम नहीं किया। सिर्फ 'साम्यवाद ही क्यों' को समाप्त किया। पहले ल्हासा जाने का इरादा था, किन्तु फेन-बो के प्रान्त में जाने से हमारे फोटोग्राफर नाती-ला ने मन एकदम ढीला कर दिया। हमारे पास किताबों के फोटो लेने का कैमरा नहीं। कैमरा तो है किन्तु वह ग्यांची में पड़ा है। कोई आनेवाला आदमी नहीं मिला कि उसे यहाँ लावे। दूसरी सभी पुस्तकें जो यहाँ हैं, बिना भोट सरकार की आज्ञा के देखने को मिल नहीं सकतीं। रिजेंट और महामंत्री ने कहा भी कि पत्र शीघ्र भेज देंगे, किन्तु वह नहीं ही मिला। उसकी उतनी आशा भी न थी। यदि मिलेगा, तो ग्यांची भेज देंगे। ल्हासा के लिए खच्चर भी नहीं मिला। इस प्रकार इस बार सम्-ये नहीं जाना हुआ।

ग्यांची के लिए एक सज्जन चार तिथियों तक वादा करते रहे, आखिरी तिथि उन्होंने बहुत विश्वास दिलाकर 9 सितम्बर मुकर्रर की किन्तु कल पूछने पर मालूम हुआ, अब जरूर 11 सितम्बर को भेजेंगे। खच्चर के मालिक भोट के एक सरदार हैं तो भी यहाँ के लोगों में तो यह बात आदत में शामिल हो गई है। आखिर में कल ही पक्का निश्चय कर लिया था, ग्यांची चल देने के लिए। छु-सिन्-शर् वालों को चार खच्चर देने के लिए कहा। खच्चरों की हिफाजत के लिए डे-पुङ् मठ का एक भिक्षु चलने को तैयार हुआ। हम और गे-शे चलने को तैयार। आज सवेरे पहले तो मंगोल भिक्षु मुश्किल से तैयार हुआ। फिर मिलने पर बोला—मैं विहार से कपड़ा-लत्ता ले कर रास्ते में तैयार रहूँगा। खैर! हमने खच्चरों को कसने को कह दिया। छु-सिन्-शर् वालों ने वह काम फेन्-पो यात्रा में तलवार उठानेवाले सो-नम-ग्यंजे को दे दिया। हमे पहले ख्याल न हुआ। उसने छु-सिन्-शर् के बारह खच्चरों में एक

बूढ़ा एक लंगड़ा, और दो भी करीब-करीब वैसे ही कस दिये।

9.30 बजे सवेरे ल्हासा छोड़ा। शहर से बाहर निकल कर देखा, तो मालूम हुआ, खच्चरों की मुँहेड़ी भी नहीं और न रात को बाँधने की रस्सी। हमारे खच्चर पर तो उसने नीचे का मोटा गद्दा भी नहीं लगाया, जिसके बिना खच्चर की पीठ जल्द कट जाती है। हमने लंगड़ी खचरी को कुछ दूर तक साथ में चलनेवाली दूसरी खचरी से बदलना चाहा, जिसका विरोध छु-सिन्-शिर् के दूसरे खच्चर नौकर ने किया। बहुत आग्रह देखने पर वह लौट गया, और उसने जाकर सो-नम् ग्यंजे से कहा। हम लोग-डे-पुङ् विहार के नीचे वाले गाँव डे-पुङ् से आनेवाले भिक्षु के इन्तिजार में रहे। इतने ही में सो-नम्-ग्यंजे दूर से ही बाँह चढ़ाते आया। उसके पास तलवार भी थी। हम हट गए, वह लाल खच्चर लेकर लौट गया। पहले इरादा था साथ में भेज कर ल्हासा से छु-सिन्-शर् से दूसरा खच्चर मँगावें, फिर छु-सिन्-शर् वालों की भी कठिनाई का ख्याल आया। दूसरे खच्चरों को खिलानेवाले आदमी का भी पता नहीं। अन्त में सोच-विचार कर छु-सिन्-शर् के खच्चरों को लौटा देने का निश्चय किया। संयोग से उसी वक्त कुछ गदहेवाले आ गए, उन्होंने तीन गदहों पर हमारा सामान लाद लिया। ब्रह्मपुत्र की धार तक के लिए किराया ठीक हुआ। आज ल्हासा से दस मील पर इस गाँव में ठहरा। ब्रह्मपुत्र के नेप्-शो-ला पर बहुत डाके पड़ रहे हैं। इधर भी रास्ता खतरनाक है, तो भी ल्हासा में बेकार बैठे रहने से चलना ही अच्छा। साथ में प्रयाग और पटना म्यूजियम् की चीजें भी हैं। खतरा बहुत अधिक है, इसमें जरा भी सन्देह नहीं। मैं और चित्रकार धर्मवर्द्धन दो ही हैं। उनके पास एक पिस्तौल और एक छोटी-सी तलवार है। और भी लिखता, किन्तु बहुत लिखने का मन नहीं कर रहा है। पैदल चलने से थक भी गया हूँ।

तिब्बत में गदहेवालों का कायदा खच्चर वालों से अलग ही है। जहाँ खच्चर वाले 9-10 बजाकर चलते है, वहाँ गदहेवाले दो-तीन घंटा रात रहते ही चल देते हैं। गदहेवाले गाँव में ठहरना भी नहीं चाहते, क्योंकि वहाँ उन्हें चारे के लिए दाम देना पड़ता है। हम लोग चाहते नहीं थे, कि पटना और प्रयाग के म्यूजियम की चीजों तथा अपनी जान को लेकर गाँव से दूर पड़े रहें। खैर! हमारे गदहेवाले बड़े ही भलेमानुस निकले। इनाम-अकराम देने पर भी यदि तिब्बत में आदमी भलामानुस निकल जाय तो उसका शुक्रगुजार होना चाहिए। उन्होंने हमारी बात मान कर ही गङ् के गाँव में रहना स्वीकार किया था।

गङ् से दो घंटा रात रहते 5.30 बजे ही चल पड़े। यद्यपि शुक्ल पक्ष की परिवा होने से रात अँधेरी थी, तो भी तारे काफी उजाला दे रहे थे। ल्हासा 31 अक्षांश उत्तर है, इसलिए उत्तर ओर ध्रुव तारा उतना ही ऊपर क्षितिज में दिखलाई पड़ रहा था। एक बार मृगशिरा के खटोले ने अपनी ओर ध्यान आकर्षित किया और दिल ने चाहा एक बार अपने परिचित तारों की ओर ख्याल करें, किन्तु वह तो ठहर कर

ही हो सकता था। हाँ! सूर्योदय से पूर्व ही पूर्व की पहाड़ियों पर एक प्रकाशमान तारा दिखलाई पड़ा, जो शायद शुक्र था, उसने पर्याप्त रोशनी दी। जानते हो हम तिब्बत की रात को सफर कर रहे थे, जहाँ कि दिन में भी अकेले-दुकेले आदमी की जान जाना बिलकुल मामूली बात है। 9.30 बजे हमारे गदहे ल्हासावाली नदी के तट पर ठहराये गए। उन्हें पहाड़ पर घास चरने के लिए छोड़ दिया गया और हम लोग भी अपनी पेट-पूजा में लग गए। धूप बड़े कड़ाके की थी। छाता लगाये बिना गुजारा न था। राहगीर ने कहा—"आपका साथी मंगोल भिक्षु आगे जा रहा है, वह पूछ रहा था—खच्चर पर चढ़े भारतीय भिक्षु क्या आगे मिले?" अब मालूम हुआ कि—जिन्हें हमने खच्चरों के लिए ठीक किया था, खच्चरों के लौटा देने पर भी वह हजरत आगे बढ़ते जा रहे हैं।

हम लोग दो बजे फिर रवाना हुए। कुछ धूप भी थी और इधर शरीर में थकावट मालूम हो रही थी। हिम्मत तो खैर अब भी पैदल चलने के लिए थी, किन्तु प्यास बहुत लग रही थी। शाम को द्जड स्मङ् गाँव में पहुँचे तो बुखार आ गया। रात को कुछ नहीं खाया। मकान वैसे अच्छा था, किन्तु बत्ती बालने के बाद ही से शरीर का कोई-कोई भाग चुनचुनाने लगा। पहले उधर ख्याल नहीं गया। सब लोग सो गए। हम भी लेटे। अब सारे शरीर में चुनचुनाहट हो रही थी। उठने में आलस-सी थी। लेटे-लेटे सोच रहे थे—पिस्सू हैं या खटमल किन्तु और देर तक मन बहलाव करना मुश्किल था। टार्च उठाकर देखा—दीवार सिरहाना और दाहिनी बगल दोनों ही लाल चलित बिन्दुओं से सुशोभित हो रहे हैं। आ खटमल दादा! तुम पहुँच गए! हाथ को बदन की एक चुनचुनाहट पर फेरा तो मालूम हुआ, पिस्सू भी। अब क्या किया जाय? थोड़ा-सा ज्वर भी था ही, तो भी हमने खुली छत पर सोना ही अच्छा समझा। धर्मवर्द्धन को भी नींद नहीं आ रही थी। उसे जगाया और अपना बिछौना लेकर हम छत पर पहुँचे। तो भी, बिछौने-ओढ़ने में दोनों जाति के काफी सज्जन चले आए थे, इसलिए रात को नींद अच्छी तरह नहीं आई।

हाँ, ज्वर के आगमन से यह मालूम हो गया था, कि कल पैदल नहीं चला जाएगा। खोजने पर छु-सुर् भर के लिए एक घोड़ा मिल गया। ल्हासा से चलते वक्त कुशो तन्दर (ल्हासा के तार अफसर) को सूचित कर दिया था, फिर खच्चरों को लेकर लौटनेवाले सुखयोगी से भी सब बात कह देने को कह दिया था। छु-सुर् के तार-घर (यहाँ लाइन देखने के लिए टेलीफोन मात्र है) में पहुँचते ही मालूम हुआ कि कुशो तन्दर ने फोन कर दिया था और यहाँ के सज्जन ने कल सवेरे के लिए दो घोड़े भी तैयार कर लिये हैं। किन्तु हमें तो आज ही चल देना था। ज्वर के आते ही अब ख्याल होने लगा, शीघ्र-से-शीघ्र आगे पहुँचने का। ऐसा न हो कि कहीं रास्ते ही में रुक जाना पड़े। खाने की तो भूख नहीं थी और ज्वर भी था। तो भी शरीर में ताकत कायम रखने की भी अत्यन्त आवश्यकता थी। नहीं तो दो बड़ी-बड़ी जातों को पार

कर आगे पहुँचना, हँसी-ठट्ठा नहीं था। उसी समय भगवान् कृष्णचन्द्र आनन्दकन्द के वचनानुसार परम सात्त्विक शुक्लाम्बरधरं विष्णुं शशिवर्ण का ध्यान आया। दूध में मिलाया तो गया चार श्वेत शालग्रामो को किन्तु हम तिहाई दूध भी नहीं पी सके। दो बजे रवाना हुए, एक दूसरे घोड़े पर। थोड़ा ही आगे बढ़ने पर कोन्-चोग् लौटते मिले। मालूम हुआ, वे सब घाट तक पूछने गए थे। बड़ा अफसोस हुआ कोन्-चोग् की परेशानी के लिए। उसको कुछ पैसा दिया, कुछ सांत्वना की बात कही, फिर कोन्-चोग् ल्हासा की ओर, और हम आगे की ओर। थोड़ी दूर आगे बढ़ने पर दिल में व्यथा होने लगी—कोन्-चोग् को कुछ और पैसा देना चाहिए था। बड़ा ही भलामानुस था। लेकिन अब तो वह दूर चला गया था।

रात को से-म-थोब् गाँव में रास्ते ही पर ठहरे। कल रात के अनुभव ने बतला दिया था कि घर में रहने से पेड़ के नीचे रहना अच्छा है। पेड़ के नीचे ही डेरा पड़ा और बड़े आराम से सोये।

हाँ! यह मालूम होना चाहिए कि छु-सुर् से डेढ़ मील चल कर हम दूसरे रास्ते जा रहे थे। पहले हमारा जाना खम्-वा-ला (जोत) से हुआ था। बरसात में छु-वो-रि के दास का छक्-सम् घट बन्द हो जाता है, क्योंकि नदी की धार का वेग और विस्तार बढ़ जाता है, और उसमें काठ का चौकोर डोंगा नहीं चलाया जा सकता। छु-वो-रि (पहाड़) के उस पार देखा। यह खास भारत से आया पहाड़ है ऐसा सभी भोटवासियों का विश्वास है और हम भारतीयों को भी देशभक्ति के नाते उसे स्वीकार ही करना चाहिए। इस पर्वत की उसी तरह परिक्रमा की जाती है, जैसे चित्रकूट की। इसके चारों ओर एक सौ आठ विहार, एक सौ आठ चैत्य और एक सौ आठ चश्मे बतलाए जाते हैं।

11 सितम्बर (1134) को फिर रात रहते ही चल दिया। कुछ देर में रास्ते में दो महान् स्तूप दिखाई पड़े। अनुराधपुर के रत्नमाल्य जितने तो नहीं, तो भी बहुत ऊँचे हैं। दिन होता तो और देखते और फोटो भी लेते। ये बिलकुल बेमरम्मत हैं। आगे व-खोर का मठ मिला, फिर छोस्-सकोर्-यङ्-चे का बहुत ही विशाल विहार जिसके पास में सफेदे के कितने ही बड़े-बड़े बाग भी हैं। इन विशाल मठों और उनके निवासी भिक्षुओं को देख कर चित्त को खेद होता है। भोटवासियों को उन्होंने ही बहुत-से दुर्गुण सिखलाए हैं। भोटवासियों के लिए तब तक भले दिनों की आशा नहीं, जब तक ये इतनी संख्या में मौजूद रहेंगे। दाल में नमक स्वाद को बढ़ानेवाला होता है, किन्तु उसका खास परिमाण है। यदि दाल के भाग को भी नमक ही ने ग्रहण कर लिया, तो फिर वह दाल क्या खाने की रहेगी?

आगे रास्ते में चलते एक पत्थर का खम्भा मिला। भोट सम्राटों के लेख-स्तम्भों के बारे में कुछ जानकारी होने से उसे तुरन्त ही पहचान लिया, और गौर से देखने पर दो ओर कुछ पंक्तियाँ भी दिखाई पड़ीं। छापा लेने भर के लिए समय न था।

9 बजे ब्रह्मपुत्र के धार पर पहुँचे। घंटे भर के इन्तिजार के बाद चमड़े की नाव (=क्वा) मिली और पार हुए। गाँव में तीन बजे तक रहना पड़ा, तब नम्-प शिवा के लिए दो घोड़ों और दो बैलों का इन्तजाम हुआ। रहने के लिए एक बड़े जमींदार के यहाँ इन्तिजाम हुआ। एक आदमी ने अपनी फूली नाक की दवा माँगी। टिंचर-आयोडीन लगा दिया। फिर क्या था, उस पाँच-छह घर के गाँव से पाँच-छह मरीज आ पहुँचे। तीन औरतों के फोड़े-फुन्सियों का असल कारण तो आतशक था। तिब्बत में, खासकर भारत और ल्हासा के बीच के रास्तों में यदि कोई डॉक्टर आए तो उसे सबसे अधिक रोगी गर्मी और सुजाक के मिलेंगे।

आज सवेरे सात बजे हम ञब-शो-ला की ओर चले। पहले आसान चढ़ाई ने उत्साह बढ़ाया, किन्तु आगे फिर दाँत खट्टे होने लगे। साथ ही आज वर्षा भी होने लगी। भोट देश की जोतें तो खून और डकैती के खास स्थान हैं। बड़ी सावधानी से जाना पड़ता है। ञब-शो-ला की चढ़ाई कड़ी है और दूर तक है। धर्मवर्द्धन को ऊँचाई के कारण हिचकी-सी आने लगी। हमने कहा एक अंडा निकाल कर खाओ। खाने के साथ ही बन्द हो गई। जोत पर पहुँच कर हमें एक ओर बीरी और सफेदे के वृक्षोंवाली ब्रह्मपुत्र उपत्यका दिखाई पड़ रही थी, और दूसरी ओर वृक्षों से सर्वथा शून्य नीलम जैसे पानीवाले युम्-डोक् सरोवर की तटी। इधर उतराई बहुत दूर तक समान-सी है। फिर कुछ कड़ी-सी। हम तो आज सारी उतराई पैदल ही आए। दो दिनों तक प्राय: उपवास ही रहा। हाँ, शरीर में शक्ति रखने के लिए कल ही एक दर्जन अंडों का फलाहार हुआ था और आज भी चलने से पूर्व तीन। उन्होंने काफी ताकत दी। आज रात को भात बनवा कर खाया, साथ में कुछ सूखी मछलियों का सालन था। अन्न मीठा लगा।

5.30 बजे शाम को पे-दे-जोड़ पहुँचे। तार घर (यहाँ भी टेलीफोन मात्र) पहुँचने पर मालूम हुआ, कृपालु कु-शो तन्-दर् ने यहाँ भी मदद देने के लिए सूचना दे रखी है। यहीं यह पत्र लिख रहा हूँ। मालूम हुआ, कल नङ्-चे से सर चार्ल्स बेल यहाँ आ रहे हैं। वह सम्-ये आदि को देखने के लिए इस वृद्धपन में भी विलायत के आराम को छोड़कर आ रहे हैं। हो सकता है, कल रास्ते में भेंट हो। चार दिन में ग्यान्चे तो पहुँच सकते, किन्तु यदि सवारी बार-बर्दारी का प्रबन्ध होता तब ना। आज इतना ही।

× × ×

न-ग-र्चे 13-9-34

युम्-डोक् सरोवर की यह उपत्यका बहुत ठंडी है। ऊँचाई 14000 फीट से क्या कम होगी। इसीलिए यहाँ सर्दी से बचने का काफी इन्तिजाम करना पड़ता है। हम लोग

आज भिनसारे छह बजे ही चल पड़े। वैसे सीधा रास्ता होता तो न-ग-र्चे तीन-चार घंटे से अधिक का रास्ता, हमारे सुस्त साथियों के लिए भी न था, किन्तु झील की एक घुमाव के साथ एक बड़ी दुम एक ओर बढ़ जाती है, जिससे 6-7 मील का चक्कर पड़ता है। इस दुम के साथ आगे को ट-शी-ल्हुन्-पो का रास्ता गया है। प्राय: एक दिन आगे जाने पर रोङ् प्रदेश है, जहाँ पर 11 वी सदी में भारतीय पंडित सूक्ष्म-दीर्घ कितने ही समय तक रहे थे। यहाँ के डक्-पा नामक परिवार में 15वीं शताब्दी के 35 सुन्दर चित्रपट हैं। बहुत इच्छा तो थी जाने की, किन्तु चित्र लेने का कैमरा ग्यांची में पड़ा है।

जाड़े के दो महीनों तक झील जम जाती है, फिर लोगों को इस दुम की परिक्रमा करनी होती है।

हमारे घोड़े नम्-प-शिव तक के लिए थे। जब वह एक मील करीब रह गया तो सर चार्ल्स बेल और उनके साथी मिले।

उन्होंने अपने ही घोड़े को खड़ा कर दिया और कहाँ से आते हैं, किस काम से गए थे पूछा। पहले वह हिन्दी ही में बोलते रहे। मुझे कितनी ईर्ष्या हो रही थी। कहाँ यह सत्तर वर्ष का मुट्ठी भर हाड़ हिमालय के इन दुर्गम पहाड़ों को पार करने की हिम्मत कर रहा है, और कहाँ हमारे नौजवान। इसमें शक नहीं उनके पास पचीसों घोड़े-गदहे, सामान हैं, और नौकर भी, किन्तु वह तो हमारे धनी नौवजान भी कर सकते हैं; उनसे हिमालय की कठिनाइयाँ शून्य के बराबर नहीं की जा सकतीं। बेल साहेब को तिब्बतवाले बेल्-लुन्-छेन् कहते हैं। लुन् छेन् भोट शासक दलाई लामा के बाद दूसरा पद है। इस पदवी को सर चार्ल्स के मित्र स्वर्गीय दलाई लामा ने प्रदान किया था। सर चार्ल्स ने जब दलाई लामा के मरने के पहले एक बार फिर तिब्बत और ल्हासा देखने की इच्छा प्रकट की, तो उन्होंने स्वीकृति दे दी। सर चार्ल्स अपने पुराने मित्र को न देख सके इसका अफसोस उन्हें जरूर होगा। उनके साथ चलचित्र लेने का कैमरा भी है। बेल साहेब की दो पुस्तकें पहले भी तिब्बत के लिए सबसे अधिक जानकारी देती हैं। इस यात्रा से भी बाहर की दुनिया को तिब्बत के बारे में बहुत कुछ जानने को मिलेगा। सर चार्ल्स ने कुछ रुपये देने चाहे, जिसे मैंने धन्यवादपूर्वक अस्वीकार कर दिया।

प्राय: बीस मिनट तक घोड़े पर चढ़े-ही-चढ़े बात करके हम लोगों ने अपना-अपना रास्ता लिया।

नम् प-शि-व के चो-ला (भाई जी) ने ग्यांची के लिए खबर न देने के बहाने खोज लिये। आखिर चार घंटे विश्राम के बाद न-ग-र्चे तक का प्रबन्ध कर दिया और हम यहाँ पहुँच गए। कु-शो तन्दर की सूचना के अनुसार यहाँ के भी तारघर वाले सज्जन ने रहने आदि का प्रबन्ध कर रखा था। घोड़े भी मिल ही जाते यद्यपि कुछ महँगे। किन्तु, सौभाग्य से आज नेपाल-राजदूत ग्यांची से यहाँ पहुँचे और उनके

पहुँचानेवाले घोड़े आसानी से मिल गए। परसो तक ग्यांची पहुँच जाएँगे।

× × ×

ग्यांची
16-9-34

कुछ तरद्दुद तो हुआ, किन्तु न-ग-र्चे से रा-लुङ् के लिए चार घोड़े मिल गए। किराया भी आठ आना घोड़ा के करीब पड़ा। घोड़ेवाले नेपाली वकील को पहुँचाने के लिए बेगार में आए थे। आज ही उन्हें घर लौट जाना था, जो कि 35-36 मील पर था। 5 बजे सुबह ही को अँधेरे में हमें कूच कर देना पड़ा। चलने के वक्त भी आसमान में बादल छाये हुए थे। सुबह होते-होते तो बूँदें भी पड़ने लगीं। हम लोग चौदह हजार फीट के ऊपर जा रहे थे, ऊपर से बूँदा-बाँदी, फिर सर्दी क्यों न लगे। हमको ज्यादा चिन्ता थी म्यूजियम की चीजों और पुस्तकों की। हमारे घोड़ेवालों की चले, तो वे उसे दैव पर छोड़ दें। किन्तु हमने आग्रह करके उन्हें बरसाती और नमदा से ढकवाया। पहाड़ के ऊपरी हिस्से पर उसी समय बर्फ पड़ रही थी। 10 बजे के बाद तक यही समाँ रहा। साढ़े ग्यारह बजे के करीब हम खा-रू ला जोत् पर पहुँचे। ल्हासा से ग्यांची तक पाँच-पाँच मील पर सरकार ने डाकियों के लिए घर बनवा दिये हैं। एक डाकवाले का घर जोत से बिलकुल लगा हुआ है। 16 हजार फीट पर यह मकान है। इतनी ऊँचाई पर रहनेवाले तथा पैदा होनेवाले आदमियों पर उसका असर जरूर होता है। आजकल ही यहाँ हाथ-पैर ठिठुर जाते हैं, फिर जाड़ों की बात ही क्या, और ये लोग बारहों मास यहीं रहते हैं!

हम लोगों के पहुँचते ही डाकिये की अधेड़ स्त्री ने, जो अपने पति से उम्र में दूनी से क्या क़म रही होगी, आकर हमारे घोड़ों को पकड़ा। घर की छत बहुत नीची है और वह सारी धुएँ से काली है। हम लोगों के आसन पर बैठते ही उसने आग बाल दी। चाय की देगची चढ़ा दी। हमारे हाथ-पैर सुन्न हो रहे थे। थोड़ी देर में गर्माहट पैदा हो गई। बिस्कुट और न-ग-र्चे से लाए सूखे भेड़ के मांस का फलाहार शुरू हुआ। खौल जाने पर खूब आड़े हाथ मक्खन डालकर चाय बनाई गई और फिर लगे प्याले ढलने।

भोजन और विश्राम कर हम फिर चले और 4 बजे शाम को रा-लुङ् के तार-खङ् में पहुँच गए। हम सोच रहे थे, यहाँ पर भी कोई चो-ला होगा। किन्तु पूछने पर एक स्त्री ने कहा—मैं ही तार भेजनेवाली हूँ। उनको कु-शो तन्दर के अतिरिक्त न-गर्चे के बाबूला (बाबू जी) ने भी हमारे बारे में फोन कर दिया था। इस वक्त घोड़े तैयार न थे, अन्यथा आज ही (17-9-34) हम रा-लुङ् मठ हो आते।

रा-लुङ् का तार-खङ् पुरानी चीनी चौकी में है। चीन से तिब्बत निकल जाने

पर उनकी बहुत ही कम चीनी इमारतें रख छोड़ी गईं। शत्रुता के कारण सभी को भोटिया लोगों ने नष्ट-भ्रष्ट कर दिया। रा-लुङ् भी काफी ठंडी जगह है, यह तो इसी से मालूम होता है कि उसके बहुत नीचे तक कोई वृक्ष नहीं जम सकता। रात को ग्यांची के लिए चार घोड़ों की बात चलने लगी, तो भी कोई निश्चय न हो सका। इतना पक्का हुआ था, कि कल हम लोग रा-लुङ् मठ देखने जाएँगे।

सवेरे (15-9-34) चार घोड़े ठीक हुए। हम लोग दो घोड़ों पर रा-लुङ् मठ की ओर चले, जो कि तीन मील से कुछ ऊपर है। रास्ता बहुत चढ़ाई का नहीं है। इस मठ को तेरहवीं सदी के आरम्भ में ग्योन-रस्-धर्म दोर-सेङ् (1177-1236 ई.) ने स्थापित किया था। इसका सम्बन्ध विक्रमशिला के सिद्ध नाडपाद के शिष्य मर्-वा के कर्-ग्युद्र-पा सम्प्रदाय से है। हमे किसी ने बतलाया था, रा-लुङ् मठ में तालपत्र की पुस्तकें तथा कुछ पुरानी मूर्तियाँ मिल सकती हैं। हम नौ बजे के करीब मठ में पहुँचे। मठ पहाड़ के मैदान में है। इस मठ की विशेषता यह है कि यहाँ भिक्षु और भिक्षुणियाँ दोनों एक साथ रहते हैं और दोनों अधिकतर इसी मठ में पैदा हुए हैं। कौन किसका पुरुष और कौन किसकी स्त्री इसका बड़ा कोई कड़ा नियम नहीं है। भिक्षु 70 के करीब होंगे और भिक्षुणियाँ सौ से अधिक। भिक्षुणियाँ बाल निकली एक प्रकार की लाल टोपी लगाती हैं, जो खोपड़ी-सी चिपटी सिर की भाँति ही होती हैं। पुराना मठ किसी समय अच्छा बना था। इसमें दो तल्ले हैं। भीतर के खम्भे भी अच्छे हैं। किन्तु नीचे से ऊपर तक आजकल बिच्छू घास सुखाई जा रही है। इतना पुराना विहार होने पर भी लकड़ी की सीढ़ियों का न घिसना बतला रहा था, कि यहाँ बहुत दर्शनार्थी नहीं आया करते। हमारे पास समय बहुत कम था, क्योंकि आज ही हमें ग्यांची के लिए रवाना होना था, इसलिए पुजारियों और पुजारिनियों के आते ही हम दर्शन के लिए चल दिये। नीचे के तल में चार देवालय हैं। इसमें एक में मैत्रेय, दूसरे में बुद्ध और बाकी दो में पीतल की मूर्तियाँ हैं। मूर्तियाँ सुन्दर हैं। दीवारों पर किसी समय सुन्दर चित्र थे, जो मिट चुके हैं। बहुत-सी छोटी-छोटी मूर्तियाँ ऊपर के दो देवालयों में मुहर के साथ बन्द करके रखी गई हैं। रा-लुङ् के लामा शुरू से ही सिद्ध होते आए हैं, इसलिए साधनों के लिए उन्हें महामुद्रा की परम आवश्यकता ठहरी। पहले के बहुत-से लामों की पीतल की मूर्तियाँ ऊपर के एक देवालय में हैं।

हमने तालपत्र और मूर्तियों के सम्बन्ध में पूछा। मालूम हुआ, तालपत्र तो है ही नहीं, और मूर्तियाँ भी बिकाऊ नहीं हैं। भिक्षुणियों का आग्रह ठहरने का था किन्तु शीघ्र हम घोड़े पर सवार हो लौट पड़े। तार-खङ् में पहुँचने पर 11 बज गए थे। सामानवाले घोड़े अभी ही रवाना हुए थे। एक प्याला चाय पी, ईंधन आदि का दाम एक साङ् चुकाया, और फिर रवाना।

बरसात के कारण जगह-जगह रास्ता खराब हो गया है और कहीं खड़ी चढ़ाई चढ़नी पड़ती है, तो कहीं खड़ी उतराई। पहले हम बात कर रहे थे, आज ही ग्यांची

पहुँचने की, किन्तु अब वह दूर की बात थी। हाँ, हम लगातार चलते गए। रास्ते में दो बार वर्षा भी आई, और हमारे ऊपर के कपड़े भी भीग गए। एक जगह नदी के आर-पार सुन्दर इन्दधनुष उगा था। सौन्दर्य अद्भुत था। मालूम होता था दो पहाड़ों के स्तम्भ पर रंग-बिरंगा मेहराब लगाया गया है। अपने कैमरे में रंग न आने के ख्याल से दिल मसोस कर रह गया। आजकल सभी जगह खेत काटे जा रहे थे। काटनेवाले वाले स्त्री-पुरुष के गीत से सारी उपत्यका गूँज रही थी। और जगह देखने से समझ में आता है, कि भिन्न-भिन्न ऊँचाई पर फसल भी भिन्न-भिन्न समय पर पकती है, किन्तु आज ल्हासा, न-गर्चे और इधर एक साथ ही पक गई है। कारण शायद शरद का आगमन है। सर्दी से अब वृक्षों की पत्तियाँ पीली पड़ने लगी हैं।

आखिर हम गोव-शि के उस स्थान पर आए, जहाँ राजनाथ के खच्चरों ने ठोकर खाई थी, और वह एक चट्टान पर छाती के बल गिर गए। छाती में इतनी चोट आई कि थोड़ी देर तक वह अर्द्धमूर्च्छावस्था में रहे। उस समय उनके और मृत्यु के बीच चार अंगुल का फासला था। यदि उतनी ही चोट छाती की बाईं ओर लगती, जिधर कि कलेजा है, तो बस खातमा था। पहले फ-री के पास भी खचरी के भड़कने से वह गिर पड़े थे। उस समय रस्सी की रिकाब उनके एक पैर में फँस गई। खचरी जोर से भागती गई। प्राय दो फर्लांग तक वह घसिटते गए। संयोग से भूमि बराबर सी थी, उसमें पत्थर न थे और अचानक राजनाथ के हाथ के खचरी के पैर में पड़ने से वह गिर पड़ी। उस वक्त तो मृत्यु से कुछ मिनटों का फासला था। पहली घटना से मैं चिन्ता में पड़ गया था। फ-रो पहुँचने पर उनके एम. ए. का परिणाम मालूम हुआ कि वह प्रथम श्रेणी में प्रथम हुए। बतलाओ! यदि कोई अनिष्ट हो जाता, तो दिल में सदा के लिए कैसा एक काँटा सा चुभा रहता। और उन माता-पिता और बेचारी स्त्री की क्या दशा होती? मेरा दिल तो यह सब सोचने में आज भी घबराने लगता है। यही कारण था, ल्हासा पहुँचने से पहले ही मैंने निश्चय कर लिया था कि किसी अच्छे साथी के मिलते ही उन्हें लौटा दूँगा। छु-सिन्-सा के मालिक साहु ज्ञान मान जब नेपाल लौट रहे थे, तब मैंने राजनाथ के संकोच का कुछ भी न ख्याल कर उन्हें भारत लौटने की कड़ी सम्मति दी, और मेरी साँस तब तक ऊपर टँगी-सी थी, जब तक उनका तार कलिम्पोङ् से आ नहीं गया।

अँधेरा होते-होते हम एक पाँच-छह घर के गाँव छँवा में पहुँचे। कुत्तों के हाँव-हाँव ने हमारा स्वागत किया।

16 को सवेरे ही सामान धर्मवर्द्धन के साथ छोड़ हम आगे चल पड़े और साढ़े आठ बजे ग्यांची पहुँच गए। डेढ़ मास की डाक पड़ी थी। तुम्हारा भी पत्र था और जगदीश का भी। उत्तर में छब्बीस चिट्ठियाँ लिखनी थीं। रात को तीन बजे तक जागते रहे। कल ही 'विज्ञप्ति' के आए प्रूफ को भी देख डाला। आज सभी चिट्ठियाँ और ल्हासा में संग्रह की गई चीजों के 22 पार्सल डाक में डाले जाएँगे।

हाँ, श्री प्रशान्तचन्द्र चौधुरी आई.सी.एस. ने पुस्तकों के फोटो के लिए एक अच्छा कैमरा और बारह दर्जन फिल्में भेजी हैं। अब स-क्य की यात्रा में उन्हें ले जाना है। शायद अखबारों में तुमने गृध्रकूट को खोज निकालनेवाले श्री चौधुरी का नाम पढ़ा होगा। पंजाब में हिन्दी के प्रथम पुजारी श्री नवीनचन्द्र राय की पुत्री श्री हेमन्त कुमारी चौधुरानी को तुम जानते ही हो, प्रशान्तचन्द्र उन्हीं के पुत्र हैं। वंशानुगत गुण जानते ही हो। पिता से पुत्री में और उससे फिर उनके पुत्र में तिरछी चाल से चलता है। इस प्रकार चौधरी महाशय में गुण जरूर आने चाहिए। वह विद्वता के साथ बड़े विद्याव्यसनी हैं। और सबसे उत्तम बात तो यह है, कि अभी तक उन्होंने विवाह की फाँसी अपने गले में नहीं डाली।

× × ×

टशीबु
23-9-34

प्रिय आनन्द,

प्राय: एक सप्ताह की प्रतीक्षा ग्यांची में करनी पड़ी। वहाँ से संगृहीत चीजों को पंडित ब्रजमोहन व्यास (प्रयाग म्यूजियम) और जायसवाल जी (पटना म्यूजियम) के पास डाक से भेज दिया। ग्यांची में जितने दिन रहे, ज्वर और कब्ज की शिकायत बनी रही। दोस्तों ने सलाह दी, यहाँ रह कर अस्पताल की दवा कराके चंगे होकर फिर जाइए। मैंने कहा—"जाड़ा सिर पर आ रहा है। दरख्तों की पत्तियाँ पीली पड़ रही हैं। दवा कराने का मतलब है सबसे आवश्यक जिन मठों का दर्शन है, उससे वंचित हो जाना। चलने पर बीमारी अपने दूर होती रहेगी।" जितनी ही हम जल्दी कर रहे थे, उतनी ही खच्चरों के मिलने में देरी हो रही थी। आखिर दूने से भी ऊपर किराया देने पर तीन पोङ्-डे (गदही में घोड़े की औलाद) मिले।

कल 9 बजे हम लोग रवाना हुए। पहले तीन बार नदी के बायें से गए थे, अबकी बार हमने दाहिने का रास्ता लिया। सरकारी डाक का रास्ता भी इधर से ही है। आज हमें सपोस्-खङ्-छोग्-पा पहुँचना था। धर्मवर्द्धन के खच्चर पर पीठ पर न चारजामा था, और न लगाम। एक बार तो उन्होंने हिम्मत ही हार दी। खैर, कहने-सुनने से फिर सवार हुए। पोङ्-दे देखने में छोटे मालूम होते हैं किन्तु बड़े मजबूत हैं। 3 डाक से अधिक चल कर 18वें मील से हमारा रास्ता दाहिनी ओर घूमा। सपोस्-खङ् का मठ 21 मील से कम न होगा। हम लोग शाम होते-होते पहुँच गए। लामा द्बु-मजद् ल्हासा में मिल चुके थे। स-क्या-पो भिक्षुओं को अब तक मैंने सहृदय पाया था। यहाँ के भिक्षु बु-सतोन-पा होने से यह स-स्क्य-पा की एक शाखा ही है। लामा ने अच्छा स्वागत किया।

यद्यपि विक्रमशिला के अन्तिम नायक कश्मीरजन्मा महापंडित शाक्यश्रीभद्र यहाँ स्वयं नहीं आए थे, किन्तु पीछे उनकी परम्परा के कोई लामा पुरानी वस्तुओं को लेकर यहाँ आ गए। मुझे पता लगा था, कि यहाँ कुछ तालपत्र की पुस्तकें हैं, और उन्हीं के लिए यह प्रयास था। लामा से पहले मतलब ही की बात की। उन्होंने कहा पुस्तकें अवश्य सवेरे मिलेंगी। श्री प्रशान्तचन्द्र चौधुरी का भेजा कैमरा और बारह दर्जन फिल्में ग्यांची में मिल गए थे।

यहाँ, ग्यांची से इतने समीप इतनी प्राचीन वस्तुएँ देखने को मिलेंगी, यह आशा बिलकुल न थी। सवेरे कायदे के मुताबिक, 8 साङ् (दो रुपये से कुछ अधिक) अर्पण कर चीजों के दर्शन की अनुमति माँगी। आठ बजे तीनों पुस्तकें आ गईं। एक पुस्तक में तो प्रज्ञापरमिता (अष्टसाइस्त्रिका, व्याकरण) तथा कुछ और पुस्तकों के कितने ही पन्ने थे। दूसरी पुस्तक का तालपत्र अधिक सुरक्षित है। इसमें कुछ सर्वास्तिवादीय सूत्रों पर सर्वास्तिवादी शाक्य भिक्षु अश्वघोष की टीका है। इसी में अश्वघोष की परिकथा है। पुस्तक खंडित है। इन दोनों तालपत्र की पोथियों के अतिरिक्त एक पोथी कागज पर है जो संवत 1310 में लिखी गई थी। पोथी में मैत्रेयकृत मध्यान्त विभंगकारिका, मध्यान्तविभंगसूत्र और अभिसमयालंकार है। अभिसमयालंकार को आचार्य शेरबास्की सम्पादित कर चुके हैं, इसलिए बाकी दो पुस्तकों के फोटो लिए। पुस्तकों के फोटो का यह प्रथम प्रयास है, इसलिए सफलता के बारे में कुछ नहीं कहा जा सकता। कुछ रखने का अच्छा चौखटा न होने से फोटो लेने में काफी देर हुई। समझा था, मन्दिर देखकर चल देना होगा। विहार में गए। यहाँ महास्थविर शाक्यश्रीभद्र की एक छोटी-सी आसीन मूर्ति, जो उनके सामने ही बनाई गई थी, 6-7 अँगुल से बड़ी न होगी। नाक तोते जैसी और बहुत बड़ी है। चौखटे में मढ़ी एक देवी का चित्र भी है, जिसे यहाँ वाले खास नागार्जुन के हाथ की बतलाते हैं। मूर्ति के दाहिने हाथ में त्रिशूल, नीचे सिंह और बाईं ओर एक स्त्री मूर्ति है। यह चित्र भारतीय है, इसमें तो सन्देह नहीं। सब का फोटो लिया।

इतना हो जाने पर समझा था, अब काम समाप्त हो गया, और खच्चरवाले सज्जन को कह भी दिया, खच्चर तैयार करो, किन्तु हमारे मित्र ने कहा—"अभी लामा के पास चलना है।" दो-तीन चाय के प्याले मुँह में डाले होंगे, कि दो चमड़े से मढ़ी पेटियाँ रख दी गईं। अब भी हमारा ध्यान उधर आकर्षित न हुआ था। फिर एक पेटी खोलकर धीरे से एक चित्रपट हमारे पास के खम्भे पर टाँग दिया गया। नजर उधर पड़ते ही मैं तो चिहुँक पड़ा। अरे, यह तो भारतीय चित्र है। बारहवीं सदी का!! अमोघपाश लोकेश्वर का सुन्दर चित्र!! आकृति कुछ त्रिभंगी। कैमरा बन्द कर चुके थे; किन्तु, धर्मवर्द्धन की भी राय हुई, जरूर फोटो लिया जाए। यदि समय होता तो धर्मवर्द्धन को कापी करने के लिए कहता।

फिर उसी बक्स में से, मदारी की झोली की भाँति एक-एक चीज निकलने

लगी। यह क्या?—ये शाक्य श्रीभद्र के तीन चीवर हैं। रंग भूरापन लिये हुए लाल। बुनाई, सिलाई बारीक। यह क्या? यह विक्रमशिला के उस महास्थविर का भिक्षापात्र। लोहे का, आकार में मझोला, भीतर सफेद कलई-सी। इसी में लोहे के फंदे पर मढ़ा जल-छक्का भी है। और यह?—यह उनका जूता है। एक ही है। सारा कपड़े का बना, पनही के आकार का। किनारों पर और नीचे काले रंग की वार्निश सी। जिस वक्त मैं ये पवित्र चीजें देख रहा था, मेरे शरीर के रोम खड़े हो रहे थे। इसी बक्स में तत्कालीन भोट-देशीय कुछ आचार्यों के भी जूते, भिक्षापात्र तथा दूसरी चीजें थीं। महास्थविर शाक्यश्रीभद्र 1203 ई. में आकर तिब्बत में 8 वर्ष रहे थे।

फोटो लेने के लिए बाहर जाने के वक्त दूसरी लम्बी पेटी को बन्द ही देखा। मालूम हुआ, इसमें चित्रपट हैं। खोलने पर वे तो दो दर्जन से भी अधिक निकले। इतना समय भी न था। मैं तो कुढ़ रहा था, क्यों मैंने यहीं तक का किराया नहीं किया। आखिर, आँख मूदकर उसमें से एक चित्र धर्मवर्द्धन ने, एक मैंने और एक मेरे परिचित लामा ने निकाला। ओहो! कितने सुन्दर चित्रपट हैं!! तिब्बत के बने, किन्तु, भारत की पूरी छाप। जरूर ये चित्र चौदहवीं शताब्दी से इधर के नहीं हो सकते। ऊपर छत पर जाकर दो-तीन फोटो लिये, और फिर मित्रों से विदाई ली।

चार बजे पोइ-खङ्-छोग्-पा (यही उच्चारण है) मठ से विदा हुए। भोट-देश की यात्रा की कठिनाइयों से चित्त हिचकता तो जरूर है, किन्तु फिर भी एक बार यहाँ आने की हिर्स लेकर ही विदा हुआ। सूर्यास्त के कुछ पूर्व रास्ते के एक गाँव में पहुँचे। और यहीं ग्य-गर-लामा (भारतीय गुरु) ने रात को बसेरा किया।

× × ×

शि-ग-र्चे
25-9-04

ट-शी-बुसे 1.30 घंटा रात रहने ही चल दिये, क्योंकि आज सात डाक्-खङ् (35 मील) के करीब चलना था। खच्चर ने एक-दो जगह बोझे को पटक दिया, और फिर से लादने में अध-पौन घंटे चले गए। आजकल खेतों की कटाई है। लोग भिनसार ही से लग जाते हैं, इसलिए उनके शब्द जहाँ-तहाँ सुनाई देते थे। पूर्णमासी होने से चन्द्रमा सोलहों कला से उगे थे। चन्द्रमा के सामने होने से हमें उन्हीं का प्रकाश दिखाई पड़ता था। एक बार पीछे मुड़कर देखा, तो पहाड़ों की पीछे उषा की किरणें छिट रही थीं। सन्देह होने लगा—सूर्य के उग आने पर भी क्या चन्द्रमा इतना ही चमकता रहेगा। दोनों के चमकने पर एक बात होगी—हमारी छाया सिमटकर दोनों पैरों के नीचे छिप जाएगी। इसी तरह के फजूल के ख्याल दिमाग में चक्कर काट रहे थे।

आठ बजे के करीब मीलों लम्बी खेती के पार हो, हम पे-ना-जोङ् के नीचे

पहुँचे। जोङ् (किला) पहाड़ की बाँही पर बना है। दूर से देखने पर बहुत सुन्दर मालूम होता है। नीचे गाँव है, जो किसी समय बहुत बड़ा रहा होगा। भोट की तवायफुल्मलूकी के ज़माने में यहाँ भी कोई राजा रहा होगा। रास्ता गाँव के भीतर से है। बाँही की दूसरी ओर पहुँचने पर फिर दूर तक फैले हुए खेत दिखलाई पड़े। खेत कितने ही कट गए हैं। कटे हुए अनाज को डंठल समेत खेत में ही गंज कर दिया गया है। किन्हीं-किन्हीं खेतों में गेहूँ की लाल मुंडी बालें अब अभी खड़ी हैं। काम करते वक्त गीत गाने का शौक तिब्बत में आम है। एक खेत में पुरुष के सहित सिर्फ एक स्त्री काट रही है। देखा वह भी तान ले रही है।

कुछ मील और पार किये। एक गाँव आया। और फिर खड्ग विपाणकल्प एकचारिणी छोटी-सी पहाड़ी के ऊपर से नीचे तक ग-दोङ् का मठ पड़ा। दूर से देखने पर तो तिब्बत के मठों की इमारतें इन्द्रभवन को भी मात करती हैं। मठों के लिए क्या कहना है? ग्यांची से शि-ग-र्चे 60 मील से अधिक नहीं है। किन्तु नदी की दोनों ओर के मठों की संख्या सौ से अधिक बतलाई जाती है। सिवाय लोगों की मेहनत की कमाई को स्वाहा करने के इनसे लोगों को यदि कोई फायदा हुआ है तो वह है मिथ्याविश्वास और मिथ्या-आचार का भरपूर प्रचार।

दस बजे के करीब 2-4 घरों के एक टोले में पहुँचे। यहीं चाय-पानी करने की सलाह हुई। सफेदे और वीरी की छोटी सी बगीची में उतर पड़े। आड़े हाथ मक्खन डालकर केसरिया चाय तैयार की गई। खाने के लिए चूरा निकाला, तो दाँत ने कट किया। अब पत्थर को कौन चबावे। और था सत्तू और सूखा मांस। सत्तू चाय-चीनी-मक्खन डालकर चमड़े की थैली में मसला गया। फिर भेड़ की पिछली सूखी टाँग का टुकड़ा हमारी ओर बढ़ाया गया। चाकू से काट काटकर खाना शुरू किया, और पेट भर खाया। यह लिखना शायद भूल गया, कि इस यात्रा में कच्चे सूखे मांस के खाने का मैंने पूरा अभ्यास कर लिया है। पिछली फेन वो की स्मरणीय यात्रा में तो कई दिन तक हमारे मित्र ना-ती-ला छोटे-छोटे टुकड़े कर सुखाये चँवरी के मांस को खिलाते रहे। हम समझते थे, यह भेड़ का मांस है। साथ का मांस खर्च हो गया, तो रे-डिङ् के पहले के ल्ह-दोङ्-खङ् में उसने कहा—सूखा मांस खतम हो गया, यहाँ ताजा मांस मिल रहा है। हमने कहा—ले-लो, दो टाँग काफी होगा। उन्होंने कहा—नहीं, इतना क्या होगा? 4 साङ् का ले लेते हैं। खरीदकर आया, देखते ही मैं तो डर गया—अरे, यह तो चँवरी का मांस है। दोस्तों ने कहा—चंवरी का ही सूखा मांस तो इधर खाते रहे हैं। कुछ न पूछो, मुझे कहानी याद आ गई। बलिया जिले के नए बने आचारी बाप-बेटे मद्रास की ओर तीर्थ करने गए थे। वे एक दिव्य-देश में पहुँचे। दर्शन करके जाते वक्त लोगों ने कहा—जाते कहाँ हो, ठहरो, गोष्टी (भोजन-गोष्टी) होगी। पुंगल लेकर जाना। बेचारों ने समझा—पुंगल कोई भारी प्रसाद होगा। रात के वक्त अँधेरी शाला में कुछ टिमटिमाते चिराग जल

रहे थे, बेचारे देख न सकते थे। हाथ में पुंगल डाल दिया गया। पहले लड़के ने गफ्फा मारा, और चिल्ला उठा—अरे बाबू...धरम लेलें हो। अरे! ई त खिचड़ा हौ। बेईमनवाँ पुँगल-पुँगल कहत बाड़ें।

हमने नाती-ला से उलाहना दिया; किन्तु उन बेचारों का क्या दोष? नेपाली लोग तो चँवरी को गो जाति के भीतर गिनते ही नहीं। हमारे पुराने भारतीय कोषकारों से पूछा जाता, तो वे भी 'चमरी मृग' ही कहते। हमने कहा—धर्म चला गया। चमरी और गाय के संयोग से होनेवाली सन्तान का यदि आगे भी वंश चल सकता है, तो वह गो-जाति बाहर हो ही नहीं सकती। अब क्या करे? कितना अच्छा होता, यदि मेरे कहे मुताबिक धर्मवर्द्धन ल्हासा से वाराह भगवान् का कुछ शरीर-भाग लाए होते। फिर मेरा हिन्दूपन इतने दिनों तक मुझसे अलग तो नहीं होने पाता। लोगों ने भात और चमर-मांस पकाया था। कुछ सवेरे के लिए भी रख दिया। मैं रात को बहुतेरा समझाता रहा—जाने दो, अब तो हो गया। शायद सोने की लालच से या कैसे मन उस समय सहमत-सा जान पड़ा। सवेरे जब थाली सामने आई, मन में कान में धीरे से इतना ही कहा—कै हो जाएगी। आखिर, बाकी यात्रा निरामिष ही हुई।

हाँ, तो सूखे मांस और सत्तू का भोजन हुआ।

मेजबान बूढ़े-बूढ़ी ने अपनी काँच की मालाएँ ग्य-गर लामा के सामने पेश कीं, कि वह उन पर फूँक मार दे, जिससे जप अधिक पुण्यदायक हो। धर्मवर्द्धन की सिफारिश और अधिक माथापच्ची से बचने के लिए वैसा ही करना पड़ा।

धर्मवर्द्धन पहले से ही कुछ नास्तिक हैं, और बाकी कमी मेरे साथ पूरी हो जाएगी। 21वें वर्ष तक अपने जन्म-प्रदेश अमन्दा में वह अवतारी लामा के तौर पर रहे। पीछे उसे छोड़ बैठे। कहते थे—तिब्बत के लोगों में लामाओं के लिए भयंकर श्रद्धा है। लोग श्रद्धा के मारे उनका मूत्र तक पीते हैं। यह सत्तू या किसी और चीज में डालकर गोली के रूप में बाँटा जाता है। मैंने पूछा—और पाखाना? बोले—मिले तो वह भी। पिछली यात्रा से लौटने पर एक दिन बाबू शिवप्रसाद गुप्त ने यही बात पूछी थी। भनक उनके कान तक पहुँच चुकी थी। किन्तु न जानने के कारण मैंने उसे झूठ बतलाया था। पिछले दिसम्बर में दलाई लामा मरे थे। उनका शरीर कई महीनों तक नमक के भीतर रखा गया था। ल्हासा में सुना था—वह नमक-प्रसाद चुपके- चुपके कितने ही लोगों को प्राप्त हो चुका है। उस नमक की एक कनिका से लोक-परलोक के कितने ही पाप कट सकते हैं। बड़ी-बड़ी बीमारियाँ दूर हो सकती हैं।

चायपान के बाद चले। सामने पोङ्-गू-शर ला (जोत्) दिखलाई पड़ रहा था, इसे ला नहीं लाई (जोत्नी) कहना चाहिए। बहुत ज्यादा चढ़ाई-उतराई नहीं है। फिर कुछ आगे पोङ्-गू-नु-ब्-ला मिला। बादल उमड़ रहे थे। दूर टशी-लुन्पो के काले पहाड़ों पर बिजली भी कौंध रही थी; किन्तु हमारे पुण्य के प्रताप से वह हमारे पास आकर हल्के झोंकों और थोड़ी सी फुहार के रूप में परिणत हो गई। एक और बिना

नाम के लोप को पार कर ट-शी-ल्हुन्-पो का मठ दिखाई पड़ा। ग्यां-ची वाली नदी के पुल के पास एक पहाड़ी है। मालूम होता है जैसे अफ्रीका का हाथी सूंड़ आगे फैलाकर बैठा हो। पुल के उस पार ट-शी-लामा का उद्यान प्रासाद है। पूछने पर मालूम हुआ—उसका नाम कुन्-ख्याव-लिङ्-का है। मैंने कहा—लङ्-छेन्-लिङ्-का (गजोद्यान) नाम कहीं अधिक सार्थक होता।

सूर्यास्त होते-होते शि-ग-र्चे पहुँच गए। मामूली दिक्कत के बाद साहु मानबहादुर चन्द्रबहादुर की दुकान मिल गई। डेरा पड़ गया। शाम और रात को चाय पीने से मैं परहेज किया करता हूँ, क्योंकि उससे अधिक लघुशंका होती है। तो भी आज आग्रहवश कुछ प्याले चढ़ाने पड़े, यह जानते भी कि ऊपर छत पर, जहाँ पेशाबखाना है पास में एक काला कुत्ता बंधा हुआ है। रात को पेशाब लगी। जाने की हिम्मत न हुई। आखिर सारी अपूर्ण और दबी इच्छाओं को पूरा करने ही के लिए तो स्वप्न की सृष्टि है। रात को स्वप्न देखा—छत पर जा रहे हैं, और काला कुत्ता जंजीर तुड़ाकर ऊपर कूदना चाहता है।

आज सवेरे ट-शी लुन्-पो विहार में गए, जो कस्बे से लगा हुआ है। पहले बुशहरी रघुवीर को खोजना था। आसानी से मिल गए, और साथ लेकर मन्दिरों के दर्शन के लिए चल दिये। पहले टशी-लामा से चौथे टशी-लामा तक के शवागारो को देखा। कुछ और को भी। फिर ट-शी-लुन-पो के सबसे बड़े पंडित सम् लो-गे-शे (योन्-तन्) के पास पहुँचे। यह हमारे धर्मवर्द्धन के स्वदेशीय हैं, और दोनों एक-दूसरे के नाम से परिचित है। कुछ देर बात हुई। फिर फोटो खींचा। ग्यारह बजते-बजते आसन पर लौट आए।

सलाह तो थी, आज बहुत सवेरे चलने की, किन्तु सात बजे से पूर्व हम नहीं चल सके। ग्यांची से आए खच्चरों को ही दो-दो साङ् पर दो दिन के लिए किराया किया। अपनी पहली यात्रा में शि-ग-र्चे से श-लु तक की बात लिख आए हैं, इसलिए उसे दोहराने की जरूरत नहीं। रास्ते में एक घंटा खच्चरों को चरने के लिए छोड़ा गया और साढ़े ग्यारह बजे हम लोग श-लु मठ में दाखिल हुए। अपने पूर्व परिचित रि-सुर्-रिम्पो-छे के पास पहुँचे। साढ़े चार वर्ष बाद भी उन्होंने झट पहचान लिया। दिल खोल कर स्वागत किया। अपनी तीन पुस्तकें—अभिधर्म-कोश, भोट-भाषा की प्रथम पुस्तक, और भोट-भाषा व्याकरण उन्हें भेंट की। फिर तीन घंटे तक बीच-बीच में चायपान के साथ बातें होती रहीं। मैंने कुछ ही मिनट बाद पूछ डाला—यहाँ तालपत्र की कितनी पुस्तकें हैं? तुम जानते ही हो, पिछली यात्रा में 'वज्रडाकतंत्र' की तालपत्र की पुस्तक इन्हीं लामा ने प्रदान की थी। रि-सुर्-रिम्पो-छे ने मेरे प्रश्न के उत्तर में कहा—हाँ, कुछ तालपत्र की पोथियाँ यहाँ के गुहामठ में हैं। यहाँ के खन्-पो आचार्य और चार लामा से भी पूछना पड़ेगा। उन्होंने तुरन्त आदमी भेज दिया, और यह पक्का ठहरा, कि कल सवेरे मील भर दूरवाले विहार से वे पुस्तकें

यहाँ लाई जाएँ, जिन्हें मैं यहीं पढ़कर काम की पुस्तकों का फोटो ले सकूँ। धर्मकीर्ति के न्याय सम्बन्धी महाग्रन्थ—प्रमाण-वार्तिक के अन्तिम अनुवाद संशोधक इसी मठ के लो-च-व धर्म पालभद्र (जन्म 1527 ई.) थे। हम लोग सोच रहे थे—क्या इन पोथियों में प्रमाणवार्तिक की मूल प्रति नहीं हो सकती? अगर कहीं मिल जाए, तब तो यहाँ फोटो पर विश्वास नहीं करना होगा। लग कर उसे उतार कर ही चलेंगे। खैर यह बात तो कल की है।

दो बजे विहार के दर्शन के लिए निकले। श-लु विहार को 1040 ई. में जे-चुन्-शे-रब्-ब्युङ्-ग्नस् ने स्थापित किया था। इस प्रकार यह मठ आक्सफोर्ड और कैम्ब्रिज के पुराने मठों से कई सौ वर्ष पुराना है। मठ किसी समय अच्छी उन्नत अवस्था में थे। जिस मठ में तिब्बत का सबसे महान् विद्वान् ब-सतोन्-रिन्-छेन्-ग्रुब (1290-1364 ई.) शिष्य हुआ हो, उसकी विशेषता के बारे में क्या कहना? अब भी यहाँ के पुराने चार ड-सड़ (कॉलेज) और उनके चार खन्-पो (आचार्य) मौजूद हैं, तो भी अब उसकी पुरानी श्री चली गई है। तीन सौ के करीब भिक्षु हैं, किन्तु उनमें पढ़ने-लिखनेवाले कम ही हैं। विहार एक ऊँची दीवार से घिरा, मैदान में अवस्थित है। जैसा कि तिब्बत के सभी पुराने विहारों के बारे में देखा जाता है। इसी दीवार के भीतर दक्षिण की ओर शा-लु गाँव के गृहस्थों के भी घर हैं। पुराने विहार—रे-डिङ् वाले रास्ते के स्तग्-लुङ् विहार की शक्ल का लाल रंग उसकी पत्थर की ऊँची दीवारों का है। इसके बीच में आँगन था, किन्तु खम्भों को खड़ा कर उसे शाला का रूप दे दिया गया है। सभी दर्शनीय चीजें इसी के भीतर हैं। प्रधान द्वार पूर्व की ओर है। द्वार के सामने भी आँगन और ओसारे हैं। द्वार के भीतर घुसते ही गोन्-खङ् है। मठ के रक्षक देवताओं का देवालय है। इसमें तरह-तरह के चेहरे की बीभत्स देवमूर्तियाँ तथा पुराने अस्त्र-शस्त्र टँगे हैं। भीतर पहुँचकर दीवारों पर यत्र-तत्र कुछ पुराने कुछ नए चित्र देखे। फिर दक्खिन ओर के कन्-जुर् देवालय में गए। इसमें हाथ के लिखे तीन कन्-जुर् हैं। स्नर्-थङ् छापे सबसे पुराना कन-जुर् भी इसी में है। तीनों काल के तीन बुद्ध भी यहाँ हैं। कुछ पुराने पत्रे हमने मूर्ति के पीछे फेंके देखे। पढ़ने पर मालूम हुआ, वे बहुत पुराने हैं। फिर हम पश्चिम ओर के दो मन्दिरों—जो-खङ् (स्वामीगृह), और हयग्रीव मन्दिर तम्-डिन् (ल्ह-खङ्) में गए। पहले में भगवान् बुद्ध की सुन्दर मूर्ति है। इसी में अवलोकितेश्वर खसर्पण की भी मूर्ति है। दूसरे में दीवार के सहारे कितनी ही विशालकाय बोधिसत्त्व की मानव मूर्तियाँ हैं। इसी में हमारे मित्र रि-सुन्-रिन् पो-छे के प्रथम अवतार का चैत्य है। इसमें कुछ पीतल की मूर्तियों में कुंडे लगे हुए हैं। लोग बतलाते हैं वे भारत से आई हैं, किन्तु चौड़े ललाट को देखकर वे नेपाल की मालूम होती हैं। फिर हम उत्तर ओर के गो-सुम्-ल्-खङ् में गए। इसमें तीन दरवाजे हैं, इसीलिए इसका यह नाम पड़ा है। इसी में मठ के संस्थापक का चित्र पश्चिम की दीवार पर है।

दक्षिण-पश्चिम-उत्तर के देवालयों की भीतर से एक परिक्रमा है। हम इस सँकरी परिक्रमा में घुसे। देवालय की ओर की दीवार में तो बुद्ध के बहुत से चित्र हैं, किन्तु बाहर की ओर की दीवार पर जातक की-सी बहुत-सी कथाएँ चित्रित हैं। जगह-जगह उनके नीचे लेख भी हैं। चित्र सुन्दर हैं। भारतीय पात्रों को भारतीय कपड़ों में चित्रित किया गया है। इन चित्रों को कर्म-पा-लामा रद्-व्युङ्-दों-र्जे (1284-1299 ई.) की पुस्तक के अनुसार अंकित किया गया है। इनका समय 14वीं सदी का अन्त हो सकता है। नेम-लाइट का प्रबन्ध होता तो फोटो लेने की कोशिश भी करते।

अब हम जिस जगह पहुँचे वहाँ नीचे वाले मन्दिरों पर ही पाँच मन्दिर ऊपर भी हैं। पूर्व की ओर के मन्दिर में सीमट की बहुत सुन्दर मूर्तियाँ हैं और कर्प की तह को बहुत बारीकी से बनाया गया है। बीच में प्रज्ञापारमिता की मूर्ति है, और अगल-बगल अनेक बुद्ध मूर्तियाँ। कहते हैं दीपंकर श्रीज्ञान जब इस मन्दिर में आए, तो उन्होंने जौ का अच्छत चढ़ाया था, जिसका एक दाना अब भी प्रज्ञापारमिता की एक आँख में मौजूद है। इस मन्दिर की परिक्रमा की दीवारों पर भी सुन्दर चित्र हैं। दक्षिण वाली दीवार पर चित्रकारों ने अपना नाम (ऽछमस्-प) ब्सोद्-न्मस्-ऽब्म लिखा है। तिब्बत में चित्रकारों के जीवन और इतिहास की ओर अब तक लोगों का ध्यान नहीं गया। यदि तिब्बत में ज्ञान कभी सार्वजनीन वस्तु होगी, तो विद्वानों को इस ओर बहुत करना होगा।

दक्षिण की ओर के मन्दिर में दीवारों पर तरह-तरह के मॉडल चित्र हैं। मूर्तियों में बुद्ध और मैत्रेय की खड़ी पीतल की मूर्तियाँ बहुत सुन्दर हैं। बुद्ध की मूर्तियों में चीवर पहनने का वही ढंग है, जो वर्मा के भिक्षुओं में आज भी पाया जाता है। बाएँ हाथ में उसी प्रकार चीवर का एक छोर पड़ा हुआ है। ऊपर ही एक मन्दिर में 16 स्थविरों की मिट्टी की मूर्तियाँ हैं। कलाकार ने हर एक मूर्ति के व्यक्तित्व को अलग निर्मित करने की कोशिश की है।

साढ़े चार बजे मन्दिर-दर्शन समाप्त हुआ। फिर श-लु की परिक्रमा करने निकले। पास के वृक्षों की तीन चौथाई पत्तियों को पीला देखकर झट याद हो आया—जाड़ा आ गया। तो भी काम अधूरा तो छोड़ना नहीं है। आज यही पता लगा, शि-ग-र्चे से आधे दिन के रास्ते पर नेरी मठ में भी एक तालपत्र की पुस्तक है। खोजने पर तिब्बत में कितनी ही काम की संस्कृत पुस्तकों का मिलना सम्भव है, लेकिन सवाल है—उनके लिए उतनी परेशानी उठाने को कितने तैयार हैं।

शाम को बु-सुतोन के अवतार से मिलने गए। आयु 30 वर्ष की होगी। उन्होंने मिलने में बड़ी नम्रता प्रकट की।

रि-सुर-रिन-पो-छे के पास स्मृतिज्ञानकीर्ति की एक छोटी-सी जीवनी देखी। तुमको लिखना भूल गया, कि तिब्बत में आकर आठ वर्ष चरवाही करनेवाले इस भारतीय पंडित की मैं एक कहानी लिख रहा हूँ। डेढ़ अंक समाप्त भी कर चुका हूँ। इस

जीवनी से मालूम हुआ, इन मस्तमौला को उनका मालिक अबू-ञेद्-लेगस् कहता था। और शायद र्ता-नग् के और लोग भी उन्हें इसी नाम से पुकारते थे। धर्मवर्द्धन ने स्मृति का भेड़ चराते वक्त का एक चित्र भी बनाया है, जो कहानी के साथ छपेगा।

× × ×

शि-ग-र्चे
28-9-34

तालपत्र की पुस्तकें प्रधान विहार से कुछ हटकर पहाड़ के भीतरवाले विहार (रि-फुग्) में हैं यह पहले बतला चुका हूँ। ग्यारह बजे के करीब पुस्तकें वहाँ से आईं। फिर कल चार बजे तक उन्हें देखते ही रहे। पुस्तकों में छह लिपियों—पुराण कश्मीरी (शारदा), रञ्जन, तीन प्रकार की वर्तुल—का व्यवहार किया गया है। तिब्बत में सुरक्षित भारतीय ग्रन्थों की सूची बिहार-उड़ीसा रिसर्च-सोसाइटी के जर्नल भाग 21वें में छपी है।

पुस्तक देखने से पहले मैंने पूछा था—क्या और भी पुस्तकें हैं? एक ने उत्तर दिया—अभी बहुत हैं। किन्तु साथ के आदमी ने कहा—नहीं हैं। असल बात क्या है, वह तो नहीं कह सकता, किन्तु पूछ-ताछ से जान पड़ता है, अभी और भी कितनी ही पोथियाँ है। लामा महाशय ने कहा—एक घर भर की पोथियों को लाना पड़ेगा। अभी हमारे पास इतने आदमी नहीं हैं। भोटिया दूसरे महीने (चैत) में हम तालपत्र की पुस्तकों को अलग करेंगे। उस वक्त पुस्तकों की संख्या और जिन पर भोटभाषा में नाम होगा, उसे भी आपको सूचित करेंगे। ये लोग तो समझते हैं—ग्य-गर्-लामा हर वक्त भोट में आता रहेगा। सारी दिक्कतों का इन्हें पता नहीं। इस प्रकार बाकी पोथियों को नहीं देख सका। बड़ा अफसोस है। विशेषकर इसलिए कि वहाँ धर्मकीर्ति[1] के प्रमाण वार्त्तिक के मिलने की सम्भावना थी क्योंकि उसके अनुवाद का अन्तिम संस्करण श-लुके ही एक ली-च-व ने किया था।

पाँच बजे के करीब कुछ पत्रों के फोटो लिये। दोनों अवतारी लामो—रि-सुर्-रिन् पो-छे और वु-स्तोन्-रिन्-पो-छे का पुस्तकों के साथ फोटो लिया। वस्तुत: ऐसी जगहों पर फोटो लेकर वहीं धो भी लेना चाहिए, किन्तु ईं जानिब पुस्तकों की लालच से पिछले साल से ही अधकचरे फोटोग्राफर बने हैं। धोना सीख भी लिया जाए, तो भी उसके लिए जगह और सामान का ढोना आसान नहीं है।

रि-सुर्-रिन्-पो-छे की बात पर विश्वास होता है, क्योंकि उन्हीं ने पिछली बार व्रज्रडाकतंत्र की तालपत्र की पुस्तक दी थी, जिसे तुमने लंका में देखा था। उन्हें

1. 1936 की तृतीय यात्रा में इस मठ में 27 तालपोथियाँ मिलीं जिनमें प्रमाण वार्त्तिक मूल के तीन परिच्छेद तथा संपूर्ण ग्रन्थ की एक सुन्दर टीका भी शामिल हैं।

मैंने कह दिया है—मेरा आना तो मुश्किल है, किन्तु मैं एक भारतीय तरुण को यहाँ भेजने का विचार कर रहा हूँ।

आज सवेरे कश्मीर के पंडित शाक्यश्रीभद्र (1187-1205 ई., विक्रमशिला के अन्तिम नायक) की एक पुरानी मूर्ति का फोटो लिया। रि-सुर्-रिन्-पो-छे ने अपने तीन घोड़े हमें शि-ग-र्चे तक पहुँचाने के लिए दिये, और आठ बजे सवेरे हमने, श-लु-विहार को उसकी इस भारतीय निधि की रक्षा के लिए प्रणाम किया। रि-सुर्-रिन्-पो-छे को पूरी आशा है, कि हम फिर भोट में आएँगे।

बारह बजे दोपहर को हम शि-ग-र्चे लौटे। यहाँ से 5-6 घंटे के रास्ते पर ने-रि स्थान के एक विहार में दो तालपत्र की पुस्तकों का पता लगा है, किन्तु जाने-आने की दिक्कत और समयाभाव के कारण उसे छोड़ दिया जाता है।[1] अब सलाह है, चौथे दिन यहाँ से प्रस्थान करें। पहला मुकाम रन्-थङ् (स्थापित 1852 ई.) में पड़ेगा, और वहाँ की पुरानी चीजें देखी जाएँगी। वैसे कल-परसों ही चल देते, किन्तु वहाँ की चीजों के दर्शन के लिए यहाँ से हाकिम की मुहर ले जानी पड़ती है, जो कि परसों ही मिलेगी। यहाँ से 3-4 घंटे के रास्ते पर है। वहाँ पर भी कुछ तालपत्र की पुस्तकों का पता लगा है। फिर 3-4 घंटा और चलने पर ङोर् मिलेगा, जहाँ के एक परिव्राजक ने बतलाया—ङोर् में तालपत्र की पुस्तकें सौ से भी अधिक होंगी। वहाँ, 3-4 दिन ठहरना पड़ेगा और पुस्तकों की जाँच-पड़ताल करनी होगी। प्रमाण वार्त्तिक मिला, तो कैमरे पर भरोसा न कर के उसे लिखना पड़ेगा। पुस्तकों का एक सूची भी बनानी होगी। फिर वहाँ से म-स-क्य जहाँ पर भारत से लाई पुस्तकें सबसे अधिक बतलाई जाती हैं। स-स्क्य से कलिम्पोङ और काठमाडव दोनों ही 5 दिन के रास्ते पर हैं। मन कह रहा है, शिवरात्रि में आने की अपेक्षा इस वक्त क्यों न वहाँ चले चलें। खैर इसका निर्णय स-क्य पहुँच कर ही होगा।

आनेवाले के लिए ट-शी-ल्हुन-पो ही उचित स्थान मालूम होता है। भोट के प्रधान धर्माचार्य ट-शी लामा चीन से लौटनेवाले हैं। उससे विशेष परिचय होने पर पुस्तकों के अन्वेषण में सब प्रकार की सुविधा होगी। रघुवीर (रामपुरी) भी यही हैं, जिन्हें हिन्दी का अच्छा ज्ञान है। वह भोटभाषा में धर्मकीर्ति के प्रमाण वार्तिक को समाप्त करने जा रहे हैं। संस्कृत के पढ़ने का बड़ा शौक है। यहाँ के सबसे बड़े विद्वान् सम्-लो-गे-शे भी परिचित हो गए हैं। और सबसे बड़ी बात यह है कि तालपत्र के संस्कृत ग्रन्थ यहीं आस-पास में हैं।

—राहुल सांकृत्यायन

1. 1936 की यात्रा में वश जान पर देखा, वही तालपत्र की एक नली पोथी है तो तीस वर्ष पूर्व भारत से आए किसी गिहन यात्री से लेकर वहाँ पहुँचायी गई है।

तृतीय खंड

स-क्य की ओर

(1)

ङोर
1-10-34

प्रिय आनन्द जी,

शि-ग-र्चे को आज छोड़ने का विचार था, किन्तु यहाँ तिब्बत में विचार भर ही करना अपने हाथ में है। घोड़ेवाले ने कहा—"आज जाना हो, तो हम समय दे सकते हैं।" नहीं करने पर फिर कुछ दिन और यहीं बैठना होगा, इसीलिए कल तीन बजे शाम को शि-ग-र्चे छोड़ना पड़ा। कुछ पहले चलते, किन्तु कल के भोजन का निमंत्रण, ट-शी-ल्हुन्-पो मठ के क्यि-खङ्-ड-सङ् (कॉलेज) के खन्-पो (Dean) का था। पहले सम्-लो-गे-शे के पास गए। यह ट-शी-ल्हुन्-पो के सबसे बड़े पंडित हैं। नैयायिक हैं। उन्होंने कहा—53 वर्ष का हो गया हूँ, तो भी पढ़ने का शौक पहले ही जैसा है। पंडित को भेज दो, मैं उनका शागिर्द बनूँगा, वह मेरे। मुझे जो कुछ आता है, उन्हें पढ़ाऊँगा। भोजन का भी मैं प्रबन्ध करूँगा, फिर खन्-पो के पास बातचीत ही में दो बज गए। ट-शी-ल्हुपो मठ वहाँ से शुरू होता है, जहाँ शि-ग-र्चे कस्बा समाप्त होता है। इसलिए अपने स्थान पर पहुँचते देर न हुई। पता लगाने पर मालूम हुआ, सवारी के दो घोड़े तैयार हैं, किन्तु सामान का खच्चर शाम से पहले नहीं आएगा। एक खच्चर के लिए दोनों आए घोड़ों को कौन हाथ से जाने दे। अन्त में धर्मवर्द्धन पैदल चलने के लिए तैयार हो गए।

रात में खूब अँधेरा हो जाने पर हम नर-थङ् पहुँचे। यदि कोई स्नर्-थङ् की कुछ पुरानी चीजों को देखना चाहता है तो शि-ग-र्चे के अफसर से मुहर लानी पड़ती है। हम भी मुहर लाए थे, और उसे लौटाने के लिए एक आदमी को भी। आदमी ने रहने की जगह ढूँढ़ रखी थी, इसलिए ठिकाना ढूँढ़ने की दिक्कत से बच गए। हमको आज कुछ ज्वर सा था, इसलिए बिछौना मिलते ही सो गए। धर्मवर्द्धन और

दो और साथियों ने थुक्-पा (यवागू) पिया।

आज (1 अक्टूबर को) सात बजे हम देवालयों की ओर गए। यह मठ 1153 ई. में (अर्थात् शु-लु-से 113 वर्ष बाद) स्थापित हुआ था। स्थापक दीपंकर श्रीज्ञान के प्रशिष्य डोम-तोन् के प्रशिष्य पो-तो-पा के प्रशिष्य शर्-वा का शिष्य था। पहले हम संघागार में गए। कुछ मूर्तियाँ और हस्तलिखित भोट पुस्तकें हैं। बाहर शाला में आसनों पर बैठे कुछ लड़के पाठ भी कर रहे थे, और हँसी-ठट्ठा भी। हम ऊपर छत की ला-मा-ल्ह-खङ् (गुरु मन्दिर) में गए। यहाँ के बहुत-से पुराने गुरुओं की मूर्तियाँ हैं। कुछ हस्तलिखित ग्रन्थ भी—जो बारहवीं-तेरहवीं शताब्दी तक के हो सकते हैं—बुरी अवस्था में रखे हुए हैं। एक भीत पर एक बड़ा चित्रपट देखा। यद्यपि चित्र यहीं के हैं किन्तु एक पुराने लामा ओ-स्तोन् अमृतकीर्ति का है, जिसका ढंग भारतीय है। कुछ इनाम देने की बात करने पर चित्रपट बाहर लाया गया, और हमने फोटो लिया।

फिर पास के डोल-मा-ल्ह-खङ् (वार देवालय) में घुसे। पीतल की थोड़ी सी मूर्तियाँ हैं। कुछ अच्छी भी मालूम हुईं; किन्तु यहाँ एक ऊँची चौकी पर रखी कुछ अस्त-व्यस्त चीजों ने चित्त को अपनी ओर अधिक आर्किषत कर लिया। देखा वहाँ बहुत-से भारतीय मन्दिर स्तूप हैं। गौर से देखने पर जान पड़ा, यह तो बोधगया मन्दिर का नमूना (Model) है। उठा कर देखने पर ज्ञात हुआ—कुछ चीजें लकड़ी पर हैं, और कुछ गया व ले नेतियापरन पर। थोड़ी देर में अकल ने सुझाया। यहाँ दो नमूने हैं एक पत्थर का दूसरा लकड़ी का। पत्थर का नमूना पुराना है, और शायद भारत से ही यह लाया गया है। दूसरा उसी को देख कर पीछे भोट देश में बनाया गया। लकड़ीवाले नमूने पर चीनी अक्षर लिखे हुए हैं, और पत्थरवाले पर भोट अक्षर। दोनों को अलग किया। धूप में लाकर लकड़ी के पट्टे पर सजाया। पत्थर के नमूने में पूर्व-उत्तर-दक्षिण के तीर द्वार, जिन पर अक्षर-संकेत हैं। एक चहारदीवारी पर छोटी मूर्तियाँ अवश्य भारतीय जान पड़ीं। अब बरामदे में हमारे लिए आसन बिछा दिया गया क्योंकि हमें अब मुहरबन्द चीजों का दर्शन करना था। दो-तीन बक्स लाए गए। उनकी मुहर तोड़ी गई। और फिर हमारे सामने पुरानी चीजें लाई जाने लगीं। इनमें शर्-वा तथा दूसरे भोट देशीय आचार्यों के जूते थे। डोम् तोन् भी है, जिसका पच्छिम वाला कुछ हिस्सा लापता है। मन्दिर का बीचवाला गँधोला है, किन्तु कोने के चार शिखरों में दो अलग पड़े मिले। अन्य स्तूपों और देवालयों को उनके स्थान पर रखना असम्भव है, लेकिन मालूम होता है, पहले ये सब किसी पट्टिका में जड़े हुए थे। जैसे-तैसे रखकर उसका फोटो लिया। फिर लकड़ी के नमूने को भी उसी तरह रखकर फोटो लिया। लकड़ी का नमूना कुछ अधिक अच्छी अवस्था में है यद्यपि इसकी भी चीजें स्थान-भ्रष्ट हैं। तुम्हें यह भी मालूम होना चाहिए, कि इसी मठ के एक लामा का भारतवृत्तान्त मुझे कुन-दे-लिङ्ग मठ (ल्हासा) में देखने को मिला, और जिसकी नकल मेरे लिये की जा रही है। इस वृत्तान्त में बोधगया के

वज्रासन विचार या बोधिमंड के भीतर जो स्तूप या देवालय उस लामा के समय थे, उनका विस्तृत वर्णन है।

इससे फारिग हो, हम कन्-जुर् तन्-जुर् के छापेखाने के ऊपर के मन्दिर में पहुँचे। बड़े मन्दिर में कुछ मूर्तियाँ तथा सुनहरे अक्षरों में लिखी कुछ पोथियाँ हैं। यहाँ भी हमारी दृष्टि अँधेरे में दीवार पर लटकते एक बड़े चित्रपट पर पड़ी। चेहरा जो न होता तो इसे भारतीय ही कह डालते। अधिक सम्भव है, नेपाल का बना हो। जो भी हो चेहरे की गोलाई को छोड़ यह चित्रपट सभी बातों में भारतीय है। वही त्रिभङ्गी परिचारक मूर्ति; अजन्ता की भाँति ही रेखाओं की कोमलता और रंगों का संयम के साथ उपयोग। थोड़े से इनाम के प्रलोभन से वह भी बाहर लाया गया। फोटो उस वक्त उतारा, जिस वक्त हल्की हवा चल रही थी।

फिर हम मैत्रेय देवालय में गए। यह यहाँ के सबसे पुराने देवालयों में है। मैत्रेय की पीतल की मूर्ति सुन्दर है। भारतीय कही जाती है, जिस पर विश्वास करने का दिल चाहता है। वैसे तो इस देवालय की बहुत-सी मूर्तियाँ ऐसी बतलाई जाती हैं किन्तु चेहरे की अत्यधिक गोलाकार आकृति, फैली पेशानी, अपेक्षाकृत बड़ा मुखमंडल वैसा मानने में बाधक है। दो-चार स्फटिक के टुकड़ों को जोड़ कर बनी छड़ी, तथा दूसरी भी छड़ियाँ दिखाई गईं। कुछ और आचार्यों के कपड़े दिखाए गए। चार- पाँच चित्रपट भी थे, जो निश्चय ही छापेखाने के ऊपरवाले एक तथा छापाखाने के भीतरवाले एक दर्जन भारतीय ढंग के चित्रपटों से कहीं पीछे और कला में भी निकम्मे हैं। एक फूलधातु का बड़ा-सा कटोरा लाया गया। बतलाया गया यह 16 पुराण स्थविरों में से एक का है। उस पर लकड़ी फेर कर उसे बजाया जाने लगा। साँडा का तेल बेचनेवाले अकसर इस तरह के छोटे कटोरों को बजा कर भारत में तमाशा दिखलाया करते हैं। आखिर झूठ को हजम करने की सबसे बड़ी ताकत धर्मों में ही है न! एक संगमर्मर की छोटी-सी मूर्ति आई। यह तो जरूर भारतीय कला है, यद्यपि बहुत अच्छी नहीं। कहा गया—पहले यहाँ 16 पुराण स्थविरों के जूते भी थे, किन्तु उन्हें अब ट-शी-ल्हुन-पो में ले गए हैं। ले जाते वक्त जूते आसमान में उड़े थे। क्यों न उड़ें, जबकि वे उड़नेवाले अर्हतो के जूते हैं।

इन सब सच्ची-झूठी चीजों को देखकर पुराने संघागार में उतरे। आजकल यह इस्तेमाल नहीं होता। इमारत जर्जरीभूत है। कुछ पत्रे यहाँ भी पुरानी भोट-पोथियों के पड़े हैं। सामने के तिनदुवारे मन्दिर में पीतल की बुद्ध मूर्तियाँ हैं; जिनमें एक के दाहिने हाथ में हर्र है, अर्थात् वह बुद्ध भैषज्यगुरु हैं।

अन्त में हम छापेखाने में आए। कुछ लोग तन्-जुर कन्-जुर को ब्लॉक पर स्याही लगा-लगा कर छाप रहे थे। थोड़ी प्रतीक्षा के बाद पुजारी का चेला चाभी लेकर आया। भीतर गए। मुकुटधारी बुद्ध मूर्ति (जो-वो) और दूसरी भी कुछ मूर्तियाँ बाईं ओर देखीं। वृहदाकार कुछ चित्रपट भीत पर टँगे हैं। बिलकुल अजन्ता की

चित्रकला। एक चित्रपट नीचे गिरा था। खोलकर देखा, बहुत सुन्दर भारतीय, चित्रकला का नमूना एक चित्रपट। परिक्रमा में, बहुत-से पुराने समय के लिखे ग्रन्थ रखे हैं, बतलाया गया। अपूर्ण पोथियाँ ही यहाँ पड़ी हैं, पूर्ण तो ट-शी-ल्हुन्-यो ले जाई चुकी हैं। परिक्रमा से होकर जब मूर्तियों की बाईं ओर आए, तो फिर मूर्तियों की पीठ वाली दीवार पर वही चित्रपट। प्राय: एक दर्जन ये चित्रपट उपेक्षितावस्था में पड़े हैं। क्या करें, घोड़ों के बन्धन में थे, नहीं तो दो-तीन दिन ठहरते, और धर्मवर्द्धन को नकल करने को कहते। डेरे पर लौटे तो दस से ऊपर बज रहे थे। आशा दिलाई गई, सामान लादने के लिए गदहा मिला। थोड़ी देर प्रतीक्षा की। फिर बातों ने अविश्वास पैदा कर दिया। आखिर धर्मवर्द्धन को फिर पैदल चलने के लिए तैयार होना पड़ा और हम ग्यारह बजे रवाना हुए।

सामने की उपत्यका को हमें पार करना पड़ा, फिर एक धार के सहारे हमें दक्खिन फिर पूरब को चलना पड़ा। 1.30 बजे ङोर् का विहार दिखलाई पड़ा। दूर से देखने पर भोट देश के मकान अलका के प्रासाद से जान पड़ते हैं। दो बजे पतली धार को छोड़ हम ऊपर चढ़ने लगे। ढाई बजे मठ के भीतर पहुँचे। मठ में एक ही जान-पहिचान के लामा थे, जिन्हें 1926 ई. में हमने लद्दाख में देखा था, किन्तु वह आजकल खम् प्रदेश में गए हुए हैं। ल-व्रङ् का रास्ता दिखलाया गया। मांग-यांच करने के बाद ग्य-गर्-लामा को एक ऐसी कोठरी दी गई, जिसमें आने के लिए एक छोड़ तीन-तीन रास्ते रख छोड़े गए हैं। पता लगाने पर मालूम हुआ, पहले तो यहाँ अधिक तालपत्र की पुस्तकें थीं, किन्तु अब बीस के करीब रह गई हैं। दो पत्रे ताल के आए, अक्षर पुराने मैथिल (Proto Bengali) और ग्रन्थ न्याय का ही। इन पत्रों के भी दाहिनी ओर का भाग कटा है। इसलिए ग्रन्थ का नाम नहीं मालूम हो रहा है। एक पत्रे में लिखा हैं—

"प्रामाण्यञ्च तस्य कुत इति चेत्। आप्तोक्तत्त्वादिति। तदसिद्धमिति चेत्। न। विश्वस्य कतुरनुमानसिद्धत्त्वान्। विवादाध्यासितकर्तृकं सकर्तृकं कार्यत्त्वात्। विशेपविरुद्धोयं हेतुरिति चेत्। न। विरोधि..."

दुख, मान-अपमान की परवा नहीं, यदि कुछ काम की पुस्तकें प्राप्त हों, देखें आगे क्या होता है।

× × ×

ङोर्
7-10-34

पहली तारीख को ही हम यहाँ पहुँच गए थे, यह लिख चुका हूँ। कल आठवें दिन यहाँ से प्रस्थान करना है, इसलिए इस सप्ताह भर की बातें सुन लीजिये। पहले जिस

घर में स्थान मिला था, उसकी तारीफ कर चुका हूँ। वहाँ रहना हमें एकदम पसन्द न था, क्योंकि वहाँ एक आदमी के बराबर रहने की जरूरत थी। 2 तारीख को हम कुँ-डे-पा-रिन्-पो-छे और कु-छुङ्-रिन्-पो-छे से मिलने गए। ये दोनों महानुभाव यहाँ के तीन खन्-पो (Dean) में से हैं। पहले कु-छुङ् रिन्-पो-छे से, जो तंत्र-शास्त्र के विशेषज्ञ और सिद्ध समझे जाते हैं, मिले। उन्होंने प्रेम से अपने पास की एक तालपत्र की पोथी दिखलाई, जिसमें तीन छोटी-छोटी पुस्तकें हैं। उन्होंने यह भी कहा—यहाँ की तालपत्र की पुस्तकें जरूर देखने को मिलेंगी। फिर यहाँ के सबसे बड़े खन्-पो कु-डे-पा-रिन्-पो-छे के पास गए। मालूम होता है, सारे भोट की मुस्कराहट इन्हीं के पास चली आई है। चाय आई। हमने ल्हासा में लिये फोटो को दिखलाया। सन्तुष्ट हुए और पुस्तकों के देखने की अनुमति दी। लौट कर जब अपनी उस पुरानी कोठरी में आए, तो फिर वही चिन्ता। लव्-र्ङ् (यही इस परिवेण का नाम है) के दीवान या छन्-जे से जब दूसरे मकान के लिए कहा तो साफ इनकार मिला। ईंधन-पानी की भी बड़ी किल्लन। संयोग से कल ही ता-ना के लामा ङ्ग-की-वङ्-छुग् (बागीश्वर) मिल गए थे, उनसे पता लगा उनके विहार थुब्-तन्-नम्-ग्यल् में भी दो तालपत्र की पुस्तकें[1] हैं और यह स्थान शि-ग-र्ची से पूर्व-उत्तर ब्रह्मपुत्र पार दो दिन के रास्ते पर है। बागीश्वर ने चलने के लिए कहा भी, किन्तु सवारी आदि की कठिनाइयाँ और समय का अभाव ऐसी चीज है कि जाने का ख्याल ही क्योंकर हो सकता है। हाँ, उनसे कहा, आप हमें अपने कमरे में जगह दें। वह तैयार हो गए, और अँधेरा हो जाने पर हम इस नए मकान में चले आए। एक ही घर है, कुछ बड़ा भी है, किन्तु चूल्हे का इन्तजाम भी इसी में है। ईंधन की यहाँ भी ऐसी दिक्कत है,कि सिर्फ एक वक्त कुछ पका लिया जाता है। खैर, एक बात का आराम है, कि हम दोनों ताला बन्द कर काम के लिए जा सकते हैं।

3 तारीख को सवेरे ही से पुस्तकों को देखने की चिन्ता सिर पर सवार हुई। फिर लब्-रङ्-जोद् के खन्-पो और छन्-जे के पास गए। जोर छन्-जे का ही है। उसने दिखलाने को कहा, और बतलाया तीनों खन्-पो और हमारे लद्दाख के परिचित शब्-डुङ्-रिन्-पो-छे के चार आदमियों की उपस्थिति में ग्रन्थागार का दरवाजा खुलेगा। हम तो निराश लौटे। 2 घंटे बाद धर्मवर्द्धन भी लौटे और बतलाया अभी पूजा-पाठ जारी है। हमारे मन में तरह-तरह की कल्पनाएँ उठ रही थीं, क्या ङोर की पुस्तकों को बिना देखे ही हमें जाना पड़ेगा। जाना भी कैसे होगा, सवारी और सामान ढोने का तो कोई इन्तिजाम ही नहीं, और ये लोग इस बारे में कुछ करेंगे इसकी आशा नहीं। इतने में दो बजे गए। धर्मवर्द्धन को फिर भेज दिया था, इसी वक्त लड़का आया, और बोला—पुस्तक-घर खोल दिया गया है, चलिये। गए, लब्रङ् के तीसरे तल्ले पर एक अकिंचन सी अँधेरी कोठरी के भीतर ले जाया गया। यहाँ दिन में भी

1. ये खंडित पोथियाँ विशेष महत्त्व की नहीं हैं।

चिराग जलाए बिना अपना हाथ मुश्किल से दिखाई पड़ता था। बिजलीबत्ती हमारे पास भी थी। कोठरी दस हाथ लम्बी, आठ हाथ चौड़ी होगी। पूर्व ओर दरवाजे वाली भीत के पास लकड़ी के ढाँचे की पुस्तक-रखनियाँ थी। उत्तर की भीत के सहारे कुछ मूर्तियाँ थीं, और पश्चिम की भीत के पास और बहुत-सी मूर्तियाँ थीं, जिनमें कुछ तो निश्चय ही भारत की बनी पुरानी मूर्तियाँ हैं। पहले हमने पूर्व वाली किताबों की आलमारी पर ही नजर दौड़ाई। देखा तिब्बती और भारतीय पुस्तकें मिला-जुलाकर रखी हैं। तिब्बती पुस्तकें भी हस्तलिखित और पुरानी हैं। कोई-कोई तो बिलकुल तालपत्र की-सी मालूम होती हैं। अन्त में पुस्तकों को निकालना शुरू किया। एक, दो, तीन 38। चित्त खुशी के मारे नाचने लगा। रक्षकों ने कहा—पुस्तकें इस लब्रङ् से बाहर नहीं जा सकतीं। हमने कहा—यहीं सही। छेन-जे के मकान में पुस्तकों का देखना ठीक हुआ। उस दिन और चार तारीख के सारे दिन पुस्तकें देखते रहे। छोटी-सी सूची भी बनाई। यह उसी दिन मालूम हो गया, कि इन पुस्तकों में धर्मकीर्ति का वाद न्याय भी है, जिसकी टीका ल्हासा में मिली थी। फोटो तो लेना ही है। किन्तु उसे जब तक धोकर यहीं देख नहीं लिया जाए, उस पर विश्वास कौन करै। साथ ही वहाँ तो लिखने का अवसर नहीं था। बहुत कहने पर वादन्याय को डेरे पर लाकर लिखने की अनुमति मिली। तीन-चार तारीखों को रात में लिखा। 5 को दिन में भी थोड़ा समय मिला। कल आधी रात को पुस्तक लिखकर समाप्त हुई। पुस्तक में तालपत्र के 20 पत्ते या 38 पृष्ठ हैं। आकार $18 \times 3^1/2$ अंगुल है। प्रत्येक पृष्ठ में 9 से 11 पक्तियाँ हैं। औसत 10 पंक्तियाँ रख ली जा सकती हैं और प्रत्येक पंक्ति में 70 के करीब अक्षर हैं। इस प्रकार सारी पुस्तक में 26,600 अक्षर होंगे। बहुत आशा थी, शायद यहाँ प्रमाणवार्तिक मिल जाए, किन्तु वह नहीं मिल सका। विशेष महत्त्व की पुस्तकें ये हैं—

1. वादन्याय।
2. वादरहस्य।
3. अभिधर्म को शमूल (अपूर्ण)।
4. सुभाषितरत्नकोश (भीमार्जुनसोम)।
5. अमरकोश कामधेनुटीका।
6. न्यायविन्दु अनुटीका (धर्मोत्तर की टीका पर दुर्ब्बक मिश्र कृत)।
7. हेतुविन्दु अनुटीका (धर्माकरदत्त की टीका पर दुर्वेक मिश्र कृत)।
9. प्रातिमोक्षसूत्र (लोकोत्तरवादी।
9. मध्यान्तविभंग-भाष्य।
10. अभिधर्मसमुच्चय भाष्य।

चार तारीख को पुस्तकों का देखना समाप्त हो गया। और समय लगाते किन्तु, देखा रक्षक लोग उकता रहे हैं, इसलिए जल्दी करनी पड़ी। पाँच तारीख को सारे

वादन्याय और तथा अन्य पुस्तकों के कुछ पत्रों तथा चित्रों के फोटो लिए। ताल के कुछ पत्तों और पट्टियों पर सुन्दर चित्र हैं। मुझे आशा नहीं है कि फोटो ठीक उतरेगा। कैमरे की भाथी में एक छेद हो गया है, जिससे काफी रोशनी भीतर आती है। इसका पहले मैंने ख्याल नहीं किया था।

प्रधान विहार इसी लब्रङ् में है। छह देवालयों के तो हमने दर्शन किये। एक छोटे से में कितनी ही पीतल की मूर्तियाँ हैं। इनमें कुछ भारतीय हैं। एक-दूसरे में भोट के प्रसिद्ध विद्वान वैयाकरण सि-तु-पण्-छेन के बनाए कुछ चित्रपट हैं। मनुष्य चित्र में बुद्ध का जीवन अंकित किया गया है। मनुष्य-आकृति तो उतनी अच्छी नहीं है, किन्तु चीनी ढंग से बने प्राकृतिक दृश्य सुन्दर हैं। यद्यपि यह विहार पन्द्रहवीं सदी में लामा कुन-ग-जङ् पो (आनन्दगर्भ) द्वारा बनाया गया था। किन्तु आनन्दगर्भ अच्छा विद्वान् था। इसलिए यहाँ इतनी चीजें संगृहीत हो गईं। पहले से परिचय न होने तथा समय की कमी के कारण मैं अधिक देखभाल न कर सका। हो सकता है, अभी और संस्कृत पुस्तकें मिलें।

× × ×

सम्-दोङ्
7-10-34

ङोर् में प्रमाणवार्तिक नहीं मिल सका, जिसके मिलने से अपार आनन्द होता, तो भी वहाँ काफी पुस्तकें हैं; और जरा और अच्छी तरह से देखने की अनुमति होती तो और भी काम होता। यद्यपि भोट देश के पुराने परिचय पर उतना विश्वास नहीं किया जा सकता, तो भी जो परिचय हुआ है, उससे दुबारा आने पर जरूर आसानी होगी।

परसों काम हो जाने पर चलने की फिक्र हुई। और कु-डिन्-रिन्-पो-छे ने अपने दो खच्चर और एक घोड़े का शब् तक के लिए वचन दिया और यह भी कहा—वहाँ हमारा परिचित आदमी है, आपको अवश्य वहाँ से स-क्य के लिए घोड़े मिल जाएँगे। कु-छुङ्-रिन्-पो-छे ने स-क्य के गृहस्थ महन्तराज को चिट्ठी लिख दी, और उनके प्राइवेट सेक्रटरी (दु-नी-छेन्-पो) को लब्रङ् के खन्-पो ने भी एक चिट्ठी लिख दी। कुछ चाय, मक्खन और पुस्तकें विदाई में मिलीं।

कल साढ़े सात बजे बड़ी प्रसन्नतापूर्वक हम ङोर् से विदा हुए। 1 मील की तराई में पैदल ही उतरकर घोड़े पर सवार हुए। प्राय: 3 मील चलने पर एक छोटा बेनाम का ला आया। फिर दो मील चलने पर शि-ग-र्चे से स-क्य जानेवाले रास्ता आ गया। 11 बजे तक हम चलते ही गए। चे गाँव में पहुँच कर सत्तू, छाछ और मूली का फलाहार हुआ। बारह बजे फिर रवाना। अब धार को पार कर बाईं ओर से आनेवाली छोटी धार के सहारे हम ऊपर की ओर और चढ़ने लगे। चढ़ाई तो

बहुत सख्त नहीं है, किन्तु है काफी दूर तक। इधर के कुछ पहाड़ों पर पत्थर भी हैं। दो-चार जगह हमारी पतली धार पत्थरों पर कूद-कूद कर भी उतर रही थी। पत्थरों के कारण रास्ता कुछ जगह ऐसा खराब था कि आदमी को विश्वास नहीं होगा—यह वही पुराना रास्ता है, जिससे आचार्य शान्तिरक्षित और हमारे दूसरे भारती आचार्य भोट-देश में आए। आखिर दो बजे हम छग्-चा-ला पर पहुँचे। ला के ऊपर किसी श्रद्धालु ने सुन्दर मानी बना दी है। घोड़े से उतर एक फोटो लिया, और पैदल ही उतरने लगे। उतराई भी काफी लम्बी है। डेढ़ घंटा उतरने के बाद सामने चौड़ी उपत्यका दिखाई पड़ी। आजकल जाड़ा आ चुका है, और खेत भी कट चुके हैं या कट रहे हैं। दो महीने के पहले तो यह भूमि हरीभरी रही होगी। हमारे दाहिने के पहाड़ पर बहुत-सी बकरियाँ चर रही थीं और चरवाहे भेड़ों के हाँकने के लिए समय-समय पर गोफन छोड़ रहे थे जिसकी चटचटाहट दूर तक सुनाई देती थी। यह शब् का प्रदेश है।

चार बजे के बाद हम दो-तीन घरवाले शब् के एक टोले में पहुँचे। आते ही पहले स्वागत तो यह हुआ, कि हमें रहने के लिए घर से बाहर कटे खेत में जगह बतलाई गई। हवा चल रही थी, और अमावस्या की रात थी, उस पर सुनसान सा स्थान। घरवाले ने पूछने पर बतलाया—घोड़े हमारे पास बिलकुल नहीं गदहे शायद मिल जाएँ। हमें एक फटा-सा भोटिया शामियाना दे दिया गया। जन्म भर की मैल लपेटे काली-कलूटी गृहिणी जी ने अपने पवित्र हाथों से चाय पकाकर भेज दी, और हम तम्बू में बैठे-बैठे उसे पान करने लगे। हमारे साथ आनेवाले ङोर् के खच्चरवाले ने कहा—हमारा परिचित आदमी अभी भेड़ों को लेकर नहीं लौटा। बड़ी आशा के साथ प्रतीक्षा करने लगे। आखिर सूर्यास्त बाद वह भी पहुँच गया। उसने भी वही उतर दिया, जो कि उसके घर के दूसरे और आदमियों ने दिया था; बल्कि उसने यह भी कहा—गदहे भी स-क्य तक के लिए दो नहीं मिल सकते। पाँच-छह ले जाने पर मिलेंगे सो भी कोशिश करने पर। इसी अनिश्चित अवस्था में सो गए। दिल में बहुत रंज हो रहा था, ङोर् के महात्माओं पर, उन्हें जरा भी ख्याल नहीं आया हमारे आनेवाले कष्ट का।

सवेरे सूर्योदय से पूर्व ही से फिर बात शुरू की। अन्त में बहुत कहा-सुनी के बाद 4 मील आगे सेङ्-गे-चे गाँव तक के लिए 9 टङ् के (प्राय: 6 आने) पर दो गदहे और एक आदमी मिला। पैदल ही यात्रा शुरू की। सवेरा था। काफी सर्दी पड़ रही थी। सूर्य हमारे पीछे अभी दिखलाई नहीं पड़ते थे, तो भी सामने 10-12 मील की उपत्यका के उस पार के पहाड़ों पर धूप की पीली आकृति दिखलाई पड़ रही थी। खेत कितने कट चुके थे, किन्तु सेङ्-गे-चे गाँव के लोग अभी खेतों के काटने में लगे हुए थे। हमारे स-क्य वाले साथी का एक परिचित परिवार खेत काट रहा था। पूछने पर मालूम हुआ—एक घोड़ा और दो गदहे तो कुछ दूर तक के लिए मिल

जाएँगे; किन्तु कल। 7.30 बजे हम गाँव में पहुँचे। गाँव के उत्तर तरफ वह (सिंह) पहाड़ है, जिसके नाम पर गाँव सेङ् गे-चे कहा जात है। किसी समय इस पर एक बड़ा मठ था, जिसकी कुछ दीवारें एकाध मकान अब भी दिखालाई पड़ते हैं। नीचे गाँव में दो-तीन अच्छी तरह मरम्मत की हुई मानियाँ हैं। जिस समय हम एक मानी के पास पहुँचे, तो वहाँ कितने ही आदमी एक कान में पेंसिल लटकाए—अर्थात् अफसर के गिर्द खड़े थे। हमारे साथी ने टोपी उतार उसी से प्रार्थना की। अफसर को दया आ गई, और एक काली-कलूटी—स्वभाव से नहीं मैल से—को दो गदहे और एक घोड़ा चाङ्-शुम् तक के लिए देने को कह दिया। हम लोगों ने चाय-मक्खन भेज दिया, और बनकर आने पर नाश्ता करने लगे। स्त्री के मालिक ने 6 साङ् किराया माँगा। गर्ज थी, इसलिए हमने मोलभाव नहीं किया।

9 बजे रवाना हुए। यद्यपि धर्मवर्द्धन के चढ़ने के लिए एक गदहा अलग लिया गया था, किन्तु वह गदहे पर चढ़ना शायद कस्त्रे-शान समझते थे, अथवा पाप होने से डर रहे थे, कुछ भी हो कहने पर एक जगह थोड़ी ही दूर के लिए चढ़े। दो घंटा घाटी में उत्तर-पूर्व से दक्षिण-पश्चिम चलने के बाद हम नदी के किनारे पहुँचे। नदी की धार काफी चौड़ी थी। एक जगह उतरने में असफल हो हम उस जगह गए जहाँ नदी दो धारों में विभक्त हो रही थी। यही नदी का कमजोर स्थान होता है। लड़कपन में भी सुना था—समुद्र ने समझा, भगीरथ के पीछे गंगा बहुत जोर से आ रही है, यदि उसे इसी प्रकार जाने दिया गया, तो वह मेरे ऊपर से उस पार चाली जाएगी, और फिर मेरी मर्यादा नहीं रह जाएगी। वह बात कुछ अंश में यहाँ ठीक मालूम हुई। हम दोनों बड़ी और छोटी धारा को पार कर जिस वक्त आगे बढ़ना चाहते थे, उस वक्त धर्मवर्द्धन को अपने टोप (हैट) की सुध आई। छत्ता लगाने पर उन्हें टोप के नीचे गर्मी मालूम होने लगी थी, और उन्होंने उसे हमारे घोड़े के जीन से बाँध दिया था। मैं तो पहले ही यही आशा रखता था। खैर मेरे चढ़ते वक्त तो वह नहीं गिरा। जब धर्मवर्द्धन को लाने के लिए घोड़ा फिर उस पार गया, तो वह किनारे पर गिर गया। आखिर घोड़ेवाला टोप की खोज में गया। दूर से हमने उसे जमीन पर झुकते देखा और विश्वास हो गया टोप मिल गया। किन्तु लौटकर आने पर उसने कहा—टोप नहीं मिला, जाओ घोड़े पर देख आओ। हमें तो विश्वास था, टोप उसके पास है। कुछ और चलने पर मैंने धर्मवर्द्धन से कहा—देखो दाहिनी कोख में चोगे के नीचे टोप है। उन्होंने हिम्मत कर उसे टटोला; फिर आदमी ने टोप दे दिया।

हमारे सामने इस समय चे-सुम् (शिखर त्रय) का विहार पहाड़ पर दिखाई पड़ रहा था। इस पहाड़ के पास नदी धनुषाकार हो गई है। रास्ता बाएँ तट से है। 12 बजे हम सम् दाङ् गाँव (विहार के पश्चिम नदी पार) में पहुँचे। 4-5 घर हैं, जो नदी के तट पर ही बसे हुए हैं। घोड़े वाले को अभी डेढ़ मील और आगे चलना था, किन्तु, उसने कहा—यहाँ हमारे परिचित का घर है, यहाँ से स-क्य के लिए घोड़ा

मिल सकता है, अगले गाँव में मिलना आसान नहीं। बातचीत करने पर स-क्य के लिए दो घोड़े और एक गदहे का दस साङ् ठीक हुआ, साथ जानेवाले के लिए 8 शो-गङ (4/5 साङ्) अलग। इस प्रकार यहीं विश्राम करना पड़ा। रहने के लिए घर के भीतर कोठे पर जगह मिली; जिसकी कड़ियों से धुएँ के लच्छे लटक रहे हैं। खैर, स्थान सुरक्षित है, यही सन्तोष है। परसों स क्य पहुँच जाना है।

स-क्य
12-10-34

10 अक्टूबर को सम्-दोङ् से 7 बजकर बीस मिनट पर रवाना हुए। हमारे लिए दो घोड़े थे, और सामान गदहे पर। हम दक्षिण की ओर जा रहे थे। रास्ता खेतों में से था। फसल के कट जाने से उनमें चलने में बाधा सिर्फ ऊँचाई-निचाई की थी। प्राय: मील भर चले होंगे कि हमारी दाहिनी ओर जरा-से पहाड़ पर एक पुराने विहार का ध्वंसावशेष दिखाई पड़ा। विहार की तो दीवारें ही खड़ी हैं, किन्तु तीन स्तूप पत्थर की अच्छी चिनाई होने के कारण अपने ढाँचे सहित विद्यमान हैं। इधर रास्ते पर मील के पत्थर लगे हुए हैं किन्तु अंक बहुत कम में ही पाए जाते हैं। इसीलिए हम पत्थर की ओर अधिक ध्यान नहीं देते रहे। एक और बात है, और देशों में मील का अंक राजधानी या किसी प्रधान शहर से शुरू होता है, किन्तु यहाँ इस विषय में ल्हासा की कोई कद्र नहीं। प्राय: दो घंटा चलने के बाद हमारा रास्ता पश्चिम की ओर मुड़ा। शाम तक का बाकी रास्ता पश्चिम की ओर को ही रहा। इस त्रिवेणी से थोड़ा दक्खिन और जाते, तो ल्हासा के भूतपूर्व मंत्री छा-रोङ् का महल मिलता। हमारा रास्ता उधर से तो था नहीं, इसलिए हम महल को नहीं देख सके। हाँ, इस धार के साथ प्राय: एक मील चलने पर दाहिनी ओर के पहाड़ में एक छोटा किन्तु अच्छी अवस्था में विहार मिला। यह विहार छा-रोङ् मंत्री के पहले पुरुषों का बनवाया है। इससे तथा रास्ते से नीचे छा-रोङ् का एक मकान है। तिब्बत के सभी खेत जागीरों में बँटे हुए हैं। हर एक जागीरदार अपनी-अपनी जागीर में एक अच्छा मकान रखता है। यहाँ भी छा-रोङ् मंत्री का एक ऐसा ही मकान है।

रास्ते में हमें और धारों के संगम मिले, किन्तु हमारा रास्ता अन्तिम धार को छोड़ बाईं धार से ही था। इधर के पहाड़ों पर छोटी पत्तियों का हाथ-हाथ भर का पौधा है, जिसकी पत्तियाँ इस समय लाल हो गई हैं। गाँववाले इसे काट-काट कर ले जा रहे हैं। जाड़े में जानवरों के खाने की फिक्र करनी ही जो ठहरी।

बारह बजे के करीब हम सुम्-दो गाँव में पहुँचे। जहाँ दो धारों का समागम होता है, उसे ही सुम्-दो कहा जाता है। इसके पास पुराने गाँव का खँडहर है। पहले के लोग पत्थर की चिनाई अच्छी जानते थे, इसीलिए शताब्दियों से परित्यक्त इन

मकानों की दीवारें अभी भी खड़ी हैं। पूछने पर साथी ने बतलाया—यहाँ के लोग अधिक पापी हो गए थे, इसीलिए गाँव उजड़ गया। हम लोगों ने ठहर कर इसी गाँव में दोपहर का भोजन किया। घंटे भर बाद फिर रवाना हुए। आगे एक-दो गाँव और मिले। वृक्षों की कृशता बतला रही थी कि हम काफी ऊपर जा रहे हैं। डेढ़ घंटा चलने के बाद हम एक त्रिमुहानी पर पहुँचे। यहाँ से हमें दाहिनी धार पकड़नी थी। बाईं धार की दाहिनी ओर एक छोटी-सी किलाबन्दी है, जिसमें किसी समय सिपाही रहा करते होगे। इस समय तो उसकी दीवारें कितनी ही जगह गिर गई हैं। दोनों धारों के बीच में भी एक ऊँचा पुराना मकान है, जिसे भिक्षुणियों ने अपने मठ के रूप में परिणत कर दिया है। भारत से नेपाल होकर आने वाले रास्ते पर इस प्रकार की किलाबन्दी होनी ही चाहिए। इसी जगह हमने आखिरी वृक्ष देखे।

यद्यपि हम बहुत ऊपर चल रहे थे, किन्तु चढ़ाई उतनी कठिन न थी। घंटा भर चलने पर हमें उपत्यका अधिक चौड़ी मिली। पास के पहाड़ों पर भी छोटी-छोटी घास सर्वत्र थी, जो आजकल पीली पड़ गई है। रास्ते में एक-दो मानियाँ मिलीं। धार के पार चार-पाँच डोग्-पा (भेड़ चरानेवालों) के गाँव दिखाई पड़े जिनके पास न जाने कितने खेत थे। इस पन्द्रह हजार फीट की ऊँचाई पर भी खेत। चार बजे हम जिग्-ग्यब् नामवाले डोक-पा गाँव में पहुँचे। गाँव में तीन-चार घर हैं। एक छोटा गुम-वा (मन्दिर) भी है। एक छोटी कोठरी रहने को मिली। लकड़ी के अभाव से मकान की छत और कड़ियाँ सभी पत्थर की थीं। हमने गाँव का एक फोटो लिया। कंडे की आग जलाई गई, जिससे सारी कोठरी धुएँ से भर गई। परेशानी तो थी, किन्तु धुआँ कोठरी को गर्म भी कर रहा था। कल रात को पिस्सुओं ने सोने नहीं दिया था, आज पेट भर सोये।

11 अक्टूबर को 5-20 बजे चले। शो-ङ-ला की जोत् प्राय: डेढ़ मील पर है। नक्शे में माप नहीं देखा, किन्तु जोत् सोलह हजार फीट से कम ऊँची न होगी। सवेरे वैसे ही काफी सर्दी पड़ रही थी, ऊपर से सामने की हवा चल रही थी। हमने आँखों को खुला रख सारे बदन को ढाँक लिया था। चढ़ाई क्रमश: है। जोत् पर पहुँचकर कायदे के मुताबिक घोड़े से उतर पड़े। नीचे की धार तक आधे मील की उतराई कुछ कड़ी है। हम सर्दी में कदम आगे बढ़ाते जा रहे थे, और मुँह अच्छी तरह खुला न रखने के कारण देख न सके, कि रास्ता धार के पार जा रहा है। कुछ आगे बढ़ने पर साथियों ने आवाज दी, तब ख्याल आया। वहाँ धार दो-तीन भागों में विभक्त थी, एक-दो को तो बिना जूता भिगाये ही पार हो गए। तीसरी बड़ी थी। घोड़ा भेजा गया। उसने भी हमारी बेबसी को देख लिया था, इसीलिए सिर्फ चढ़ने ही नहीं दिया, बल्कि पास से गुजरने पर जोर से लात मारी। खैरियत यही हुई कि हम जरा बगल में हो गए थे, और एक चोट बहुत हल्की सी एक पैर पर लगी। कितने मील तक हम उतरते रहे, यह तो नहीं कह सकते। हाँ, दस बजे हम धार

के पारवाले एक डोक्-पा गाँव में पहुँचे। यहाँ भोजन और मध्याह्न विश्राम हुआ। साढ़े बारह बजे फिर प्रस्थान।

फिर नदी पार हो आध मील नीचे की ओर चले, फिर बाएँ तिरछे कटकर दूसरे नाले को पार हुए। अब हम अ-टू-ला की ओर चढ़ रहे थे। ढालुआँ चढ़ाई पर हम नाक की सीध में चल रहे थे। चढ़ाई मील भर से अधिक न होगी। इसे ला न कहकर लाई कहना चाहिए। उतराई मील भर की और खड़ी थी। नीचे पहुँच नदी पार हुई, और फिर स-क्य का विहार मील भर पर दिखाई पड़ा। पुराना विहार या ल्ह-खङ्-छेन-मो नदी के उसी ओर है, जिधर से हम चल रहे थे। यह खेतों के बीच समतल सी भूमि में है। दूसरा विहार नदी पार पहाड़ पर सीढ़ियों जैसा बना है। इसी के नीचे नदी तट तक स-क्य कस्बा है। पार होने के लिए नदी पर तीन पुल हैं। हम लोगों को स-क्य महन्तराज (दग्-छेन्-निर्-पो-छे) के प्राइवेट सेक्रेटरी (दु-निर-छेन्-पो) के पास पहले जाना था। बिचले पुल से पार हो हम उक्त सज्जन के घर पर पहुँचे। ङोर् से लाई चिट्ठी अन्दर भेजी और तुरन्त ऊपर बुलाया गया। दु-निर्-छेन्-पो वस्तुत: ही बहुत सज्जन हैं। अवस्था 60 के करीब होगी। भोट भाषा का अच्छा ज्ञान रखते हैं। विद्या से प्रेम है। तिङ्-रीक एक गुमनाम वृद्ध भिक्षु के व्याकरण ग्रन्थ से इतने प्रभावित हुए, कि उसका ब्लॉक बनवा रहे हैं। महन्तराज के दो पुत्रों की भाँति इनकी भी कोई सन्तान नहीं है। शाम तक चाय-पान और वार्तालाप चलता रहा। कन्-जुर पुस्तकालय में आसन लगा। घर भर का बर्ताव बहुत सुन्दर रहा।

दग्-छेन्-रिन्-पो-छे या स-क्य के महन्त, चँगेज की सन्तान के गुरु स-पण-कुन्-गा-ग्यल्-छन् (1182-1251 ई.) और फग्-पा-लो-डो-ग्यल्-छन् (1234-80 ई.) के उत्तराधिकारी हैं। इनके पूर्वजों को भोट का राज्य मिला था। तिब्बत में महन्तशाही का आरम्भ तभी से हुआ। राजा होते समय मंत्री (श-वे) प्राइवेट सेक्रेटरी (दु-निर्-छेन्-पो) आदि का जो पद और मर्यादा थी; आज राज्य के न होने पर भी उसे उसी तरह कायम रखा गया है। स-क्य महन्तराज का स्थान दलाई लामा और पण्-छेन् (टशी) लामा के बराबर समझा जाता है। धार्मिक बातों में यह है भी वैसा ही। हमें अपनी आवश्यकतओं को अर्जी के रूप में लिखना पड़ा और पहले ही से ङोर् की परिचयवाली चिट्ठी के साथ भेज दिया। महन्त जी गर्मियों में डोल्-मा-फोब्रङ् में रहते हैं, जो हमारे निवासस्थान से दक्षिण और ल्ह-खङ्-छेन्-मो (महादेवालय) से भी थोड़ा दक्षिण है। दस बजे एक अफसर के साथ हम चले। पुल पार कर पहले महादेवालय में गए। देवालय बीच में आँगन रखकर बनाया गया है। ढंग बिलकुल तग्-लुङ्-मठ जैसा है। दीवारें बहुत ऊँची हैं। देवालय के बाहर भिक्षुओं के रहने के स्थान हैं। और फिर सबके बाहर आठ चौकोर घरों के बुर्जोंवाला ऊँचा प्रासाद है, जो किसी समय सैनिक ख्याल से बनाया गया था। हम महादेवालय में घुसे। भिक्षु लड़कों ने हमारे पीले कपड़े को देख हँसी के ठहाके के साथ स्वागत किया।

आँगन काफी विस्तृत है। पश्चिम ओर प्रधान मन्दिर है। एक छोटे द्वार से भीतर गए। बुद्ध और बोधिसत्व की कितनी ही पीतल की सुन्दर मूर्तियाँ हैं। उनके सामने चीन से प्राप्त कितनी ही भेंटें सजाई गई हैं। बाईं ओर से एक छोटे द्वार में घुस हम प्रदक्षिणा में गए। प्रदक्षिणा काफी लम्बी है। इसमें हस्तलिखित भोट पुस्तकें ईंटों की छल्ली की भाँति चिनी गई हैं। कोई-कोई पोथियाँ बहुत लम्बी-चौड़ी हैं। एक शतसाहस्त्रिका प्रज्ञापारमिता तो असाधारण आकार की है। ये सभी पुस्तकें चिरकाल से पाठ के लिए न होकर पूजा की चीज बन गई हैं। परिक्रमा में ही प्राय: एक फुट व्यास का एक लम्बा खम्भा दिखलाकर हमसे कहा गया—सिद्धि के बल से यह तिनके का खम्भा बनाया गया। हमने धर्मवर्द्धन से कहा—आजकल यंत्र के बल से कमजोर तिनकों के इससे भी मजबूत और चिकने खम्भे बनाए जाते हैं। सामने की ओर देवदार के बहुत-से विशाल स्तम्भ हैं, जिनमें कितनों ही को दो आदमी भी बाँह से लपेट नहीं सकते। ऊँचे भी 30-30 हाथ के होंगे। इनके बारे में बतलाया गया—फग्-पा धर्मराज के शिष्य चीन सम्राट ने उन्हें चीन से भेजा था। धर्मवर्द्धन ने पूछा—इतनी दूर से कैसे यहाँ तक पहुँचे? हमने छुर-फू के सिद्ध कर्-मा-ब्-ख्-शी (1110-93 ई.) की ओर इशारा करते कहा—इसमें कौन-सी मुश्किल है। जैसे कर्-मा-ब-ख्-शी ने चीन में प्राप्त भेटों को वहीं एक नदी में फेंक दिया था और वे छुर्-फू-आ पहुँचीं, इसी प्रकार संघराज फग-पा के ये खम्भे भी आ गए होंगे।

नीचे का दर्शन समाप्त कर हम छत पर गए। देवालय के द्वार के बाहर से सीढ़ी है। बहुत ऊँची और सीधी होने से उतरते वक्त बहुत डर लगता है। ऊपर छत चौड़ी है। उत्तर की ओर एक देवालय में गए, इसमें चंड देवताओं की कितनी ही मूर्तियाँ हैं। हमें जो मूर्ति सबसे अधिक आकर्षक मिली, वह है वैशाली के कायस्थ पंडित गयाधर की भारतीय आकृति की मूर्ति। पंडित गयाधर ने डोग्-मी-लो-चोव के पास कुछ दिनों रह कितने ही संस्कृत ग्रन्थों का अनुवाद किया था। ल्ह-र्चे (ब्रह्मपुत्र) में वह स्थान अब भी बतलाया जाता है जहाँ पर पंडित गयाधर रहे थे। मूर्ति मनुष्य के बराबर की है। चेहरा बिलकुल भारतीय। धर्मवर्द्धन को कहा—इसकी नकल कागज पर उतारो। रंग तो नहीं उतारा जा सका। इस छोटी अँधेरी कोठरी में फोटो की तो बात ही नहीं की जा सकती।

महादेवालय के प्राकार के बाहर हो तारामहल जाते एक फोटो लिया। तारामहल में मालूम हुआ, अभी महन्त जी से भेट करने में कुछ देर है, उससे दक्षिण ओर पास में ही व-रि-लो-च-व (महन्त 1102-1111 ई.) के निवासस्थान पर गए। मकान तो वही नहीं है किन्तु भीतर तारा की मूर्ति सुन्दर और पुरानी है। कहते हैं, इसे व-रीने ही बनवाया था। इस स्थान से दक्षिण में प्राय: आधा मील पर एक पहाड़ी मैदान के ऊपर खोन्-कोन्-गर्यल (10-34-1102 ई.) ने स-क्या विहार की स्थापना की थी। उस विहार का अब पता नहीं है। पहले वहाँ एक गाँव भी था जो अब नहीं है!

व-रि-लो-च-व की सेवा स्वयं तारा एक लड़की के रूप में रहकर करती थी। एक दिन वह लड़की उसी गाँव में आग लेने गई। कुत्तों ने उसे खदेड़ा, और वह भागती हुई एक पत्थर पर गिरी। ब-रि के मन्दिर से थोड़ी ही दूर दक्षिण-पश्चिम में वह पत्थर दिखलाया जाता है, उस पर लड़की रूपी तारा के घुटनों के निशान हैं। आखिर गया का विष्णुपद भी तो एक ऐसा ही निशान है, यदि वह सच्चा है तो यह भी क्यों नहीं।

अब हम परिक्रमा करते तारामहल में पहुँचे। भीतर द्वार पर महन्तराज के कुँवर साहेब और उनकी स्त्री दिलखाई पड़ी। खोन्-कोन्-ग्यल की सन्तति ही (व-रि लो-च-व को छोड़) तब से अब तक स-क्य मठ की मालिक है। बीच में स-पण कुन्-ग्-ग्यल-छन्, फग्-पा और धर्मपालरक्षित (1268-88) जैसे कुछ भिक्षु गद्दीनशीन हुए थे, बाकी सभी महन्त गृहस्थ रहे हैं। वर्तमान महन्त भी गृहस्थ हैं, अवस्था 63 वर्ष की है। इनके दो लड़के 32, 33 वर्ष के हैं। अब तक कोई सन्तान नहीं है, इसलिए लोग बहुत चिन्तित हैं। पुत्र और वधू दोनों के कानों में महन्तवंश-सूचक फीरोजा जटित कर्णभूषण था। थोड़ी देर हमारा साथी उनसे बातचीत करता रहा। फिर हम महन्त जी के स्थान पर गए। कुछ देर तक हमें बाहर प्रतीक्षा करनी पड़ी। फिर हम महन्त जी के सामने पहुँचे। हमारे साथी और धमवर्द्धन ने साष्टांग दंडवत किया। हम तो अच्छी तरह हैं—कह अपनी पुस्तकें भेंट कर अलग बिछे आसन पर बैठ गए। महन्त के बाल कितने सफेद हो गए हैं और रंग भी भारत के कम काले लोगों जैसा है जिससे स्पष्ट है, कि इस वंश में किसी समय भोट-भिन्न रक्त मिश्रित हुआ था। आधे घंटे से ऊपर हमारी बातचीत होती रही। जब बात करने के लिए बात ही न रह गई, तो हमने विदा माँगी। महन्तराज ने पुस्तकों के देखने की अनुमति दे दी, किन्तु,साथ ही कहा—हमें पता नहीं ताल पुस्तकें कहाँ हैं।

फिर महादेवालय के खन-पो (Dean) के पास गए। उम्र तीस के करीब होगी। बेचारे अच्छी तरह मिले। स-क्य विहार की हस्तलिखित सूची देखकर बतलाया पे-खङ् (पुस्तकालय) में भोट और ग्य-पे (भारतीय या चीनी पोथी) तेरह सौ चौंतीस हैं। बड़ी प्रसन्नता हुई। सोचा और धर्मवर्द्धन से भविष्यवाणी भी कर दी—इसमें कम-से-कम सौ पोथी संस्कृत की हैं और प्रमाणवार्तिक तो जरूर हैं। लौटकर निवास-स्थान पर आए। पे-खङ् के लिए अभी मंत्री की आज्ञा भी लेनी थी। मंत्री बुलाए गए, 4.30 बजे आज्ञा मिल गई और खुशी-खुशी ऊपर चढ़कर हम उस स्थान में पहुँचे।

ताला खोला गया। कई कोठरियों से होते विहार के इष्टदेव के मन्दिर में घुसे। सभी तरह के पुराने अस्त्र-शस्त्र ही जमा नहीं किये गए हैं, बल्कि कितने ही आदमियों के सूखे सिर और हाथ भी लटकाये हुए हैं। कुत्ते, जंगली याक, बाघ और दूसरे जानवर भी छत से लटक रहे हैं। फिर अंधेरे रास्ते से उस स्थान पर पहुँचे जहाँ भोट का सब से भारी विद्वान् स-पण् कुन्-ग्-ग्यल-छन् रहा करता था।

छोटी कोठरी है। इसी में स-पण् की मूर्ति है। दीवारों पर बेपरवाही के साथ लटकाये कितने ही चित्रपट हैं। गौर से देखने पर वे बहुत सुन्दर मालूम हुए। विचार हुआ, कुछ के फोटो लें। फिर फूले न समाते पुस्तकालय के भीतर पहुँचे, सामने की तीन-चार पीतल की मूर्तियाँ हाथ के सहारे देखीं। एक मूर्ति के आसन पर एक तालपत्र मिला। कुछ मंत्र लिखे थे। अच्छा शकुन हुआ। फिर पुस्तकों को देखने लगे। एक ओर की सारी पुस्तकें देख डालीं। कोई तालपोथी नहीं। दिल धड़कने लगा। दूसरी पाँती में भी कोई तालपोथी नहीं तीसरी में एक पोथी मिली, जिसे खोलकर देखने पर मालूम हुआ, प्रज्ञपारमिता मंत्र आदि के कितने ही पन्ने जमा किये हुए हैं। दिल को विश्वास नहीं हुआ। एक बार फिर टार्च लेकर देखा। वहाँ सिर्फ भोट हस्तलिखित ग्रन्थ और कितने ही चीनी बौद्ध ग्रन्थ के रोल हैं। निराशा के बारे में क्या पूछते हो, रोकने पर भी उदासी चेहरे पर आए बिना न रही। कहा—एक बार सभी देवालयों की पुस्तकों को देख लेना चाहिए।

लौटते वक्त हम ड-चे-ल्ह-खङ् में गए। इसके भीतर कई मन्दिर हैं, जिनमें नम्-थर्-ल्ह-खङ् एक बड़ा मन्दिर है। प्रधान मूर्ति मंजुघोष बोधिसत्व की है, जिसे स-पण् ने स्थापित किया था। सामने दीवार पर भी मंजुघोष का चित्र है, जिसके बारे में बतलाया जाता है—स-पण् मंजुघोष ने की मूर्ति की ओर मुँह किये ही पीठ की ओर दीवार पर यह प्रतिचित्र बनाया था। मन्दिर में कई और सुन्दर मूर्तियाँ हैं। यहाँ भी पुस्तकों की छल्ली दीवारों के पास चिनी हुई है। तीन पुराने चित्रपट भी देखे। दो-एक और देवालयों को देखते निवासस्थान पर लौट आए।

24-10-34

ग्यारह दिन बाद आज फिर इस पत्र को लिखने बैठा हूँ। सारा ही समय प्रमाणवार्तिकालंकार लेता रहा। प्रमाणवार्तिक के दूसरे और तीसरे परिच्छेदों का ही यह महाभाष्य उपलब्ध है, और वह भी आदि और अन्त में खंडित। प्रज्ञाकर गुप्त का समय आठवीं शताब्दी का आरम्भ हो सकता है। वह आचार्य धर्म कीर्ति के प्रशिष्य देवेन्द्र मति के और प्रशिष्य शाक्य मति के शिष्य तथा आचार्य धर्मोत्तर के गुरु थे। संस्कृत भाषा और छन्द-निर्माण पर उनका पूरा अधिकार था। पक्षी के लिए कड़े शब्द का प्रयोग बिलकुल नहीं करते। भाष्य गद्य और पद्य दोनों में ही है, वैसे ही जैसे पार्थसारथी की शास्त्र दीपिका। क्या ही अच्छा हुआ होता यदि सारा ग्रन्थ मिलता। इस ग्रन्थ का भोट भाषा में अनुवाद हो चुका है। पहले परिच्छेद को मैं उतार चुका हूँ। श्लोकों का अन्दाज लगाने पर पहले परिच्छेद में डेढ़ हजार श्लोक (अड़तालीस हजार अक्षरों) से कम न होंगे। इस परिच्छेद का भी आरम्भिक भाग पुस्तक में नहीं है। इच्छा तो उत्कट थी कि सारे ग्रन्थ को लिख डालें, किन्तु

सर्दी बहुत बढ़ रही है। स-क्य समुद्रतल से 14715 फीट ऊपर है। फिर अक्टूबर के अन्तिम सप्ताह ही में कड़ी सर्दी पड़ने लगे तो आश्चर्य ही क्या। दोपहर को भी बाहर पानी की नालियों में बर्फ जमा देखता हूँ। स्याही तो फाउंटेनपेन की होने से नहीं जमती, किन्तु हाथ में ठिठराहट मालूम होती है। रहना होता तो कोई बात नहीं किन्तु अभी बड़ी-बड़ी जोतो को पार करते भारत लौटना है। रास्ते में नेपाल में भी दो सप्ताह देने हैं, इसीलिए दूसरे परिच्छेद के नकल करने के लोभ को संवरण करना पड़ता है। भारत में मित्र लोग जरूर कहेंगे—क्या था डेढ़ सप्ताह और ठहर गए होते। हाँ, मैंने सारे ग्रन्थ के फोटो ले लिये हैं और न लिखे भाग के तो दो-दो। लेकिन मुझे इन फोटो पर विश्वास नहीं। रोलाइ फ्लेक्स कैमरा तो है नहीं। हर चौथी बार देखने पर कैमरे की भाथी में बारीक छेद से दिखाई पड़ते हैं, और एक्सपोजर का भी अभी अच्छी तरह अन्दाज नहीं मिला है।

अच्छा इतनी बहानेबाजी के बाद कुछ और उल्लेखनीय बातें लिखता हूँ।

15 तारीख को भी यद्यपि हमने 40 मन्दिरों के दर्शन किये थे, किन्तु वह सब जल्दी में हुआ था। 13 को दस बजे फिर चले। तेरहवीं शताब्दी में स-क्य के विहाराधिपतियों ने तिब्बत पर शासन किया था और साथ-ही-साथ वह चीन सम्राट् के धर्मगुरु भी थे। इसलिए स-क्य विहार को विशाल होना ही चाहिए। पीछे के सुधारक चोङ-ख-प ने स-क्य वालों से बहुत-सी बातें ली हैं। पहाड़ की वाही या शिखर पर मठों को बनवाना स-क्य वालों ने ही आरम्भ किया था, जिसका अनुकरण पीछे इतना हुआ, कि आजकल थोड़े से पुराने मठों को छोड़कर बाकी सभी मठ तिब्बत में पहाड़ों पर ही पाये जाते हैं। पीली टोपीवालों के गौन (चोगा) आदि भी स-क्यों की नकल से ही बने है। अस्तु।

मठ के सभी देवालयों का दर्शन तो हम कर नहीं सकते थे, पथप्रदर्शक हमें प्रधान देवालयों की ओर ही ले गए। एक-दो देवालयों को देखते हम स-छेन-कुन-ग्-ञिङ-पो (1092-1158 ई.) के समाधि-गृह में पहुँचे। यद्यपि सक्य मठ का आरम्भ उनके पिता ने किया था, किन्तु उसकी आरम्भिक उन्नति इन्हीं के हाथों हुई थी। वह अपने पिता की भाँति गृहस्थ ही रहे। इस मन्दिर में एक स्तूप के भीतर उनका मृत शरीर रखा हुआ है।

रास्ते के दो-चार देवालयों को भीतर से और ध्वस्तप्राय मन्दिरों और स्तूपों को दूर से देख एक बार फिर हम-गु-रिम्-ल्ह-खङ पहुँचे। स-पण् के निवासस्थान के चित्रपटों में से 12 को फोटो लेने के लिए चुना। फिर महाकाल के मन्दिर में आदमियों और पशुओं के सिर और शरीर देखने गए। देखकर हम निकल रहे थे कि यक-ब-यक ख्याल आया, चलो एक बार अं र पे-खङ् (पुस्तकालय) देख लें। अब की बार और गौर से देखने का विचार हुआ। हमने अभी देखना आरम्भ किया था, कि धर्मवर्द्धन का हाथ एक कागज पर लिखी पोथी पर पड़ा। आकार 27"×4"

और पन्ने 59 थे। साधारणतया ऐसी कागज पर लिखी पुस्तक को भोट भाषा का ग्रन्थ समझ हम छोड़ जाते, किन्तु धर्मवर्द्धन ने खोलकर देखा—ओ:! यह तो भारतीय ग्रन्थ है। मैंने देखा तो मालूम हुआ प्रमाणवार्तिक का महाभाष्य वार्तिकालंकार है। ग्रन्थ खंडित था, तो भी बड़ी खुशी हुई। इसके लिए क्या किया यह लिख चुका हूँ। मन लगाकर फिर सारी पोथियों की देखभाल की, किन्तु वहाँ कोई संस्कृत ग्रन्थ न मिला। दु्उ-चे-ल्ह्-खङ् में फिर गए। एक विशाल देवदार स्तम्भ पर (जो कि नम्-थर-ल्ह-खङ् के द्वार पर है) जे-चुन्-डग्-प-ग्यल-छन् (1147-1216 ई.) के समय का एक ताम्रपत्र है। ताम्रपत्र का फोटो तो नहीं ले सके, किन्तु धर्मवर्द्धन ने उसकी नकल कर ली। यहाँ भी 2, 4 फोटो लिये और फिर संघराज फग्-पय्-लो-डोस-ग्यल्-छन् (1234-1280 ई.) के समाधिगृह को देखने चले। यह चीन सम्राट् कुब्-ले-हान् के गुरु थे। समाधिगृह पर चीनी ढंग की सुनहली छत है। भीतर स्तूप में उनका मृतशव या अस्थि है, और चारों तरफ उनको प्राप्त हुई कितनी ही भेंटों का संग्रह है। इनमें कितने ही तेरहवीं शताब्दी के चीनी मिट्टी के सुन्दर बर्तन भी हैं।

अन्त में तीन बजे हम चि-दोंड् प्रासाद में पहुँचे (शि-तो)। स-क्य के महन्तराज जाड़ों में इसी में रहते हैं। प्रासाद विशाल है। मरम्मत अच्छी तरह से न होने के कारण कहीं-कहीं बिगड़ भी रहा है। और गन्दगी? यह तो तिब्बत में सार्वजनीन चीज है। इस प्रासाद में भी कितने ही मन्दिर हैं। जिनको देखते हम ग्य-गर्-ल्ह-खङ् (भारतीय देवालय) में पहुँचे।

दूसरे तल्ले पर एक छोटी-सी कोठरी है, जिसे देखकर कोई कह नहीं सकता, कि इसमें इतनी अनमोल भारतीय पीतल की मूर्तियों का संग्रह होगा। एक ही दीवार के सहारे आठ और सात पांतियों में ये मूर्तियाँ रखी हुई हैं। उनकी तफसील इस प्रकार है—

(क)	(ख)
1. भोट	1. भारत भोट
2. भोट भारत	2. भारत (छोटी)
3. भारत भोट	3. भोट भारत
4. भारत	4. भोट-भारत
5. भारत	5. भोट
6. भारत	6. भोट
7. भारत	7. भारत
	8. भारत

बीच-बीच में कहीं-कहीं तिब्बत (=भोट) की बनी मूर्तियाँ हैं, जिन्हें पहचान न होने के कारण लोगों ने यहाँ रख दिया है। जिस पंक्ति में दोनों प्रकार की मूर्तियाँ हैं, वहाँ अधिक मूर्तिवाले देश का नाम मैंने पहले लिख दिया है। भारतीय मूर्तियों

की संख्या सौ से अधिक है और जो तीन-चार इंच से एक फुट की हैं। इनमें कुछ मूर्तियाँ तो गुप्तकालीन हो सकती हैं। मूर्तियों को रस्सी से बाँध रखा गया है, इसीलिए चारों ओर अच्छी तरह देखा नहीं जा सकता। तो भी देखने पर तीन में अक्षर लेख दिखाई पड़े।

1. (क) 4 चौथी पंक्ति के अन्त में (× चिह्न) तीर्थंकर महावीर की मूर्ति (18×10 अंगुल) है, जिसे लोग बुद्ध मूर्ति समझते हैं। इसकी पीठ पर निम्न लेख हैं—

'सं. 1192 आल्हणपत्नी बीजलपुत्री देधइ पुत्र सढल द्वितीया सुता ताल्ही।'

ताल्ही दायिका का नाम है। और सं. 1192 (1135 ई.) विक्रम संवत् हो सकता है। मूर्ति बीच में तथा पद्मासनासीन है, जिसके नीचे तीर्थंकर महावीर का लांछन सिंह है। घेरे में और भी कितनी ही तीर्थंकर-मूर्तियाँ हैं।

2. (ख) की तीसरी पंक्ति में 7×5 अंगुल की बरदमुद्रा-सीन बुद्धमूर्ति पर लिखा है।

'देयधर्मोयं सुप्राजिकाया:' (सुप्राजिका दान)। अक्षर विहार में पाये गए सातवीं-आठवीं शताब्दी के हैं।

3. (ख) की चौथी पंक्ति में 11×8 अँगुल की अक्षोभ्यमुद्रासीन बुद्धमूर्ति पर...

'7 देयधर्मोयं उपासिकाय सियाय सर्व सत्त्वातानां अनुतर-फलाप्तवाये' (उपासिका सिया का दान सभी प्राणियों को अनुपम फल की प्राप्ति के लिए।)

इसके भी अक्षर विहार की सातवीं आठवी शताब्दी के हैं।

कुछ मूर्तियाँ अत्यन्त सुन्दर हैं। मैंने कुछ फोटो भी लिये हैं। जब मैं इन मूर्तियों के देखने में लगा था, उसी समय धर्मवर्द्धन की नजर एक चौकी पर पड़ी जिस पर 28 पत्थर की छोटी-छोटी मूर्तियाँ हैं। ये अधिकतर संगमरमर की हैं, इनमें दो तो बोधगया के मन्दिर के नमूने हैं। इन मूर्तियों की सुरक्षा के लिए कोई खास ध्यान नहीं रखा गया है इसलिए इनमें से कुछ हमारे पीछे आनेवालों को शायद ही देखने को मिलें।

अन्त में प्रासाद के महाकाल को देखकर हमें दर्शन समाप्त करना पड़ा। महकाल के पास कपड़ों से ढका ताँबे का एक कटाह है। इसके पानी के बारे में कहा जाता है, कि वह कभी नहीं सूखता। लोग चिराग के धुँधले प्रकाश में उस पानी में तरह-तरह की चीजें देखते हैं, मुझे भी देखने को कहा गया। मैंने कहा—इतने बड़े कड़ाह की क्या जरूरत है, अँगुली के नख पर तो मैं तुम्हें तीनों लोक दिखला सकता हूँ। बशर्ते कि प्रज्ञाशून्य उत्कट भक्ति तुममें हो। एक साथो ने मेरी बिजुरी की टार्च इस्तेमाल करना शुरू किया। मैंने कहा—क्या कर रहे हो। इन अमंगल चीजों की सहायता से देवताओं का प्रताप नहीं देखा जा सकता।

इस प्रकार सूर्यास्त होने पर हम अपने स्थान पर लौटे। चौदह तारीख के सवेरे गु-रिम्-छग्-पे-ल्ह-खङ् से प्राप्त कागज और तालपत्र की पुस्तकों को देखने लगे।

कागजवाली पोथी वार्तिकालंकार के बारे में लिख चुका हूँ। तालवाली पोथी की जाँच-पड़ताल करने पर उसमें 11 पुस्तकों के खंडित पन्ने मिले।

× × ×

मब्-जा
28-10-34

तिब्बत में सभी भाइयों की एक पत्नी होने से घर और सम्पत्ति का बँटवारा नहीं होता। कभी-कभी इस नियम का अपवाद भी देखा जाता है। स-क्या के एक महन्तराज दग्-छेन्-बङ् दुस-ञिङ्-पो के दो पुत्रों पद्म-दुस्-दल्-बङ्-छुग् और दग्-छेन्-कुन्-ग-रिन्-छेन् ने अलग-अलग शादियाँ कीं। पीछे एकाध और अपवाद हुए, जिससे चार महल हो गए। पीछे दो के निस्सन्तान मर जाने से अब फिर दो महल रह गए हैं। परम्परा इस प्रकार है—

- (दग्-छेन्) बङ-दस-ञिङ्-पो
  - पद्म-दुस्-दुल्-बङ् (डोल्-म)
    - (दग-छेन्) ट-शी-रिन्-छेन्
      - कुन्-ग्-ञिङ्-पो
        - (दग्-छेन्) ठिन्-ले-रिन-छेन् (64 वर्ष)
          - कुन्-ग-रिन्-छेन् (33 वर्ष)
          - कुन्-ग-ग्यल्-छन् (32 वर्ष)
  - (दग छेन्) कुन्-गऽ-रिन्-छेन् (फुन्-छोग्)
    - (दग-छेन्) कुन्-गऽ-सो-नम्
      - (दग्-छेन्) जम्-लिङ्-छे-गु-वङ्-दुस्
        - [1]जम्-यङ्-कुन् डुब् ग-ग्यल्-छेन्व् (35 वर्ष)
          - कुन्-ग-सो-नम् (5 वर्ष)
          - कुन्-ग-ठिन्-ले-टशी (3 वर्ष)
        - थुब-तन्-खे-(मृत)

1. दो वर्ष हुए ठिन्-ले-रिन्-छेन् महन्तराज मर गए, अब उनके स्थान पर दग्-छेन् जम्-यङ् कुन्-ग-ग्यल्-छेन् दिसम्बर (1936 ई.) से गद्दी पर बैठे हैं।

स-क्य-मठ के संस्थापक (खोन्) कोन-ग्र्यल् (1034-1108 ई.) स्वयं गृहस्थ थे। स-पण (1182-1251 ई.) से लेकर तीन-चार पीढ़ी तक ही भिक्षु महन्त हुए। इसके बाद, फिर गृहस्थ ही महन्त होने लगे और अब तक यही प्रथा जारी है। जब से गृहस्थ महन्त होने लगे तभी से उनको दग-छेन (=महात्मा) की पदवी मिली। आर्यसमाज में भी गृहस्थ महापुरुष को स्वामी न कह सकने के कारण महात्मा का नाम पहले महात्मा मुंशीराम को और फिर महात्मा हंसराज को दिया गया। यही नाम पीछे महात्मा गाँधी के मत्थे मढ़ा जाकर इतना प्रसिद्ध हुआ। भोट के स-क्य महन्तराजों ने इस नाम को प्राय: 6 शताब्दियों से अपनाया है।

उत्तराधिकार का नियम—दोनों महलों में ज्येष्ठ पुत्र उत्तराधिकारी होता है। दो होने पर आयु में बड़ा गद्दी पर बैठता है। उदाहरणार्थ वर्तमान महन्तराज (दग्-छेन्) ठिन्-ले-रिन्-छेन् के बाद उनका ज्येष्ठ पुत्र कुन्-ग-रिन्-छेन् गद्दी पर न बैठ फुन्-छोग्-महल के लामा जम्-यङ्-कुन्-ग-ग्र्यल्-छेन् गद्दी पर बैठेंगे। उनके बाद कुन्-ग-रिन्-छेन्- (डोल-म) का नम्बर आएगा और फिर 5 वर्ष का बालक कुन्-ग-सो-नम् (फुन्-छोग्) उत्तराधिकारी होगा। दोनों महलों में कोई ज्येष्ठ पुत्र न होने पर ही कनिष्ठ पुत्र उत्तराधिकारी हो सकेगा।

13 तारीख को ही फुन्-छोग्-फो-ब्रङ् के लामा का बुलावा आया था; किन्तु, उस दिन और काम होने के कारण नहीं जा सके। 14 तारीख को 11 बजे चले। नदी पार हो महाविहार और डोल्-मा-फोब्रङ् की बगल से होते प्राय: मील भर चल हम फुन्-छोग्-फो-ब्रङ् पहुँचे। तिब्बत के दस्तूर के मुताबिक आधा घंटा प्रतीक्षागृह में इन्तजार करना पड़ा। फिर भीतर गए। लामा कान में फीरोजा जड़ित कुंडल पहने एक बड़े सिंहासन पर विराजमान थे। उन्होंने हँसते तथा हमारे लिए रखे आसन की ओर इशारा करते स्वागत किया। हमने भी रिन्-पो-छे-जू-दन्-जा ये-वे (रत्न! अच्छी तरह विराजमान हैं?) कह आसन ग्रहण किया। हमारा आसन उतना ही नीचा था, जितना लामा का ऊँचा। लामा की उम्र 35 वर्ष है। इनकी दो बड़ी कन्याएँ और दो छोटे पुत्र हैं। सन्तानें पिता से बहुत सुन्दर हैं। सोचा—माँ के अनुरूप होंगी। किन्तु पीछे माँ को भी देखने पर घुणाक्षर-न्याय ही कहना पड़ा। 1.30 बजे से 5.30 बजे तक वहीं रहे। लामा बड़े मधुर स्वभाव के हैं। बातें तरह-तरह की होती रहीं। कभी भारत में बुद्धधर्म के बारे में कभी मंत्रयान के बारे में। और कभी स-क्य के पुराने लामों के बारे में। बीच में उनके तथा बच्चे के कितने ही फोटो लिये। चलते वक्त चावल और आधी भेड़ का मांस भेंट मिली। यह भी आग्रह हुआ, कि दूसरी बार आने पर हमारे ही यहाँ ठहरा जाए। फोटो लेने के बाद हमारे लिए एक ऊँची कुर्सी—इतनी ऊँची कि पैर जमीन पर नहीं पहुँचता था—रखी गई। इस महल से यदि हमें कोई शिकायत हो सकती थी, तो आसन की—यद्यपि तिब्बत में इसकी गुंजाइश नहीं—सो वह भी रफा हो गई। लोगों ने टिन में बन्द कुछ खाने की चीजें

लामा को चढ़ाई थीं। किन्तु यहाँ वालों को तो बिस्कुट छोड़ मालूम नहीं, कि इनमें क्या है। हमारे सामने बिस्कुट के अतिरिक्त पनीर (Chease) चॉकलेट के डिब्बे रखे गए। पनीर के डिब्बे को खोलते हमने अपने हाथ के बाएँ अँगूठे में गहरा घाव कर लिया, जिसका चिह्न फुन्-छोग्-फो-ब्रङ् के लामा के सुमधुर स्वागत की अच्छी स्मृति रहेगी।

× × ×

तेर्-स (तिङ्-रि)
2-11-34

15 अक्टूबर को विचार हुआ, वार्तिकालंकार का फोटो ले लें। कुछ थोड़े से फोटो लिये, किन्तु, छत पर होने पर भी तमाशबीन आ ही गए। बीच-बीच में वे बात भी पूछने लगते थे। एक तो नौसिखिये फोटोग्राफर ठहरे, फिर फोकस मिलाना, शटर बन्द करना, नया फिल्म पैक लगाना आदि इतना काम था, कि वह तो अभ्यस्त के लिए भी उस परिस्थिति में मुश्किल था। नहीं कह सकते, कितने फोटो ठीक आए होंगे।

आखिर हमें काम बन्द कर देना पड़ा। कुछ भिक्षु लोग कल भी आकर लौट गए थे। आज वह फिर इन्तिजार कर रहे थे। उनसे थोड़ी देर बात की। आग्रह हो रहा था—अभिधर्मकोश की अपनी टीका का भोटभाषा में अनुवाद कर दीजिए। गोया यह कोई दालभात का निवाला था। अन्त में कहा गया—किसी सूत्र का पाठारम्भ कराएँ। उनके लिए ग्य-गर के लामा से पाठारम्भ कराना भी अधिक पुण्य का काम है। घंटे-डेढ़ घंटे में पिंड छूटा। वार्तिकालंकार लिखने को हम उकता रहे थे।

सोचा—फोटो तो अभी धोकर देखा नहीं गया, दैव भरोसे खेती है। कहीं कुछ नहीं आया तो अफसोस होगा। इसलिए कम-से-कम एक परिच्छेद तो लिख लेना चाहिए। श्लोकों में गणना करने पर इस परिच्छेद में प्राय: अठारह सौ श्लोक होंगे। पहले तो चार-पाँच ही पृष्ठ होता रहा, किन्तु पीछे छह पृष्ठ का नियम कर लिया। इसके कारण एक-एक दो-दो बजे रात तक जागना पड़ा और इस प्रकार पहला परिच्छेद 23 अक्टूबर ग्यारह बजे रात को समाप्त हुआ।

× × ×

पहले हम स्तूपों और मूर्तियों के भीतर तालपत्र की पोथियों के डालने की बात को सुनकर बहुत झुँझलाते थे; किन्तु स-क्य मठ की हजारों तालपत्र की पुस्तकों की जो दशा हुई उसे देख कर कहना पड़ता है—बाहर रखकर पत्रों को फाड़-फाड़कर परसादी बाँटने से तो उनका स्तूपों में डाल देना ही अच्छा है। भविष्य में कभी तो उनके मिलने की आशा है। स-क्य के ल्ह-खङ्-छेन्-मो में आचार्य धर्मकीर्ति की एक मूर्ति है। पहले धर्मवर्द्धन उसकी तस्वीर खींचना चाहते थे; किन्तु पीछे देखने पर

मूर्ति बिलकुल साधारण मालूम हुई और उन्होंने उस ख्याल को छोड़ दिया। कहते हैं उस मूर्ति के भीतर धर्मकीर्ति का प्रधान ग्रन्थ प्रमाणवार्तिक रखा है।

फुन्-छोग्-फो-ब्रङ् के लामा को पता लगा था, गु-रिम्-ल-म-ल्ह-खङ् में बहुत-सी तालपत्र की पुस्तकें हैं। एक ने तो बतलाया तीन बड़े-बड़े टोकरे भरे हैं। खैर, इतना सुनने मात्र से हम फूले न समाते, ऐसा हो नहीं सकता था। 15 अक्टूबर को धर्मवर्द्धन ज़ाकर तालपत्रों के तीन छोटे-छोटे बंडल लाए। कह रहे थे—इतनी अधिक धूल तो हमने अपनी जिन्दगी भर में नहीं देखी। हमारे पास आए बंडल भी काफी धूल रखते थे। देखने पर मालूम हुआ, सैकड़ों पुस्तकों के वे एक-एक दो-दो पत्रे हैं। सूची बनाना फजूल था।

बाद में एकान्त मन से वार्तिकालंकार का लिखना जारी रहा। अठारह तारीख को धर्मवर्द्धन ने वैशाली (बसाढ़,जि. मुजफ्फरपुर) के कायस्थ पंडित गयाधर की मूर्ति की तस्वीर उतारी। पंडित गयाधर—जो आजकल यहाँ सिद्ध गयाधर कहे जाते हैं। ग्यारहवीं शताब्दी के उत्तरार्द्ध में भोट आए और कितने ही वर्षों तक रहे थे। डोग्-मि-लो-च ने इनकी सहायता से कुछ पुस्तकों का अनुवाद किया था। इसके लिए उसने तीन सौ तोला सोना विदाई दी थी। स-क्य लामों की तांत्रिक गुरुपरम्परा में होने से यहाँ उनकी मूर्ति रखी गई है। बसाढ़ में कुछ कायस्थ घर हैं या नहीं—मैं नहीं कह सकता। पता लगाने पर शायद आज भी विहार में पंडित गयाधर के वंशज मिल जाएँ। पंडित गयाधर संस्कृत के विद्वान होते हुए प्राचीन हिन्दी के कवि भी थे। उनकी एक कविता पुस्तक का तन्-जुर में अनुवाद है।

16 से 18 तारीख तक हमारे घर की मालकिन चम्-छुङ्-कु-शो-छे-रिङ्-पल्-मो (दीर्घायुश्री) लोकेश्वर का न्यू-ने व्रत कर रही थीं। यह वही व्रत है, जिसे मैंने भी अपनी पिछली यात्रा में शुरू किया था, किन्तु दोपहर भर की दंडवत् में ही परेशान हो छोड़ दिया था। श्रीमती दीर्घायुश्री मेरी तरह श्रद्धाशून्य नहीं हैं। वह साल में ऐसे कितने ही न्यू-ने व्रत किया करती हैं। 20 तारीख को मैंने एक गलती की। दीर्घायुश्री वहाँ बैठी थीं। वार्तिकालंकार लिखते समय कभी-कभी काम की चीज आने पर मैं धर्मवर्द्धन से बात करने लगता था। उस वक्त वार्तिकालंकार की एक पंक्ति लिख रहा था—

'बालक्रीडामिव सकलमेव संसारसुखार्थे धर्मसाधनमुत्पश्यतां।'

धर्म-साधन को बालक्रीड़ा से उपमा देने की बात मैं धर्मवर्द्धन से कह रहा था। बीच में श्रीमती बोल उठीं—क्या बात कही। अन्त में मुझे उनके न्यू-ने का उदाहरण देना पड़ा। मुझे अफसोस हुआ कि दीर्घायुश्री के हृदय पर उन वाक्यों से आघात पहुँचा होगा। तो भी दूसरे दिन मैंने देखा, वह उसे भूल गई थीं। तिब्बत की सारी यात्रा में श्रीमती दीघायुश्री और उनके पति कु-शो-डोङ्-छेन्-पो से बढ़कर सहृदय

व्यक्ति नहीं मिले। उनमें भी दीर्घायुश्री का व्यवहार अत्यन्त मधुर था। वह हमारे खाने-पीने की ओर बहुत ध्यान रखती थीं। वह कुछ पठित और अधिक सुसंस्कृत तथा मेधाविनी महिला हैं। इस दम्पती को कोई सन्तान नहीं है। उस दिन न्यू-ने की चर्चा करते वक्त मैंने एक दृष्टान्त दिया—एक भद्र महिला ने न्यू-ने व्रत किया। तीसरे दिन पारना के लिए नौकरानी थुक्-पा (सूप) तैयार करके लाई। थुक्-पा में नमक थोड़ा कम था। मालकिन ने चखते ही नौकरानी के मुँह पर थप्पड़ मारा। बताओ, न्यू-ने का सारा पुण्य चला गया या नहीं? दीर्घायुश्री ने शान्तिपूर्वक कहा—मारा कहाँ, जरा-सा तो डाँटा। बात यह थी, कि हमारी चम्-कुशो ने अपनी नौकरानी चङ्-ला के साथ उस दिन पारण करते वक्त ऐसा ही व्यवहार किया था, जिसका कि मुझे जरा भी पता न था। लोग ऐसे ही सिद्ध होते होंगे न।

× × ×

23 अक्टूबर को वार्तिकालंकार को लिखने का काम समाप्त हो गया। 24 को वार्तिकालंकार के फोटो लिये। न लिखे परिच्छेद के दुहरे फोटो लिये।

श्री विलियम्सन (पॉलिटिकल एजेंट, शिकम) इस वर्ष स-क्य आए थे। साथ में उनकी पत्नी भी थीं। श्रीमती विलियम्सन के बारे में चाम्-कुशो दीर्घायुश्री का कहना था—क्या है, भिखमंगिन की तरह आई थी, न कानों में आभूषण और न कंठ में माला। मैंने कहा—और न सिर पर पै-गोर (धनुषाकार शिरोभूषण जो चाङ् की स्त्रियाँ धारण करती हैं)। पिछली बार श्री विलियम्सन से मिलते वक्त उनकी श्रीमती वहाँ न थीं। यदि फिर मिलने का मौका हुआ—तो श्रीमती विलियम्सन से कहूँगा—आप दूसरी बार भिखमंगिन के भेष में न जाएँ, अवश्य पै-गोर धारण करके जाएँ। और उसके लिए बालों को पहले से बढ़ा रखें।

25 तारीख को गु-रिम्-ल्-ल्ह-खङ् के एक दर्जन पुराने चित्रपटों के फोटो लिये और आए हुए आदमी के साथ फुन्-फोन्-छोग्-फो-ब्रङ् के लिए चल दिये। लामा ने भारत आने की इच्छा प्रकट की, किन्तु आना मुश्किल है। मैंने भारत के बौद्ध तीर्थों का रास्ता बतला दिया, और यह भी कह दिया—यदि पहले से मुझे खबर मिलेगी तो मैं साथ चलकर सभी पवित्र स्थानों को दिखलाऊँगा। उन्होंने 6 लकड़ी और दो पीतल की मूर्तियाँ प्रदान कीं। सूर्यास्त बाद हम स्थान पर लौटे। आज हमारे लिये मब्-जा (कु-शो-डोङ्-यिग्-छेन्-पो का गाँव) से घोड़े आनेवाले थे; किन्तु न आए। अब कल भी प्रस्थान करने की आशा नहीं रही।

दूसरे दिन हम फिर ग्य-ल्ह-खङ् गए और वहाँ की बहुत-सी भारतीय मूर्तियों के फोटो लिये। बोधगया मन्दिर के पत्थर के नमूनों के भी फोटो लिये। आज शाम को घोड़े भी आ गए।

चतुर्थ खंड

ञेनम् की ओर

26 अक्टूबर को सत्रहवें दिन स-क्य को आठ बजे सवेरे छोड़ा। यदि भोट में किसी स्थान को अफसोस के साथ छोड़ना पड़ा तो वह स-क्य ही है। यहाँ सबसे अधिक सहृदय जन मिले। जिस दिन स-क्य आए थे तब से अब सर्दी अधिक बढ़ गई थी। रास्ते में पानी की नालियाँ बर्फ हो गई थीं। चङ-मा (वीरी) की पत्तियाँ सूख गई थीं, और गिरने के लिए हवा के झोकों की प्रतीक्षा कर रही थीं। स-क्य-उपत्यका जो कभी हरे मखमल के फर्श के समान दिखाई पड़ती थी, उसकी सभी घासें पीली हो गई थीं। हमारे रास्ते से हट कर लाल-काली-सफेद खड़ी रेखाओं से अंकित कितने ही घर पड़े। कुछ उजड़े गाँवों की टूटी दीवारों को दाहिने-बाएँ छोड़ते हम जनशून्य उपत्यका की ओर चढ़ने लगे। आखिरी दो मील छोड़ चढ़ाई आसान रही। इस जोत का नाम डोङ्-मो-ला है। डोङ् जंगली चँवरियों को कहते हैं, जिनका अब इधर नाम नहीं है। शायद पहले रहती होंगी। उतराई उतरकर हम पानी की धार के किनारे आए। हमने साथियों से कहा—यह गंगा-नदी का पानी है। और यह है ही, क्योंकि इस धार का पानी कोसी से होकर गंगा में जाता है। डेढ़ बजे हम लोग छु-शोर-ग्य-पोन् गाँव में पहुँचे। यहाँ घोड़ों को चारा दिया गया, और हम लोगों ने चाय पी।

इस उपत्यका में भी कितने ही मठों और बस्तियों के ध्वंसावशेष हैं। धार की दहिनी ओर थोड़ा-सा ऊपर कितने स्तूप हैं और नीचे जाने पर दाहिने तट पर ल्ह-दोङ् गाँव है। यह कभी बड़ा गाँव था जिसके पास में एक बड़ा मठ था। किन्तु अब कुछ ही घर बच रहे हैं। एक हमारा देश है, जहाँ लोगों को जोतने के लिए जमीन नहीं मिल रही है, और एक यह देश है, जहाँ पहले के आबाद खेत छोड़ दिये गए। इसका कारण घर भर के लिए एक पत्नी की प्रथा के अतिरिक्त अधिक लोगों का साधु होना है। एक तरह कहा जा सकता है कि इतने गाँवों के उजड़ने का दोष यहाँ के धर्म को है। बाईं ओर हटकर आसाधारण ऊँची दीवारोंवाला एक ध्वस्त गाँव दिखाई पड़ा। पूछने पर मालूम हुआ कि पहले यहाँ मोन लोग रहते थे, जिन्हें राजा मि-वङ्-तोब्-ग्यस् (1727 ई.) ने उजाड़ दिया। सूर्यास्त के समय हम मब्-जा गाँव में पहुँचे। कु-शो-डोङ्-यग्-छेन्-पो के साले तथा श्रीमती दीर्घायुश्री के

बड़े भाई कु-शो-डोङ्-यिग्-ला ने चाय से स्वागत किया। यह स्थान पन्द्रह हजार फुट से ऊपर होने के कारण अधिक सर्द था, ऊपर से हवा चल रही थी। दस वर्ष पहले के बने पद्मसम्भव के मन्दिर में हमारा आसन लगा। मन्दिर साफ तथा सुन्दर रीति से चित्रित है।

28 तारीख (अक्टूबर) को मब्-जा में ही रहना था। हवा के तेज होने से बाहर निकलने की हिम्मत नहीं थी। कु-शा से बात करते वक्त मालूम हुआ कि स-क्य मठ के पास अब भी एक छोटा-सा राज्य है, जिसमें प्राय: दो सौ गाँव और दो हजार घर हैं। इनके अतिरिक्त खम् प्रदेश में भी कुछ मिल्कीयत है।

कु-शो-डोङ्-यिक्-छेन्-पो को कोई सन्तान नहीं है, यह पहले कह आए हैं। तिब्बत में पुत्र न होने पर पुत्री के लिए घरजमाई (मग्-पा) लिया जा सकता है। कोई सन्तान न होने पर किसी दूसरे सम्बन्धी या प्रिय व्यक्ति को उत्तराधिकारी बना सकते हैं। इसी नियम के अनुसार कु-शो-डोङ्-यिक्-छेन्-पो ने अपने साले को उत्तराधिकारी बनाया। किन्तु उनको भी कोई सन्तान नहीं। इसी बातचीत में हमने कु-शो से उत्तराधिकार के बारे में पूछा। मालूम हुआ, सम्पत्ति का स्वामी बड़ा लड़का होता है। छोटा लड़का यदि अलग शादी करे तो उसे खाने के लिए कुछ मिल जाता है, पूरा बराबर का हिस्सा नहीं। लड़का न होने पर पुत्री मालिक होती है। उसके भी न होने पर किसी दूसरे को उत्तराधिकारी बना सकते हैं, किन्तु गाँव के मालिक का सहमत होना जरूरी है। सरकार के पास या स-क्य जैसे राज्य के दफ्तर में हर गाँव के प्रत्येक खेत का नाम (नम्बर नहीं, क्योंकि यहाँ अभी तक नक्शा नहीं बना) तथा परिणाम (खेत में बोये जानेवाले बीज के हिसाब से[1]) और मालिक के घर का नाम लिखा रहता है। मालिक घर समझा जाता है, व्यक्ति नहीं। पुत्रों में खेत का बँटवारा न होने से यहाँ दाखिल खारिज का झगड़ा नहीं।

मब्-जा से तिङ्-रि तक के लिए 33 साङ् (प्राय: 9 रुपये) पर तीन खच्चर मिले और 29 अक्टूबर को आठ बजे सवेरे हमने मब्-जा छोड़ा। यद्यपि हम नीचे की ओर जा रहे थे, तो भी रास्ता समतल सा था। उपत्यका भी बहुत चौड़ी थी। उपत्यका के दाहिने छोर पर एक योगिराज एकान्तवास कर रहे हैं। पाँच वर्ष से ये एक कोठरी में बन्द हैं। सिर्फ एक छोटा-सा छेद है, जिससे भक्त लोग हर तीसरे-चौथे दिन पानी, ईंधन और खाने की चीजें पहुँचा दिया करते हैं। जब तक सिद्ध न हो जाएँगे तब तक बाहर नहीं निकलेंगे—यही उनकी प्रतिज्ञा है। एक गाँव को पार कर हमारा रास्ता दाहिनी ओर को मुड़ा। नीचे दूर तक नदी के बाएँ ओर छोन्-दु का मठ है। किसी समय यह एक सुन्दर विशाल मठ था, किन्तु अब दो-तीन देवालियों और कुछ स्तूपों को छोड़कर बाकी ध्वस्त हो गए हैं। हमारा रास्ता बिलकुल दाहिनी

1. भारत में भी पहले यही क्रम था। पाणनि ने 'तस्य वाप:' सूत्र से इसे प्रकट किया है।

ओर मुड़ गया। और थोड़ा आगे नदी भी भूल-भटक कर उधर ही चली आई। एक पहाड़ी की परिक्रमा कर हम नि-शा की उपत्यका में पहुँचे।

× × ×

आज दो सप्ताह बाद बाकी यात्रा को आरम्भ करता हूँ। कारण इस वर्णन से ही मालूम हो जाएगा।

3 नवम्बर को सवेरे ही चलना था; किन्तु घोड़े 10 बजे से पहले नहीं आ सके। इस बीच में मेजबान से तरह-तरह की बातें होती रहीं। एक बात से तो वे बड़े चकित और कुछ भयभीत-से हो गए, यद्यपि मेरे साथी धर्मवर्द्धन को उस वक्त अपनी हँसी रोकना मुश्किल हो रहा था।

गृहपति ने कहा—"देखिये, पिछले साल (3 अप्रैल, 1933) हमारे च-मो-लोङ्-मा (योरेस्ट) पर्वत पर कोई अँगरेज हवाई जहाज पर पहुँचा था। ये लोग किस वास्ते ऐसा करते हैं?"

मैंने कहा—"वह संसार को सबसे ऊँचा पर्वत है, इसलिए उस पर पहुँच कर अपने नाम को अमर करने की सबकी इच्छा होती है।"

उन्होंने देवी-देवताओं की नाराजगी की बात कही।

मैंने कहा—"यहाँ देवी-देवता की नाराजगी की बात नहीं करनी है। वे तो बेचारे सहानुभूति के पात्र हैं। यदि इस प्रकार दो-चार बार जहाज उड़े तो उन्हें अपने स्थानों को छोड़कर भाग जाना पड़ेगा।"

"क्यों और कहाँ?"

"क्योंकि हवाई जहाज में लगनेवाले तेल (पेट्रोल) की गन्ध देवताओं के लिए भयंकर है। कोयला-पानी आदि सभी कल में लगनेवाली चीजें उनकी शत्रु हैं; किन्तु यह पेट्रोल तो जहर-हलाहल है। और मुझे तो तुम्हारे यहाँ के लिए ही नहीं, बल्कि अपने भारत से प्रवासित बहुत-से देवताओं-भूतों के लिए बहुत अफसोस है।"

"सो क्यों?"

"जानते हो, जिस समय तुर्कों ने आकर भारत के पूजा-स्थानों को बर्बाद कर दिया उस वक्त भारत में लाखों देवता और भूत भूखों मरने लगे। लोग बलि ही नहीं दे सकते थे। उस समय एक भारतीय भूत जो तिब्बत में कई वर्ष से रह रहा था, जन्मभूमि के देखने की इच्छा से भारत लौटा। वहाँ उसने अपने जाति-बन्धुओं की फाकेकशी देखी। उसने उनसे कहा—भाइयो! तिब्बत में वैसी मीठी-मीठी बलि भेंट तो नहीं मिलती किन्तु शाम-सवेरे प्रत्येक घर में हमारी जाति के लिए लोग सत्तू की धूत देते हैं। कोई जातिभाई भूखा नहीं रह सकता। यह सुन कर लोग आपस में सलाह करने लगे। अन्त में कुछ अत्यन्त चटोरों को छोड़कर सब उत्तराखंड की ओर चल पड़े। क्या पूछते हो? एक-एक दिन में दस-दस हजार भूत भारत में से भोट की ओर चले।"

"दस-दस हजार।"

"अरे! दस हजार से भी अधिक। सो वे बेचारे आज तक यहाँ शान्तिपूर्वक जीवन-यापन करते थे। वे तुम्हें सताते नहीं थे और तुम उनका साग-सत्तू से सत्कार करते रहे। भारत में जो भूत रह गए, पीछे रेल-मोटर आदि के आने पर वे भी भारत से भागने लगे। यदि हवाई जहाज इधर आए तो यहाँ भी उनकी खैरियत न होगी।"

"तो कहाँ जाएँगे?"

"शायद चाङ्-थङ् (तिब्बत का उत्तरी जन-शून्य मैदान) में चले जाएँ। किन्तु वहाँ भी कितने दिन ठहरेंगे? हवाई जहाजों को उधर भी कौन रोकेगा?"

"अच्छा होगा, हम लोग बीमारी से बच जाएँगे।"

"और तिब्बत के हजारों लामा जो भूखों मरने लगेंगे। भूतों-देवताओं के भाग जाने पर उनके डर से होनेवाले पुरश्चरण, जप, पाठ आदि लामों से करवाकर कौन उन्हें दक्षिणा देगा?"

बेचारे गृहपति बड़ी चिन्ता में पड़ गए। इसी बीच घोड़ेवाले आ गए। यद्यपि घोड़े एक तरह से मालिक की बेगार में हमें मिल रहे थे, तो भी दाम-काम में लोग उस्ताद थे। वहाँ से कुत्ती भर (3 दिन) के लिए पहले तो उन्होंने फी घोड़ा 64 सङ् (17 रुपये के ऊपर) माँगे। मैं तो झुँझला गया। फिर उन्होंने 32 सङ् कहे। अन्त में 16 सङ् पर फैसला हुआ। ग्यारह बजे हम किसी तरह रवाना हुए।

आज 6-7 मील आगे लङ्-कोर में ही रहना था। घोड़े तेज मालूम होते थे। धर्मवर्द्धन का घोड़ा तो एक बार भड़ककर उन्हें बेरास्ते थोड़ी दूर खींच भी ले गया, लेकिन रास्ता मैदान का था। एक जगह पानी से जमीन में कीचड़ थी। हमारे घोड़े का पैर फिसल गया, और वह धीरे से जमीन पर आ बैठा। हमारे सारे कपड़ों पर कीचड़ पड़ गया। रास्ते में घोड़ेवालों ने अपने गाँव में दो घंटे रोक रखा। जब चले तब हवा तेज और सामने की थी। सर्दी का क्या पूछना—प्रायः पन्द्रह हजार फुट की ऊँचाई और नवम्बर के दिन। खैर, किसी तरह चार बजे लङ्-कोर पहुँचे। लङ्-कोर भारतीय सिद्ध फ-दम्-प-सङ्-ग्र्य-स् का बहुत दिनों तक निवास स्थान रहा है। यहाँ रहकर उन्होंने कितनी ही पुस्तकें भी भोटभाषा में अनूदित की थीं। यद्यपि किसी संस्कृत-पुस्तक की आशा तो न थी, तो भी वहाँ के पुराने मठ और उक्त सिद्ध की मूर्ति को देखने की बहुत इच्छा थी। सामान गाँव के वैद्य के घर में रखा गया, और हम एक साथी को लेकर मन्दिर में पहुँचे। पुजारी के कुछ देर बाद आने पर भीतर गए। विहार और उसके बनाने का ढंग पुराना है। बड़े और अँधेरे सभा-मंडप के भीतर गर्भ-मन्दिर है। सभा-मंडप की एक तरफ पुराने हस्तलिखित कन्-जुर की पुस्तकें ईंटों की छल्ली की भाँति रखी गई हैं। गर्भगृह में प्रधान मूर्ति फ-दम-पा की है। साथ ही तीन-चार पीतल की सुन्दर मूर्तियाँ हैं, जो बनावट से भारतीय जान पड़ती हैं। प्रकाश की अल्पता और पुजारी के रूखेपन से फोटो नहीं

ले सके। कल सवेरे चलने का निश्चय कर सो गए। रात को साथियों की आवाज से आँख खुल गई। वे घोड़ों को कस रहे थे। समझा, समय हो गया होगा। सब ठीक होने पर घड़ी देखी! अभी तो ढाई ही बजे थे। हमने कहा, अभी रात तीन घंटे से अधिक है। थोड़ी देर वे चुप रहे। किन्तु वहाँ घड़ी की बात कौन मानता है? अन्त में सवा तीन बजे ही हमें चलने को मजबूर होना पड़ा। एक ओर अँधेरे में इस निर्जन रास्ते में चोरों का भय था, और दूसरी ओर ऊँच-नीच और संकीर्ण रास्ते में ठोकर खाकर पचीस-पचास हाथ नीचे गिरने का डर था तो भी सोचते थे, अधिक दिन चढ़ने पर हवा के तेज होने से पर ठिठुरना पड़ेगा। धर्मवर्द्धन तो पहले से ही सवार हो गए, किन्तु हम संकीर्ण पहाड़ी के घुमाव के डर से कुछ देर पैदल चले। थोड़ी देर घोड़े पर चढ़ने के बाद फिर हमें उतर कर ही उजाला होने तक चलना पड़ा। हवा तेज तथा हड्डी को बेधकर निकल जानेवाली थी। किसी तरह काँपते-काँपते हम आगे बढ़ रहे थे। साढ़े आठ बजे तक चलने के बाद एक चट्टान की ओट में खूब ओढ़ना ओढ़ कर घंटे भर विश्राम के लिए पड़ रहे। अन्त में साढ़े बारह बजे थोङ्ला जोत के ऊपर पहुँचे। आज बादल नहीं थे, इससे दिल बहुत मजबूत था। थोङ्ला पर बर्फ पड़ने पर कितनी ही बार यात्रियों को अपनी जान से हाथ धोना पड़ता है—विशेषकर जाड़े के दिनों में।

तीन मील के करीब उतरने पर नीचे के गाँववालों की उदारता से बने एक छोटे टिकाव पर हमारे साथी फिर कुछ खाने-पीने के लिए ठहर गए। आड़ में आकर हम थोड़ी देर के लिए ठंडी हवा के झोंकों से बच गए। बर्फ पड़ते वक्त तो यह स्थान कितने ही बटोहियों की जान बचाता होगा।

काफी उतराई उतर कर अन्त में अँधेरा होते वक्त थु-लुङ् गाँव में पहुँचे। पिछली यात्रा में भी इस गाँव में मैं ठहर चुका था। किन्तु उस समय का ठहरना अपने स्वर्गीय मित्र सुमतिप्रज्ञ के परिचय से हुआ था। कई घरों में पूछने पर हम दो आदमियों के लिए जगह मिल रही थी, किन्तु हमें अपने तीन घोड़ेवालों को भी तो साथ रखना था, आखिर एक गरीब आदमी हमें अपने घर ले गया। जगह जैसी उसके पास थी, प्रदान की। चूल्हे के पास आसन लगा। आज कुछ बुखार हो आया था। इसलिए हमारी इच्छा तो पड़ रहने की थी, तो भी उसके लिए काफी इन्तिजार करना पड़ा। घरवालों को तीन सेर चावल और काफी चाय देकर हमने अपनी उदारता प्रकट की। वस्तुत: तो अब इन चीजों की दुष्प्राप्यता और आवश्यकता कम होती जा रही थी। इसलिए हम अपने बोझे को हलका करना चाहते थे।

5 नवम्बर को जब हम चलने को तैयार हुए तब हमें ञे-नम् (कुत्ती) के लिए नए तीन घोड़े मिले। साथियों ने गाँववालों से ऐसा इन्तिजाम कर लिया था। उसी दिन ञे-नम् पहुँच जाने की लालसा में बिना जलपान के ही चल पड़े। पानी की धारें जमी हुई थीं, जिन पर चलने से घोड़े कई बार इनकार कर देते थे। वस्तुत:

बर्फ जमे पानी पर चलना शीशे पर चलने की भाँति ही खतरनाक है। कही-कहीं तो हमारे साथ जानेवाले को धूल बटोर कर बर्फ पर बिखेरना पड़ा। सर्दी की इस विशेषता के अतिरिक्त रास्ता वही था जिसे पाँच वर्ष पहले हमने पार किया था। नदी के बाएँ रास्ते भर तो कोई वैसी बात न हुई। हम साथी को छोड़कर घोड़ों को जल्दी हाँकते आगे बढ़ आए थे। किन्तु जहाँ रास्ता नदी पार हो दाहिने से चला, कठिनाई बढ़नी शुरू हुई। यहाँ के चार-पाँच मील रास्ते को पिछली यात्रा में हमने नहीं काटा था। ञे-नम् तक के अन्तिम पाँच मील को यद्यपि पिछली बार भी मैंने पीठ पर बोझ लादे पार किया था, किन्तु यात्रा करने के वर्षों बाद वर्णन लिखते समय उस कठिनाई को भूल गया था। अब की बार दो-तीन जगह उतरते वक्त तो रोंगटे खड़े हो गए। एक जगह की उतराई के बारे में तो मुझे डर होने लगा कि घोड़ा पुस्तकों को लादे इस रास्ते से कैसे उतर सकेगा। और आखिरी तीन मील तो हमें घोड़े से बिलकुल उतर जाना पड़ा। सारी परेशानी भूल गई, जब हम पहाड़ की बाँही पार हो दूसरी ओर आए और ञे-नम् हमें सामने दिखाई पड़ा। कहाँ पिछली यात्रा में—“कहाँ” पूछ लेने पर तालू सूखने लगता था, और कहाँ आज निधड़क अपने को भारतीय बताया जा रहा था।

चार बजे ञे-नम् में पहुँचे। ने-बु-तङ् के चो-ला के लिए तिङ्-रि से चिट्ठी लाए थे, किन्तु उनका दिया स्थान प्रतिकूल पड़ रहा था। पूछने पर ल्हासा के किसी व्यापारी की दुकान भी यहाँ न मिली। अन्त में पाटन (नेपाल) के साहु जोगमान से भेंट हुई, और उन्होंने अपनी एक खाली दुकान का ऊपरी कोठा हमें प्रदान किया। दूसरी चिन्ता थी हमें ल्हासा से लाई छु-सिन्-स्या की पिस्तौल को जिम्मे लगाने की। पिस्तौल तिब्बत की यात्रा में आवश्यक चीज है, इसलिए धर्मवर्द्धन उसे यहाँ तक लाए थे किन्तु अब वह गोरखासीमा में जा नहीं सकती थी। जोगमान साहु ने उसकी भी जिम्मेदारी अपने ऊपर ले ली और उस रात हम खूब आनन्द से पैर पसार कर सो रहे।

(2)

बुखार पीछा नहीं छोड़ रहा था, इसलिए हमें जल्दी पड़ रही थी। 6 नवम्बर को सवेरे उठे। देखा, सब जगह छह अँगुल मोटी बर्फ की चादर बिछ गई है। सवेरे भी बर्फ पड़ ही रही थी। उस दिन दिन-भर यही हालत रही। हम चाहते थे कि एक दिन रहकर अपने सब कपड़ों को धुलवा लें। लेकिन अब उसकी सम्भावना न थी। स-क्य से मिली तेरह मूर्तियाँ (6 लकड़ी की, 7 पीतल की) और एक तालपत्र पोथी के बारे में दिक्कत यह थी कि नेपाल-सरकार ने देश से बाहर (विशेषकर भारत की ओर) मूर्ति, पुस्तक आदि ले जाना निषिद्ध कर दिया था। इसलिए बिना पहले से

प्रबन्ध किये इन चीजों को नेपाल ले जाने पर नीचे जाते वक्त वह नेपाल की नहीं है, इसका क्या प्रमाण होगा। इसीलिए हम चाहते थे कि कुत्ती के नेपाली प्रतिनिधि (डीठा) को दिखाकर एक पत्र ले लें। डीठा सज्जन हैं। उन्होंने चीजें देख लीं, किन्तु चिट्‌ठी के बारे में कहा कि हम भन्सार (कस्टम्-विभाग के मुख्य कार्यालय) को चिट्‌ठी लिख देंगे। नेपाल में लोगों को हर बात में बहुत सावधानी रखनी पड़ती है। इसलिए बेचारों को वैसा करना उचित ही था।

उस दिन दीवाली थी। दिन-भर हमने ज्वर के कारण उपवास किया था। शाम को साहु जोगमान का बार-बार आग्रह घर में आकर खाने के लिए देखकर भी हम न समझे कि आज कोई विशेष दिन है। बाहर निकल कर देखा तो जगह-जगह नेपालियों के घरों पर बहुत-से दीपक जल रहे थे। भोजन करने की इच्छा तो न थी, किन्तु अब तो कल से पैदल चलना था, इसलिए जैसे हो, दो कौर भीतर रखने में ही कुशल था। भोजन में कई तरह के मांस और तरकारियाँ थीं, जिन्हें चूरे के साथ खाना था।

रात को यह सोचकर बहुत सन्तोष हो रहा था कि कल यहाँ से प्रस्थान करेंगे। तीन बोझा ढोनेवालों को नेपाल तक के लिए तेरह-तेरह मुहर (5 रुपये से कुछ अधिक) पर ठीक किया।

7 को सवेरे आकर भारवाहकों ने सामान बाँध लिया। कहा, हम कुछ खा-पीकर चलेंगे। उनके इस कहने पर विश्वास कर हम दोनों ग्यारह बजे चल पड़े। जब तक हम पहाड़ की मोड़ से घूमकर दूसरी ओर नहीं आए तब तक हमारे चारों ओर बर्फ ही बर्फ थी। बादल था, किन्तु नीचे जाने के कारण हमें बर्फ पड़ने का उतना डर नहीं था। अपनी पहली यात्रा में हम इसी रास्ते से गुजरे थे, तो भी यात्रा को वर्ष भर बाद लिखने से वे कठिनाइयाँ मन से दूर हो गई थीं। अब की यात्रा की स्मृति ताजी रहने के साथ लिखने से इसमें कुछ अतिशयोक्ति-सी मालूम होगी, किन्तु है वह बिलकुल सच। हमें आज छु-कम् (या छक्-सम्) पहुँचना था। सबसे कठिन रास्ता छक्-सम् से नीचे डाम् तक है। उसके बाद आज का रास्ता, नम्बर डाम् से सीमावाले पुल तक के रास्ते का है। उतराई कितनी ही जगह बहुत मुश्किल थी। इधर बीती बरसात के पानी ने भी कितनी ही जगह रास्ते को बहा दिया था। बीच में एक-आध बार बनारसी रामदाने जैसी बर्फ भी पड़ी। ढाई बजे हम छक्-सम् पहुँच गए। यहाँ गर्म पानी के सोते में स्नान करना था। दो घंटा इन्तिजार करने पर देखा, भारवाहकों का कहीं पता नहीं। अन्त में बिना साबुन के ही जाकर देर तक स्नान किया। ढाई महीने की जमी मैल के उतर जाने से चित्त का प्रसन्न होना सर्वथा स्वाभाविक था।

शाम हो रही थी, लेकिन आदमियों के आने का कोई पता नहीं। दिल विश्वास करने को नहीं मानता था कि हमारे ओढ़ने-बिछौने को लिये वे लोग आज नहीं आएँगे। सूर्यास्त हो गया। अँधेरा हो चला। अब विश्वास हो गया, आज नहीं आएँगे।

जरा-जरा-सी गलती के लिए भोटवासियों को कोसना और बात है, किन्तु ऐसे दोष और जगह भी पाये जाते हैं। अपरिचित स्थान में जाने पर भारत में भी ऐसे बेपरवाह आदमी मिल सकते हैं। प्रश्न था, हम लोग देह पर के कपड़ों को ही लेकर चले आए थे, अब रात की सर्दी का क्या इन्तिजाम हो। संयोग से हमारे निवास में एक और आदमी ठहरा था, जो ञेनम् के एक साहु का गद्दा-तकिया-रजाई सब लिये जा रहा था। हमने जब घरवाले से रात की धूनी के लिए लकड़ी माँगी तब उस आदमी ने अपने साहु के बिस्तरे के देने का प्रस्ताव किया।

धर्मवर्द्धन को घरवाले ने कुछ कपड़े दे दिये। इस प्रकार रात भर ठिठुरने से जान बची। साथ ही यह भी शिक्षा मिली कि आदमियों को चलाकर स्थान छोड़ना चाहिए।

आज आठ नवम्बर था। सोचने लगा, आदमी दस बजे तो जरूर पहुँच जाएँगे। शायद वे रास्ते में ठहर गए होंगे। दोपहर तक प्रतीक्षा करते रहे। अब तक ञे-नम् से चले कितने ही आदमी पहुँच गए। मालूम हुआ, उन्होंने हमारे आदमियों को रास्ते में कहीं नहीं देखा। डरने लगे, कहीं आज भी न आवें। खाने-पाने की चीजें भी हमारे पास न थीं। हम घरवाले से कुछ चीजें उधार लेकर खा रहे थे। ओढ़ने-बिछौने की समस्या कल जैसी ही थी। अन्त में धर्मवर्द्धन ञे-नम् की ओर जाने को तैयार हुए। बारह बजे वे उधर गए, और हम एक चट्टान पर बैठ उस मार्ग-द्वार की ओर देखने लगे, जो ऊपर की ओर रास्ते पर बना था। आज भी गर्म पानी में डट कर स्नान हुआ था। 3 बजे दिन को बिस्तरा देनेवाला आदमी सवेरे ञे-नम् जाकर लौट आया। उसने कहा—आदमी आज भी नहीं आएँगे। हम निराश हो गए। किन्तु, सूर्यास्त के साथ देखा, लोग आ रहे हैं। धर्मवर्द्धन को ञे-नम् के पास तक जाना पड़ा।

11 नवम्बर को तैयारी करते-करते 10 बज गए। आज आदमियों के चल देने ही पर चले। दूध का जला छाछ को भी फूँक कर पीता है। छक-सम् बस्ती के आँख की आड़ में होते ही रास्ते की कठिनाई मालूम होने लगी। वैसे तो ञे-नम् से 4-5 मील उतरते ही वृक्ष मिलने लगे।

पंचम खंड

नेपाल की ओर

छक्-सम् के आस-पास के पहाड़ जंगलों से भरे हैं और आज (1 नवम्बर) का जंगल और भी घना था। चारों ओर छोटे-छोटे बाँसों की भरमार थी। शाम तक हमें उसी नदी के नौ पुल इधर से उधर पार करने पड़े। पिछली यात्रा में जिस गाँव में एक रात ठहरे थे, वहाँ अब की पेट भर छाछ पी। पिछली बार डुक् पा लामा ने जिस नए घर में जल-स्रोत निकल आने के लिए वरदान दिया था उसकी अब दो-ढाई हाथ की दीवारें ही बाकी रह गई थीं। घरवाले कहाँ गए, इसका पता नहीं।

जिस वक्त हम डाम् गाँव में पहुँचे, अभी घंटा भर दिन बाकी था। डाम् पहुँचने से तीन मील पूर्व ही देवदार कटिबंध समाप्त हो गया था। एक अच्छा घर टिकने को मिला। पता लगा, हमारे पुराने परिचित अ-शङ् ङ्-वङ् सब छोड़-छोड़ अब के-रोङ् में ज्ञान-ध्यान के लिए बैठे गए हैं।

10 नवम्बर को फिर आदमियों ने देर करके वही समय कर दिया और दस बजे चले। अपने पूर्व-परिचित जंजीरों के पुल को पार किया। धर्मवर्द्धन हमसे भी अधिक डर रहे थे। आगे सीमावाले पुल तक रास्ता कई जगह बुरी तरह बिगड़ा हुआ था। पुल भी पहली जगह से हट कर बना था। पार होते ही हम नेपाली सीमा में पहुँच गए। इधर का रास्ता अच्छा है। 1929-30 ईसवी में नेपाल-भोट की जो तनातनी हुई थी उसका एक फल यह भी हुआ कि यह सड़क बन गई। हमने सोचा, जल्दी-जल्दी चलें आगे फौजी चौकी पर पहुँच जाएँ, जिसमें आदमियों के आने तक नाम-गाँव लिखवाकर छुट्टी पा लें। हम वहाँ 12 बजे पहुँचे। प्रधान अफसर नेपाल गए हुए थे। दो छोटे अफसर भी मौजूद न थे। सिर्फ एक बूढ़े सूबेदार थे, जो 'मधेस' के आदमी को छोड़ने से डरते थे। उन्होंने दो बजे तक हमें वहीं बैठा रखा। जब हमने खाने-पीने की आवश्यकता बतलाई तब कहा—ऊपरवाले बगल के गाँव में चाय-पानी कीजिए। यदि हमारा साथी अफसर जिसको आज यहाँ पहुँचना जरूरी है, आ गया तो उसकी सलाह से जाने देंगे। चाय-पानी और दो घंटे के विश्राम के बाद आदमी भेजा। मालूम हुआ, उक्त अफसर आ गया है। बहीदार (यही उस अफसर का पद था) अधिक सुसंस्कृत और मधुर स्वभाव के मिले। उन्होंने हमारे

दोनों सन्दूक खुलवा कर देखे तो, किन्तु और दिक्कत नहीं पैदा की। छुट्टी पाते ही हम तातपानी के लिए चल दिये, जो 2-3 मील ही नीचे था। यही राज्य का चुंगीघर है। बक्सों के खोलने का अत्यधिक आग्रह तो नहीं था, किन्तु हम अपनी मूर्तियों को दिखला देना चाहते थे। एक अर्ध नेवार सज्जन लक्-पा के घर स्थान मिला। हमने पूछा—क्या आप नेवार हैं? उत्तर मिला—हाँ, खचरा नेवार। आसन ठीक-ठाक कर लेने पर गर्म पानी के चश्मे में आज साबुन के साथ स्नान हुआ।

11 नवम्बर को चलने से पूर्व हमने अपने आदमियों के अगुआ सिंहमान से कह दिया था—नीचे के रास्ते चलना है, ऊपर के रास्ते में चढ़ाई कठिन होने से हमें बहुत तकलीफ होगी। कुछ आनाकानी के साथ उसने बात स्वीकार कर ली और हमें विश्वास हो गया, वह दूसरी बात न करेगा। एक जगह देखा, भारवाहक बड़े रास्ते को छोड़ नीचे के छोटे रास्ते को पकड़ रहे हैं। थोड़ा उतरकर हम जंजीर के झूले के पास पहुँचे। अब मालूम हुआ, हमारे तिब्बती साथी—धर्मवर्द्धन बड़े रास्ते पर बढ़े जा रहे हैं। साथियों ने आगे बढ़कर सीटी बजाई। एक बटोही से भी उन्हें लौटाने के लिए कहा। हमें इसके लिए एक घंटा वहीं ठहरना पड़ा तब दो-तीन मील का चक्कर काटकर वे हमारे पास पहुँचे। झूला पार हुए। धीरे-धीरे ऊपर की ओर चलने लगे। मालूम हुआ, हम तो बित्ता सवा बित्ता की पगडंडी पर चल रहे हैं। कुछ और चलने पर चढ़ाई कठिन हो गई। कहीं-कहीं बाईं ओर पगडंडी के नीचे ही चालीस-चालीस, पचास-पचास हाथ नीचा खड्ड था। अब तो चढ़ाई से जितना शरीर को कष्ट न था, उतना दुख मन को अधिक सावधानी रखने के कारण हो रहा था। सिंहासन को बहुत फटकारा, किन्तु अब दूसरा चारा क्या था। उतार और एक नाले को पार कर चढ़ाई अत्यन्त कठिन मिली। आखिर सूर्यास्त तक हम छङ्-चिङ् के डाँ-डे पर पहुँच गए। एक घर के बाहर बरामदे में जगह मिली।

12 नवम्बर को नौ बजे रवाना हुए। रास्ता उतार का था, और कितने ही स्थानों पर बहुत कठिन था। बहुत देर तक उतरने पर एक छोटे-से पुल से एक छोटी नदी पार की। फिर चढ़ाई शुरू हुई। रास्ते पर एक सिसकती माणी मिली। हमने पीपल के नीचे विश्राम किया। फिर गोम्-थङ् गाँव में पहुँचे। यहीं सदर रास्ता आ मिलता है। आज सवेरे कुछ खाया न था। ढूँढ़-ढाँढ़कर दूध लाया गया, किन्तु आग पर रखते ही फट गया। हताश हो चल दिये। अब हम आगे चले—इस ख्याल से कि आगे कहीं मुख-यात्रा है। रास्ता अच्छा सुसंस्कृत था। खेतों और गाँवों से होते हुए हम आगे बढ़ रहे थे। अब हम भैंसों के देश में पहुँच गए थे, इसलिए यह कहने की आवश्यकता नहीं कि हम काफी गर्मी महसूस कर रहे थे। दो-ढाई घंटे की चढ़ाई के बाद हम जोत् पर पहुँचे। यहाँ दो-तीन घर हैं। फिर उतरने लगे। कल तक हम अपने पुराने रास्ते पर आए थे, किन्तु आज रास्ता नया था। हम समझ रहे थे, आगे कहीं दुकान मिलेगी। भूख जोर की लग रही थी। किन्तु 4.30 बजे

यङ्-ला-कोट में जाकर दो टुटपुँजिया दुकानें मिलीं। बड़े यत्न के बाद थोड़ी मिश्री और डंडे का पीटा चूरा प्राप्त हुआ। देर होने पर डर लगने लगा कहीं आज अभी भी साथी पीछे ही न रह जाएँ, किन्तु आज धर्मवर्द्धन उनके साथ थे। रात को यहीं पासल (पण्यशाला) में ठहरे।

13 नवम्बर को हमारे साथी सूर्योदय के साथ चलने के लिए तैयार हो गए। घर छोड़ते ही हम दोनों आगे हो लिए। रास्ता विशेष उतार का था, किन्तु सड़क अच्छी होने से कोई तकलीफ नहीं थी। रास्ते में एक चश्मे पर हाथ-मुँह धोये। मालूम हुआ, जलवीरा का बाजार करीब है। बाजार में 14-15 दुकानें थीं और कपड़े और दूसरी बहुत-सी चीजें बिकती थीं। बहुत खोजने पर भी हमें कोई फल नहीं मिल सका। कितनी ही देर की इन्तजारी के बाद साथी आए। मालूम हुआ, उनके परिचित दुकानदार की दुकान कुछ और नीचे चलकर है। एक लकड़ी का पुल पार कर नए ढंग के बने झूले के पुल से नदी के पार हुए तो परिचित दुकानदार के यहाँ अधिक अनुकूलता मिली। इधर कई दिन से हमने मांस धर्मवर्द्धन के लिए छोड़ रखा था। आज यहाँ आग की भूनी सूखी मछलियाँ दिखलाई पड़ीं। सात्विक भोजन खाए कई दिन हो गए थे। दो रुपये की खरीद कर रास्ते के लिए रख ली गईं। साथी भात बनाने लगे, और हमने फलों की खोज शुरू की। कुछ पके केले मिले, और कुछ मिठाई भी प्राप्त हुई।

भोजनोपरान्त बारह बजे हम रवाना हुए। रास्ता चढ़ाई का था। पीछे थोड़ा-सा उतार उतरकर फिर शाम तक चढ़ाई ही चढ़ाई रही। रास्ते में थकावट तो मालूम हुई, किन्तु शाम को चौतरा पहुँचने पर वह बस भूल गई। चौतरा पहाड़ी डाँड़े पर बसा हुआ है। बड़े हाकिम का निवास स्थान तथा एक जिले का हेडक्वार्टर होने से बस्ती अच्छी है। आरम्भ में सैनिक महत्त्व के ही कारण वह ऊँची पहाड़ी रीढ़ आबाद की गई होगी। बड़े हाकिम की कोठी बस्ती से कुछ हट कर थी। पिछले भूकम्प से यहाँ के घरों को बहुत अधिक क्षति नहीं हुई है। थोड़ी-सी पूछ-ताछ के बाद रहने को स्थान मिल गया। लोग धर्मवर्द्धन के साथ हमें भी भोटिया बना रहे थे, यद्यपि सिर से पैर तक कोई भोटिया चीज हमारे पास नहीं थी।

14 तारीख को हमारे साथी अपने घर पहुँचनेवाले थे, इसलिए हम उन्हें छोड़ आगे बढ़े। शुरू से ही उतार शुरू हो गया। कुछ दूर चलने के बाद हम धर्मवर्द्धन से भी आगे बढ़ गए। बहुत दूर निकलने पर भय लगने लगा, कहीं धर्मवर्द्धन दूसरा रास्ता न पकड़ लें। भाषा न जानने से फिर बहुत मुश्किल में पड़ जाना होगा। नीचे जाकर 1.30 घंटे की प्रतीक्षा के बाद वे आए। आदमियों के लिए थोड़ा और इन्तजार किया। किन्तु उनका अभी पता तक न था। सोचा, उतार खत्म कर ठहरेंगे। नीचे पहुँच एक पीपल के नीचे हाथ का तकिया बना लेट गए। शरीर में ज्वर था। सम्भवत: नींद भी आ गई थी। बड़ी देर के बाद साथी आए। कच्चा पुल पार हो

साथियों ने धर्मवर्द्धन के लिए कुछ खाने को पकाया। हमारी बिलकुल ही इच्छा न थी। कुछ दूर चढ़कर थोड़ी देर विश्राम कर हम सि-पा गाँव में पहुँचे। साथियों के घर कुछ हट हटकर थे, इसलिए वे अपने एक मित्र नेवार के घर में ले गए। पास में पपीते के कितने ही वृक्ष थे, जिन पर फल भी लगे थे। यहाँ के लोग पपीते को मेवा कहते हैं। भारत में भी कहीं-कहीं रड-मेवा कहा जाता है। कहने पर दो फल लाए गए, जो पक्वप्राय थे। एक स्त्री ने कहा—हाँ, यह तो मेवा है, देवताओं के चढ़ाने के लिए। वस्तुत: देवभोग के खाने का हमें कोई अधिकार न था। कहने पर दूध भी मिल गया, और इस प्रकार दूध-भात का भोजन हुआ।

15 नवम्बर को भोजन करके नौ बजे ही चले। सड़क ऊपर से जा रही थी, जिसके लिए हमें खड़ी चढ़ाई चढ़नी पड़ी। धर्मवर्द्धन को साथियों के साथ आने के लिए कह कर हम आगे बढ़े। सि-पा में राज्य की ओर से सहायता प्राप्त एक संस्कृत पाठशाला है। यहाँ कुछ घर ब्राह्मणों के भी हैं। तीन मील के करीब हमारा रास्ता मीठी चढ़ाई का था, फिर उतार शुरू हुआ। 11 बजे हम इन्द्रावती (कोसी की शाखा) के तट पर पहुँचे। जब दो घंटे के इन्तिजार के बाद भी साथी न आए तब पीपल की छाँह छोड़ पानी के तट पर पड़ी मल्लाह की झोंपड़ी में पहुँचे। नदी का पाट भारी था और पानी भी अधिक था। पुल बहुद्रव्यसाध्य होने से यहाँ खोखले वृक्ष के तने की दो नावें रहती हैं। आध घंटा और इन्तिजार करने पर साथी आए और नेपाली साढ़े पाँच आना देकर हम नदी के पार हुए। इस पार दूर तक धान के खेत थे, जिनकी कटाई हो रही थी। चौतरा के कुछ ऊपर से ही धान अच्छी जाति के बोये जाते हैं। थोड़ी चढ़ाई चढ़कर घंटे भर विश्राम किया। फिर ऊपर चढ़ने लगे। रास्ते गें कितने ही गाँव मिले, जिनमें कुछ भूकम्प-ध्वस्त घर दिखाई पड़े। सूर्यास्त के बाद हम देवपुर की एक दुकान में पहुँचे, जिसका मालिक हमारे साथियों का परिचित था। यहीं पास की पान्थशाला में आज विश्राम करने की ठहरी।

16 नवम्बर को हमारे जोर देने पर बिना खाये ही कूच बोला गया। हमने समझा था, कल ही चढ़ाई समाप्त हो गई। किन्तु चढ़ाई तो वस्तुत: आज थी। यदि सड़क बनी न होती तो यह रास्ता बहुत कठिन होता। यह नाल् दोम् (चीसपानी) का डाँड़ा बहुत ऊँचा है। सात हजार फुट से क्या कम होगा! साथियों को छोड़ हम आगे बढ़ गए। डाँड़ा पार हो दो घंटे साथियों के इन्तिजार में बैठना पड़ा। यहाँ से दो-तीन मील ऊपर नेपाल शासक-वंश के किसी व्यक्ति का ग्रीष्म-निवास दिखाई पड़ रहा था।

साथियों के आने पर हम उतरने लगे। साखू अभी 3-4 मील था, किन्तु साथियों ने खाना बनाना तय किया। हम दोनों आगे बढ़ चले, बारह बजे के बाद हम साखू पहुँचे। यह एक अच्छा सा कस्बा है। पिछले भूकम्प से इसे भी बहुत क्षति हुई है। कस्बा देखने के बाद हमने एक हलवाई की दुकान पर नेपाली अठारह आने की पूड़ी-मिठाई खाई। साखू से थोड़ी ही दूर नीचे जाने पर मोटर की सड़क आ गई।

धर्मवर्द्धन मोटर देखकर बहुत खुश हुए। यह सड़क नई है, आवश्यक स्थानों पर बड़े पुल भी बने हुए हैं, किन्तु खेतों में इस पार से उस पार पानी ले जाने के लिए पुख्ता पुलिया कहीं नहीं है, इसलिए सड़क कितनी ही जगह काट दी गई जिससे रास्ता खराब हो गया है। सूर्यास्त के समय हम दोनों बौधा पहुँचे। काठमांडू के लिए अभी दो-तीन मील जाना था, साथी भी नहीं हुआ। चीनी लामा पुण्यवज्र ने देखते ही पहचान लिया।

17 नवम्बर को सवेरे ही काठमांडू को चले। बौधा के पुराने स्तूप को भूकम्प से कोई क्षति नहीं हुई थी और आस-पास के बहुत-से मकान भी बच गए थे। जहाँ विहार के भूकम्प-ध्वस्त शहरों में नए और लकड़ी के ढाँचेवाले मकानों को छोड़कर बाकी को प्राय: एक-सी हानि पहुँची थी। वहाँ नेपाल पहुँचे थे, इसलिए बौधा में ही आज रहने के निश्चय में कहीं-कहीं पुराने मकान अक्षुण्ण रह गए हैं, और कहीं मुहल्ले का मुहल्ला साफ हो गया है। इसका कारण शायद नीचे की भूमि हो। भूकम्प आए अब ग्यारह महीने होने को आए, किन्तु अब भी बहुत-से लोग अपने मकानों को नहीं बना सके। कितनों ने सिर्फ रहने भर का बन्दोबस्त कर लिया है। सरकार ने पुनर्निर्माण के लिए अलग एक विभाग खोल दिया है। राजपरिवार के चन्दे से सहायता की मद में चौदह-पन्द्रह लाख रुपये जमा हो गए थे। लेकिन देखते हैं, नए मकानों के बनाने में लोगों ने भूकम्प से कोई सबक नहीं सीखा। उन्होंने देखा है कि लकड़ी का ढाँचा रखकर बनाए मकान अधिक मजबूत साबित हुए हैं, तो भी केवल ईंटों के मकान धड़ाधड़ बनाए जा रहे हैं। मेहराब का भी पहले की तरह खुलकर इस्तेमाल हो रहा है। सोच रहे होंगे, अब तो सौ वर्ष बाद भी न आएगा!

श्री धर्ममान साहु (छु-सिं-स्या के स्वामी) का मकान काठमांडू के भीतर 47 तन्-ला-छी मुहल्ले में है। वे प्रसिद्ध पुरुष हैं, इसलिए उनके घर के मिलने में दिक्कत न हुई। पहले उनके जिस घर में हम तीन दिन रह चुके थे, वह अब भूकम्प ध्वस्त हो गया है। नया मकान बच गया है, जिसके पाँचवे तल्ले पर हमारा आसन लगा। साहु के दो पुत्र श्री त्रिरत्नमान् और श्री ज्ञानमान् घर पर ही थे। इधर कुछ दिनों से भाषा न समझने के कारण धर्मवर्द्धन को मूक-सा ही रहना पड़ता था। लेकिन इस घर में उन्हें साहु, उनके दो पुत्र और उनके भांजे—चार भोट-भाषा बोलनेवाले मिल गए। घर में घुसते हुए सिर में तड़ाक से ठोकर लगी। खोपड़ी बच गई, किन्तु नेपाल में नत सिर रहने की शिक्षा मिल गई। नेपाल के लोग बहुत लम्बे तो होते नहीं, फिर वे क्यों ऊँची छतवाले मकान बनाएँ? हम लोग शिकायत करेंगे—नेपालियों को ख्याल रखना चाहिए, दुनिया में सभी लोग उन्हीं की तरह साढ़े तीन ही हाथ के नहीं होते। किन्तु इसका मतलब है, इस पाँच तल्ले के मकान को घटाकर तीन तल्ले का बनाना। खर्च तो बराबर एक-सा ही होगा।

स्वागत-सत्कार, खाद्य-भोज के बाद मित्रों को कुछ चिट्ठियाँ लिखीं। दो-चार

पुराने अखबार पढ़े। हमने जिस प्रमाणवार्तिक के भाष्य वार्तिकालङ्कार के दो परिच्छेदों को स-क्य मठ में देखा था उसका मूल नेपाल के महाविद्वान् राजगुरु श्री हेमराज शर्मा को मिल गया है, यह हमें पहले ही मालूम था, और हमारे नेपाल के मार्ग से लौटने का एक कारण वस्तुत: यह भी था। राजगुरु से पत्र-व्यवहार पहले से भी था। दूसरे दिन भेंट करने के लिए एक पत्र लिख भेजा। तुरन्त ही उत्तर आया—

"भारतीभवनात्

कार्तिकशुक्लैकादश्याम्

अयि प्रियमहाभाग

मया भवत्प्रेषितं पत्रमवाप्तम्। भवदागमनवार्तां श्रुत्वा प्रमोदमनुभवति मे चेत:। श्व प्रभातेऽतिथिसत्काराय सज्जो भविष्यति प्रेयान् चिरपरिचितो हेमराज:"

× × ×

1-12-34

18 नवम्बर को सबसे पहले राजगुरु से ही भेंट करने का निश्चय किया। इधर-उधर की देखने की चीजों में तो दो-चार ही दिनों की आवश्यकता थी, लेकिन यह नहीं कहा जा सकता था कि प्रमाणवार्तिक के लिए कितना समय देना होगा। राजगुरु संस्कृत के गम्भीर विद्वान् हैं। उन्होंने व्याकरण, साहित्य, न्याय, मीमांसा सभी शास्त्रों को विधिवत् अध्ययन किया है। बड़े ही विद्याव्यसनी हैं। ये सब बातें तो मुझे पहले से मालूम थीं, किन्तु इतने समीप से देखने से उनमें कितने ही और अनमोल गुण मालूम हुए। उनकी नम्रता और विनय का आप अन्दाज नहीं लगा सकते, जब तक समाज और राज्य में उनके स्थान को न जान जाएँ। राजगुरु का वंश चिर काल से गोर्खा राजवंश का गुरु होता आया है। वंश में प्रधान गुरु (बड़े गुरु) के अधिकार पाने में अवशिष्ट व्यक्तियों में ज्येष्ठ होने का ध्यान रखा जाता है, उसी तरह जैसे कि तीन सरकार के पद के लिए। राजगुरु के पूज्य पिता पहले प्रधान गुरु थे। आजकल उनके अति वृध्द चचा हैं, लेकिन वंश में अधिक विद्वान् होने के कारण पहले से राजकुल के यही सलाहकार रहे हैं। राजगुरु ने यद्यपि बचपन से संस्कृत-भाषा का ही अध्ययन किया है और वंश-क्रम से भी अनुमान यही हो सकता है कि उनके विचार आधुनिक प्रगति से बिलकुल शून्य होंगे। लेकिन बात ऐसी नहीं है। सभी प्रकार की विद्या के लिए उनमें अपार जिज्ञासा है। उनके पास अंगरेजी-हिन्दी के अनेक दैनिक, साप्ताहिक, मासिक पत्र आते हैं। संस्कृत के दुर्लभ हस्तलिखित ग्रन्थों के अतिरिक्त छपे ग्रन्थों का एक बृहत्संग्रह तो है ही, साथ ही अनेक विषयों पर हिन्दी और अंग्रेजी के हजारों ग्रन्थ आपने संग्रह किये हैं। उन्हें व्यावहारिक राजनीति का बहुत सूक्ष्म ज्ञान है, यह मुझे तब मालूम हुआ जब मैंने महायुद्ध के कारणों पर

उनके 1916 में लिखे एक अप्रकाशित निबन्ध को सुना। तिथि और मास दे देकर योरपीय शक्तियों के बलाबल की सुन्दर विवेचना करके उन्होंने उसे लिखा है। इन गुणों से उनका राजनैतिक प्रभाव भी अधिक होगा, यह स्पष्ट है।

पंडित जयचन्द विद्यालंकार ने एक जगह राजगुरु को सजीव विश्वकोश कहा है। वे हैं भी ऐसे ही। इस प्रकार के प्रभुत्व, विद्या और धन के होते उनसे इतनी नम्रता की आशा नहीं की जा सकती। एकान्त श्वेत कचयुक्त उनके सुनास गौर मुख पर लहकी हँसी की रेखा हर वक्त खिंची रहती है। उनको देखते वक्त किसी अपने पूर्वज तपोधन ऋषि की याद आए बिना नहीं रहती।

दूसरे दिन 18 नवम्बर को सवेरे एक साथी को लेकर हम उनके स्थान पर पहुँचे। ड्योढ़ीदार ने खबर की, और तुरन्त हम भीतर ले जाए गए। देखा राजगुरु पोथियों के ढेर के बीच एक कालीन पर बैठे हुए हैं। स्वागत के अनन्तर चिरपरिचित जैसी बातें शुरू हुईं। हमने अपनी तिब्बत में देखी पुस्तकों का जिक्र किया। प्रमाणवार्तिक भाष्य के लिख लाए भाग को भी दिखलाया। वार्तिक के मूल की ताम्रपोथी उन्होंने रोम के आचार्य तूची को दे दी है, यह वे हमें पहले ही लिख चुके थे। हाँ, उसकी एक नकल मौजूद है। तो भी मूल प्रति या उसके फोटो की अत्यन्त आवश्यकता थी। खोजने पर फोटोग्राफर के पास निगेटिव मिल गए। देखने से मालूम हुआ 41 पन्ने मिले हैं, जिनमें कुछ पर ही अंक हैं, इसलिए कहा नहीं जाता, कुल पन्ने कितने रहे होंगे। सबसे पहले तो जरूरत हुई पत्रों को क्रम से लगाने की। हमारे साथी धर्मवर्द्धन को भोट-भाषा में सारा ही प्रमाणवार्तिक कंठस्थ था। हम पत्र के आरम्भ के श्लोक का अर्थ बोलते थे और वे भोटपोथी में उसे निकाल कर रख देते थे। पहले ही दिन के काम से मालूम हो गया कि यह काम एक सप्ताह में नहीं होने का।

तब से पहली दिसम्बर तक—जब तक कि हम काठमांडू में रहे—बीच के दो-एक दिन छोड़कर हम बराबर इन्हीं पुस्तकों में व्यस्त रहे। हमारे पहुँचते ही गुरु जी और काम बन्द कर देते थे। रात के नौ-नौ बज जाते थे। एक ओर वृद्ध शरीर, उस पर वातरोग, किन्तु चाहे ऊपर के मन से ही सही, जब हमारी ओर से विश्राम करने के लिए कहा जाता तब वहाँ सुनवाई कहाँ होती थी।

राजगुरु के परिवार के बारे में भी सुन लीजिए। पचास वर्ष की अवस्था तक आपको कोई सन्तान न थी। आपकी पहली पत्नी का देहान्त हो गया है। दूसरी पत्नी से आपको तीन सन्तानें हैं—दो पुत्र एक कन्या। ज्येष्ठ-पुत्र की आयु आठ-नौ वर्ष की है। जब मैंने ज्येष्ठ पुत्र के आने पर उन्हें पिता से शुद्ध संस्कृत में निस्संकोच बातें करते देखा तब आश्चर्य का होना स्वाभाविक ही था। मालूम हुआ, पिता की भाँति उनकी माता भी संस्कृतज्ञ हैं। इस प्रकार सन्तान की मातृभाषा संस्कृत बन गई है। पुत्र जिस प्रकार का मेधावी है, उससे बहुत आशा हो सकती है मैंने इस भाव को जब प्रकट किया तब उत्तर मिला, "पुत्रादिच्छेत्प-राजयम्"।

मैंने जो कुछ यहाँ राजगुरु के बारे में लिखा है वह न दरबारी मुसाहिबों की बात है, न पूरी है। बल्कि मुसाहिबी का ख्याल तथा राजगुरु के संकोच का विचार मुझे खुलकर लिखने की आज्ञा नहीं देता। सच्चे और सादे विद्वानों को देखकर हृदय में अत्यधिक श्रद्धा हो जाना मेरे स्वभाव में है। योरप या भारत जहाँ कहीं भी ऐसे महापुरुष मुझे मिले, सभी जगह मेरा हृदय में ऐसा ही हो गया। राजगुरु हेमराज शर्मा नेपाल के रत्न हैं। मैंने कहा—आप अद्भुत ज्ञानराशि के धनी हो, और नेपाल अनमोल संस्कृत-ग्रन्थों की खान है, फिर भी यहाँ से कोई संस्कृत-ग्रन्थमाला न निकले, यह बड़े खेद की बात है। नेपाल-महाराज का ध्यान इधर न जाना नेपाल की शोभा की बात नहीं है। भारत के सारे हिन्दू जिस नेपाल की ओर अपार श्रद्धा से देखें वह इस विषय मैं मैसूर और बड़ौदा ही नहीं, ट्रावन्कोर और काश्मीर की भी पंक्ति में न आ सके, यह कितने खेद की बात है।

पिछले भूकम्प ने नेपाल को बहुत हानि पहुँचाई है, यह पाठक अखबारों में पढ़ चुके हैं। यद्यपि मकानों के बनवाने आदि में सरकार ने बड़ी सहायता की है (इस विभाग के अध्यक्ष भी हमारे राजगुरु ही हैं), तो भी शहर के शहर का इतने थोड़े समय में फिर से बना डालना आसान काम नहीं है। इसीलिए अभी कितनी ही जगह फटी-टूटी दीवारें और खँडहर पाये जाते हैं। यहाँ भूकम्प ने काठमांडू, पाटन और भातगाँव के राजमहलों को बहुत हानि पहुँचाई है, कितने ही ऐतिहासिक मन्दिरों को ध्वस्त किया है, वहाँ उसने और कई क्रूर कर्म भी किये हैं। एक घटना राजगुरु खुद सुना रहे थे। पाटन में शहर के छोर पर एक बौद्ध-विहार है। नाम तो कुछ और है, किन्तु ग्यारहवीं शताब्दी में उसमें एक प्रकांड पंडित भिक्षु शुनयश्री रहते थे, इसलिए वे उन्हीं से जुड़े प्रचलित नाम से परिचित हैं। इस मन्दिर के ऊपरी तल के भनसार (भांडशाला) में सत्तर-पचहत्तर के करीब अति पुरातन तालपत्र-ग्रन्थ थे। राजगुरु ने पहले कितनी ही बार उनको देखने की कोशिश की थी, किन्तु विहार वाले घरबारी भिक्षु उस पवित्र निधि को दिखाने में धार्मिक बाधा पेश करते थे। पिछले भूकम्प में वह विहार एकदम धराशायी हो गया। नेपाल के सभी पुराने विहारों में अब घरबारी भिक्षु या वज्राचार्यों के परिवार रहा करते हैं। विहार के गिर जाने पर लोगों ने सरकार की ओर से मिले चालीस-पचास आदमियों की सहायता से अपने घरों की चीजें निकाल लीं, किन्तु उस पंचायती मन्दिर की चीजें उसी में रहने दी गईं। भादों महीने में भूकम्प-सहायता के काम से एक दिन राजगुरु उधर से निकले। उन्हें सुनयश्री-विहार की याद हो आई। उन्होंने पूछा—"यहाँ तो एक विहार था, जिसमें बहुत-सी तालपत्र की पुस्तकें थीं।"

"यह क्या गिरा पड़ा है।"

"और तालपत्र की पोथियाँ कहाँ हैं?"

"इसी में दबी पड़ी हैं।"

"गर्मी और सारी बरसात भर!!"

इन बातों को कहते वक्त मैं देख रहा था, राजगुरु के चेहरे पर अन्तर्वेदना की साफ छाप थी। उस दिन कैसी बीती होगी उन पर, इसके लिए वह कह रहे थे मैं अपने भीतर रो पड़ा। इन्हीं पुस्तकों के लिए मुझ जैसे व्यक्ति की भी संवेदना रो पड़ी। वे बोले—फिर मैंने तुरन्त जहाँ-तहाँ से पचीस-तीस आदमी बुलवाए। निंदिष्ट स्थान को खुदवाना शुरू किया। दो-तीन घंटे के भीतर ही मटके के चूर में पुस्तकें दिखाई षड़ीं। पहले ऊपर के लकड़ी के फट्टे दृष्टिगोचर हुए। काँपते हुए हाथ से उन्हें उठाया। फट्टों के भीतर हाथ डालने पर कीचड़ निकल आया! मेरे मन की अवस्था को क्या पूछ रहे हैं? दिल मसोस कर रह गया। लोगों को दो-चार भली-बुरी कही। देखा, तो उनकी संख्या डेढ़ सौ के करीब थी अर्थात् वहाँ जरूर सत्तर के करीब तालपोथियाँ रही होंगी।

नेपाल के सभी विहारों में ऐसे पंचायती मन्दिर और भनसार हैं। न जाने कितनों के साथ ऐसी गुजरी होगी।

23 नवम्बर को हम पाटन गए। सुनयश्री-विहार की समाधि देखी। मन्दिर के गिरने की जगह कितनी ही खंडित, अर्धखंडित काठ की सुन्दर मूर्तियाँ पड़ी थीं जिन्होंने सारी बरसात यहीं आसमान के नीचे काटी थी। कुछ मूर्तियाँ एक छोटे से खपड़ैल के नीचे रखी गई हैं। इन्हीं में आचार्य सुनयश्री की मिट्टी का मूर्ति भी है। उसका ऊपर का ही धड़ बचा हुआ है। मूर्ति बहुत ही जर्जर अवस्था में है। मैंने एक फोटो लिया, जिसे देखकर श्रद्धेय जायसवाल जी ने कहा—अद्भुत है। यदि यत्न किया जाय तो इसकी पूरी आकृति तैयार की जा सकती है, किन्तु इसकी सम्भावना नहीं, हाँ यदि नेपाल-सरकार सुध ले तो दूसरी बात है।

भूकम्प से सब से अधिक क्षति भातगाँव को हुई है। दूसरा नम्बर पाटन का है। उन सँकरी गलियों में गिरते मकानों के बीच आदमी क्या सोचता रहा होगा? अथवा वहाँ सोचने भर की फुर्सत कहाँ रही होगी, सिवा उनके जिन्हें घायल हो कर घुल-घुल कर मरना या अंग-भंग होकर जीना बदा था।

नेपाल में अबकी बार मैंने प्राचीन हिन्दी-ग्रन्थों की तलाश की। राजगुरु के पास अपना भी प्राचीन ग्रन्थों का एक अच्छा संग्रह है, उसमें दसवीं शताब्दी के सिद्ध तिल्लोपा का एक दोहा-कोश मिला। ग्रन्थ खंडित है। सरकारी पुस्तकालय में भी दोहा-कोश सरहपा का है। यद्यपि वह बांग्ला अक्षरों में छप चुका है, तो भी हिन्दी-संस्करण के लिए हमें फिर आवश्यकता होगी, इसीलिए उसका भी फोटो ले लिया। इसके लिए शिक्षा-विभाग के डाइरेक्टर जेनरल मृगेन्द्र शम्सेर एम.ए. ने बड़ी प्रसन्नतापूर्वक अनुज्ञा दे दी। आप राना घराने के सर्वप्रथम एम.ए. हैं।

पुस्तकों के बारे में पूछ-ताछ करते वक्त मालूम हुआ था कि जेनरल केशर शम्सेर के पास भी पाँच सौ के करीब हस्तलिखित ग्रन्थ हैं। 28 नवम्बर को बारह

बजे केशर-महल गए जो सुन्दर उद्यान और हरे मैदान से सजा है। हॉल में जाकर बैठे। आशा थी, कोई हैटेड-सूटेड साहब आएगा। देखा, सीढ़ी से एक पतली-दुबली मूर्ति घुटनों तक की नेपाली धोती, दुलाई, दो पैसही टोपी और फटफटहा जूता पहने उतर रही है। आदमी ने आकर बतला दिया, नहीं तो सचमुच ही मैं पहचान न सकता। जेनरल केशर शम्सेर के दो रूप हैं, एक राजनैतिक, जिसकी योग्यता का प्रमाण तो यही है कि नेपाल-सरकार के परराष्ट्रसचिव हैं। और दूसरा यही जिसे मैंने देखा—भारतीय पुरातत्त्व, साहित्य, संस्कृति के प्रति प्रेम और गम्भीर अध्ययन। नीचे जहाँ हम बैठे थे, अंग्रेजी पुस्तकों से कितनी ही आलमारियाँ भरी थीं। उनमें कितनी ही सबसे नई रचनाएँ थी—मालूम होता है, जीवनियों के आप खास प्रेमी हैं। वहाँ योरप—विशेषकर इंग्लैंड—के सैकड़ों राजनीतिज्ञों और सैनिकों की स्वरचित-पररचित जीवनियाँ हैं। थोड़ी देर बात हुई। हमने हस्तलिखित पुस्तकों की सूची देखकर कुछ पुस्तकें देखनी चाहीं, तुरन्त आ गईं। एक को फोटो लेने के लिए अपने साथ लिया (इस तालपत्र की पोथी में दसवीं सदी के अन्त के पंडित सिद्ध मैत्रीपाद की संस्कृत में जीवनी है)। फिर जेनरल साहब ने अपने ऊपर का पुस्तकालय देखने के लिए कहा। आलमारियों की कतार की कतार है। दीवारों पर कितने ही सुन्दर चित्र लटके हैं। बैठक में कितने ही भारतीय चित्रकारों के बनाए मूल चित्र हैं। द्वार को उन्होंने नेपाली कारीगरों से खास अपनी हिदायत के अनुसार बनवाया है। एक कपाट पर कृष्ण की मूर्ति उत्कीर्ण है, और दूसरे पर बुद्ध की। कहने लगे—मैं तो दोनों में एक समान भक्ति रखता हूँ। मैंने कहा—दोनों ही हिन्दू महापुरुष हैं। हमारे यहाँ बहुत लोग 'हिन्दू और बौद्ध दोनों भाई' कहने की गलती करते हैं, किन्तु नेपाल में ऐसी गलती कोई नहीं कर सकता; क्योंकि वहाँ लोग जानते हैं कि हिन्दू शब्द ब्राह्मणधर्मियों और बौद्धों दोनों के साझे का है। स्वाध्यायगृह में देखा—भूमि पर एक सुखासन बिछा हुआ है, और इधर-उधर बहुत-सी पुस्तकें रखी हुई हैं। वे बोले—कुर्सी की अपेक्षा इस आसन पर बैठकर अध्ययन करने में मुझे अधिक अनुकूलता मालूम होती है।

जब आप अपने संग्रह की मूर्तियों को दिखला रहे थे तब मैंने कहा—गत भूकम्प से खंडित मूर्तियाँ जगह-जगह धूप और वर्षा खा रही हैं। उनमें सैकड़ों ऐसी हैं जिन्हें रखकर कोई भी म्यूज़ियम अभिमान कर सकता है। अच्छा हो यदि आप उनकी ओर ध्यान दें। उन्होंने बतलाया कि मैंने अपने यहाँ के म्यूजियम के लिए कुछ संग्रह कराई हैं।

चलते वक्त उन्होंने स्वयं अपना फोटो दिया, किन्तु मैं तो डिप्लोमैट जेनरल केसर शम्सेर की जगह स्वाध्यायशील केसर शम्सेर को चाहता था इसलिए अपने छोटे कैमरे से फोटो खींचा।

नेपाल में क्या दो हफ्ते में हमारे ऐसों का काम बनने वाला है? उसके लिए तो

कम-से-कम चार मास चाहिए। लेकिन उधर हमें जल्दी पड़ी हुई थी। विनयपिटक और दूसरी चार-पाँच पुस्तकों का छपवाना, लुम्बिनी-जेतवन आदि की यात्रा, और कितने ही मित्रों के आग्रह का पालन, और इन सबके लिए मार्च तक सिर्फ चार मास!

रास्ते के लिए राहदानी के अतिरिक्त तिब्बत से साथ लाई मूर्तियों और तालपोथियों के लिए एक खास अनुज्ञापत्र की आवश्यकता थी। यह काम तो जेनरल केसर शम्सेर ने कर दिया। फिर हमारे साथ चलनेवाले थे हमारे गृहपति साहु धर्ममान के ज्येष्ठ पुत्र साहु त्रिरत्नमान। उनकी यात्रा के लिए शुभ सायत पड़ रही थी दो दिसम्बर के ग्यारह बजे दिन को। हमारे लिए पूछी गई तब हमने कह दिया—भली सायत हो या बुरी हमारी यात्रा तो बाईस वर्ष पूर्व शुरू हो गई है।

30 नवम्बर को ज्वर आया। समझा पहले की भाँति पाँच-सात दिन पर आने वाला होगा। दूसरे दिन रात को खूब रहा। दो दिसम्बर को राजगुरु से विदा माँगने गए। कमजोरी का ख्याल कर उन्होंने दो घोड़े रास्ते के लिए दे दिये थे। 11 बजे उन्हीं की मोटर से पहाड़ की जड़ में थानकोट पहुँचे। शाम को फिर ज्वर आया, और पहले से भी कड़ा। इसी ज्वर और चार दिन के उपवास के साथ 5 दिसम्बर, को पटना पहुँचे। वजन चालीस पौंड घट गया था।

परिशिष्ट

परिशिष्ट-1

ल्हासा[1] की ओर

खारू ला पार होने पर उतराई शुरू हुई, किन्तु यह उतराई उतनी कठिन नहीं है। प्राय: तीन-चार मील उतरने पर कुछ घर मिले। ये घर विशेषकर टिकने के ही लिए हैं। दीवारें इनकी अनगढ़ पत्थरों से चिनी हैं। आगे मिट्टी काली है, इसलिए नदी का पानी भी काला मालूम होता है। आसपास के पर्वतों के शिखरों पर अब भी जहाँ-तहाँ बर्फ थी। अन्त में हमें लाखों वर्ष पूर्व पानी के प्रवाह से बनी मिट्टी में स्वाभाविक गुहाएँ मिलीं। इसके बाद दूसरा डाकखङ् था। पास के पहाड़ में जमीन में फैले धूप के छोटे-छोटे पौधे हैं। इनकी सूखी पत्तियों को कुछ और सुगन्धियों से मिलाकर भोटिया लोग धूप-बत्ती बनाते हैं। रास्ते में छोटे-छोटे पत्थर बिखरे हुए थे। उपत्यका भी ऐसी ही थी। मैदान धीरे-धीरे चौड़ा होता जाता था। मनुष्यों की एक-दो छोटी-छोटी बस्तियाँ भी मिलीं, जिनके बड़े-बड़े पत्थर के स्तूप तथा ध्वस्तप्राय पत्थरों की दीवारें, ग्रामों की अवनति को प्रकट कर रही थीं। कुछ और बढ़ने पर हमारी दृष्टि के फैलने के लिए विस्तृत अवकाश मिला। आगे दाहिनी ओर यह अवकाश और भी दूर तक फैला हुआ मिला। बाईं ओर पहाड़ की बाँही पर, नङ्र-चे का जोङ्, दिखाई पड़ा। कितनी ही इमारतें नई हैं। तीन बजे के करीब हम नङ्र-चे गाँव में पहुँच गए।

गाँव के बाहर हम लोगों ने डेरा दिया। और भी ऐसे कितने ही डेरे इधर-उधर पड़े हुए थे। हमारे सामने मीलों तक भूमि छोटी-छोटी घासों से ढकी हुई थी। इसमें हजारों चमरियाँ, भेड़ें, खच्चर और गदहे चर रहे थे। हमारे साथियों ने भी खच्चरों पर से माल उतारकर उन्हें चरने के लिए छोड़ दिया। उन्होंने एक खच्चर के गले का घुँघरू मुझे थमाया। मैंने उसे जमीन पर रख दिया, जिस पर सरदार आपे से बाहर हो गया। मालूम हुआ, घुँघरुओं को जमीन पर रख देने से आवाज कम हो जाती है। उसी दिन एक और गलती मुझसे हुई। छोलदारी के भीतर लकड़ी के प्याले रखे हुए थे, जिनमें चाय भरी हुई थी। गलती से मेरे 'छुपा' (चोगा) का नीचे

1. यह भाग 'तिब्बत में सवा वर्ष' में छूट गया था।

का दामन प्याले से छू गया। सरदार ने घी-मक्खन मिलाई चाय को उठाकर फेंक दिया। भोटिया लोग छुपे के दामन से खाने-पीने की चीजों के छू जाने से बहुत परहेज करते हैं। वह उचित भी है। भोटिया लोग यही नहीं कि आब-दस्त नहीं लेते, बल्कि सूखे हुए पाखाने के ढेर में भी छुपे का दामन फैलाकर बैठ जाते हैं। इसलिए दामन की गन्दगी साफ ही है।

नङ्‌र-चे बहुत ठंडी जगह है। समुद्रतल से चौदह-पन्द्रह हजार फीट ऊँची होगी। यहाँ के लोगों की मुख्य जीविका भेड़ और चमरी हैं। थोड़ी-थोड़ी खेती भी जहाँ-तहाँ होती है। इतनी ऊँचाई पर यहाँ 'यम्-डो-छा' नामक महासरोवर है। लाखों वर्ष पूर्व यह सरोवर पहाड़ों की जड़ तक फैला रहा होगा। किन्तु अब बहुत स्थानों पर यह सूख गया है, जिसमें हरी-हरी छोटी घासें उगी हुई हैं। इस सरोवर-बीच में कई ऊँची पर्वत-शृंखलाएँ हैं। सरोवर का घेरा सौ मील से अधिक है। सरोवर का सिलसिला कहीं-कहीं पतली धार से मिला हुआ है। आस-पास की कितनी ही नदियाँ अपने जल को इसी में लाकर डालती हैं। यद्यपि इसका पानी बाहर नहीं निकलता, तो भी पानी मीठा है। किनारे-किनारे घूमने पर यह चक्कर खाती नदी-सा मालूम पड़ता है। नङ्‌र-चे का ऊन अपनी नर्मी के लिए मशहूर है। जहाँ जितनी अधिक सर्दी पड़ती है, वहाँ का ऊन भी उतना ही मुलायम होता है। नङ्‌र-चे के चुक-टूक् (बाल निकला हुआ कम्बल) को भोटिया लोग बहुत पसन्द करते हैं, क्योंकि वह बहुत ही नर्म और गर्म होता है। इसके नीचे पड़ जाने पर जाड़ा पास नहीं फटक सकता।

घास और खच्चरों की थकावट को देखकर खच्चरवालों ने उस दिन भी यहीं रहना पसन्द किया। खच्चर तो चरने के लिए छोड़ दिये गए थे और लोग छङ् पीने में मस्त थे। भोटिया लोग छङ् और नाच के बड़े प्रेमी हैं। जुआ खेलने की जगह शराब का पूरा इन्तजाम रहता है। मेरे डेरे से थोड़ी दूर पर एक लद्दाखी मुसलमान का डेरा था। हैट-वैट लगाये पूरा साहब बना हुआ था। मेरे साथी ने कहा—यह ख-छे (मुसलमान) तुम्हारे फ-युल् (पिता के देश) का है न? मैंने कहा—हो सकता है। कभी उससे मुझे बात करने का मौका नहीं लगा। उसके पास पचास-साठ खच्चरों का माल था। कुछ लद्दाखी मुसलमान ल्हासा में भी बस गए हैं। ये लोग कलकत्ते से माल ले आते हैं। लद्दाख से आनेवाले भी रावलपिंडी आकर रेल पर चढ़ कलिम्पोङ् चले आते हैं। और वहाँ से इसी रास्ते ल्हासा जाते हैं। मुझे उससे बातचीत में पर्दा खुलने का डर न था, क्योंकि ऐसा होने पर मैं समझा सकता था—'मेरा घर खुन्नू (बुंशहर) है। खुन्नू बहुत कम लोग जानते हैं, इसलिए मैं लद्दाख कहता हूँ।" खुन्नू कहकर तो मैं खुन्नूवालों को भी धोखा दे सकता था। एक बार एक खुन्नू ही का आदमी मुझे ल्हासा में मिला। उसने पूछा—खुन्नू में घर कहाँ है? मैंने कहा—सराहन के पास। उसने कहा—तो आप असल कनौर (खुन्नू) से बाहर के हैं। मैंने कहा—हमारा राजा तो एक ही है न? विशेष पूछने पर मैंने

कह दिया—छोटेपन से ही मैं घर से बाहर निकल साधुओं के साथ फिरने लगा था।

15 जुलाई (1929 ई.) को हम नङ्र-चे से रवाना हुए। नङ्र-चे ग्याँची से बासठ मील पर है। मील के पत्थरों को भी देवता के एक छोटे से स्थान की तरह घेरकर बनाया गया है। रास्ते के साथ-साथ तार के खम्भे लगे हुए हैं। नङ्र-चे के जोङ् में डाकखाना और टेलीफोन है। तिब्बत में तार का काम जाननेवाले ज्यादा नहीं हैं, इसलिये तार सिर्फ ल्हासा ही में रखा गया है। कुछ आगे जाने पर कुछ कपड़े की छोलदारियाँ गड़ी हुई थीं, जिसके आगे अंग्रेजी वेश में ताम्रवर्ण के एक पुरुष घोड़े पर चढ़े आते दिखाई पड़े। पीछे इन सज्जन से मुझे ल्हासा में मिलने का अवसर मिला। ये ग्यांची के तार विभाग के सुपरवाइजर हैं। आजकल तार के खम्भे बदले जा रहे हैं, इसीलिए भोटिया गवर्नमेंट ने इन्हें इसके लिए माँग लिया था। रास्ता सरोवर के किनारे-किनारे था। एक कोने में मुड़कर ऊँची दीवारोंवाला घर मिला। ऐसे उजाड़ पड़े हुए घर इस झील के किनारे कई जगह मिलते हैं, बस्तियाँ भी कितनी ही उजाड़ हैं, कितनी ही आबाद। खेत सब खाली पड़े हैं, जिनकी मेंड़ अब भी दिखाई देती हैं। दोपहर के करीब हमने झील की एक पतली-सी धारा को पार किया। यहीं हमें शी-ग-र्ची से आनेवाला रास्ता भी मिल गया। उसी पतली धार को दूसरे पार से परिक्रमा करते हुए हम फिर खुली झील पर आ गए। पहाड़ में कुछ जंगली गुलाब और करौंदे के छोटे-छोटे झाड़ दिखलाई पड़े। सूर्य की गर्मी सवेरे ही से आ जाने से यहाँ कुछ गर्म था, इसीलिए इन वनस्पतियों को यहाँ उगने की हिम्मत हुई। आगे हमें बहुत-सी चमरियाँ लोहा, चावल आदि माल लाद कर ले जाती दिखलाई पड़ीं। खच्चरों और घोड़ों को देखकर चमरियाँ स्वयं इधर-उधर हट जाती हैं। यहीं मुझे ल्हासावाला सौदागर मिल गया। उसने कहा—शी-ग-र्ची से सुमतिप्रज्ञ हमारे साथ आ रहे हैं। मैंने कहा—"मैं तो तुम लोगों से आगे ही ल्हासा पहुँचूँगा। सुमतिप्रज्ञ को छु-शिङ्-श में मिलने के लिए कह देना। इस घाटी में मौसम का कोई नियम नहीं है। थोड़ी देर धूप मिलेगी, फिर थोड़ी देर में बादल घिर आएगा। अभी हवा शान्त है, जरा देर में छोटे-छोटे पत्थरों का टुकड़ा उड़ने लगेगा। उस दिन हमें हवा से मुकाबिला नहीं करना पड़ा। तीन बजे के करीब हम सि-क्या गाँव में पहुँचे। सिर्फ दो-तीन घर हैं। घर-भर की एक ही पत्नी होने से बस्तियों में घर की संख्या तो बढ़ नहीं सकती, हाँ सन्तान न हुई तो घर कम हो सकते हैं। इसके कारण मैं समझता हूँ। तिब्बत में बहुत-सी जगहों में मनुष्य-संख्या कम हुई है। आजकल संसार के बड़े-बड़े अर्थशास्त्री जन-वृद्धि रोकने की चिन्ता में हैं, किन्तु तिब्बती लोगों ने कई सौ वर्ष पूर्व ही यह सवाल बहुपति-विवाह के रूप में हल कर दिया है।

स-क्य में गेहूँ और जौ के कुछ खेत थे, किन्तु अभी वे बहुत छोटे थे। और दूसरे वृक्ष यहाँ न थे। यह गाँव झील से कुछ ऊपर है। हमारे सरदार का परिचय होने से यहाँ ठहरने के लिए सुभीता हो गया।

सवेरे ही सि-क्य से चल पड़े, क्योंकि खन्-बा-ला पार करना था। हमें थोड़ी दूर फिर झील के किनारे-किनारे चलना पड़ा। तब पहाड़ पर चढ़ने लगे। चढ़ाई कड़ी थी; किन्तु बहुत लम्बी न थी। दो घंटे में हम जोत पर पहुँच गए। यहाँ बर्फ कहीं न थी। वर्षा का समय होने से घास कहीं-कहीं दिखाई पड़ती थी। मैं तो खच्चर पर आया था, इसलिए जान न सका, किन्तु पैदल चलनेवाले कहते थे—इस पर स-दुग् (मिट्टी का विष) है, और साँस रुक जाती है—अर्थात् यह समुद्रतल से अठारह हजार फीट ऊँचा है, और हवा बहुत हल्की है।

खम्बाला से उतराई शुरू है। मैं खच्चर छोड़ पैदल ही उतरने लगा। उतराई में तो परिश्रम था नहीं, मैं औरों से आगे-आगे था। कई मील उतरने पर जूते ने पैर काट खाया। तब भी मैं चल ही रहा। रास्ते में पत्थर की दीवारों का टूटा-फूटा मोर्चा है। तिब्बत मिला। सरकार ने कहीं भी अपने जोतों की रक्षा के लिए सेना का इन्तजाम नहीं किया है। चीन के रहने तक बहुत-सी जगहों पर इन्तजाम था। आखिर, देवताओं को वश में कर लेने से उन्हें डर ही क्या है! अभी थोड़ी उतराई बाकी थी, कि जूता चलने नहीं देता था। लाचार फिर खच्चर पर चढ़ना पड़ा। नालों में पानी की बहुत पतली धार बह रही थी। पहाड़ों पर जब बर्फ नहीं तो मोटी धार कहाँ से आवे। दोपहर से पहले ही हम खम्-बा-बची गाँव में पहुँच गए। इससे थोड़ा ही नीचे ब्रह्मपुत्र की धार है। यहाँ काफी गर्मी थी। मटर, गेहूँ, जौ, सभी फूले-फले थे। आलू भी तैयार था। कुछ खुबानी तथा दूसरे वृक्ष भी थे। रात को यहीं विश्राम करने के लिए ठहर गए।

परिशिष्ट-2

तिब्बत में सवा बरस
(1929-30 ई.)

1. ल्हासा की ओर

आगे चन्द ही मीलों के बाद भोटकोसी पर एक लकड़ी का पुल मिला, जिसे पार करके हम तिब्बत की सीमा के भीतर चले गए। अँगरेजी सीमा को तो कुशल-क्षेम से रक्सौल ही में मैंने पार कर लिया था, अब यह दूसरी सीमा भी निकल गई। तिब्बतवालों से मैं कुछ ज्यादा निश्चिन्त था, क्योंकि मैं जानता था कि वे चार-पाँच सौ बरस पुरानी दुनिया में रह रहे हैं। सिर से हजारों मन का बोझ उतर-सा गया मालूम हुआ। शायद प्राकृतिक सौन्दर्य कुछ और पीछे ही से शुरू हो गया था, लेकिन अब तक मेरी आँखें उसके लिए बन्द-सी थीं। अब मैं आँख भर के पार्वत्य-सौन्दर्य की ओर देखता था। डुक्पालामा अब भी धीरे ही धीरे चल रहे थे। लेकिन मैं आगे 1, 2 फर्लांग बढ़ के किसी चट्टान पर बैठ जाता, और फिर पक्षियों के मधुर कलरव, कोसी की घर्घर ध्वनि और सिर से पैर तक हरियाली से ढके पहाड़ों को देखता।

बोधगया में अब की बार जब गया था, तो वहाँ एक मंगोल भिक्षु मिला था। वह फिर यहाँ मिल गया। वह रहनेवाला पूर्वी मंगोलिया का था, मगर अब कई सालों से लासा के पास डे-पुङ विहार में रहा करता था। बोधगया में मिलते वक्त मैं तिब्बती नहीं बोल सकता था, लेकिन अब हम लोग खुल करके बात कर सकते थे, इसलिए अब रास्ता मेरे लिए और आनन्द का हो गया था। शाम के वक्त हमें एक गाँव (डम) दिखाई पड़ा, लेकिन गाँव और हमारे बीच में एक नाला था। हम लोगों को यहीं ठहराया गया। डमवाले लोग यहीं पर बाजे-गाजे के साथ डुक्पालामा का स्वागत करना चाहते थे। स्वागत के साथ मक्खन की चाय भी पीनी थी। लद्दाख में मैंने मक्खन की चाय पी तो थी, लेकिन वह उतनी पसन्द नहीं आई थी; लेकिन अब तो मुझे पूरा भोटिया बनना था, और वह चाय-सत्तू से लेकर सूखे (कच्चे) गोश्त तक पहुँचने से ही हो सकता था। नहाने-धोने की साधना तो मैं पूरी कर चुका था। चाय पीकर हम डम की ओर चले। नाला पार करने के लिए जंजीरों का एक पुल

था जो चलने पर काफी हिलता था। गाँव में एक अच्छा घर लामा के ठहरने के लिए ठीक किया गया था। हम लोग वहाँ पहुँचे और मंगोल और मैंने पास-पास में आसन लगा लिये। डुक्पालामा की पूजा उधर कुछ कम हो गई थी, क्योंकि पूजा चढ़ानेवालों की कमी हो गई थी। अब वह फिर भोटिया प्रदेश में चले आए थे, इसलिए लम्बा विधि-विधान शुरू होना था। दूसरे दिन सवेरे ही रिन्-छेन ने बतलाया, कि अब तीन दिन तक लामाजी अवलोकितेश्वर का व्रत शुरू करेंगे। मेरे मन ने भी जोर मारा कि व्रत में अपने को भी शामिल होना चाहिए, क्योंकि इससे उनके और नजदीक आ जाऊँगा। खैर, दो दिन आधा-आधा उपवास और एक दिन पूरा उपवास तो मेरे लिये डर की बात नहीं थी, लेकिन दिनभर साष्टांग दंडवत् करना आसान काम नहीं था, वह पूरी दंड-बैठक थी, और दोपहर बाद मैं उसे छोड़ बैठा।

यहाँ से ञेनम् तीन दिन से ज्यादा का रास्ता नहीं था, लेकिन अब हरेक बस्ती में लामा की भेंट-पूजा के लिए लोग बेकरार थे। और लामा तब तक गाँव छोड़ने के लिए तैयार न थे, जब तक गाँव से एक डलिया-भर चावल या चाँदी का छोटा-सा सिक्का आता रहे। मुझे कुछ कोफ्त तो होती थी, लेकिन सन्तोष भी अब बहुत था। रास्ते में एक जगह पर किसी ने नया घर बनाया था, मैं आगे-आगे जाया करता था, शायद मंगोल भिक्षु भी मेरे साथ थे। उस घर में मालिक से जब हमने कहा कि डुक्पारिन् पीछे पधार रहे हैं, तो वह बड़ा खुश हुआ। लामा के आने पर उसने चरण छुए, भेंट चढ़ाई और घर पवित्र करने के लिए कहा। उसके घर में पानी का चश्मा निकल आया था, बेचारे को डर था, कि कहीं नागदेवता आकर न बैठ जाएँ। लामा ने मंत्र पढ़कर आशीर्वाद दिया और कहा कि घर में पानी का निकल आना अच्छा सगुन है। पाँच साल बाद दूसरी तिब्बत यात्रा से जब मैं उसी रास्ते लौटा, तो मकान की दीवारें-भर खड़ी रह गई थीं। सचमुच ही उस घर में नागदेवता ने निवास करके ही छोड़ा। आगे हमारा कुछ लम्बा पड़ाव चक-सम् के गरम चश्मेवाले गाँव में पड़ा। यहाँ भी लामा को अच्छे घर में ठहराया गया। रात को हम लोग पतले बाँस की—जो इधर पहाड़ों में बहुत ज्यादा होता है—मशालवाले थोड़ा नीचे उतरकर गरम कुंड तक पहुँचे। मुझे भी अब हिम्मत हो आई थी, मैंने साबुन की टिकिया निकाली और खूब मल-मल के नहाया, समझ लिया था, कि अब सारी बला चली गई। मेरे साथी सब नंगे ही नहा रहे थे; उस वक्त मुझे कुछ आश्चर्य हुआ था। यह इसीलिए कि मैंने अभी औरतों को खुले आम नंगा नहाते नहीं देखा था।

अखिर एक दिन हम ञेनम् पहुँच गए। तिब्बती लोग ञेनम् कहते हैं, लेकिन नेपाली कुत्ती कहकर पुकारते हैं। ञेनम् अच्छी मंडी है, नेपालियों की पचीसों बड़ी-बड़ी दुकानें हैं, और एक तरह से सारा ञेनम् ही दुकानों का गाँव है। आजकल नमक का मौसम था, रास्ते में हजारों नेपाली कोई पीठ पर अनाज लिये हुए ञेनम् की ओर जा रहा था और कोई ञेनम् से नमक लेकर लौटा आ रहा था। ञेनम् के

बाहर जहाँ-तहाँ भोटिया लोगों के काले तम्बू और काले याक दिखाई पड़ते थे। नेपाली सौदागरों का काम था, नमक और अनाज दोनों को ले लेना, और जिसको जिसकी जरूरत हो, दे देना। इनके अतिरिक्त कपड़ा और दूसरी चीजें भी बिकती थीं। लामा को एक बड़ा-सा मकान रहने के लिए मिला था। नेवार लोगों में पहले ही से अवतारी लामा की प्रसिद्धि थी, और भोटिया भी बहुत जल्दी सिद्ध महात्मा के गुन से परिचित हो गए। चावल, चाँदी का टका, अंडा, मक्खन और चाय के साथ सफेद रेशम की पतली चीट (खाता) दिन-भर चढ़ावे में आता रहता। अंडा तो इतना जमा हो गया था, कि कोई खानेवाला नहीं था। मैंने मक्खन-चूरा और अंडे को देखा, तो भोजन का एक तजरबा करना चाहा। खूब मक्खन डालकर चूरा को भूना और उसमें बहुत-से अंडे और चीनी डाल दी। अच्छा हलवा-सा बन गया। साथियों ने खाकर बड़ी तारीफ की। वे मेरे हाथ की तारीफ कर रहे थे और मैं समझता था कि घी-चीनी पड़ जाय, तो मिट्टी भी अमृत बन सकती है।

इस इलाके का मजिस्ट्रेट यहीं ञेनम् में रहता है। इलाके के अफसरों को तिब्बत में जोङ्पोन् कहते हैं और उसके इलाके को जोङ् कहा जाता है। तिब्बत में छोटे-बड़े 108 जोङ् बतलाए जाते हैं। तिब्बत का शासक एक अविवाहित महन्त (दलाई लामा) होता है, इसलिए सरकार के हरेक विभाग में भिक्षु अफसर भी होते हैं—सेना को छोड़कर। सभी जगह जोड़े अफसर होते हैं, जिनमें एक प्रायः सदा ही भिक्षु होता है। लामा के पास जोङ्पोन् का नियंत्रण आया। मुझे भी चलने के लिए कहा, लेकिन मैंने वहाँ जाना पसन्द नहीं किया। दो-तीन दिन तक तो मैं निश्चिन्त बैठा रहा, फिर देखा लामा अभी जाने का नाम नहीं ले रहे हैं। मुमकिन था वह महीनों वहीं रहें, लेकिन मैं इतने दिनों तक कैसे प्रतीक्षा कर सकता था। पता चला कि, गाँव के पास ही जहाँ पुल से नदी को पार किया जाता है, वहाँ का पहरेदार किसी बाहरी आदमी को आगे नहीं जाने देता, जब तक कि वह जोङ् के हाथ की लिखी राहदारी (लम्-यिक) न दिखला दे। लम्-यिक लेने के लिए मैंने इधर-उधर कोशिश करवाई, लेकिन कोई फल नहीं हुआ। कुछ नेपाली सौदागर ल्हासा की ओर जा रहे थे, वे आसानी से एक आदमी की और राहदारी ले सकते थे, लेकिन मैं कोई खतरा उठाने के लिए तैयार न था। एक दिन लामा को एक नेपाली सौदागर के घर में पूजा करने के लिए बुलाया गया। आधी रात के बाद पूजा हो रही थी, बीच-बीच में आदमी (खास करके स्त्री) के जाँघ की हड्डी का बाजा बज रहा था, उसके स्वर में एक अजीब तरह की करुणा सुनाई पड़ती। खैर, मेरे ऊपर इन सब चीजों का प्रभाव नहीं पड़ सकता था, क्योंकि मैंने सारे ढोंग को भीतर से देखा था। नेपाली सौदागर की स्त्री भोटिया थी, अभिषेक का जल उसके सिर पर भी डाला गया। नेपाली लोग बरसों के लिए तिब्बत जाते, लेकिन अपने साथ बीवी को नहीं ले जाते। ब्राह्मण राजगुरु पुरुष को तो कुछ रुपया लेकर प्रायश्चित्त दे देते

हैं, लेकिन स्त्री को नहीं; इसीलिए प्राय: हर एक नेपाली को तिब्बत में अलग स्त्री रखनी पड़ती है। नेपाल और भोट सरकार के कानून के मुताबिक बाप की सम्पत्ति में भोटिया लड़के और उसकी माँ का कोई अधिकार नहीं है, यह सरासर अन्याय है, क्योंकि दूसरे रूप में यह खुली वेश्यावृत्ति है। उसी सौदागर के यहाँ मैं दिन में गया, तो वहाँ एक लम्बी दाढ़ी-बालवाले हिन्दू साधु को देखा। मैं तो भोटिया वेश में था और बातें भी भोटिया में कर रहा था, इसलिए साधु को मेरे बारे में क्या पता चलता? मुझे किसी ने बतलाया कि वह तिब्बत जाना चाहता है, यहाँ तक पहुँच गया, अब जोङ्पोन् ने पकड़ लिया है। अब वह ऊपर नहीं जा सकता, नीचे छोड़ने के लिए तैयार है, लेकिन कोई जमानत देनेवाला नहीं।

जब मैं इस प्रकार सब तरह से निराश हो रहा था, उसी समय मैंने इसका जिक्र अपने मंगोल दोस्त से किया। उसने कहा—"इसमें क्या मुश्किल है, राहदारी मैं ले आता हूँ।" और सचमुच ही वह थोड़ी देर में दो राहदारी लेकर चला आया, जिसमें डेपुङ् विहार के दो भिक्षुओं का नाम था, जो बोधगया दर्शन करके अपने विहार को लौट रहे थे। अब हम सत्तू के देस में घुस रहे थे, फिर पीठ पर बोझा लादे पैदल ही चलना भी था। सत्तू पेट-भर खा सकूँगा, इसमें मुझे सन्देह था, इसलिए चूरा, चीनी और कितनी ही चीजें थोड़ी-थोड़ी जमा कीं। मंगोल के पास मन से ज्यादा बोझ था और मेरी पीठ के लिए भी 20, 25 सेर का सामान हो गया था। लामा ने मेरे लिए एक अच्छी चिट्ठी लिख दी, रास्ते के लिए कितनी ही खाने-पीने की चीजें दीं, और दोपहर के बाद हम दोनों चल दिये। हम दोनों ही का भेस ऐसा था, कि जिसको देखकर भिखमंगा छोड़कर और कोई कुछ कह ही नहीं सकता था। मेरा 'छुपा' (चोगा) फटा तो नहीं था, लेकिन उसका लाल रंग बहुत जगह फीका पड़ गया था और कपड़ा भी था टाट-जैसा। पैर का जूता भी उसी के अनुसार था। हाँ, अब वह काटता नहीं था। पीठ पर दो कमानीदार लकड़ियों के बीच में सामान बाँधकर और उससे दोनों बाँहों को बाहर निकालकर, उन्हें मैंने मोढ़ों में रस्सी से लटका लिया था। हम लोगों के हाथ में एक-एक डंडा भी था। चारों ओर नंगे पहाड़, जिसमें एक तरफ दुनिया का सबसे ऊँचा शिखर गौरीशंकर अपने रुपहले सौन्दर्य को नीले आसमान में प्रतिफलित कर रहा था। दो भिखमंगे पुल पार करके चढ़ाई चढ़ने लगे। मुमकिन है, तुरन्त चढ़ाई नहीं मिली होती, तो थोड़ी देर तक और मैं गौरीशंकर के सौन्दर्य की झाँकी करता, किन्तु वहाँ थोड़ी ही देर में सारी दुनिया कड़वी मालूम होने लगी। मेरा मोढ़ा टूटने लगा, पिंडली फटने लगी, और मंगोल साथी की हँसानेवाली बातें मुझे बुरी लगने लगीं। डेढ़-दो मील जाने के बाद तो मैं उससे बार-बार पूछता कि पड़ाव कहाँ है, यद्यपि अभी अपनी कायरता को बाहर प्रकट करने के लिए तैयार नहीं था। 12, 13 हजार फीट की ऊँचाई पर वैसे ही आक्सीजन की कमी से साँस फूलने लगती है और आदमी जल्दी थक जाता

है; फिर मैं तो साथ ही पीठ पर बोझा भी लिये हुए था। मंगोल भिक्षु मेरे कन्धे के बराबर भी नहीं था, लेकिन वह कूदता चल रहा था। मैंने उस दिन पहले अपने नाना को, फिर अपने को बहुत बुरा-भला कहा। मैं समझने लगा कि लड़के को सुकुमार कभी नहीं करना चाहिए, उससे पूरा शारीरिक परिश्रम करना चाहिए। बोझा ढोना, जमीन खोदना ये सबसे अच्छे शारीरिक व्यायाम हैं। भीतर-ही-भीतर रोते 3, 4 घंटा चलने और बैठने के बाद हम एक बड़े मठ में पहुँचे। तिब्बत के भीतर यह पहला अच्छा-खासा मठ देखने को मिला। दर्शन वैसे भी करता, लेकिन अब तो उसके बहाने विश्राम करता था। वहाँ के भिक्षु अच्छे थे। हम लोग दर्शन करने गए, और उधर गरमागरम चाय तैयार होके चली आई। तिब्बत में एक बैठकी में एक प्याले से थोड़े ही काम चलता है। मैं धीरे-धीरे चाय पी रहा था, यह ख्याल करके कि जरा और अबेर हो जाय, जिससे आगे जाने की बात न आए। डाम् में मुझे एक सुसंस्कृत भोटिया सज्जन मिल चुके थे। वह गोरखा भाषा और थोड़ी-थोड़ी हिन्दी भी बोल लेते थे। हमारे साथ ही वह ञेनम् तक आए थे। अब पता लगा, कि वह अगले गाँव में ठहरे हुए हैं। उस गाँव का एक लड़का अपने घर लौट रहा था, मंगोल भिक्षु ने कहा कि चलो उसी गाँव में आज रहेंगे। कितना दूर है, पूछने पर बतलाया गया, यही पाव-धाप भर। वहाँ से उठने का मन तो नहीं कर रहा था, लेकिन मंगोल भिक्षु ने लालच दिखाई, उस गाँव में चलेंगे तो उक्त सज्जन की मदद से कोई बोझा ढोनेवाला मिल जाएगा तो उठ पड़ा।

अब जो वह धाप बढ़ना शुरू हुआ, तो मालूम नहीं होता था, कि उसका अन्त सौ कोस पर होगा या दो सौ कोस पर। पाँच-छह बार तो "कितना दूर है?" मैंने पूछा, लेकिन वही जवाब "अब दूर नहीं।" मैंने फिर पूछना बन्द कर दिया, और भीतर-ही-भीतर घुलने लगा। उन दोनों के पीछे मैं रस्सी से घसीटा जाता हुआ वैसे ही जा रहा था, जैसे कसाई के पीछे गाय। रात के नौ या दस बजे थे, जब हम उस गाँव में पहुँचे। कुशोक् (सज्जन) जिस घर में ठहरे थे, वहाँ पहुँचकर मैंने रस्सी में से बाँह निकाली, और बिना बोले ही बिछौने पर चित पड़ गया। मंगोल ने बात बतलाई होगी। कंडे की आग से लोहे की अँगीठी पर थुक्-पा पक रहा था—सत्तू या चावल के साथ मूली, हड्डी और मिल सके तो थोड़ा मांस भी बहुत पतली लेई की तरह घंटों पकाया थुक्-पा कहा जाता है। थुक्-पा तैयार हुआ, तो मैंने भी अपना काठ का प्याला (कटोरा) निकाला और दो-चार प्याले पिये।

कुशोक् लप्ची के बड़ तीर्थ को जा रहे थे। ग्यारहवीं सदी में हमारे 84 सिद्धों की परम्परा में तिब्बत में एक बहुत बड़ा सिद्ध पैदा हुआ था, जिसका नाम जे-चुन्-मिला-रेपा है। उसकी बहुत-सी सिद्धियाँ प्रसिद्ध हैं। मिला-रेपा सिद्ध होने के साथ-साथ तिब्बत का सबसे बड़ा कवि है। तिब्बत की सर्दी में भी वह एक सूती कपड़े को पहनता था, इसीलिए उसको रेपा-सूती कपड़ेवाला कहते हैं। लप्ची में

मिला-रेपा कई वर्षों तक रहा था, इसीलिए उसे आजकल बहुत बड़ा तीर्थ मानते हैं। डुक्पालामा भी अपना अन्तिम जीवन बिताने के लिए वहीं जा रहे थे। हमारे कुशोक् भी लप्ची के रास्ते में थे। उन्होंने मंगोल भिक्षु को भी चलने के लिए कहा। उसके मुँह में पानी भर आया। जब उसने मेरी राय पूछी, तो पहले मैंने चलने में अपने को असमर्थ बतलाया, लेकिन कुशोक् ने यह कहके मेरा मुँह बन्द कर दिया, कि सामान दूसरा आदमी अपनी पीठ पर ले चलेगा। मैं समझता था, कि हम रास्ते से बेरास्ते जा रहे हैं और एक की जगह दो बड़ी-बड़ी ऊँची जोतें (डाँड़ें, ला) पार करनी होंगी। लप्ची के आगे बोझा ढोनेवाला कोई मिलेगा, इसकी भी आशा नहीं थी। लेकिन अब 'नहीं' कहने का मतलब था अपने को अश्रद्धालु प्रकट करना, इसलिए मौन रहकर स्वीकृति देने के सिवा कोई चारा न था।

दूसरे दिन हम लप्ची की ओर चले। पीठ खाली रहने से चलने में कोई दिक्कत नहीं थी, सिर्फ एक जगह रास्ता पहाड़ के ऊपर से नीचे की ओर बहती पथरीली मिट्टी की धार पर से था; वहाँ मेरा रोंगटा खड़ा होने लगा। मैंने तीन साल पहले लद्दाख से लौटते वक्त ऐसी ही एक बड़ी धार पार की थी। सोचने लगा, इस रास्ते में न जाने कितनी ऐसी धारें मिलेंगी। सबसे पीछे छूटा देखकर लोग मुझे हाथ पकड़कर पार कराना चाहते थे, लेकिन मैं अपने आत्माभिमान को छोड़ने के लिए तैयार नहीं था और जी पर खेल कर उस पार चला गया।

जब जोत चार-पाँच मील रह गई तो वहीं रात को ठहरने का विचार हुआ, क्योंकि आगे चाय पकाने के लिए सूखे कंडे भी न मिलते और सर्दी भी अधिक पड़ती, सम्भव है बर्फ भी मौजूद होती। कुशोक् की रावटी (छोलदारी) तान दी गई, लोगों ने जहाँ-तहाँ से याक के सूखे गोबर को जमा किया। अभी आग जला के भाथी का धौंकना शुरू नहीं हुआ था कि रुई के बड़े-बड़े फाहे की तरह बर्फ पड़ने लगी। शायद मैंने यह पहली बार बर्फ को आसमान से पड़ते देखा था। बर्फ बराबर पड़ती गई, बहुत मुश्किल से हम लोग चाय पका सके। चाय को चोङी में सोडा-नमक-मक्खन मिलाकर कूटने के लिए गुंजाइश नहीं थी। लोगों के प्यालों में चाय के ऊपर थोड़ा-थोड़ा मक्खन डाल दिया गया। हम लोगों ने उस दिन चिउरा खाया और कुछ प्याले चाय के पिये। कुशोक् के पास लालटेन थी, उन्होंने धर्म-चर्चा करने के लिए कहा। मेरे पास शान्तिदेव की 'बोधिचर्या' संस्कृत में थी। कुशोक् को श्लोक तिब्बती अनुवाद में याद थे। मैं संस्कृत श्लोक पढ़कर टूटी-फूटी भाषा में कुछ भावार्थ कहता, इस पर वह तिब्बती श्लोक को बोल जाते और चार-पाँच की श्रोतृमंडली के लिए व्याख्या भी कर देते थे। बड़ी रात तक हमारी चर्चा रही, बर्फ वैसे ही पड़ती जा रही थी। रावटी पर जब ज्यादा बर्फ जमा होती, तो झटककर उसे गिरा दिया जाता। मेरे शरीर में अभी तक जूँ नहीं पड़ी थीं, लेकिन अब उसी छोटी-सी रावटी के भीतर पाँच-छह आदमी सट-सटकर सोये थे। रात को मालूम

होने लगा, कि शरीर में सैकड़ों चींटियाँ काट रही हैं। जब हमने खाने में बाँट-चोंट लगाई थी, तो जूँओं में भी लगानी चाहिए। सवेरे उठकर देखा, तो चारों ओर जमीन हाथ-हाथ भर मोटी बर्फ से ढकी थी। मेरे कहने से कुछ पहले ही लोब्‌जङ्-शेरब् मंगोल भिक्षु ने आकर कहा—जब यहाँ इतनी बर्फ है, तो और ऊपर चढ़ने पर तो वह और ज्यादा होगी। मैंने कहा—फिर क्या सलाह है? उन्होंने कहा—लप्ची का इरादा छोड़ देना चाहिए। मैंने दो-एक मजाक किये, और उनसे सहमत तो था ही। लोब्‌जङ्-शेरब् का अर्थ है सुमतिप्रज्ञ। सुमतिप्रज्ञ या सुमति कहने से पाठकों को नाम ज्यादा याद रहेगा, इसलिए आगे मैं मंगोल भिक्षु को इसी नाम से पुकारूँगा।

सुमति ने कुशोक् से लौट चलने के लिए कहा। वह खुद तो जाने का निश्चय कर चुके थे, इसलिए क्यों लौटने लगे; लेकिन हम लोगों को विदाई दे दी। कुछ घंटों में लौटकर हम उसी गाँव में चले आए और अब की गोवा (गाँव के मुखिया) के घर में ठहरे। रात को मालूम हुआ कि कुशोक् और उनके आदमी भी भूल-भटक के लौट आए। बर्फ में कोई रास्ता नहीं मालूम हुआ और आदमियों के पास काले चश्मे भी नहीं थे, इसलिए वह हिमान्ध हो गए थे। हम दोनों ने अपने भाग्य को सराहा।

सुमति कई सालों से हर जाड़े में बोधगया के तीर्थ करने आते थे, और रास्ते में गंडा और दूसरा प्रसाद देते यजमानों से दक्षिणा वसूल करते लौटते थे। उन्हें पढ़ने-वढ़ने से कोई वास्ता नहीं था। साल के 9 महीने तो यात्रा में कट जाते थे और इसी में कुछ पैसे भी मिल जाते थे, जिन्हें वह डेपुङ् विहार में रहकर खाते थे और फिर नई यात्रा शुरू कर देते थे। उन्होंने गोवा से चिरौरी-विनती करके दूसरे दिन के लिए एक आदमी कर लिया। सामान उसकी पीठ पर रखकर हम चल पड़े और अगले गाँव में—जो मुख्य रास्ते पर था—वहाँ के गोवा के घर में पहुँच गए। उस घर में दो ही परानी थे, एक 25 वर्ष का जवान और एक बयालीस-तैंतालीस की बुढ़िया। हमें आज यहीं रहना था। एक तो आगे के लिए हम कोई भरिया (भारवाहक) लेना चाहते थे, दूसरे सुमति के इस गाँव में कुछ यजमान थे, जिन्हें कपड़े का गंडा और प्रसाद बाँटना था। तिब्बत में लोग तो नहाते साल-दो साल बाद ही हैं, लेकिन मरदों और औरतों दोनों को लम्बे-लम्बे बालों में तेल डालने और झाड़कर बाँधने की जरूरत हर महीने-दो महीने में पड़ती है। गृहपत्नी का आज शृंगार का दिन था। यहाँ की औरतों का शृंगार और भी मुश्किल है। बालों के दो फाँक कर दो चोटियाँ बनाना पड़ता है और फिर बाँस की कमानी पर लाल कपड़ा और क्षमता के अनुसार मोती-मूँगा-फिरोजा लपेटे धनुष को सिर पर दोनों चोटियों के सहारे खड़ा करना पड़ता है। गृहपत्नी का शृंगार जवान कर रहा था। कोई माँ का शृंगार कर रहा हो, इसमें कोई अचरज नहीं, और इसीलिए मैंने सुमति से पूछा कि ये दोनों माँ-बेटे हैं? मेरी आवाज कुछ शायद ऊँची थी, सुमति ने मेरे हाथ को दबाया और कान में कहा—"चुप, दोनों पति-पत्नी हैं।" मैंने पढ़ा तो था कि तिब्बत में बड़े भाई की

शादी होती है और वही सभी की पत्नी होती है—कितने ही छोटे पति तो ब्याह के बाद भी पैदा होते हैं; क्योंकि सगे भाइयों की एक ही पत्नी हो सकती है। लेकिन किताब पढ़ने से काम थोड़े ही चलता है, आँखों से देखने से विश्वास होता है।

सुमति गाँव में घूम-घाम आए, फिर मुझे साथ चलने के लिए कहा। तिब्बत के बड़े-बड़े कुत्ते बड़े ही खतरनाक होते हैं। मैं बाहर निकलने की हिम्मत नहीं करता था, लेकिन सुमति अपना डंडा लिये हुए गाँव-भर घूमा करते थे। मैंने पूछा—कहाँ चलना है? बोले—एक धनी गृहस्थिन को सन्तान नहीं है, उसके लिए एक तावीज लिख देना है। कुछ भी लिख देना, जो तीर लग गया तो हर यात्रा में मक्खन, मांस, सत्तू और कुछ पैसे का बन्धान हो जाएगा।

मित्र के लिए इतनी सहायता कोई बड़ी चीज नहीं थी, मैं उनके पीछे-पीछे चल पड़ा। घर पर पहुँचा तो सीढ़ियों से ऊपर चढ़ना था और सीढ़ी की बगल में ही एक खूँख्वार कुत्ता लोहे की जंजीर से बँधा था। वह हाँव-हाँव करने लगा। खैर, एक औरत आकर अपने कपड़े से कुत्ते के मुँह को ढाँककर बैठ गई। हम लोग ऊपर चले गए। डेढ़ बालिश्त ऊँचे मोटे गद्दे का आसन पड़ा हुआ था, सामने चाय की पतली चौकी रखी थी, हम दोनों बैठ गए। गृहपत्नी ने लाकर प्याले में चाय डालना शुरू किया। सुमति ने कागज-पत्र मँगवाया। वह कागज-पत्र लेने गई, मैंने पूछा—"किसके लिए तावीज लिखवा रहे हो?" उन्होंने कहा—"यही तो गृहपत्नी है।" मैंने आश्चर्य के साथ कहा—"इस बावन बरस की बुढ़िया को तुम पुत्र देने जा रहे हो?" सुमति ने धीरे बोलने के लिए इशारा करते हुए कहा—"हमारा क्या जाता है, कुछ सत्तू-मक्खन तो मिलगा ही।" मैंने तावीज लिख दिया। पुत्र हुआ कि नहीं, इसकी बात सुमति जानें। सुमति स्तोत्र की पुस्तकें, कुछ टो-टा के पढ़ लेते थे, लेकिन उन्हें लिखना नहीं आता था। आगे के लिए गोवा ने हमें आदमी दिया। वह नेपाल से तिब्बत जाने का मुख्य रास्ता है। फरी-कलिङ्पोङ् का रास्ता जब नहीं खुला था, तो नेपाल ही नहीं हिन्दुस्तान की भी चीजें इसी रास्ते तिब्बत जाया करती थीं। यह व्यापारिक ही नहीं सैनिक रास्ता भी था, इसीलिए जगह-जगह फौजी चौकियाँ और किले बने हुए हैं, जिनमें कभी चीनी पलटन रहा करती थी। आजकल बहुत-से फौजी मकान गिर चुके हैं। दुर्ग के किसी भाग में, जहाँ किसानों ने अपना बसेरा बना लिया है, वहाँ घर कुछ आबाद दिखाई पड़ते हैं। ऐसा ही परित्यक्त एक चीनी किला था। हम वहाँ चाय पीने के लिए ठहरे। तिब्बत में यात्रियों के लिए बहुत-सी तकलीफें भी हैं, और कुछ आराम की बातें भी। वहाँ जाति-पाँति, छुआछूत का सवाल ही नहीं है और न औरतें परदा ही करती हैं। बहुत निम्नश्रेणी के भिखमंगों को लोग चोरी के डर से घर के भीतर नहीं आने देते, नहीं तो आप बिलकुल घर के भीतर चले जा सकते हैं। चाहे आप बिलकुल अपरिचित हों, तब भी घर की बहू या सासु को अपनी झोली में से चाय दे सकते हैं। वह आपके लिए उसे पका

देगी। मक्खन और सोडा-नमक दे दीजिए, वह चाय चोङी में कूटकर उसे दूधवाली चाय के रंग की बना के मिट्टी के टोंटीदार बरतन (खोटी) में रखके आपको दे देगी। यदि बैठक की जगह चूल्हे से दूर है और आपको डर है, कि सारा मक्खन आपकी चाय में नहीं पड़ेगा, तो आप खुद जाकर चोङी में चाय मथकर ला सकते हैं—चाय का रंग तैयार हो जाने पर फिर नमक-मक्खन डालने की जरूरत होती है।

परित्यक्त चीनी किले से जब हम चलने लगे, तो एक आदमी राहदारी माँगने आया। हमने वे दोनों चिटें उसे दे दीं। शायद उसी दिन हम थोङ्ला के पहले के आखिरी गाँव में पहुँच गए। यहाँ भी सुमति के जान-पहचान के आदमी थे, और भिखमंगे रहते भी ठहरने के लिए अच्छी जगह मिली। पाँच साल बाद हम इसी रास्ते लौटे थे और भिखमंगे नहीं, एक भद्र यात्री के वेश में घोड़ों पर सवार होकर आए थे; किन्तु उस वक्त किसी ने हमें रहने के लिए जगह नहीं दी, और हम गाँव के एक सबसे गरीब झोंपड़े में ठहरे थे। बहुत कुछ लोगों की उस वक्त की मनोवृत्ति पर ही निर्भर है, खासकर शाम के वक्त छङ् पीकर बहुत कम होश-हवास को दुरुस्त रखते हैं।

अब हमें सबसे विकट डाँड़ा थोङ्ला पार करना था। डाँड़े तिब्बत में सबसे खतरे की जगहें हैं। सोलह-सत्रह हजार फीट की ऊँचाई होने के कारण उनकी दोनों तरफ मीलों तक कोई गाँव-गिराँव नहीं होते। नदियों के मोड़ और पहाड़ों के कोनों के कारण बहुत दूर तक आदमी को देखा नहीं जा सकता। डाकुओं के लिए यही सबसे अच्छी जगह है। तिब्बत में गाँव में आकर खून हो जाय, तब तो खूनी को सजा भी मिल सकती है, लेकिन इन निर्जन स्थानों में मरे हुए आदमियों के लिए कोई परवाह नहीं करता। सरकार खुफिया-विभाग और पुलिस पर उतना खर्च नहीं करती और वहाँ गवाह भी तो कोई नहीं मिल सकता। डकैत पहले आदमी को मार डालते हैं, उसके बाद देखते हैं कि कुछ पैसा है कि नहीं। हथियार का कानून न रहने के कारण यहाँ लाठी की तरह लोग पिस्तौल, बन्दूक लिये फिरते हैं। डाकू यदि जान से न मारे तो खुद उसे अपने प्राणों का खतरा है। गाँव में हमें मालूम हुआ, कि पिछले ही साल थोङ्ला के पास खून हो गया। शायद खून की हम उतनी परवाह नहीं करते, क्योंकि हम भिखमंगे थे, और जहाँ-कहीं वैसी सूरत देखते, टोपी उतार जीभ निकाल, "कुची-कुची (दया-दया) एक पैसा" कहते भीख माँगने लगते। लेकिन पहाड़ की ऊँची चढ़ाई थी, पीठ पर सामान लादकर कैसे चलते? और अगला पड़ाव 16,17 मील से कम नहीं था। मैंने सुमति से कहा कि यहाँ से लङ्कोर तक के लिए दो घोड़े कर लो, सामान भी रख लेंगे और चढ़े चलेंगे।

दूसरे दिन हम घोड़ों पर सवार होकर ऊपर की ओर चले। डाँड़े से पहले एक जगह चाय पी और दोपहर के वक्त डाँड़े के ऊपर जा पहुँचे। हम समुद्रतल से 17,18 हजार फीट ऊँचे खड़े थे। हमारी दक्खिन तरफ पूरब से पश्चिम की ओर हिमालय

के हजारों श्वेत शिखर चले गए थे। भीटे की ओर दीखनेवाले पहाड़ बिलकुल नंगे थे, न वहाँ बर्फ की सफेदी थी, न किसी तरह की हरियाली। उत्तर की तरफ बहुत कम बर्फवाली चोटियाँ दिखाई पड़ती थीं। सर्वोच्च स्थान पर डाँड़े के देवता का स्थान था, जिसे पत्थरों के ढेर, जानवरों की सींगों, और रंग-बिरंगे कपड़े की झंडियों से सजाया गया था। अब हमें बराबर उतराई पर चलना था। चढ़ाई तो कुछ दूर थोड़ी मुश्किल थी, लेकिन उतराई बिलकुल नहीं। शायद दो-एक और सवार साथी हमारे साथ चल रहे थे। मेरे घोड़ा कुछ धीमे चलने लगा। मैंने समझा कि चढ़ाई की थकावट के कारण ऐसा कर रहा है, और उसे मारना नहीं चाहता था। धीरे-धीरे वह बहुत पिछड़ गया। और मैं दोन्क्विक्स्तो की तरह अपने घोड़े पर झूमता हुआ चला जा रहा था। जान नहीं पड़ता था, कि घोड़ा आगे जा रहा है या पीछे। जब मैं जोर देने लगता, तो वह और सुस्त पड़ जाता। एक जगह दो रास्ते फूट रहे थे, मैं बाएँ का रास्ता ले मील-डेढ़ मील चला गया। आगे एक घर में पूछने से पता लगा, कि लङ्कोर का रास्ता दाहिनेवाला था। फिर लौटकर उसी को पकड़ा। चार-पाँच बजे के करीब मैं गाँव में मील-भर पर था, तो सुमति इन्तजार करते हुए मिले। मंगोलों का मुँह वैसे ही लाल होता है, और अब तो वह पूरे गुस्से में थे। उन्होंने कहा—"मैंने दो टोकरी कंडे फूँक डाले, तीन-तीन बार चाय को गर्म किया।" मैंने बहुत नरमी से जवाब दिया—"लेकिन मेरा कसूर नहीं है मित्र! देख नहीं रहे हो, कैसा घोड़ा मुझे मिला है। मैं तो रात तक पहुँचने की उम्मीद रखता था।" खैर, सुमति को जितनी जल्दी गुस्सा आता था, उतनी ही जल्दी वह ठंडा भी हो जाता था। लङ्कोर में वह एक अच्छी जगह पर ठहरे थे। यहाँ भी उनके अच्छे यजमान थे। पहले चाय-सत्तू खाया गया, रात को गरमागरम थुक्पा मिला।

अब हम तिङ्री के विशाल मैदान में थे, जो पहाड़ों से घिरा टापू-सा मालूम होता था, जिसमें दूर एक छोटी-सी पहाड़ी मैदान के भीतर दिखाई पड़ती है। उसी पहाड़ी का नाम है तिङ्री-समाधि-गिरि। आसपास के गाँव में भी सुमति के कितने ही यजमान थे, कपड़े की पतली-पतली चिरी बत्तियों के गंडे खतम नहीं हो सकते थे, क्योंकि बोधगया से लाए कपड़े के खतम हो जाने पर किसी कपड़े से बोधगया का गंडा बना लेते थे। वह अपने यजमानों के पास जाना चाहते थे। मैंने सोचा, यह तो हफ्ता-भर उधर ही लगा देंगे। मैंने उनसे कहा कि जिस गाँव में ठहरना हो, उसमें भले ही गंडे बाँट दो, मगर आसपास के गाँवों में मत जाओ, इसके लिए मैं तुम्हें ल्हासा पहुँचकर रुपये दे दूँगा। सुमति ने स्वीकार किया। दूसरे दिन हमने भरिया ढूँढ़ने की कोशिश की, लेकिन कोई न मिला। सवेरे ही चल दिये होते तो अच्छा था, लेकिन अब 10, 11 बजे की तेज धूप में चलना पड़ा रहा था। तिब्बत की धूप भी बहुत कड़ी मालूम होती है, यद्यपि थोड़े-से भी मोटे कपड़े से सिर को ढाँक लें, तो गर्मी खतम हो जाती है। आप 2 बजे सूरज की ओर मुँह करके चल रहे हैं,

ललाट धूप से जल रहा है, और पीछे का कन्धा बर्फ हो रहा है। फिर हमने पीठ पर अपनी-अपनी चीजें लादीं, डंडा हाथ में लिया, और चल पड़े। यद्यपि सुमति के परिचित तिङ्री में भी थे, लेकिन वह एक और यजमान से मिलना चाहते थे, इसलिए आदमी मिलने का बहाना कर शेकर विहार की ओर चलने के लिए कहा। तिब्बत की जमीन बहुत अधिक छोटे-बड़े जागीरदारों में बँटी है। इन जागीरों का बहुत ज्यादा हिस्सा मठों (विहारों) के हाथ में है। अपनी-अपनी जागीर में हरेक जागीरदार कुछ खेती खुद भी कराता है, जिसके लिए मजदूर बेगार में मिल जाते हैं। खेती का इन्तजाम देखने के लिए वहाँ कोई भिक्षु भेजा जाता है, जो जागीर के आदमियों के लिए राजा से कम नहीं होता। शेकर की खेती के मुखिया भिक्षु (नम्से) बड़े भद्र पुरुष थे। वह बहुत प्रेम से मिले, हालाँकि उस वक्त मेरा भेष ऐसा नहीं था कि उन्हें कुछ भी ख्याल करना चाहिए था। यहाँ एक अच्छा मन्दिर था; जिसमें कन्जुर (बुद्धवचन-अनुवाद) की हस्तलिखित 103 पोथियाँ रखी हुई थीं। मेरा आसन भी वहीं लगा। वे बड़े मोटे कागज पर अच्छे अक्षरों में लिखी हुई थीं। एक-एक पोथी 15-15 सेर से कम नहीं रही होगी। सुमति ने फिर आसपास अपने यजमानों के पास जाने के बारे में पूछा, मैं अब पुस्तकों के भीतर था, इसलिए मैंने उन्हें जाने के लिए कहा दिया। दूसरे दिन वह गए। मैंने समझा था, 2, 3 दिन लगेंगे, लेकिन वह उसी दिन दोपहर बाद चले आए। तिङ्री गाँव वहाँ से बहुत दूर नहीं था। हमने अपना-अपना सामान पीठ पर उठाया और भिक्षु नम्से से विदाई लेकर चल पड़े।

तिङ्री में भूतपूर्व जोङ्पोन् सुमति का परिचित था। जब उन्होंने जोङ्पोन् के घर चलने को कहा, तो मुझे बहुत डर लगा। मैंने और जगह ठहरने के लिए कहा, लेकिन मेरा साथी बोला—कोई हरज नहीं, वह तुम्हें नहीं पहचान सकेगा। बाहर के आँगन में जंजीर से बँधे कुत्तों ने हाँव-हाँव से स्वागत किया। हम भीतर के आँगन के जैसे ही पहुँचे, तैसे ही गृहपति स्वयं उठकर मुस्कराते हुए बोले—"ओ हो सोग्पो गेलोङ् (मंगोल भिक्षु) और यह लदापा (लद्दाखी) भी।" वह अपने हाथ से हमारे पीठ के बोझे को उतारकर जमीन पर रखने लगे। वहीं आँगन में आसन बिछा दिया गया और सूखा मांस-सत्तू और चाय तुरन्त हमारे सामने चली आई। अभी सूखा मांस खाने की तैयारी में मेरे काफी दिन लगने थे, लेकिन चाय पीने लगा। अब तक मैं अपने को खुनूपा (कनौरवाला) कहता था, लेकिन दो-तीन जगह लोगों को खुद लदापा कहते सुनकर मैंने भी अब अपने को लदापा कहने का निश्चय किया। गृहपति सुमति से रास्ते के बारे में पूछते रहे। उनकी चाम-कुशो (भद्र महिला) भी सुमति से परिचित थीं। दोनों ही हमारे स्वागत के लिए तैयार थे। मेरा डर जाता रहा। मैं समझता था कि वह अब भी जोङ्पोन् हैं, लेकिन जोङ्पोन् का पद छोड़े उन्हें काफी समय हो गया था और अब वह एक खासे व्यापारी थे। वह रहनेवाले तो ल्हाया के थे, लेकिन अब ज्यादातर यहीं तिङ्री में रहते थे। यहाँ वह एक अच्छे-

खासे अमीर की तरह रहते थे, लेकिन कितने ही महीने बाद मैंने जब ल्हासा में देखा, तो वे बहुत मामूली कपड़े में थे।

शाम के वक्त वर्तमान जोङ्पोन् (मजिस्ट्रेट) भी उस घर में आया—शाम के 5 बजे से ही तिब्बत में छङ् का समय हो जाता है। उसे चाँदी के प्याले में छङ् प्रदान की गई, लेकिन वह खड़े-ही-खड़े दो-एक प्याला पीकर चला गया। सूर्यास्त के समय गृहपति ने अपनी वीणा (एकतारा और वीणा के बीच का बाजा) उठाई और पत्नी को साथ लिये सुमति से कहा—अब तो मैं चला नृत्य-गोष्ठी में, और तुम नौकरों से जिस चीज की जरूरत हो, माँग लेना। अमीरों के घरों में शाम के वक्त पान और नृत्य-गान खूब चलता है। वहाँ अमीरजादियाँ और बड़े-बड़े घरों की औरतें भी खुलेआम नाचने में कोई लज्जा नहीं करतीं। राम को हम लोगों के सोने का इंतिजाम रसोईघर में हुआ। तिब्बत में लकड़ी जलाने के लिए बहुत कम मिलती है, इसलिए लेंड़ी और उपले ईधन का काम देते हैं। रास्ते चलते भी आदमी को आग जलाने के लिए भाथी की जरूरत पड़ती है, तो रसोईघर की बात ही क्या। चूँकि सभी भाइयों की एक ही पत्नी होती है और लड़कियों की संख्या लड़कों से कम नहीं, इसलिए बहुत-सी स्त्रियों को आजन्म कुँआरी रह जाना पड़ता है। स्त्रियाँ ज्यादातर बाल कटाकर साधुनी हो जाती हैं। कोई भिक्षुणियों के मठ में रहने चली जाती है, तो कितनी ही माँ-बाप के घर में रहती हैं और कुछ गरीब घरों की लड़कियाँ किसी अमीर के यहाँ परिचारिका का काम करती हैं। उस घर में तीन परिचारिकाएँ थीं। एक दस-ग्यारह साल की छोटी लड़की, एक षोडशी और तीसरी थी साधुनी रसोइया। साधुनी को अनी कहा जाता है, यह मैं कह आया हूँ। अनी की उमर 30,35 की होगी। उसका मुँह और हाथ बिलकुल कोयले जैसा काला था। काले मुँह के भीतर से लाल किनारीवाली सफेद-काली आँखें डरावनी-सी मालूम होती थीं। सचमुच ही हमारे यहाँ का कोई लड़का जो उसे रात को देखता, तो जरूर डर के मारे उसे बुखार आ जाता। वर्षों से उसने स्नान ही नहीं छोड़ दिया था, बल्कि मैल, कालिख, जो कुछ भी हाथ में आता वह उसे बदन पर लपेटती जा रही थी। मक्खन तेल की भी, मालूम होता है, पालिश कर लेती थी, इसीलिए काले मुँह में भी एक तरह की चमक थी। कभी ख्याल आता था, कि वह इन्हीं गन्दे हाथों से खाना पकाती होगी, लेकिन जब कलछी से थुक्पा निकालकर उसने मेरे प्याले में डाला, तो पीते वक्त मुझे कोई उबकाहट नहीं आई। काफी रात गए गृहपति बाजा किन-किन करते लौटे और हल्की-सी शराबी की आवाज में सुमति से खाने-पीने के बारे में पूछकर सोने चले गए। हम बहुत रात तक थुक्पा पीना समाप्त कर सके। मैं सोने की जगह का ख्याल कर रहा था। मालूम हुआ कि इसी रसोईघर में सोना है। खैर इस वक्त अब चूल्हा जलनेवाला नहीं था, इसलिए धुएँ का डर नहीं था। दीवार के सहारे चबूतरे-से बने थे। मैंने आसन लगाया, मेरे सिरहाने हम दोनों के

सिर को इकट्ठा रखते हुए सुमति ने आसन लगाया। षोड्शी का आसन उनके पैरों के पास था। मेरे पैरों के पास छोटी लड़की ने बिस्तरा लगा दिया। काली माई ने भी एक कोने में अपना बिछौना डाल दिया। यद्यपि यह गर्मी का वह महीना था, जब कि आदमी भारत में दिन-रात पसीने-पसीने रहा करता है, लेकिन तेरह हजार फीट ऊँची जगह में गर्मी का क्या पता होगा? वहाँ तो माघ-पूस का सख्त जाड़ा था, लेकिन अब मैं जाड़े से अभ्यस्त होता जा रहा था, इसलिए मुझे वह उतना मालूम नहीं होता था। चिराग टिमटिमा रहा था, तभी सबने अपना-अपना कपड़ा उतारा। हाँ, इतना जरूर था, कि उन्होंने कपड़े को अलग करके दिगम्बरी का रूप धारण नहीं किया। सोने के पहले तिब्बत के बौद्ध स्त्री-पुरुष कुछ प्रार्थना वाक्य बोलकर अपने ही सिरहाने की ओर मुँह करके बुद्ध और गुरु को दंडवत् करते हैं। सुमति ने भी किया; षोडशी ने भी और शायद बाकी दो ने भी। मैंने दंडवत् नहीं किया, यद्यपि यह उचित नहीं था। डुक्पालामा के यहाँ अपने को सिंहलवाले धर्म का कहकर मैं बच सकता था, लेकिन यहाँ कोई बहाना नहीं हो सकता था। वस्तुत: मैं स्वाभाविक अभिनेता नहीं हूँ, इसीलिए अपने पार्ट को पूरी तरह से अदा नहीं कर पाता था।

मैंने तो सोचा था कि जहाँ इतना स्वागत हुआ है, सुमति इतनी जल्दी चलने के लिए तैयार नहीं होंगे, लेकिन तड़के ही उन्होंने सूचित किया—हमें चलना है। गृहपति ने हमें कुछ खाने-पीने की चीजें दीं और हम चाय पीकर तिङ्री से रवाना हुए। थोड़ी ही दूर चलने पर मैदान छूट गया और हम दाहिनी ओर के पहाड़ के साथ-साथ चलने लगे। जमीन बहुत कुछ समतल थी। पहले दिन जैसा कन्धा कट तो नहीं रहा था, लेकिन मैं आराम से नहीं चल रहा था। मेरा बोझा आमदनी-खर्च मिलाकर बराबर हो गया था। कई मील चलने के बाद हम एक गाँव में पहुँचे। अभी दोपहर थी, हम लोग चाय पीने के लिए एक घर में चले गए। चाय बनी, सत्तू खाया और घर की औरतों से तीर्थों की बात छिड़ गई। मैं भी चाहता था, कि सुमति बात में खूब लग जाएँ, क्योंकि थकावट के मारे अब मैं और आगे चलना नहीं चाहता था। सुमति सचमुच ही बात में फँस गए और जब 3, 4 बजने का वक्त आया तो फिर चलने के लिए बोले; लेकिन तिब्बत के गाँव 5-5, 7-7 मील से कहीं कम दूरी पर नहीं होते। मैंने देर होने की बात कहकर आज वहीं रहने के लिए कहा, तो सुमति भी मान गए। हमने समझा था, कि जिस घर में हमने चाय पी है, वहीं एक कोने में सोने की जगह भी मिल जाएगी। लेकिन मालूम होता है, शाम को खेतों और भेड़-बकरियों में से घर के और प्रभावशाली व्यक्ति आ गए थे, इसलिए दिन का परिचय कोई काम नहीं आया और हमें दूसरी जगह जाने के लिए कहा गया। डम्बा छोटा-सा गाँव था। जब हम जाने में हिचकिचा रहे थे, तो आदमी ने गाँव के भीतर की धर्मशाला के बारे में बतला दिया। धर्मशाला क्या, दो छोटी-छोटी कोठरियाँ थीं, जिनमें एक में किसी ने भुस भर रखा था, दूसरी कोठरी में

हम लोगों ने अपना आसन लगाया। लेकिन सुमति बहुत घबराये हुए थे। मैं समझाने की कोशिश करने लगा तो बोले—"तुम्हें मालूम नहीं, इस गाँव में सारे कुमा बसते हैं। (कुमा चोर और डाकू दोनों के लिए कहा जाता है)। उन्होंने इसलिए हमें बाहर निकाल दिया कि रात को मारकर जो कुछ मिले छीन लें।" मैंने कहा—"हमारे पास क्या है; जो वे छीन लेंगे (मेरे पास डेढ़ सौ से ऊपर के नोट कहीं बँधे हुए थे)?" सुमति ने जवाब दिया—"पहले तो वे अपनी लम्बी तलवार से दो टूक कर देंगे, फिर सत्तू-वत्तू जो कुछ मिलेगा, उसे ले जाएँगे। यहाँ खून होने पर कोई गवाह नहीं मिल सकेगा, इसीलिए हमें यहाँ भेज दिया है!" किसी तरह उनको शान्त न होता देख मैंने कहा कि—"जाइए, ठहरने के लिए किसी का घर ढूँढ़ आइए।" वह एक गरीब बुढ़िया से बात ठीक कर आए और अँधेरा हो रहा था, जब हम अपना सामान लेकर बुढ़िया के घर में चले गए। तिङ्री से चलने के बाद मैं अब निर्भय हो गया था, मुझे अपने लद्दाखी होने पर पूरा विश्वास था। बुढ़िया के घर में बीच में कंडे की अँगीठी पर चाय पक रही थी। उसके किनारे बुढ़िया और दो आदमी और बैठे हुए थे। हम भी जाकर आग के किनारे बैठ गए। उन्होंने सुमति से यात्रा के बारे में कुछ पूछा, ङम्बा के सामने चिबरी का अत्यन्त पवित्र पहाड़ था, जिसकी परिक्रमा में 108 मन्दिर बतलाए जाते हैं। चित्रकूट के कामतानाथ से भी ज्यादा पवित्र इस पहाड़ को तिब्बती श्रद्धालु भगत मानते हैं। आजकल यात्रा का समय था। दूर-दूर के यात्री परिक्रमा के लिए आए हुए थे। बहुत-से उग्र भक्त तो अपने शरीर से नापते हुए परिक्रमा करते हैं। मुझे ख्याल नहीं, बुढ़िया के पास बैठे दोनों ढावा (साधु) दंडवत् करते हुए परिक्रमा कर रहे थे, या साधारण। उन्होंने चिबरी का थोड़ा-सा महातम कहा और यह भी कि अब की साल यात्री ज्यादा आए हैं। सुमति ने कहना शुरू किया, तब तो हमें भी परिक्रमा करने के लिए चलना चाहिए। लप्ची की तरह मामला कहीं और आगे न बढ़ जाय, इसलिए मैंने एक साङ् (तीन-चार आना) पैसा ढावा के सामने रखकर हाथ जोड़कर कहा—"हमारी ओर से भी आप चिबरी धाम को प्रणाम कर देंगे और यह पैसा वहाँ चढ़ा देंगे। हम दोनों को जल्दी ल्हासा पहुँचना है, इसलिए अबकी बार परिक्रमा नहीं कर सकते, दूसरी बार जरूर आएँगे।" सुमति को पसन्द तो नहीं आया होगा, लेकिन उन्होंने बात और आगे नहीं बढ़ाई।

सवेरे फिर हम पीठ पर सामान लिये चल पड़े। अगला गाँव मेमो था। यह ङम्बा से बड़ा गाँव था। यहाँ भी सुमति को अपने यजमानों के पास जाना था। पहले एक गरीब के घर में अपना सामान और हमें छोड़कर सुमति देखने चले गए, फिर आकर साथ चलने के लिए कहा। एक लड़का आगे-आगे चल रहा था, फिर सुमति और सबसे पीछे मैं। एक फाटक आया। फाटक के भीतर लम्बी जंजीर से कुत्ता बँधा हुआ था, हमें देखते ही वह जोर-जोर से भूँकने लगा और जंजीर को झटका देने लगा। जरा ही देर में जंजीर टूट गई, कुत्ता हमारी ओर लपका। मैं सबसे पीछे

था, लेकिन भागने में सबसे पहले। मैं भागकर फिर उसी घर में चला आया। सुमति डंडा हिलाते हुए भागकर सीढ़ी के पास चले गए, घरवालों ने आकर बचाया, फिर वे हमें भी लिवा ले गए। सुमति बहुत भर्त्सना कर रहे थे—"तुम कुत्तों से इतना क्यों डरते हो? कुत्तों का जितना बड़ा शरीर होता है, उतना बड़ा दिल नहीं होता।" लेकिन मैं दिल की परीक्षा करने के लिए तैयार नहीं था, मेरे लिए अपने दिल की परीक्षा ही काफी थी। कोठा क्या, एक लम्बा-चौड़ा खम्भों पर खड़ी छत के नीचे हॉल-सा था, जिसमें एक दर्जन के करीब परिवार रहते थे। आरम्भिक युग में जब मनुष्य की जीविका और घर सम्मिलित हुआ करते थे, उस वक्त शायद वे ऐसे ही घरों में रहा करते होंगे। घरवाले खाते-पीते किसान मालूम होते थे। सुमति को मालूम था कि मट्ठा मुझे चाय से भी ज्यादा प्रिय है। मैंने पेट-भर के मट्ठा पिया। सुमति ने बोधगया का प्रसाद बाँटा। घरवालों ने हमें दस सेर सत्तू भेंट किया। चलने लगे तो सुमति ने कहा, इसे अपनी पीठ पर रख लो। मैं उतने ही बोझ से मर रहा था, और वहाँ उसमें एक सेर भी बढ़ाने को तैयार नहीं था। सुमति का भी बोझा काफी था, इसलिए सत्तू लेने से इनकार करना पड़ा। सुमति क्षुब्ध जरूर हुए।

वहाँ से चलकर हम चकोर गाँव में पहुँचे। गाँव के पहले ही चीनी सैनिकों की चौकी के खँडहर मिले, फिर एक पहाड़ के ऊपर किसी पुराने महल की दीवारें खड़ी दिखाई पड़ीं। अकबर और जहाँगीर के समय तिब्बत में हर दो-दो, चार-चार गाँव के स्वतंत्र राजा शासन किया करते थे, उस वक्त ऐसे राजमहल जगह-जगह पहाड़ों पर मौजूद थे। 1642 ई. के आसपास मंगोलों ने इन छोटे-छोटे राजाओं को खतम करके सारे तिब्बत को जीतकर दलाई लामा को भेंट कर दिया, तब से तिब्बत पर दलाई लामा उपाधिधारी महन्त-राजाओं का शासन शुरू हुआ। प्रथम शासक पाँचवें दलाई लामा थे और इस समय तेरहवें दलाई लामा राज कर रहे थे। दलाई लामा की गद्दी का उत्तराधिकारी चेला नहीं होता। मरने पर वह कहीं अवतार लेते हैं, और ज्योतिषी, ओझा आदि मिलकर अवतार को ढूँढ़ निकालते हैं, फिर वही बच्चा दलाई लामा बनकर गद्दी पर बैठता है।

चकोर गाँव में हम काफी दिन रहते पहुँच गए थे। सुमति के यजमान एक गरीब घरवाले थे। चकोर किसी समय एक छोटी राजधानी थी, उस वक्त बस्ती ज्यादा बड़ी थी, लेकिन अब कुछ थोड़े-से घर रह गए थे, जिनको देखने ही से मालूम हो जाता था, कि गाँव श्रीहीन है। अब भी खेत के लायक बहुत-सी जमीन पड़ी हुई थी और कितने ही पुराने आबाद खेत अब परती पड़े थे। सब भाइयों की एक ही शादी होने से तिब्बत में जनसंख्या बढ़ नहीं सकती। आज पाँच भाइयों की एक स्त्री है, मान लो उनके तेरह लड़के हुए, तेरहों की फिर एक ही स्त्री होगी। तीसरी पीढ़ी में शायद उस घर में एक ही लड़का रहे। किसी घर में यदि लड़का नहीं है लड़की है, तो घर-जमाई लाकर वंश आबाद रह जाए। इसीलिए घरों की संख्या कम होने की

ही आशा की जा सकती है। तिब्बत में एक पीढ़ी ने जितने खेत आबाद कर लिये, अब वे बीसियों पीढ़ी के लिए काफी हैं, क्योंकि खेतों को भाइयों में बँटना नहीं है। चकोर के पास की दूर तक फैली खेती लायक जमीन वर्तमान जनसंख्या के रहते आबाद नहीं हो सकती। पास ही में कोसी की एक बड़ी धार बहती है, जिससे नहर निकालकर जितना चाहें, पानी लाया जा सकता है। पहाड़, वृक्ष-वनस्पति शून्य हैं, इसलिए उनकी मिट्टी से खाद मिलने की सम्भावना नहीं है, लेकिन खाद की पूर्ति गोबर और मींगनी से हो सकती है।

उस दिन वर्षा होने लगी, जिससे हमारा आगे जाना भी रुक गया। किसी समय तिब्बती लोग अनगढ़ पत्थरों से बड़ी सुन्दर दीवारें बनाते थे। चार-चार सौ पाँच-पाँच सौ बरस पुरानी दीवारें अब भी जहाँ-तहाँ खड़ी मिलती हैं, लेकिन अब उस तरह की जुड़ाई नहीं दिखाई पड़ती। अब तो पत्थरों की जगह मिट्टी की दीवारें ज्यादा बनती हैं, छत भी मिट्टी की होती है, लकड़ी की कमी के कारण उसे कम-से-कम इस्तेमाल करना चाहते हैं। वर्षा बहुत कम होती है, इसलिए चार अंगुल मोटी मिट्टी बहुत काफी समझी जाती है। छत जब कहीं चूने लगती है, तो उस पर मिट्टी डालकर पैर से दबा देते हैं। वह घर उस दिन चूने लगा था और हमें इधर-उधर हट के बैठना पड़ा। दस सेर सत्तू मैं छोड़ आया था, इसके लिए सुमति बहुत जल-भुन गए थे। वह यजमानिन से मेरी क्या-क्या शिकायतें करते रहे, मैं ज्यादा सुनना नहीं चाहता था। आखिर मैंने कसूर तो किया ही था।

दोनों कोठरियों के बाहर एक चौड़ा हाता था, जिसके दरवाजे के पास जंजीर से कुत्ता बँधा हुआ था। कल मैंने देख लिया था, कि कुत्तों की जंजीर पर भरोसा नहीं करना चाहिए, आज फिर वही हुआ। कुत्ता हम लोगों को देखकर झटका दे रहा था, सुमति आगे थे और मैं उनसे दस हाथ पीछे। जंजीर टूटी, सुमति पीछे की ओर भाग आए और मुझे डाँटने लगे कि तुम साथ-साथ क्यों नहीं रहते। खैर, मालकिन ने कुत्ते को पकड़कर रखा और हम लोग फाटक से बाहर निकल गए। यहाँ से सक्या के लिए भी एक रास्ता जाता था, लेकिन हमने शेकर का रास्ता लिया था। कुछ दूर जाने पर कोसी की प्रधान धार मिली। जाँघ-भर पानी था, और चल कर ही उतरना था। धार बहुत ज्यादा तेज नहीं थी, लेकिन पानी तो बर्फ से पिघलकर आ रहा था, उसकी सर्दी के बारे में क्या कहना? हमने अपना जूता और दूसरा कपड़ा भी उठाकर पीठ पर डाल दिया। सुमति बहुत छोटे थे, इसलिए उन्हें कमर तक नंगे होकर चलना था। ऐसी जगहों में तिब्बती नर-नारी बहुत बेतकल्लुफी बरतते हैं। धार काफी चौड़ी थी, आधी दूर जाते-जाते तो मेरी जाँघ सुन्न मालूम होने लगी। खैर, किसी तरह नदी पार हुए। फिर कभी चलते, कभी बैठते हम आगे बढ़ने लगे। चार-पाँच मील जाते-जाते मैं बहुत थक गया, पीठ पर बोझ लेकर एक कदम भी चलना मुश्किल मालूम होने लगा। इसी समय लङ्कोर के चार-पाँच आदमी मिले,

वे भी शेकर जा रहे थे। सुमति ने बड़ी प्रार्थना की, और मजूरी देने के लिए कहा। फिर एक आदमी ने मेरे सामान को उठा लिया, और फिर पहाड़ियों से जहाँ-तहाँ उतरते हम शेकर पहुँचे। इतनी कमजोरी का मुख्य कारण था, सत्तू-भोजन, जिसे मैं आधा पेट भी नहीं खा सकता था।

शेकर के पास की पहाड़ी पर एक बड़ी गुम्बा (मठ) है, जिसमें कई सौ भिक्षु रहते हैं। ठहरे तो हम पहाड़ के नीचे गाँव में थे, लेकिन सुमति के गुम्बा में परिचित भिक्षु थे, इसलिए मैं भी उनके साथ वहाँ गया। प्रधान अधिकारी—खन्पो (पंडित)—ल्हासा के किसी मठ के थे और अच्छे साक्षर संस्कृत थे। मैंने उनसे बातचीत की। वह बहुत खुश हुए। हमने कोशिश की, कि कोई आदमी या घोड़ा किराये पर मिल जाय तो अच्छा, लेकिन वहाँ से कोई जानेवाला नहीं था। ट्शील्हुन्पो के दो सौदागर-भिक्षु माल ले करके जा रहे थे, उनमें एक खन्पो का सम्बन्धी था। शायद उन्होंने उससे हमारे बारे में कह दिया, लेकिन हम समय पर उनके साथ नहीं हो सके। लङ्कोर के आदमियों में एक नौजवान ढावा (भिक्षु) भी था। सुमति ने उसको ल्हासा, सम्-ये आदि महातीर्थों के दर्शन कराने का प्रलोभन दिया, और वह नौजवान चलने के लिए तैयार हो गया।

दो-तीन बजे हम शेकर से रवाना हुए। खाली हाथ होने से चलने में लुत्फ आ रहा था, सुमति का भी बोझा हल्का था। उनका एक यजमान आगे चार-पाँच मील पर रहता था। हम दो घंटा दिन रहते ही वहाँ पहुँच गए। यह किसी अच्छे गृहस्थ का घर था। मकान भी बहुत बड़ा और कोठेवाला था। चारों कोनों पर रीछ की तरह लम्बे-लम्बे, काले-काले बालोंवाले चार बड़े-बड़े कुत्ते बँधे हुए थे। उनकी गले की रस्सी इतनी बड़ी थी, कि बाहर की दीवार का कोई हिस्सा किसी-न-किसी कुत्ते की पहुँच के भीतर था। पाँचवाँ कुत्ता छूटा हुआ था। हम तीनों को देखते ही वह हमारी तरफ दौड़ा, लेकिन तीन आदमी होने के कारण मुझे डर नहीं लगा। घर के नौकर ने कुत्ते को भगाया और हम लोग फाटक के भीतर दाखिल हुए। रात के वक्त कुत्तों के छोड़ देने पर किसकी मजाल है, जो उस घर के पास फटक पावे। बस्ती से अलग अपना घर बना के रहने की हिम्मत शायद इन कुत्तों के बल पर हुई होगी। डाकुओं का डर तो यहाँ बराबर बना रहता होगा, लेकिन इसके लिए मालिक के पास बन्दूकें भी थीं।

हम हाते के भीतर, फाटक के पास की कोठरी में अपना सामान उतारने लगे, उसी वक्त हमारे साथ आया ढावा आठ बरस के बच्चे की तरह फूट-फूटकर रोने लगा। कह रहा था—"मेरी एक ही माँ है, वह रो-रो के मर जाएगी, मुझे लौट जाने दो।" सुमति उसे घुड़क रहे थे और उधर नौजवान की हिचकी बँधती जा रही थी। मैंने कहा, जाने दो। खैर, उसको जाने की छुट्टी मिल गई। गृहपति हमें ऊपर के कोठे पर ले गए। शायद बातचीत करने में घंटा भर बीत गया। चाय तैयार होके आई

और सुमति ने अपने बोझे में से सत्तू निकालना चाहा। देखा सात सेर की थैली गायब है। वह ढावा को गाली देने लगे, कि वही सत्तू चुरा के ले गया। चाय छोड़कर वह डंडा सँभालने लगे। मैंने पूछा—"कहाँ जा रहे हो?"

"जा कहाँ रहा हूँ? सत्तू ले आना है।"

मैं उन्हें जितना ही ठंडे दिल से न जाने के लिए समझा रहा था, उतनी ही मेरी बात उनका क्रोधाग्नि में घी का काम दे रही थी। अन्त में गृहपति ने सात-आठ सेर सत्तू ले आकर सामने रख दिया और कहा—वह ढावा शेकर पहुँच गया होगा, वहाँ जाते-जाते रात हो जाएगी। सुमति को गुस्सा इसलिए ज्यादा आ रहा था कि मैंने मेमों में दस सेर सत्तू छोड़ दिया और अब इस सत्तू को भी चुपचाप जाने देने के लिए कह रहा था।

शेकर से खन्पो ने रास्ते के किसी गाँव के गोवा (मुखिया) को आदमी देने के लिए चिट्ठी दी थी, लेकिन ऐसी चिट्ठियों की गाँववाले बहुत कम परवाह करते हैं। आखिर ये चलते रास्ते हैं, आदमी आते-जाते ही रहते हैं, जो वे ऐसी हर फरमाइश को पूरा करते जाएँ, तो गाँववालों को अपना सब काम छोड़ना पड़े। तिब्बत में यात्रियों के लिए यात्रा का तभी सुभीता होता है, जब कि पेशेवर घोड़े-खच्चरवालों से दूर-दूर तक का किराया ठीक हो जाय, या बेगार पाने के लिए सरकारी चिट्ठी हो। तीसरा यही रास्ता हो सकता है, कि आदमी को समय की परवाह न हो और वह इन्तजार में हफ्ते-दो-हफ्ते पड़ा रह सके। मेरे पास तीनों में से किसी का भी सुभीता नहीं था। चिट्ठीवाले गाँव में शायद हमें घर के अन्दर बैठने के लिए भी जगह नहीं मिली और हम किसी दूसरे घर में रहे। हमें अगले गाँव में किसी का नाम मालूम हो गया, उसके पास गए। एक छोटी-सी कोठरी में दो तरुण-तरुणी रहते थे। दोनों पूरी मेहनत करते थे, लेकिन हालत अच्छी नहीं थी। तरुण पहले सिपाही था। उसके बड़े भाई और घर की स्त्री भी मौजूद थी, लेकिन उसका किसी दूसरी तरुणी से प्रेम हो गया। अविवाहिता तरुणी से प्रेम होना बहुत बुरी चीज नहीं है, लेकिन तरुण ने उसे प्रेयसी बनाना चाहा। फिर घर की पत्नी कैसे बरदाश्त करती, उसने उसे निकाल बाहर किया। घर की सम्पत्ति बँट सकती ही नहीं। उसने अपनी सम्मिलित पत्नी के पाँव पर सिर नहीं रखा। बड़ी मेहनत से दोनों ने मिलकर एक छोटी-सी कोठरी बनाई। जूता बनाते थे, कभी किसी की मजूरी कर लेते थे, बस इसी तरह काम चलाते थे। मेरे लिए घोड़ा ढूँढ़ देने के वास्ते उसने दूर-दूर तक चक्कर लगाया, लेकिन कोई फल नहीं हुआ। पता लगा कि शेकर से माल लेकर कुछ गदहे ब्रह्मपुत्र की ओर जा रहे हैं, हमने उन्हीं की आशा लगाई। गधेवाले ने तीन-चार साङ् (दस-बारह आना पैसा) में हमारे सामान को ल्हर्चे तक ले चलने के लिए स्वीकार किया। उसके साथ एक बड़ा कुत्ता था। मैं सत्तू खाते वक्त उसे खूब सत्तू खिलाया करता था। मैंने समझा, इसके साथ दोस्ती करने के सिवा कोई

चारा नहीं है। गधेवाले बहुत थोड़े चला करते हैं, सो भी रात को ही ज्यादातर। शायद गधेवाले तीन थे और तीन ही व्यापारी थे, जिनमें एक शेकर के खन्पो का भतीजा था। इस प्रकार हमारी संख्या आठ के करीब थी। गधों की संख्या काफी थी, सामान में ज्यादातर चमड़े की थैली में बँधा नेपाल का चावल था। एक बहुत बड़ा डाँड़ा हमें पार करना पड़ा, कह नहीं सकते वहाँ से ब्रह्मपुत्र दिखलाई पड़ा या नहीं। चन्द दिनों बाद हम ब्रह्मपुत्र के किनारे गधेवालों के गाँव में पहुँचे। सामान गाँव के बाहर रख दिया गया। हम दोनों पास में एक बुढ़िया की झोंपड़ी में चले गए। शायद यहाँ दो-एक दिन सुस्ताएँ। मैं एक बार ठहरने की जगह से, जहाँ सामान रखा था, वहाँ जा रहा था, आदमी भी वहाँ खड़े थे, लेकिन वही कुत्ता मुझे काटने दौड़ा, जिसको मैं रास्ते में सत्तू खिलाता आया। सुमति मेरे सामने बराबर लेक्चर दिया करते थे—"कुत्तों का दिल उतना बड़ा नहीं होता जितना शरीर।" आज वह छत्ता लेकर यजमानों के पास जाने के लिए निकले थे। बुढ़िया की कोठरी के बाहर छाती-भर ऊँची चहारदीवारी थी। चहारदीवारी के दरवाजे से दस कदम भी ज्यादा आगे नहीं बढ़े थे, कि चार-पाँच कुत्ते उनके ऊपर टूट पड़े। आवाज सुनते ही मैंने चहारदीवारी के पास जाकर देखा कि सुमति की जान खतरे में है, मैंने पत्थर उठाकर कुत्तों को मारना शुरू किया। इन खूँख्वार तिब्बती कुत्तों में बड़ी बेवकूफी यह है, कि यदि आप पत्थर फेंकें, तो पत्थर जितनी दूर तक लुढ़कता जाएगा वे भी उतनी ही दूर तक पीछा करते जाएँगे। खैर, सुमति भीतर चले आए। मैंने पूछा—"कुत्तों का दिल छोटा होता है या बड़ा?" बेचारे घबराये हुए थे।

अब हमें ब्रह्मपुत्र के दाहिने किनारे से चलकर ल्हर्चे पहुँचना था, लेकिन वह बहुत दूर नहीं था। खन्पो के भतीजे ने कहा, कि ल्हर्चे में हमारा माल ब्रह्मपुत्र के किनारे गिर जाएगा। फिर वहाँ चमड़े की नाव जैसे ही मिलेगी, हम उस पर चढ़कर टशील्हुन्पो पहुँच जाएँगे। सुमति की सलाह थी कि हम ल्हर्चे की गुम्बा में ठहरें, लेकिन मैंने गुम्बा में ठहरने की जगह सौदागरों के साथ नदी के किनारे ठहरना ज्यादा पसन्द किया। सुमति नाव से जाना भी नहीं चाहते थे।

अब चमड़े की नाव कल आएगी, परसों आएगी करते मैं नदी के किनारे सौदागरों का माल अगोरने लगा, और सुमित अपने यजमानों के पास घूमने में लगे। अब तक जितनी दूर मैं आया था, उसमें ञेनम्, तिङरी, शेकर के बाद यह चौथा जोङ् (मजिस्ट्रेट का स्थान) था। यहाँ खाने के लिए चाय बना लेते थे, और सत्तू पास में मौजूद ही था। सौदागरों में एक ल्हासा का गृहस्थ नौजवान था और दो ढावा (भिक्षु) थे। सौदागर ढावों में मीठे स्वभाववाला शायद ही कोई मिले। खाओ-पियो मौज करो, चाहे जैसे भी हो, यही उनके जीवन का उद्‌देश्य होता है। वे छङ् शराब खूब पीते हैं, लेकिन तिब्बत में ये चीजें इतनी सस्ती हैं, कि इनके पीने से कोई दिवालिया नहीं होता। औरतें तो पड़ाव-पड़ाव पर होती हैं। हमारे दो

ढावों में खन्पो का भतीजा अच्छा था, लेकिन दूसरा तो निरा जानवर था। ठिलिया की ठिलिया छङ् कोई तरुणी उसके पास लाती, और वह खूब पीता। बड़ा ढावा तो अक्सर गाँव में सोने जाता था। वहाँ स्त्री-पुरुष का सम्बन्ध कितना सरल है, इसे मैंने यहीं घाट पर देखा। एक षोडशी नदी पर कपड़ा धोने आई थी। हमारे साथी ढावा ने जाके दस-पाँच मिनट मजाक किया और फिर देखा कि दोनों तम्बू के भीतर आकर प्रणय पूर्ण कर रहे हैं—वर्षा से बचाने के लिए सामान पर उन्होंने तम्बू तान दिया था। जोङ्पोन् के महल में शायद कोई मकान बन रहा था। बेगार में औरत-मर्द पत्थर ढो-ढो-के ले जा रहे थे। बीच-बीच में वे गाते भी रहते थे। उनमें ज्यादातर नौजवान और नवयुवतियाँ थीं। मजाक-मजाक में मैं देखता था कि वे कपड़ों को छीनकर औरतों को नंगा कर देते थे। ये गर्मी के दिन थे और जिसको नहाना हो वह साल-भर में इन्हीं दिनों नहा सकता था। मैं देख रहा था कि कितने ही स्त्री-पुरुष नंगे नहा रहे हैं। पानी बहुत ठंडा था लेकिन मैं उन्हें कूद-कूदकर दो-दो सौ गज तक बहते देखता था औरतों के सामने पुरुषों का नंगे होकर बालों का पानी निचोड़ना या शरीर सुखाना बिलकुल मामूली बात थी। इन बातों को सुनकर पाठक समझेंगे, कि तिब्बती लोग बहुत कामुक होंगे। इसके बारे में मैं इतना ही कह सकता हूँ, कि कामुकता से जो अर्थ हम लेते हैं, उसमें वे हिन्दुस्तानियों के शतांश भी नहीं हैं। बात इतनी ही है कि वहाँ स्त्री-पुरुष का सम्बन्ध बहुत कुछ खुला-सा है और इसको खान-पान से बहुत थोड़ा ही अधिक महत्त्व दिया जाता है।

ल्हर्चे से टशील्हुन्पो या शिगर्चे चमड़े की नाव से दो दिन में पहुँचा जा सकता है। नाव पानी के बहाव के साथ नीचे तो जा सकती है, किन्तु ऊपर नहीं आ सकती। ब्रह्मपुत्र की कछार में यहाँ कुछ जंगली झाड़ भी उगते हैं। इन्हीं की डालियों को काटकर रस्सी से बाँधकर एक चौकोर-सा ढाँचा बनाया जाता है, जिस पर भिगाए चमड़े को लपेट दिया जाता है। यही चमड़े की नाव है। बहाव के साथ गन्तव्य स्थान पर पहुँचकर चमड़े को निकाल लिया जाता है और सुखा के गदहे या पीठ पर लादे मल्लाह फिर पहली जगह पर पहुँच जाता है। ल्हासा की तरह मैंने कही-कहीं नाव को सुखाकर आदमी को पीठ पर लादे लौटते देखा था।

एक युग बीत गया इंतजार करते-करते। आखिर नावें आईं, लकड़ी काटी जाने लगी। दूसरे दिन चलना था, उससे एक दिन पहले मैंने पूरी भेड़ का सूखा मांस खरीदा। सूखा मांस पकाया नहीं रहता, लेकिन तिब्बत में उसे पका समझकर ही खाया जाता है। मैं अभी वैसा समझने के लिए तैयार नहीं था। मैंने सोचा कि दो दिन की नाव की यात्रा होगी, इसलिए मांस को उबालकर रख लिया जाय। छोटे-छोटे टुकड़े करके उसे उबाला। उबले टुकड़ों को थैली में रखा, बड़ा ढावा बैठा-बैठा देख रहा था। मांस का रस चार-पाँच प्याला था, मैंने उसके प्याले में भी डाला और अपने में भी रखा। मैं नहीं समझ रहा था, कि मैं कोई खतरे की बात कर रहा हूँ। उसने

मांस-रस पीने से इनकार कर दिया। इनकार ही नहीं कर दिया, बल्की उसकी चेष्टा से मैंने देखा कि वह बहुत गुस्सा हो गया। मांस को मैंने इसीलिए अभी खर्च करना नहीं चाहा था, कि मैं उसे पाथेय बना रहा था। मैंने स्वयं उसमें से एक टुकड़ा भी न खाया, फिर उसे गुस्सा होने की क्या जरूरत थी? लेकिन देश के शिष्टाचार में तर्क-वितर्क की गुंजाइश नहीं होती, और हरेक नवागन्तुक को शिष्टाचार सीखते वक्त कितनी ठोकरें खानी पड़ती हैं—यद्यपि यह अच्छा है, नवागन्तुक सिर्फ दूसरों के किये की नकल-भर करता रहे। दूसरे दिन नाव बँधकर तैयार हो गई, सामान लदने लगा, देवताओं की लाल-पीली झंडियाँ भी नाव के लिए आ गईं। बड़े ढावा ने एकाएक कहा कि नाव में जगह नहीं है। मैं समझ नहीं पा रहा था। आखिर दो हफ्ते से मैं वहाँ उनकी चीजों की रखवाली कर रहा था, इसी आशा से कि साथ में शिगर्चे जाऊँगा। छोटा ढावा उसके सामने कुछ बोल नहीं सकता था। दो-तीन बार कहने के बाद मुझे मालूम हो गया कि वह साथ नहीं ले जाएगा। सुमति मुझे विदाई देने के लिए आए थे, मैंने उनसे सारी बात कही और अपना सामान उठाए गुम्बा (मठ) में चला गया। घंटा-दो घंटा बाद छोटा ढावा और ल्हासावाला सौदागर दोनों मेरे पास आए और चलने के लिए कहने लगे। मैंने कहा, सुमति को भी साथ ले चलो तो चलूँगा। वह अकेले चलने के लिए बहुत आग्रह करते रहे, लेकिन मैं राजी नहीं हुआ। ब्रह्मपुत्र में नौयात्रा का आनन्द नहीं मिला।

ल्हर्चे लद्दाख और नेपाल दोनों के वणिक-पथ पर एक अच्छी-खासी बस्ती है। कुछ छोटी-छोटी दुकानें भी हैं, और यहाँ कुछ भोटिया मुसलमान भी रहते हैं। सौदागर तो आते ही रहते हैं, इसलिए खच्चर, घोड़ा या गधे का मिलना मुश्किल नहीं होता, लेकिन हमें उनके जल्दी मिलने की उमेद नहीं थी। सुमति पता लगाने गए, तो मालूम हुआ कि शिगर्चे जानेवाले कुछ खच्चर मौजूद हैं। हमने वहाँ तक के लिए खच्चर किराये पर किये। खच्चरवाले किसी सौदागर का माल ले जा रहे थे।

गधों से खच्चर तेज चलते हैं, लेकिन तिब्बत की घड़ी बहुत सुस्त होती है। लोग यात्रा में भी मौज-मेला करते चलते हैं। खच्चरवाले तीन थे, और खच्चर तीस के करीब। खैर, अब दूसरे की पीठ पर चलना था। इधर के गाँवों में मुर्गी का अंडा बहुत मिलता था। सत्तू का गले से नीचे उतारना मेरे लिए मुश्किल हो रहा था, इसलिए मैंने करीब-करीब फलाहार व्रत ले लिया। 20, 30 अंडे उबालकर सत्तूवाले थैले में रख लेता, और जब-जब भूख लगती, उसी को खाता। दिन में पचीस-तीस अंडे मामूली बात थी। सुमति वैसे तो बहुत ही अच्छे थे, लेकिन जब गुस्सा आता, तो बहुत गरम भी हो जाते थे, और मेरे ठंडे पड़ने से भी कोई फायदा नहीं होता था। गुस्सा होने की एक बड़ी बात तो यह थी, कि पड़ाव पर घोड़े से उतरकर जहाँ मैं कोठे पर पहुँचता, तो फिर नीचे आने या दरवाजे से बाहर जाने का नाम तक नहीं लेता था। अँधेरे में तिब्बतियों से डरता हूँ, यह बात नहीं थी, लेकिन कुत्तों के छोटे

दिल होते हैं, यह नहीं मानता था। कभी ईंधन लाना पड़ता था, कभी कोई दूसरा काम होता था, वह सब सुमति को करना पड़ता था। मैं चूल्हा जला सकता था, चाय या थुक्पा को उबाल सकता था, लेकिन इतने से सुमति सन्तुष्ट नहीं थे। कई दिन चलने के बाद हम नरथङ् पहुँचे। नरथङ् ग्यारहवीं शताब्दी का एक पुराना मठ है। यह उस वक्त बना था, जबकि हिन्दुस्तान में बौद्ध धर्म जिन्दा था। कंजुर (बुद्धवचन-अनुवाद) तंजुर (शास्त्र-अनुवाद) के 338 बड़े-बड़े पोथे जिनमें दस हजार के करीब भारतीय ग्रन्थों का तिब्बती अनुवाद सुरक्षित है, उसका छापाखाना यही है। लेकिन खच्चरवालों को तो सीधे शिगर्ची जाना था। कुछ घंटे बाद पहाड़ की जड़ में अनेक सोने की छतों और बड़े-बड़े महलोंवाले टशील्हुन्पो के सुन्दर महाविहार (गुम्बा) को सामने देखा, सबने सादर प्रमाण किया। मैंने भी सिर नवाया। टशील्हुन्पो गुम्बा से लगा ही हुआ शिगर्चे नगर है। जिस तरह दलाई लामा के बाद तिब्बत के सबसे ज्यादा प्रभावशाली व्यक्ति टशी लामा हैं, उसी तरह ल्हासा के बाद तिब्बत का सबसे बड़ा शहर शिगर्चे है। कई साल से टशी लामा भागकर चीन चले गए थे, इसलिए शिगर्ची का वैभव कुछ कम हो गया था, तो भी वहाँ जोङ् बहुत बड़ा जोङ् है और जोङ्पोन् बड़े ऊँचे दरजे के अफसर होते हैं। साथ ही टशील्हुन्पो की जागीर भी बहुत बड़ी है, इसलिए शिगर्चे बाजार उतना बिगड़ नहीं सका। शिगर्चे और टशील्हुन्पो के बीच में कच्चा चीनी किला है, जो बहुत कुछ गिर-पड़ गया है। शायद चीनी पलटन और अफसरों के रहते वक्त शिगर्चे और भी श्रीसम्पन्न रहा हो। शिगर्चे पहुँचकर फिर हमने सामान अपनी पीठ पर उठाया और सुमति के परिचित किसी घर में रात के रहने के लिए चले गए।

काठमांडो छोड़ने के बाद मालूम होने लगा, कि मैं अब फिर सभ्य संसार में आ गया हूँ। यहाँ काफी नेपालियों की दुकानें थीं। मैं यद्यपि तिब्बती पोशाक में था, लेकिन उनकी उपस्थिति से अपने को कुछ ज्यादा परिचित-सा अनुभव करने लगा। मैं जल्दी-से-जल्दी ल्हासा जाना चाहता था, क्योंकि वहाँ पहुँचे बिना मैं अपने को प्रकट नहीं कर सकता था। सुमति की बात सुनते-सुनते भी अब बहुत विरक्त-सा हो गया था, इसलिए मैं उनके साथ अब जाना नहीं चाहता था। दूसरे दिन पता लगाने से ललितपट्टन के एक साहु के भाई का नाम मालूम हुआ। साहु से मैं एक-दो बार महाबोधा में मिला था और उन्होंने कहा था कि मेरा एक भाई शिगर्चे में रहता है। रास्ते में किसी नेपाली से पूछने पर घर मालूम हो गया। मैं उनसे मिला। उन्होंने बड़े आग्रह से अपने यहाँ ठहरने के लिए कहा और मैं अपना सामान लेकर उनके पास चला आया। शिगर्चे के जोङ्पोन् से उनकी दोस्ती थी। उन्होंने जोङ्पोन् से मिलाने के लिए कहा, लेकिन मैं अभी मिलना नहीं चाहता था। मैंने यहाँ से आनन्द जी को हिन्दुस्तान छोड़ने के बाद सीलोन पहली चिट्ठी लिखी। ल्हासा के लिए सवारी ढूँढ़ी जाने लगी और वही खच्चरवाले फिर मिले। साहु के साथ मैं एक दिन टशील्हुन्पो

गुम्बा में दर्शन करने गया। पाँच-छह सौ बरस से जहाँ मन्दिरों को सजाया जाता रहा हो, वहाँ की मूर्तियों, चाँदी-सोने के बड़े-बड़े प्रदीपों की संख्या का क्या ठिकाना था। हम बहुत-से मन्दिरों में गए, पता लगा यहाँ कनौर के भी कितने भिक्षु रहते हैं, और रघुवर से मुलाकात हुई। रघुवर हिन्दी-उर्दू जानते थे, अब तीन-चार साल से वह बौद्धग्रन्थ पढ़ रहे थे। उनसे मालूम हुआ, कि ल्हासा के पास डेपुङ् गुम्बा में भी कनौर के कितने ही भिक्षु रहते हैं।

यह जुलाई का आरम्भ था। मैं फिर खच्चरों के साथ रवाना हुआ, लेकिन खच्चरवालों को कोई जल्दी नहीं थी। तिब्बत में डाक का प्रबन्ध हिन्दुस्तान से ग्यांची, ल्हासा और ग्यांची से शिगर्चे तक ही है, बाकी चिट्ठी-पत्री आदमियों के हाथ भेजी जाती है। हमारे खच्चरवाले डाकिया का भी काम करते थे। जहाँ चिट्ठी पहुँचाते, वहाँ खच्चरों के घास-भूसे और आदमियों के ठहरने का भी इन्तजाम हो जाता था। पहले दिन तो वे कुछ ही मील जाकर एक बड़े घर में ठहरे। शिगर्चे में साहुन खच्चरवालों को मुझे अच्छी तरह ले जाने के लिए बहुत कहा था, लेकिन, मैं समझता था कि ऐसी बातों का उन पर स्थायी असर नहीं होगा। यद्यपि भेस तो मेरा भिखमँगों का था, लेकिन चेहरे को मैं वैसा नहीं बना सकता था। गृहपति ने यहाँ मेरे ठहरने के लिए अच्छी जगह दी। आगे चलने पर हमारा टिकाव एक और धनी के घर पर हुआ। यहाँ उस समय लीला हो रही थी। भला हमारे साथी लीला का बिना पूरा आनन्द लिये कैसे आगे बढ़ सकते थे? बड़े अस्तबल में खच्चरों को बाँध दिया गया। हम रोज लीला देखने जाया करते थे। लीला करनेवाले नदी पार के किसी गुम्बा के भिक्षु थे। गाना, बजाना, नाचना सभी था। लीला लगवानेवाले भी हमारे वही मेजबान थे।

लीला खतम होने पर फिर हम आगे की ओर रवाना हुए। शिगर्चे से एक रास्ता सीधे भी ल्हासा को जाता है, लेकिन हम चक्कर काटकर ग्यांची के रास्ते से जा रहे थे। 7 जुलाई (1929) को हम ग्यांची पहुँचे। ग्यांची में अँगरेजी सरकार का एक व्यापारदूत (ट्रेड एजेंट) और 100 के करीब पलटन रहती, लेकिन मुझे उनसे क्या लेना-देना था? मुझे मालूम था कि वहाँ धर्मा साहु की दुकान है, लेकिन जब तक ल्हासा में दलाई लामा को अपने आने की सूचना न दे दूँ, तब तक किसी को मैं अपना पता देना नहीं चाहता था।

दूसरे दिन हम दिकी-ठोमो गाँव में रहे। डेरा तो बाहर खलिहान में पड़ा था, लेकिन एक दिन मैं भी अपने खच्चरवाले के साथ गृहपति के पास गया। यह खूब धनी घर था, यहाँ के काले कुत्ते बहुत ही बड़े-बड़े थे, छोटे-मोटे गधे के बराबर। उनकी हरताल जैसी पीली आँखें बड़ी भयंकर मालूम होती थीं। मैंने शायद अपने को लद्दाख का भिक्षु ही बताया होगा, चाय पी के फिर डेरे पर लौट आया। वर्षा का मौसम था, लेकिन तिब्बत में न उतनी ज्यादा वर्षा होती है, न लोग भीगने की

उतनी परवाह करते हैं। वहाँ से आगे चलते-चलते हम जाराला डाँडे से पहले ही ठहर गए। पानी बरस चुका था, और वैसे भी धारा के आस-पास खुली जगह में हरी घास थी। ऐसी जगहों पर डाकुओं का बहुत डर रहता है, लेकिन खच्चरवाले अपने को कम नहीं समझते। उनके पास बन्दूक भी थी और तलवारें भी। जाराला बहुत ऊँचा है, लेकिन बहुत मुश्किल नहीं। अगले दिन नगाचे पहुँचे। सामने विशाल झील थी। झील और गाँव के बीच में खूब हरा-भरा घास का मैदान था। यहाँ खच्चरों के लिए घास खरीदने की जरूरत नहीं थी। हाँ, बकला और जौ का दाना कुछ जरूर देना पड़ता था।

नगाचे बहुत ठंडी जगह है। इसकी ऊँचाई 14, 15 हजार फीट से कम न होगी। हमारा रास्ता एक दिन झील के किनारे-किनारे रहा। दूसरे दिन सबसे बड़े डाँड़े ख्मवाला को पार किया। अब हम फिर ब्रह्मपुत्र के किनारे आ गए। छूओरी में नाव से ब्रह्मपुत्र को पार हो, चलते-चलते 19 जुलाई को हमें कई मील दूर से पोतला की सुनहली छत दिखलाई दी। उस वक्त न जाने क्या-क्या भाव दिल में पैदा हो रहे थे। हिन्दुस्तान और सीलोन में रहते तिब्बत के बारे में जो कुछ पढ़ा-सुना था, उससे मैं अच्छी तरह समझता था, कि पोतला का दर्शन दुनिया की सबसे कठिन चीजों में है और आज उसी पोतला को मैं अपने सामने देख रहा था। एक बड़ी नदी के पुल को पार कर दो-तीन घंटे चलने के बाद हम ल्हासा में दाखिल होने के लिए पोतलावाले फाटक के अन्दर घुसे। आगे बाईं ओर कई तलों का लाल रंग से रँगा दलाई लामा का प्रासाद पोतला था। अब हम तिब्बत की राजधानी में थे। खच्चरवालों को मंत्री शाठा के यहाँ सामान उतारना था। वह सीधे वहाँ गए। मैं सोच ही रहा था, कि धर्मा साहु की कोठी छु-शिङ्-शा में पहुँचने के लिए किसी की मदद लूँ। उसी वक्त एक नेपाली जवान मंत्री के महल की ओर जाते दिखाई पड़े। मैंने उनसे पूछा, तो उन्होंने कहा, ठहरिए मैं छु-शिङ्-शा को जानता हूँ; दरबार से होकर आता हूँ, फिर आपको साथ ले चलूँगा। घोड़े की पीठ पर रखे जानेवाले चमड़े के थैलों (ताड़ू) में मेरा सामान पड़ा हुआ था, मैंने सबको समेटकर फिर बोझ तैयार कर लिया और फिर धीरेन्द्रवज्र—यही उस तरुण का नाम था—के आते ही पीठ पर सामान लाद हाथ में डंडा और सिर पर भिक्षुक्षिणों जैसी पीली टोपी लगाए चल पड़ा। अभी तक मैं पीला कंटोप लगाए चला आता था, लेकिन मुझे यह नहीं मालूम था, कि यहाँ ऐसी टोपी भिक्षुणियाँ लगाती हैं।

2. ल्हासा में

काठमांडो से चलते वक्त मैंने धर्मा साहु से चिट्ठी ले ली थी। मेरे पास जितने रुपये थे, उनमें से कितने का तो ञेनम् में तिब्बती सिक्का भुना लिया था, लेकिन सौ रुपये

से कुछ अधिक मैंने अलग रख लिये थे। मैं ल्हासा में आया था डटकर तिब्बती भाषा और बौद्धग्रन्थों के अध्ययन के लिए। सौ रुपये का उस वक्त तिब्बती सिक्के के हिसाब से डेढ़ सौ साङ् मिलता, जिसमें सिर्फ खाने पर साढ़े चार साङ् (तीन रुपया) मासिक लगता, बहुत सादगी से रहने पर। लेकिन जाड़ों के लिए कपड़ा बनवाना पड़ता, जिसके लिए कम-से-कम 40 रुपये लगते। बरतन-भाँड़ा और दूसरी चीजों पर भी 50 रुपये लग जाते। उसके बाद किताबों की जरूरत होती। सब देखने से रुपये की दिक्कत-ही-दिक्कत सामने थी। लेकिन मैं इन पास के रुपयों के भरोसे तो अँधेरे में नदीं कूदा था?

धर्मा साहु के पुत्र पूर्णमान् और ज्ञानमान् दोनों ही नौजवान थे। यद्यपि अपने पिता की तरह की भक्ति के लिए वह उमर नहीं थी, लेकिन वे दोनों ही बड़े सुशील थे। उन्होंने खुलकर मेरा स्वागत किया। 5 महीनों से मैंने अखबार नहीं देखा था। त्रिरत्नमान साहु 'स्टेट्समैन' का साप्ताहिक संस्करण मँगाते थे। चिट्ठी देने और थोड़ी-बहुत बात करने पर मैंने कई महीने के अखबारों को लेकर पढ़ा। अब मैं सभ्य लोगों में आ गया था, इसलिए मैल जमा करने की जरूरत नहीं थी। दूसरे दिन (20 जुलाई) मैंने स्नान करने की इच्छा प्रकट की। मिट्टी की छतोंवाले घरों में स्नान का इन्तिजाम करना बहुत मुश्किल है। उसी घर में कादिर भाई भी रहते थे। उनकी लड़की रास्ता बताने के लिए चली और मैंने ल्हासा से पश्चिमवाली नहर में जाकर स्नान किया।

धर्मा साहु बहुत दिनों से अपने घर ही पर रहते थे। लड़के छोटे-छोटे थे, और दुकान का इन्तजाम उनके भानजे जगतमान किया करते थे। मेरे जाने के दूसरे दिन कई बरस बाद वह नेपाल लौट रहे थे। उनको बहुत अफसोस हुआ, कि मेरी सेवा नहीं कर सके। मैं भी समझता था, उनका बड़े-बड़े लोगों से बहुत परिचय है और वह कुछ दिन और रह जाते, तो जरूर मेरे काम में बड़ी सहायता करते। यात्रा के लिए सारे मंगलानुष्ठान हुए, मंगल-पाठ हुआ। भुनी मछली, सारस का उबला अंडा यात्रा में मंगल भोजन समझे जाते हैं। इसके बाद थोड़ी शराब का पीना भी। मित्रों, बन्धुओं ने सफेद खाता (रेशमी चीट) उनके गले में डाला, और जगतमान साहु खुशी-खुशी वहाँ से विदा हुए।

अब चूँकि मुझे प्रकट होके रहना था, इसलिए दलाई लामा के पास तक सूचना पहुँचा देना जरूरी थी। मैंने पढ़ रखा था, तिब्बत में सैकड़ों भारतीय पंडित गए, उन्होंने हजारों ग्रन्थों का तिब्बती भाषा में अनुवाद किया, और हजारों तरुणों को बौद्धतत्त्वज्ञान की शिक्षा दी। मैंने सोचा था, मैं भी तो पंडित हूँ, यद्यपि शताब्दियों से तिब्बत और भारत का धार्मिक सम्बन्ध नहीं रहा, और जहाँ भारतीय गुरु बनकर आते थे, वहाँ मैं शिष्य बनने के लिए आया हूँ, तो भी मेरे जैसे भारतीय विद्यार्थी के लिए यहाँ जरूर सुभीता होगा। 21 जुलाई को मैंने दलाई लामा की सेवा में अर्पण

करने के लिए 15 श्लोक बनाए। लेकिन संस्कृत भेजने से फायदा क्या? इसलिए अनुवादक ढूँढ़ने की जरूरत पड़ी, जो उतना आसान काम नहीं मालूम हुआ।

त्रिरत्नमान और ज्ञानमान् दोनों भाई तो मेरी सहायता करने के लिए तैयार थे ही; लेकिन अभी वे ल्हासा से पूर्ण परिचित नहीं थे। उनसे भी ज्यादा मेरी सहायता के लिए तत्पर थे धीरेन्द्रवज्र, जिनको वहाँ लोग गुभाला कहा करते थे, जो गुभा (गुरुभाजू, गुरुमहाराज) के साथ तिब्बती भाषा के ला (जी) को मिलाकर बना है। गुभाला, मेरी यात्रा में जितने आदमी मिले, उनमें कुछ चुने हुए रत्नों में से एक थे। मैंने जब दलाई लामा के पास खबर पहुँचाने के लिए किसी प्रधान व्यक्ति को ढूँढ़ निकालने के लिए कहा, तो गुभाला ने ठी-रिन्पो-छे का नाम लिया; अर्थात् तिब्बत में बौद्धों के चार प्रधान सम्प्रदायों—ञिग्मापा, कर्युद्पा, सक्यपा और गेलुग्पा—में सबसे प्रभावशाली गेलुग्पा की मूल गद्दी के स्वामी। यद्यपि ठी-रिन्पो-छे ने गद्दी छोड़ दी थी, तो भी उनका सम्मान बहुत ज्यादा था। गुभाला के साथ मैं उनके पास गया। उनकी अवस्था 70 से अधिक थी। स्वभाव बहुत ही शान्त और वाणी बहुत ही मधुर। उनसे मैंने तिब्बत आने का उद्देश्य बतलाया और कहा कि आप दलाई लामा को सूचित कर दें, जिससे कि मैं निश्चिन्त होकर अपने अध्ययन में लग जाऊँ। उन्होंने सलाह दी कि चुपचाप अपना काम करो। मैं जानता था, यद्यपि 1911 की चीनी क्रान्ति के बाद दलाई लामा की जिन्होंने सबसे ज्यादा सहायता की, वे अँगरेज ही थे, किन्तु साथ ही डेढ़ सौ बरसों से चला आता सन्देह अब भी तिब्बती लोगों के खून में है और अँगरेजों को वे बड़ी शंकित दृष्टि से देखते हैं। दुर्भाग्य से मैं अँगरेजी प्रजा था। वहाँ किसको मालूम था, कि अँगरेजों से बचकर आने में मुझे कितना कष्ट उठाना पड़ा। मुझे किसी तरह अपने पत्र को दलाई लामा के पास भेजना था। चुपचाप रहने में शायद मैं सफल होता, लेकिन पीछे मेरे लिए न जाने कितने लोगों को कष्ट उठाना पड़ता; इसलिए मैंने इसे पसन्द नहीं किया। ल्हासा में धनी लड़कों को अँगरेजी और तिब्बती पढ़ाने के लिए दार्जिलिंग के एक भोटियाभाषी सज्जन ने प्राइवेट पाठशाला खोल रखी थी। पहले उन्होंने तिब्बती में अनुवाद करना स्वीकार किया, पर पीछे डर गए। ङरी-छाङ् दलाई लामा के एक बहुत ही विश्वासपात्र दरबारी थे। उनके लिए मेरे पास लद्दाख का एक पत्र था। पता लगाने पर मालूम हुआ, कि वह आजकल ल्हासा से 5,7 मील दूर क्येमोलिङ् के अपने उद्यान-प्रासाद में हैं। एक नेपाली साहु का उनसे बहुत परिचय था, उन्होंने साथ ले चलने के लिए कहा भी, लेकिन उस दिन बहाना कर गए। त्रिरत्नमान साहु ने घोड़े का इंतिजाम कर दिया, और मैं अकेला ही घोड़े पर चढ़कर चल पड़ा। रास्ता भूल जाने से 2, 3 मील का चक्कर पड़ा, लेकिन आखिर वहाँ पहुँच गया। वह बड़े स्नेह से मिले। जूता उतारकर तिब्बत में जाने का रवाज नहीं है, गर्मियों में भी घर का फर्श इतना ठंडा रहता है, कि लोग जूता पहने ही घूमते हैं। आसन पर

भी जूता पहने ही बैठते हैं। मैं अपना जूता नीचे छोड़ आया था। ङरी-छाङ् किसी काम से नीचे गए थे, वह मेरा जूता भी उठाकर लेते आए। उनसे मैंने सारी बातें कहीं। उन्होंने विश्वास दिलाया, कि मैं आपके पत्र को जरूर दलाई लामा के पास पहुँचा दूँगा। कई आदमियों से मदद लेकर श्लोकों का भोटिया अनुवाद तैयार किया। संस्कृत में मैंने बहुत सुन्दर अक्षरों में लिखा, और 9 अगस्त को बड़े तड़के ही गुभाला के साथ दलाई लामा के राजोद्यान नोर्बूलिङ्का (मणिउद्यान) गया। अनुवाद सहित श्लोक के पत्र और एक रेशमी खाता को ङरीलामा के हाथ में दिया। मैं तो उस दिन दूसरी जगह चला गया था, लेकिन ङरीलामा स्वयं छु-शिङ्-शा में आकर कह गए कि मैंने दलाई लामा को पत्र दे दिया। पंडित आपकी कोठी में रहें। सरकार किसी दिन उन्हें बुलाएँगे।

एक बात से तो सन्तोष हो गया, कि अब मुझे छिपकर रहने की जरूरत नहीं; लेकिन मैं डेपुङ या सेरा में से किसी एक गुम्बा में रहना चाहता था, जहाँ विद्वानों का सत्संग होता और चौबीस घंटा तिब्बती भाषा बोलने का मौका मिलता। छु-शिङ्-शा में त्रिरत्नमान साहु, ज्ञानमान् साहु, माहिला साहु और दो-तीन दूसरे कर्मचारी नेपाली थे, सब हिन्दी बोलते थे। कोठे की एक कोठरी कादिर भाई की थी, वह भी हिन्दी बोलते थे; इस प्रकार तिब्बती भाषा बोलने का उतना मौका नहीं था। लेकिन क्या करता?

वहाँ भोजन था सत्तू, चाय और मांस। दो बजे चिउरा और सूखा तला मांस, शाम को भात-दाल और मांस। चाय के प्यालों की तो कोई गिनती ही न थी; वे तो सोते वक्त तक चलते ही रहते थे। लेकिन मैं यह पसन्द नहीं करता था। मैं वर्षों रहने की इच्छा से आया था, फिर इतने दिनों तक अपना भार छु-शिङ्-शा के ऊपर रखना कैसे ठीक होता? आगे मैंने भोजन के लिए पैसा देने का आग्रह किया, जिसे साहु लोगों ने अनिच्छापूर्वक सिर्फ मेरा ख्याल करके स्वीकार किया।

ङरीछाङ् को पत्र देकर मैं उसी दिन डेपुङ् गुम्बा चला गया। डेपुङ् तिब्बत का सबसे बड़ा मठ है, जिसमें सात हजार भिक्षु रहते हैं। यह एक शहर-सा है। मैंने ख्याल किया कि आज्ञा मिल गई, तो यहीं आकर किसी कोठरी में रहूँगा। कई घरों को देखा, लेकिन जगह पाना वहाँ इतना आसान नहीं था। सारा गुम्बा बहुत-से छात्रावासों (खम्जन्) में बँटा हुआ है और हरेक खम्जन एक-एक देश के लिए निश्चित है। लद्दाखवाले पितोक-खम्जन् में रहते हैं, कनौरवाले गूगे-खम्जन् में। भारत का तो वहाँ कोई खम्जन् था नहीं। नवागन्तुक छात्र अपने देश के खम्जन् पर अपना खास अधिकार समझते हैं। इन खम्जनों के बनाने में उन देशों ने आर्थिक सहायता दी है और संचालन के लिए रुपये का दान भी किया है। सभी खम्जनों के पास छोटी-बड़ी जागीरें हैं। 20 साङ (14 रुपया) वार्षिक में एक आदमी के लिए एक अच्छा कमरा मिल सकता था। 10, 12 रुपये में खाने का भी काम चल जाता।

3, 4 रुपया और खर्च देने पर रसोई बनी-बनाई मिल सकती थी, गोया 20 रुपया महीने में किताब छोड़कर मैं बाकी काम चला सकता था। 4, 5 महीने तो पास के रुपयों से गुजारा हो ही जाता, फिर कोई-न-कोई रास्ता निकल आता। लेकिन इन खम्जनों में नाम लिखाना आसान न था। सुखराम और कुछ दूसरे कनौर निवासी छात्र कुङ्गारवा महल में रहते थे, मालूम हुआ कि वहाँ नाम लिखाने की जरूरत नहीं। यह वही महल है, जिसमें दलाई लामा-राज के आरम्भ करनेवाले पाँचवें दलाई लामा शासक बनने से पहले रहा करते थे। अब भी यह दलाई लामा का महल है। लेकिन जब वर्तमान दलाई लामा पोतला जैसे भव्य प्रासाद को पसन्द नहीं करते, और नोर्बूलिङका (मणिद्वीप) के उद्यान-भवन में रहते हैं, तो वह कुङ्गारवा मैं क्यों आने लगे? सम्लो-खम्जन् रूसी इलाके के मंगोल-छात्रों का छात्रावास है। गेशे थब्-दङ्-शेरब् भारत हो आए थे, उनका जन्मस्थान साइबेरिया में बैकाल सरोवर के पास बुरयत प्रजातंत्र में है। आजकल वह यहीं पर थे। पहली रात मैं उन्हीं के यहाँ रहा, सुमतिप्रज्ञ भी डेपुङ् पहुँच गए थे। 10 अगस्त को उनकी ओर से भोज था, और उन्होंने मंगोल लोगों का एक बहुत ही प्रिय भोजन मांस का परोठा तैयार किया था। मंगोलिया के 4 इलाके हैं, जहाँ से भिक्षु-विद्यार्थी तिब्बत के मठों में पढ़ने आया करते थे—बाहरी मंगोलिया (उरगा, आधुनिक उलन्बातुर्), भीतरी मंगोलिया, बुर्यत (बैकाल के पास) और कलमुख (वोल्गा नदी के दक्षिणी तट पर अवस्थित); लेकिन रूसी क्रान्ति के बाद बुर्यत और कलमुख सोवियत प्रजातंत्र बन गए (पिछले युद्ध में कलमुख वोल्गा-तट छोड़ पूर्व की ओर चले गए), बाहरी मंगोलिया में भी साम्यवादी शासन कायम हो गया। अब भीतरी मंगोलिया ही एकमात्र ऐसा इलाका रह गया था, जहाँ से मंगोल भिक्षु तिब्बत पढ़ने के लिए आया करते थे। सुमति भिक्षु भीतरी मंगोलिया के थे। जहाँ पहले डेपुङ् में हजार के करीब मंगोल भिक्षु रहा करते थे, अब उनकी संख्या 2, 3 सौ ये ज्यादा नहीं थी। साम्यवादी प्रजातंत्रों से तो नए भिक्षु अब एक तरह से आते ही नहीं। उनके लिए 30, 30 साल तक मठों की पुरानी विद्या पढ़ना बेकार है। लेकिन अब भी सबसे मेधावी और परिश्रमी छात्र और पंडित मंगोल ही देखे जाते हैं। मैंने सुमति को जितना कहा था, उससे भी अधिक पैसे दे दिये, वह बहुत खुश हुए, और अपनी ही कोठरी में रहने के लिए कह रहे थे। रहना तो छु-शिङ्-शा में ही था, अब पढ़ने-लिखने का प्रबन्ध ठीक करना था। मैंने नेपाली लोगों के मन्दिरों (पाला) में जो नौ संस्कृत ग्रन्थ (नव व्याकरण) थे, उनको मँगाया और तिब्बती अनुवाद के साथ मिलाकर पढ़ना शुरू किया। मुझे ख्याल आया कि यदि इन शब्दों को अलग करता जाऊँ, तो एक भोट-संस्कृत-कोष तैयार हो सकता है; इसलिए मैंने छोटे-छोटे कागज के टुकड़ों पर शब्दों को लिखना शुरू किया। भिक्षुओं और तिब्बती विद्वानों से बातचीत और सत्संग के बाद मेरा तिब्बती पढ़ने का ज्यादातर काम संस्कृत और भोट-अनुवाद ग्रन्थों के द्वारा ही होता रहा।

अन्त में मैंने 16 हजार के करीब शब्दों को अपने कोष के लिए जमा कर लिया। ठी-रिन्पो-छे ने तंजूर की पोथियों को देने के लिए मुरु विहार को कह दिया। वहाँ से पुस्तकें मेरे निवास स्थान पर चली आया करतीं।

मैं जिस कोठरी में रहता था, उसमें और आदमी भी थे, इसलिए त्रिरत्नमान साहु ने एक दूसरी कोठी दे दी। भीतर की ओर तो कुछ चीज-वस्तु रहा करती थी, लेकिन मेरे लिये बाहर का बरांडा काफी था। सर्दी बढ़ती गई। मैंने अपना पुराना रद्दी चोगा तो हफ्ते-डेढ़ हफ्ते बाद ही किसी को दे डाला और 25, 30 रुपये लगाकर ऊनी भिक्षु वस्त्र बनवा लिया। जब सर्दी और बढ़ी तो 20 रुपये में एक पोस्तीन का लम्बा चोगा खरीदा! यह कुछ पुराना-सा था और गुदड़ी बाजार से लिया था। पहले तो किसी-किसी ने महँगा कहा। लेकिन पीछे एक आदमी उसके ऊपर के लाल रेशम के लिए ही आधा दाम देने के लिए तैयार थे। खैर, मुझे अब जाड़े का डर नहीं रह गया था। लेकिन लिखते वक्त हाथ और अँगुलियों को कैसे छिपा सकता था। अक्टूबर के अन्त तक अँगुलियाँ फटने लगीं और हाथ से खून निकलने लगा। जाड़े में बस यही एक तकलीफ रही, लेकिन वैसलीन लगा के काम चलने लगा। मैं एक दिन कलम से लिख रहा था, देखता था स्याही कागज पर नहीं आ रही है, झटका देकर लिखने की कोशिश की, तब भी स्याही नहीं उतरी। देखा तो स्याही बर्फ बनके कलम की नोक पर जम गई है। फिर मैं फांटेनपेन का इस्तेमाल करने लगा। वह नहीं जमती थी।

युद्ध के बादल— मेरे आए अभी 1 महीना भी नहीं हुआ था, कि तिब्बत पर लड़ाई के बादल मँडराने लगे। सीमाओं पर जुल्म, नेपाली प्रजा पर जुल्म इत्यादि कई तरह की शिकायतें नेपाल सरकार को तिब्बती सरकार से थीं। इधर एक और दुर्घटना घटित हुई। शरबा ग्यल्पो एक बहुत ही खुशहाल भोट-भाषा-भाषी व्यापारी नेपाली प्रजा था। वह कुछ ज्यादा निर्भीक था, और कभी-कभी तिब्बती शासन और दलाई लामा तक की कड़ी आलोचना कर बैठता था। पिछली शताब्दी की कई लड़ाइयों में हराकर नेपाल सरकार ने भोट सरकार से कई रियायतें हासिल कर ली थीं। उनमें एक यह थी, कि नेपाली प्रजा के मुकदमे का फैसला नेपाली प्रतिनिधि ही कर सकता है, तिब्बती अदालत को इसके लिए कोई अधिकार नहीं। हाँ, यदि दोनों की प्रजा किसी मुकदमे में हो, तो दोनों की संयुक्त अदालत फैसला करेगी। शरबा को भोट सरकार की क्या परवाह थी, वह नेपाली प्रजा था। दलाई लामा के पास शरबा की शिकायत पहुँच चुकी थी, किसी ने कहा कि शरबा नेपाली नहीं, भोटिया प्रजा है। शरबा बहुत वर्षों से ल्हासा में रह रहा था, भोट सरकार का कर्तव्य था कि पहले उसके बारे में ज्यादा जाँच करती। लेकिन जहाँ एक आदमी के हाथ में शासन की असीम शक्ति होती है, वहाँ कर्तव्य और कानून को कौन देखता है। दलाई लामा ने हुकुम दिया और शरबा पकड़ के जेल की हवालात में डाल दिया

गया। उसे मामूली कैदियों की हवालात में नहीं रखा गया, नहीं तो उसका जीवन और भी नरक हो जाता। मामूली कैदियों की हवालात है गन्दी अँधेरी कोठरी, जिसमें पिस्सुओं और खटमलों की गिनती नहीं। वहाँ यदि बरस दिन रह जाना पड़े, तो बिरला ही जीता निकल पाता है। 14 अगस्त को शरबा मौका पा भागकर नेपाली दूतावास में आ गया। नेपाली राजदूत को मेरे आने की खबर मालूम हुई तो, उन्होंने मुलाकात करने के लिए बुलाया था। मैं जब राजदूत से मिलकर लौट रहा था, तो देखा कि एक बहुत हट्टा-कट्टा लम्बा आदमी वहाँ टहल रहा है। यही शरबा था। दलाई लामा का क्रोध और भड़का। वह सिर्फ कुछ जिम्मेदार अफसरों के सजा दे देने पर ठंडा नहीं हो सकता था। शहर में तरह-तरह की अफवाहें उड़ने लगीं। नेपाली ल्हासा के मारवाड़ी हैं, एक-एक कोठी में लाखों की सम्पत्ति है। सब डरने लगे कि भोट सरकार ने अगर जबर्दस्ती की और राजदूत ने कुछ भी विरोध किया, तो शहर के गुंडे बदमाश नेपालियों को लूट लेंगे। 23 अगस्त को हल्ला हुआ कि भोटिया पलटन शरबा को पकड़ने के लिए नेपाली दूतावास गई। लोगों ने धड़ाधड़ दुकानें बन्द कर दीं। सड़क पर थोड़ी-थोड़ी चीज लेकर बेचनेवाले, फेरीवाले नर-नारी भी चम्पत हो गए। जहाँ अभी थोड़ी ही देर पहले चहल-पहल थी, वहाँ बिलकुल नीरवता छा गई। सब लोग अपनी-अपनी पिस्तौल और बन्दूक को सँभाल-सँभाल कर बैठे थे। पीछे मालूम हुआ कि सिपाहियों में आपस में झगड़ा हो गया है। 27 अगस्त को 12 बजे फिर उसी तरह दुकानें दनादन बन्द हो गईं। अब की झूठी खबर नहीं थी, दलाई लामा के सैनिक नेपाली दूतावास में शरबा को पकड़ने के लिए घुस गए। अन्तरराष्ट्रीय विधान के अनुसार दूतावास पर हमला करना अभद्रोचित समझा जाता। लेकिन जब सोवियत दूतावासों के साथ इंग्लैंड और चीन वैसा बर्ताव कर चुके हैं, तो पाँच सौ वर्ष पिछड़ी तिब्बती सरकार के बारे में क्या पूछना? सबको आशंका थी कि राजदूत भरसक शरबा को नहीं देना चाहेगा। दूतावास में बहुत ज्यादा नेपाली सैनिक नहीं थे, लेकिन जो थे, वे भोटिया सैनिकों की तरह नवसिखिये बन्दूकची नहीं थे। यदि वह चाहता, तो नेपाली प्रजा में से भी हजार-डेढ़ हजार को हथियारबन्द कर सकता था। कुछ घड़ी, कुछ दिन तो वह जरूर डटकर मुकाबिला कर सकता था। शायद इसे बहादुरी समझा जाता, लेकिन बुद्धिमानी हरगिज नहीं; क्योंकि अब एक शरबा ही के प्राणों की बात नहीं थी, बल्कि हजारों नेपाली मारे जाते। राजदूत ने जबानी विरोध किया। भोटिया सैनिक शरबा को पकड़कर ले गए। उसी दिन शरबा के ऊपर दो सौ बेंत पड़े। उसका मांस और चमड़ा कट गया। लोग कह रहे थे, शरबा ने एक बार सी भी नहीं किया। 17 नवम्बर को शरबा मर गया। ल्हासा कोई आधुनिक शहर नहीं, यद्यपि वहाँ की दुकानों पर आधुनिक चीजें भी बिकती हैं। शहरों की हड़ताल के बारे में हम लोग समझते हैं कि यह आधुनिक दुनिया की चीज है। लेकिन जान पड़ता है, नागरिकों

की हड़ताल या दुकानबन्दी पुराने जगत में भी होती थी।

29 अगस्त को नगर के अधिकारी ने सौदागरों को बुलाकर पहले तो सान्त्वना दी, और फिर कहा, कि जो फिर दुकान बन्द की गई तो सख्त सजा दी जाएगी। दुकान तो खैर तब से बन्द नहीं हुई, लेकिन नेपालियों में बड़ी बेचैनी फैल गई। अब साफ मालूम होने लगा कि तिब्बत और नेपाल में जरूर लड़ाई होके रहेगी। सेना के लिए तम्बू बनने लगे और बाजार में जितना जीन कपड़ा मिला, सरकार ने सब खरीद लिया। सितम्बर के अन्त में चीन के इलाके सीनिङ से सैकड़ों खच्चर बिकने के लिए आए, सरकार ने सबको खरीद लिया। नेपाली भी 1-2 करके ल्हासा छोड़ने लगे। ज्ञानमान् साहु ने अपने बड़े भाई त्रिरत्नमान को 20 अगस्त को ही भारत के लिए रवाना कर दिया। अक्टूबर के पहले हफ्ते में नेपाली सौदागरों के पास नेपाल और कलकत्ता से चिट्ठी पर चिट्ठी और तार पर तार आने लगे—सब-कुछ बेच-बाचकर चले आओ। 3 अक्टूबर को सरकार ल्हासा के नागरिकों की मर्दुमशुमारी करा रही थी। 5 अक्टूबर को मालूम हुआ, कि दोनों सरकारों में तार से बात हो रही है; यह भी मालूम हुआ कि नेपाली सेना तिब्बती सीमा के लिए चल चुकी है। 6 तारीख को ज्ञानमान् साहु को भी सब छोड़कर चले आने का तार आ गया, लेकिन वह जाने के लिए तैयार नहीं हुए। शायद कितने ही नेपालियों की तरह उन्हें विश्वास था, कि युद्ध नहीं होगा। 8 अक्टूबर को मालूम हुआ कि नेपाल सरकार ने दो शर्तें रखी हैं—अपराधी अधिकारियों को दंड दिया जाय और तिब्बती सरकार खुले तौर से माफी माँगे। तिब्बती सरकार इसके लिए तैयार नहीं थी।

8 तारीख को पता लगा कि दलाई लामा ने डेपुङ्, सेरा, गन्दन—तीनों गुम्बाओं के प्रतिनिधियों को सलाह के लिए बुलाया, लोग युद्ध के पक्ष में नहीं हैं। लेकिन दलाई लामा, प्रधान सेनापति और कुम्भेला—लामा के प्रिय दरबारी—तीनों युद्ध के लिए उतारू थे। 4 नवम्बर को ल्हासा की सड़कों से भोटिया पलटन 'राइट-लेफ्ट' करती निकली। बिलकुल महादेव बाबा की बरात, कोई 55 बरस का बूढ़ा, और कोई 12 बरस का छोकरा। उरदी-फुरदी की कोई जरूरत नहीं। लेकिन इससे लोगों को युद्ध की आशंका और बढ़ गई। अब फौजी तम्बू तैयार हो गए थे, चाय पकाने के लिए बड़े-बड़े बरतन भी खरीदे जा रहे थे। 10 नवम्बर को पता लगा, कि शरबा के पकड़ने की सारी जिम्मेदारी दलाई लामा और उनके भतीजे लोङ्छेन (प्रधानमंत्री) के ऊपर है। इंग्लैंड से पढ़कर लौटे प्रधान सेनापति भी युद्ध के पक्ष में हैं। मैंने एक भोटिया भद्रपुरुष से पूछा—आधुनिक सैनिक दृष्टि से नेपाल की पलटन भी लठियल फौज है, लेकिन वह भोटिया फौज से तो हजार गुना अधिक शिक्षित है। संख्या भी उसकी ज्यादा है, फिर किस उमेद पर भोटिया सरकार तनी हुई है? उन्होंने कहा—रूस मदद करने आएगा। मैंने कहा—रूस के मदद करने के लिए आने का मतलब है, इंग्लैंड का भी उसमें कूदना, यह असम्भव है। फिर रूस का

तो तुम्हारा तार का भी सम्बन्ध नहीं, बेतार भी तुम्हारे पास नहीं, छह महीने में जब तक मास्को खबर पहुँचेगी, तब तक तो नेपाली पलटनें ल्हासा पहुँच जाएँगी। फिर उन्होंने कहा—चीन हमारी मदद के लिए आएगा। मैंने सोचा-यह कोरा भाग्यवाद है। 11 नवम्बर को नेपाल से आई चिट्ठियों से मालूम हुआ कि कुत्ती और केरोङ् के रास्ते तैयार हो गए हैं, पलटनें दनादन जा रही हैं। घरवाले अपने आदमियों को जल्दी आने के लिए जोर दे रहे हैं। 14 या 15 तारीख को किसी नेपाली सौदागर ने अपने आदमी को बुलाया था जिसके जवाब में नेपाल से तार आया था 'आना खतरे की बात है' (unsafe to come)।

हिन्दुस्तान से ल्हासा तक तार है, जिसमें ग्यांची तक अँगरेजी तार हैं, इसके बाद भोट सरकार का। उस वक्त तार के खम्भों को बदलने के लिए भारतीय तार विभाग ने मिस्टर रोजमेयर—एक ऐंग्लो-इंडियन सज्जन—को उधार दिया था। वह उस वक्त ल्हासा में थे। मेरे पास एक दिन मिलने आ चुके थे। मैं समझता था कि वह सौजन्य दिखलाने के लिए नहीं, बल्कि यह जानने के लिए मेरे पास आए, कि मैं क्या कर रहा हूँ। मेरा काम तो बिलकुल साहित्यिक था। लेकिन उन्होंने सरकार को क्या लिखा होगा, यह कौन जाने? 17 नवम्बर को फिर रोजमेयर आए, वह दूसरे रोज हिन्दुस्तान को रवाना होनेवाले थे। उन्होंने कहा—अँगरेजी सरकार अपने दोनों दोस्तों में कैसे लड़ाई होने देगी? यह बात बिलकुल सच थी। इस युद्ध की खबर आनन्द जी के पास मैंने सीलोन में भी भेज दी थी। हमारे नायक स्थविर यह सुनकर बहुत घबड़ा गए थे और आनन्द जी से पूछ रहे थे, कि वहाँ हवाई जहाज पहुँच सकता है या नहीं। मैंने जवाब लिख दिया था—"आज तक तो तिब्बत के आकाश में कोई हवाईजहाज नहीं उड़ा।" 21 को नेपाल से तार आया कि नेपाल का सम्बन्ध सब सुन्दर है, डरना नहीं चाहिए, पूर्ववत् कार्य करो। पहली दिसम्बर को मालूम हुआ, कि सुलह होने में कुछ सन्देह है।

उधर महीनों से लामा लोग पुरश्चरण कर रहे थे। नेपाल के महामंत्री चन्द्रशमशेर बहुत बूढ़े थे। 25 नवम्बर को उनका देहान्त हो गया; लेकिन ल्हासा में इसकी खबर दो दिन बाद मिली। सब जगह हल्ला हो गया, कि तांत्रिक लामाओं का पुरश्चरण सफल हुआ, उसी के कारण नेपाल के प्रधानंत्री मरे। 28 दिसम्बर को सुना कि नेपाल से युद्ध होने में कोई सन्देह नहीं है। नेपाल में अब चन्द्रशमशेर के छोटे भाई भीमशमशेर प्रधानमंत्री हुए। मुझे निश्चय हो गया, कि अब लड़ाई की कोई सम्भावना नहीं है। 11 और 13 फरवरी को पता लगा कि नेपाली सेना सीमा पर पहुँच गई। तिब्बती अधिकारियों में अब ज्यादा घबराहट थी। इसी समय चीन सरकार का दूतमंडल ल्हासा पहुँचा, जिसमें एक स्त्री भी आई। 13 फरवरी को नाव और पैदल दोनों रास्तों पर सिपाही बैठा दिए गए और अब कोई नेपाली या अर्द्धनेपाली (भोटिया औरतों से नेपाली पुरुषों की सन्तान) ल्हासा छोड़कर बाहर

नहीं जा सकता था। अब युद्ध में क्या सन्देह हो सकता था?

13 फरवरी को यह भी पता लगा कि नेपाल और भोट में मेल कराने के लिए सरदार बहादुर लेदन्ला आ रहे हैं। लेदन्ला दार्जिलिंग के एक भोट-भाषा-भाषी सज्जन थे। वह पुलिस में मामूली थानेदार से तरक्की करते-करते सुपरिंटेंडेंट बने थे। अँग्रेजी सरकार के बड़े खैरख्वाह थे, लेकिन, साथ ही भोट के लोगों और बौद्ध धर्म से उन्हें बहुत प्रेम था। वह कुछ दिनों तक भोटिया पुलिस के नवसंगठन और शिक्षण के लिए ल्हासा में भी रह चुके थे। 15 फरवरी को तोप लिये पलटन शहर के भीतर से घूमी। युद्ध का पारा बहुत ऊँचा हो गया। नेपाली न चले जाने के लिए अब पछता रहे थे। उसी दिन यह भी मालूम हुआ, कि लेदन्ला ल्हासा से दो दिन के रास्ते पर आकर लौट गए। ल्हासा में इस वक्त चीनी दूत भी आकर मौजूद थे, इसके कारण भोटिया लोगों को ज्यादा बल मालूम हो रहा था। 16 फरवरी को लेदन्ला ल्हासा पहुँच गए। 25 फरवरी को पता लगा, कि लेदन्ला दलाई लामा से तीन घंटा एकान्त में बात करते रहे, उसके बाद उन्होंने मंत्रियों से बात की। 26 फरवरी को मालूम हुआ कि कुम्-भेला और सेनापति समझौते के पक्ष में नहीं हैं। 7 मार्च तक लेदन्ला को अपने काम में सफलता नहीं हुई। 11 मार्च को खबर मिली, कि लेदन्ला अपने प्रयत्न में सफल हुए हैं, और समझौते की बातें नेपाल सरकार के पास स्वीकृति के लिए भेज दी गईं। 16 मार्च को फिर खबर उड़ी, कि लेदन्ला हताश होकर लौटे जा रहे हैं। 18 ता. को अब भी युद्ध की आशंका थी, लेकिन प्रामाणिक लोग सुलह की आशा कर रहे थे। 20 नवम्बर को मैं लेदन्ला से मिला, वह बड़े ही चतुर और मिष्टभाषी मालूम हुए। 22 मार्च के मध्याह्न को खबर आई, कि समझौता हो गया। चारों ओर खुशी-ही-खुशी दिखलाई देने लगी। लेदन्ला ही थे, जो इस गुत्थी को सुलझा सके, नहीं तो भोटिया पागल राजनीतिज्ञ न जाने क्या कर बैठते। लेकिन पीछे यह देख मुझे बड़ा अफसोस हुआ, कि अँगरेजी सरकार ने लेदन्ला के प्रयत्न का उचित सत्कार नहीं किया। यदि कोई अँगरेज उतनी सफलता प्राप्त किये होता, तो वह 'सर' या न जाने क्या बनाया जाता।

उधर यह सारा तूफान चल रहा था, उसी वक्त ल्हासा में रहकर मुझे अपने काम में लगा रहना पड़ता था। शायद ऊपर के लिखने से मालूम हो, कि मैं बड़े प्रयत्न से इन सूचनाओं को जमा करता था। बात यह नहीं थी। नेपाली या भोटिया जिससे भी मेरी मुलाकात होती, बात के दौरान में युद्ध की बातें जरूर आती थीं, और मैं उनको डायरी में नोट करता जाता, दिमाग भी बातों के विश्लेषण में लग जाता था। मैं लड़ाई से बहुत चिन्तित नहीं था, यह जरूर था, कि उसके छिड़ने पर मुझे छु-शिङ्शा छोड़कर किसी दूसरी जगह जाना पड़ता। जिस नई कोठरी में मैं चला आया था, उसकी बगल ही में कादिर भाई की स्त्री खतीजा रहती। कादिर भाई आधे तिब्बती और आधे कश्मीरी थे, लेकिन खतीजा शुद्ध तिब्बती थी, और सिर्फ

तिब्बती बोल सकती थी। सब लोग जानते थे कि मैं अपने काम में दत्तचित्त रहता हूँ, इसलिए ज्यादा बातचीत करने नहीं आते। 8 सितम्बर को धीरेन्द्र गुभाला को उनके मालिक ने निकाल दिया। मालिक की कोठी ल्हासा के नेपालियों की बड़ी कोठियों में थी, बड़ी कोठीवाले अक्सर औरत नहीं रखते—खासकर खुल्लमखुल्ला नहीं रखते—लेकिन यह मालिक अर्धचीनी तरुणी को घर में बैठा ऐश-जैश में अंधाधुंध खर्च करता था। लोगों को आश्चर्य होता था, कि कोठी का असली मालिक उसका मामा इस पर क्यों नहीं ध्यान देता। इस मालिक और नौकर के झगड़े से एक फायदा हुआ कि धीरेन्द्रवज्र छु-शिङ्-शा में चले आए। ल्हासा में 5, 6 सौ घर अर्द्धकश्मीरी मुसलमानों के हैं, इनके अतिरिक्त कुछ चीनी मुसलमान हैं, लेकिन दोनों में कोई वैसी घनिष्ठता नहीं। कश्मीरी मुसलमान 17वीं सदी के मध्य में पाँचवें दलाई लामा के शासन के वक्त ल्हासा में प्रथम-प्रथम आए। अब तो उनकी काफी संख्या है। पहले वे अपने मुर्दों को नदी में बहा देते थे, लेकिन पीछे दलाई लामा ने जमीन दे दी, जहाँ मसजिद और कब्रिस्तान बना। एक दिन कादिर भाई के घर मौलूदशरीफ की कथा हुई, मौलवी ने उर्दू में कथा कही, फिर भोज हुआ। कादिर भाई ने एक अच्छे कारीगर से घेवर बनवाया। प्रसाद पड़ोस में रहते मेरे पास क्यों न आता?

सितम्बर में अब फसल कटने लगी। इस वक्त ल्हासा में पतंगबाजी होती है। शायद नेपालियों ने इस खेल को ल्हासा में फैलाया। सर्दी बढ़ रही थी। 17 सितम्बर को दक्षिण के पर्वतों पर पहले-पहले बर्फ पड़ी। लड़ाई और उसके बाद तिब्बत और अंगरेजों से जो घनिष्ठता बढ़ी, उसका एक फल यह हुआ कि ल्हासा तक तार लग गया। इससे मुझे भी फायदा था, क्योंकि मैं हिन्दुस्तान या लंका आसानी से तार भेज सकता था। तार की दर कई वर्षों पहले मुकर्रर की गई थी, लेकिन तब से भोटिया सिक्के का मोल अब चौथाई रह गया था, तो भी वही दर कायम थी। इसी घनिष्ठता के वक्त दलाई लामा ने तिब्बत के 4-5 लड़कों को इंग्लैंड पढ़ने के लिए भेजा था, जिनमें एक तो लौटकर मर गया। एक बिजली का इंजीनियर बना, और पानी से बिजली तैयार की, जो सारी टकसाल में काम आती है, और लामा के उद्यान-प्रासाद में भी लगी हुई है। शहर में अभी तक बिजली नहीं आई थी। एक नौजवान आजकल भोट का प्रधान सेनापति था, और चौथा एक छोटे-से जोङ् का अफसर बना दिया गया था।

ल्हासा से दो-दो, तीन-तीन मील पर डेपुङ् और सेरा के बड़े-बड़े विहार है। डेपुङ् में सात हजार से ज्यादा और सेरा में पाँच हजार से ज्यादा भिक्षु रहते हैं। वैसे तो ये नालन्दा की तरह के विश्वविद्यालय हैं, लेकिन इनमें रहनेवाले पाँच-पाँच, सात-सात हजार भिक्षु सारे-के-सारे विद्या पढ़ने के लिए वहाँ नहीं रहते। मामूली पढ़नेवालों की संख्या शायद बीस-पच्चीस सैकड़ा हो। असली विद्यार्थी तो दश सैकड़े ही होंगे। बचे हुओं में बाकी संख्या उजड्ड ढावों की है। वे मठ के रसोई-पानी से

लेकर जागीर तक का इन्तजाम और व्यापार तक करते हैं। जरा-जरा बात में झगड़ पड़ते हैं, और कितने ही समय तो द्वंद्वयुद्ध की नौबत आ जाती है। उनका द्वंद्वयुद्ध मामूली कुश्ती नहीं होता। वे तलवार खूब तेज करते हैं, युद्धस्थान निश्चित कर लेते हैं, फिर शराब पीकर वहाँ अपने मित्रों के साथ पहुँचते हैं। तलवार लेकर अखाड़े में कूदते हैं, जिसमें एक का मरना निश्चित है, दूसरा फिर वहाँ से किसी दिशा की ओर चला जाता है। इन ढावों से लोग बहुत डरते हैं। गुम्बा के बड़े अफसरों को छोड़ वे किसी को कुछ नहीं मानते। गेलुग्पा सम्प्रदाय के भिक्षुओं का शराब न पीना मशहूर है और मठों में तो वे बिलकुल नहीं जा सकते, इसलिए छङ् पीने के लिए उन्हें शहर आना पड़ता है। उनकी नशा कभी-कभी खतरनाक सूरत ले लेता है। कभी-कभी तो बिना शराब पिये ही ऐसी नौबत आ जाती है। 30 सितम्बर को कटी पतंग का सूत लूटने के लिए एक पुलिसमैन का ढावा से झगड़ा हो गया, ढावा ने पत्थर मारकर पुलिसवाले को वहीं खतम कर दिया।

लद्दाख में ठिक्-से एक अच्छा विहार है। मठों में जब कोई प्रभावशाली महन्त हो जाता है, तो उसके मरने पर यहाँ वाले अवतार की कल्पना कर लेते हैं, और शिष्य की जगह किसी लड़के को उसका अवतारी मानकर गद्दी पर बैठाते हैं। तिब्बती बौद्ध धर्म जहाँ-जहाँ आया, सभी जगह ऐसे अवतारी लामाओं का प्रचार है। आजकल उनकी संख्या कई हजारों तक पहुँच गई है। इन अवतारी लामाओं का ही तिब्बत में सबसे ज्यादा मान है। लेकिन विद्याबुद्धि में शायद ही कोई अच्छा निकलता हो। अवतारी लामाओं से एक फायदा जरूर है, ये आमतौर से बड़े खानदानों के लड़के होते हैं, छोटे घर का होने पर भी अपनी शिक्षा-दीक्षा के कारण वे बड़ी जातिवाले बन जाते हैं। उनकी सारी मनोवृत्ति राजाओं और सामन्तों जैसी होती है। बचपन ही से उनका बहुत अदब और दुलार किया जाता है, बड़े-बड़े लोग तीन-तीन बरस के बच्चे के सामने आशीर्वाद पाने के लिए अपना सिर नवाते हैं, फिर उसका दिमाग क्यों न आसमान पर चढ़ जाए? पढ़ने के लिए मेहनत करने की उन्हें क्या जरूरत? ऊँचे तबके के लोग उनके आसपास रहते हैं, इसलिए उनकी भाषा स्वभाव से ही अधिकांशत: परिमार्जित हो जाती है। ठिक्-से है तो लद्दाख में, लेकिन वहाँ का अवतारी लामा बना ल्हासा से ले जाया गया एक लड़का। जवान होने पर उसे मठ का जीवन पसन्द नहीं आया। वह खुल्लमखुल्ला विलासी बन गया। अन्त में मठवाले भिक्षुओं को विरोध करना पड़ा, और वह ल्हासा चला आया। आजकल ल्हासा के पश्चिमी थाने में वह अफसर था। आदमी होशियार था। मुझसे अक्सर बात होती रहती थी। इसका बाप एक अच्छा अफसर था, लेकिन दोनों की पटरी नहीं बैठती। एक बार ठिक्-से के भूतपूर्व अवतारी लामा, इस रंगीले तरुण से मैंने हँसते हुए पूछा, "क्या तुम इन अवतारी लामाओं को मानते हो?" उसने कहा, "मैं खुद अवतारी लामा हूँ, लेकिन उसे बिलकुल धोखा समझता हूँ। दलाई लामा को

छोड़ मैं किसी को अवतारी नहीं मानता। दलाई लामा राजा है। राजा को अवतारी माने बिना जान कैसे बच सकती है।"

22 नवम्बर को वह तिथि थी, जिस दिन बुद्ध देवलोक में माँ को उपदेश देकर पृथ्वी पर उतरे थे। यह घटना संकास्य में हुई थी, इसे पहले मैं बतला चुका हूँ। देवावतरण का उत्सव ल्हासा में बहुत धूमधाम से मनाया जाता है। कुछ दिन पहले ही से घरों की सफाई और सफेदी होने लगती है। नवम्बर में अब जाड़े का दिन था। जाड़ों में पशुओं को चारे का सुभीता नहीं होता, इसलिए वे दुबले हो जाते हैं, उनका मांस घटने लगता है; अतएव अक्टूबर और नवम्बर में पशुओं को मारकर 8 महीने के लिए मांस जमा कर लिया जाता है। भेड़ों का मांस तो आमतौर से चमड़ा निकालने के बाद पूरा-का-पूरा टाँग दिया जाता है और धीरे-धीरे वह सूख जाता है। याक और दूसरे बड़े जानवरों के मांस को टुकड़े-टुकड़े काटकर रस्सियों पर टाँग दिया जाता है। कादिर भाई ने एक याक मरवाया था और उसका मांस मेरी ही कोठरी के भीतर सूखने के लिए टाँगा था। याक आमतौर से काले रंग का होता है, लेकिन कितनों ही की पूँछें सफेद होती हैं। मरने के बाद उसे थोड़ी-सी पूँछ के साथ काट दिया जाता है, जिससे बाल उसमें लगा रहे। इसी कटी पूँछ को चाँदी या किसी और धातु के मुट्ठे में जमा दिया जाता है और वह हमारा पवित्र चँवर बन जाता है।

याक ल्हासा से बहुत उत्तर अब भी जंगली अवस्था में मिलते हैं, और वे पालतू याक से तीन-तीन, चार-चार गुणे बड़े होते हैं। पालतू याक भैंस के बराबर होता है। वह ठंडी जगह का बैल है, लेकिन हमारे हिन्दुस्तानी बैलों (गायों) की अपेक्षा वह यूरोपीय बैलों की तरह ककुद-शून्य होता है। हमारी गाय और याक दोनों के जोड़ से पैदा हुई नस्ल बराबर चलती है, इसलिए दोनों की जाति एक है, इसमें सन्देह नहीं। नेपाली लोग तिब्बत में याक का मांस बराबर से खाते आए हैं, और अब भी खाते हैं। मैं तो पहली यात्रा में उसे नहीं खा सका, क्योंकि मुझे पूरा विश्वास था कि वह गाय और पुराने संस्कार मुझे उसके आस्वाद की ओर से विरक्ति पैदा करते थे।

मेरे पास पैसे बहुत थोड़े थे, यह मैं कह चुका हूँ। मैंने पहले चाहा था कि महीने में दो-तीन लेख किसी अखबार के लिए लिख दिया करूँ, और उससे बीस-पचीस रुपये चले आएँगे, लेकिन अभी मैंने एक ही दो बरस से हिन्दी पत्रिकाओं में लेख देने शुरू किए थे, इसलिए पात्रों से क्या आशा हो सकती थी। हाँ, अपने मित्रों को मैंने सूचना दे दी थी और ल्हासा पहुँचने के डेढ़ महीने बाद ही आचार्य नरेन्द्रदेव जी ने बनारस से डेढ़ सौ रुपये भिजवा दिये। हफ्ते-भर बाद एक सौ चौदह रुपये चार आना उन्होंने और भिजवा दिये। उधर आनन्द जी भी स्थायी प्रबन्ध की कोशिश कर रहे थे। अब आठ-दस महीने के खाने-कपड़े की चिन्ता से तो मैं मुक्त था। लेकिन निश्चिन्त हो लम्बा प्रोग्राम तो मैं तभी बना सकता था, जब कि खाने-पीने

का स्थायी प्रबन्ध कर लेता। मैंने पहले सोचा था, कि मेरा संस्कृत का ज्ञान लंका की तरह तिब्बत में सहायता करेगा, लेकिन यहाँ संस्कृत को कोई पूछनेवाला नहीं था। मंत्र तिब्बत में भी संस्कृत ही में जपे जाते हैं, लेकिन भोट भाषा को ये संस्कृत से कम पवित्र नहीं मानते। और वैसे भी देखा जाय, तो जहाँ तक बौद्ध साहित्य का सम्बन्ध है, आज संस्कृत भाषा भोट भाषा के सामने अत्यन्त दरिद्र है। यह ठीक है कि तिब्बती भाषा के दस हजार ग्रन्थों का संस्कृत से ही अनुवाद किया गया था, लेकिन अब तो दो-ढाई सौ से अधिक ग्रन्थ संस्कृत में नहीं मिलते। इनमें भी ज्यादा वही हैं, जिन्हें पीछे की तीन यात्राओं में मैंने तिब्बत के पुराने मठों में पाया। जनवरी (1930) में आनन्द जी और आचार्य नरेन्द्रदेव की चिट्टियाँ आई थीं कि वह स्थायी प्रबन्ध कर रहे हैं। आनन्द जी ने यह भी लिखा था, कि यहाँ से रुपया जाने पर आपको सारी किताब वहाँ से खरीदकर चला आना पड़ेगा। नरेन्द्रदेव जी काशी विद्यापीठ से प्रबन्ध करवा रहे थे और वह प्रबन्ध हो जाने पर मैं तिब्बत में रह के पढ़ सकता। दोनों जगहों में मैं विद्यापीठ की छात्रवृत्ति को ही पसन्द करता था क्योंकि मैं तिब्बत में कुछ वर्षों तक रहकर पढ़ना चाहता था। तेईस फरवरी को आनन्द जी का तार आया कि दो हजार रुपये लंका से भेज दिये गए। नरेन्द्रदेव जी का पत्र उससे चार दिन पहले (उन्नीस फरवरी) को ही मिल गया था, जिसमें पचास रुपये मासिक और डेढ़ हजार रुपये पुस्तकों के लिए सहायता की बात लिखी थी, लेकिन उसमें अभी मुझसे राय माँगी गई थी और फिर वैशाख से वह मिलता। मुझे लंकावाले प्रस्ताव को स्वीकार करना पड़ा, बहुत पछताते हुए। नायक स्थविर उसमें पड़े हुए थे, और मैं उनको निराश नहीं कर सकता था।

इस तरह कम-से-कम तिब्बत में तीन साल तक रहने का मेरा संकल्प पूरा नहीं हो सका।

मंगोल भिक्षुओं की ओर मैं ल्हास में बहुत ज्यादा आकृष्ट हुआ, क्योंकि मैंने उन्हें ज्यादा मेहनती और मेधावी पाया। मेरे रास्ते के साथी सुमतिप्रज्ञ ने तो इसके बारे में बिलकुल उलटा असर डाला था। हो सकता है, इसमें कारण पिछले बारह सालों से बढ़ता हुआ मेरा सोवियत-प्रेम भी हो। यद्यपि अभी तक मुझे मार्क्स, एंगेल्स और लेनिन के ग्रन्थों के पढ़ने का मौका नहीं मिला था, और न किसी दूसरे साम्यवादी के किसी मौलिक ग्रन्थ को पढ़ा था। तो भी छह साल पहले मै 'बाईसवीं सदी' लिख चुका था और मुझे दृढ़ विश्वास हो गया था, कि दुनिया की भलाई के लिए साम्यवाद छोड़ दूसरा कोई रास्ता नहीं। धर्म से मैं अब लम्बी-लम्बी आशाएँ नहीं रखता था, लेकिन अभी धर्मविरोधी नहीं बना था, खासकर बुद्ध के धर्म में मेरी बड़ी ही शृद्धा थी, वस्तुत: उसी के प्रताप से मैं अनीश्वरवादी बना था। से-रा, डेपुङ् के मंगोल छात्र ज्यादातर साम्यवादी इलाके के थे। उन्होंने क्रान्ति के पहले देश को छोड़ा था। उन्हें जो खबरें पीछे मिलती थीं, उनसे यही मालूम होता था कि

गुम्बा (मठ) उजड़ती जा रही है, भिक्षु कम होते जा रहे है। मेरा परिचय ज्यादातर थब्-दङ्-शेरब और गेशे तन्-दर जैसे मेधावी विद्वानों से था। वे सोवियत के विरोधी नहीं थे, बल्कि अपनी मातृभूमि के साथ-साथ सोवियत व्यवस्था के लिए कुछ गर्व करते थे। गेशे तन्-दर पाँच साल बाद तिब्बत की सबसे श्रेष्ठ परीक्षा में सारे तिब्बत में प्रथम आए थे। ल्हारम्-पा (डॉक्टर या आचार्य) की पदवी सरकार की ओर से प्रतिवर्ष सिर्फ सोलह आदमियों को मिलती, और ऐसे ही विद्वानों को, जो शास्त्रार्थ और कड़ी मौखिक परीक्षाओं में पास होते हैं। गेशे तन्-दर अभी ल्हा-रम्-पा नहीं हुए थे, लेकिन उनकी विद्वत्ता की ख्याति हो चली थी। वह से-रा के विद्यार्थी थे। बारह अक्टूबर को मैं उनके साथ से-रा गया। (अफसोस 1947 ई. इस महान् विद्वान् के खन्-पोको गुंडे ढावों ने शान्ति का उपदेश करने के लिए मार डाला)।

से-रा भी मानो एक छोटा शहर है। पाँच-छह हजार भिक्षु जहाँ रहते हों, वह शहर छोड़कर और क्या हो सकता है? से-रा में चार ड-सङ् (कॉलेज) हैं। और हर ड-सङ का प्रमुख खन्-पो (पंडित) कहलाता है। लेकिन चारों में से तीन—ग्ये, म्ये, ङ ग्-पा इन तीन ही ड-सङ् में पढ़ने-पढ़ाने का काम होता है। ङ ग्-पा ड-सङ् सबसे छोटा है और उसमें कोई खम्-जन् (छात्रावास) नहीं है। ग्ये में बीस खम्-जन् और म्ये में चौदह। खम्-जन् हरेक देश के अलग-अलग हैं, यह मैं डे-पुङ् के प्रसंग में बतला आया हूँ। गुम्बा में कई बड़े-बड़े देवालय हैं और पाँच सदियों से श्रीवृद्धि होते रहने के कारण यहाँ के अनेकों देवालयों में बहुत सोना-रतन भरा हुआ है, बीस-बीस, तीस-तीस सेर के सोने के दीपकों में घी का चिराग जलता रहता है। मैं म्ये के खन्-पो के पास गया, वह मुझे बहुत सूखा-सा असंस्कृत आदमी जान पड़ा। खन्-पो की नियुक्ति में चूँकि दलाई लामा और उनके खुशामदी दरबारियों का हाथ होता है जो कि खुद पंडित नहीं होते, फिर अच्छे आदमियों की नियुक्ति कैसे हो सकती है? 1933 में दलाई लामा के मरने के बाद आनेवाले दलाई लामा की नाबालिगी-भर के लिए रे-डिङ् लामा रिजेन्ट (स्थानापन्न राजा) बने। उस समय रे-डिङ् लामा अठारह वर्ष के तरुण थे, और से-रा में पढ़ते थे। गेशे तन्-दर मुझे उनके पास ले गए। वह मुझे बहुत ही सौम्य तरुण मालूम हुए। एक बहुत बड़े मठ का अवतारी लामा होने के कारण उनकी पढ़ाई उतनी अच्छी नहीं थी, यह स्वाभाविक ही था।

नवम्बर-दिसम्बर पहुँचते-पहुँचते सर्दी खूब बढ़ गई थी और तापमान अक्सर हिम विन्दु से नीचे रहता था। घड़े या लोटे का पानी रात को जम जाता था। गमले के फूल शाम होने से पहले ही घर के भीतर रख लिये जाते थे, जिससे कि वे सूख न जाएँ। दलाई लामा, टशी लामा जैसे बड़े-बड़े लामा, गन्दन, से-रा, डेपुङ् और टशी-ल्हुन-पो जैसे बड़े-बड़े विहार जिस गेलुक्-पा संम्प्रदाय के अनुयायी हैं, उसके संस्थापक चोङ्ङ्-ख-पा का भोटिया दसवें महीने की दसवीं को (पूस बदी दशमी)

देहान्त हुआ था, वह अब की बार 25 नवम्बर को पड़ी थी। उस रात ल्हासा और से-रा डे-पुङ् आदि विहारों में खूब धूमधाम से दीवाली मनाई गई। ल्हासा एक बड़ी चौड़ी उपत्यका में बसा हुआ है, जिससे पहाड़ पाँच-पाँच, छह-छह मील दूर पड़ते हैं। इन पहाड़ों में जहाँ-तहाँ सैकड़ों छोटे-छोटे विहार हैं। उस रात सभी जगह दीप जलाए गए थे। कृष्ण-पक्ष की दशमी की अँधेरी रात को यह दीपमालिका देखने में बड़ी सुन्दर मालूम होती थी। ल्हासा की सड़कों पर यह प्रकाशवर्ष देखने के लिए दर्शकों की भीड़ लगी थी। मंत्री लोग भी अपने परिचारकों के साथ घूम रहे थे। लेकिन साढ़े सात बजे बाद ही स्त्रियों का सड़कों पर घूमना खतरे की बात थी।

19 जनवरी को खबर फैली, कि सातवें दलाई लामा की समाधि में चोरी हो गई, और चोरी करनेवाला पुजारी अफसर पकड़ा गया। दलाई लामाओं के शव को फूँका नहीं जाता, उसे दो-तीन महीना नमक के ढेर में डाल दिया जाता है, नमक शरीर के सारे रस को सोख लेता है, और सड़ने से भी बचाता है, फिर मसाले का लेप और आँख आदि लगा के लाश को पद्मासन बैठी मूर्ति-सा बना देते हैं—पद्मासन तो प्राण छूटते ही बना देते हैं। लोग इस नमक को प्रसाद समझकर उपयोग करते हैं। चार साल बाद जब फिर मैं ल्हासा आया था, तो हाल ही में मरे तेरहवें दलाई लामा का यह लवणप्रसाद बाँटा जा रहा था। मूढ़ विश्वास के बारे में मत कुछ पूछिये। हमारे सभ्य कहलानेवाले भारतीय भी तो धर्म के नाम पर गुरुओं की थूक और नहाये जल को ग्रहण कर अपने को पुण्यवान् समझते हैं। विवेकानन्द के प्रशंसकों ने यहाँ तक लिख दिया है कि वह एक बार रामकृष्ण परमहंस के कफ (थूक, खखार) भरे बरतन (उगालदान) को गुरु-श्रद्धा के मारे उठाकर पी गए! फिर यदि तिब्बत के कुछ भोले-भाले भगत अपने अवतारी लामों के मूत्र-पुरीष का चरणामृत बनाते हों, तो इसके लिए बहुत आश्चर्य नहीं है।

दलाई लामा का मृत शव एक बड़े स्तूप में रखा जाता है, और उसके साथ-साथ लामा की बहुत-सी प्रिय वस्तुएँ—हीरा, मोती-रत्न, जड़े प्याले, हस्तलिखित पुस्तकें और न जाने क्या-क्या डाल दिया जाता है। स्तूप के बाहर भी कितनी ही कीमती चीजों से उसे सजाया जाता है। पाँचवाँ दलाई लामा ही पहला शासक था, उससे लेकर आगे के सभी दलाई लामाओं की समाधियों पर बड़े स्तूप बने हुए हैं। उनकी पूजा और पहरेदारी के लिए एक भिक्षु अफसर और कितने ही सहायक रहते हैं। उक्त अफसर ने कितने ही महीनों से सातवें दलाई लामा की समाधि के मोती, फीरोजे आदि बेचने शुरू किये थे, जब बदली होने का वक्त करीब आया, तो वह वहाँ से भाग गया। साल या अधिक से कन्-छी लम्-मर (एक सुन्दरी) के साथ वह बड़े मौज से रहता था। किसी ने सन्देह नहीं किया, कि उसके पास इतना पैसा कहाँ से आता है। उसने ज्यादातर माल नेपाली सौदागरों के हाथ बेचा था और वे अब तक अधिकतर जवाहिरात तिब्बत से बाहर निकाल चुके थे। खैर, चोरी तो की, लेकिन

उसमें उतनी अकल नहीं थी। दक्खिन (हिन्दुस्तान) भागने की जगह वह उत्तर की ओर भागा। किसी पहाड़ में दो-तीन दिन तक छिपा रहा, फिर भूख लगी, तो बस्ती में खाना लेने आया और पकड़ लिया गया। वह और कन्-छी लम्-मर दोनों पकड़े हुए पोतला की हवालात में गए, और तब उन पर खूब मार पड़ी। उन्होंने सबका नाम बतला दिया और जिन-जिन ने माल खरीदा था, सब पकड़े जाने लगे। नेपाली प्रजा की जिम्मेदारी नेपाली राजदूत ने ली। हमारे सामने मोतीरतन रहते थे, उन्होंने भी दोनों को एक रात-दिन अपने घर में छिपाया और एक बड़े बक्स में बन्द करके रखा था। सब पकड़े गए।

24 जनवरी को अखबारों से मालूम हुआ कि श्री मजहरुल् हक का देहान्त हो गया। उनके नाम के साथ 'मौलाना' लगाने में मुझे संकोच होता है, क्योंकि वह जितने महान थे, उसके लिए यह उपनाम बिलकुल तुच्छ है। उतने सीधे-सादे, सच्चे, निर्भीक, निष्पक्ष त्यागी व्यक्ति दुनिया में बहुत दुर्लभ हैं। मैंने उन्हें नजदीक से देखा था। एक मरतबा उन्होंने अपने आशियाना में रहने के लिए आग्रह किया था, किन्तु उड़ती चिड़िया के लिए आशियाना भी पिंजड़ा है। मुझे हक साहब के प्रति अटूट श्रद्धा थी। लेकिन किसी समय काफी दिनों तक उनके साथ रहने की मेरी इच्छा कभी पूरी न हुई। मृत्यु की खबर सुनकर मुझे बड़ा अफ़सोस हुआ। मैंने उस दिन अपनी डायरी में लिखा, कि छपरा में उनकी स्मृति में एक हक कॉलेज खोला जाय। 1930 में छपरा में कॉलेज की बात बहुत दूर थी। पीछे कॉलेज तो खुला, लेकिन हक कॉलेज नहीं, राजेन्द्र कॉलेज। राजेन्द्र बाबू भी बिहार के एक अद्वितीय रत्न हैं, इसलिए उनके नाम से कॉलेज खोलकर लोगों ने अच्छा ही किया, मगर मुझे डर है कि लोग धीरे-धीरे अपने इस अद्वितीय देशभक्त को कहीं भूल न जाएँ। छपरा-डिस्ट्रक्ट बोर्ड को अपने हाथ में लेकर हक साहब ने वहाँ शिक्षा में कायापलट कर दी। छपरावालों को हमेशा याद रखना पड़ेगा कि गाँवों में शिक्षा-प्रसार के लिए सबसे प्रथम सबसे बड़ा काम हक साहब ने किया है।

शो-गङ् जनरल का परिवार तिब्बत के सबसे धनी रईसों ही में नहीं है, बल्कि बहुत सम्माननीय भी है। तिब्बत के रईसों की आठ श्रेणियाँ हैं, जिनमें ऊपरवाले चार अपने केशों को आभूषण के साथ चाँद पर बाँधते हैं। पाँचवीं-छठवीं श्रेणीवाले भी अपने केशों को ऊपर बाँधते हैं, किन्तु वहाँ आभूषण नहीं होता। सातवीं-आठवीं श्रेणी के रईस चोटी गूँथकर उसे पीठ पर लटकाते हैं, साथ ही उसमें आभूषण भी लगाते हैं। प्रथम तीन श्रेणी के अमीरों की स्त्रियाँ ल्हाचम-कुशो कही जाती हैं और बाकी की चामकुशो। शो-गङ् जनरल प्रथम श्रेणी के अमीर है। तिब्बत में स्त्रियों का कितना अधिकार है, इसका अच्छा उदाहरण शो-गङ् जनरल की जीवनी है। जनरल कहने से यह न समझें, कि पुराने सैनिक-साइंस के भी वह बड़े भारी पंडित थे। बड़े घर के होने से वह जनरल बने गए थे। जनरल साहब ने दार्जिलिङ (दोर्जेलिङ) से

गई एक तरुणी को अपना दिल दे डाला। मैंने उनकी प्रेयसी को नहीं देखा, लेकिन ल्हाचम् को कई बार देखा। मैं नहीं समझता, वह तरुणी ल्हाचम् से ज्यादा सुन्दरी होगी। घर में रहनेवाला उनका कोई भाई भी नहीं था, कि जिससे अपनी अलग स्त्री रखने का लोभ होता। ल्हाचम् ने जब वैसा रंग-ढंग देखा, तो पति को महल से निकाल बाहर कर दिया। बेचारे जनरल किराये के एक छोटे-से मकान में रहते थे। ल्हाचम् सत्तू-मक्खन जो कुछ भिजवा देती थी उसी पर गुजारा करते थे। जब कभी कपड़ा बनवाने की जरूरत होती, तो पहले पता लगवा लेते, कि ल्हाचम् महल की खिड़की पर बैठी हैं या नहीं, और फिर अपने फटे-पुराने कपड़े को पहने बहुत धीरे-धीरे सामने सड़क से निकलते। ल्हाचम् सचमुच ही बहुत दयालु स्त्री थीं, और वह उनके पास कपड़ा-लत्ता भिजवा देतीं। शे-गङ् देपोन (देपोन-सेनापति) की यह घटना सर्वसाधारण को इतनी आकर्षक मालूम हुई, कि किसी अज्ञात कवि ने गीत बना डाले और चन्द ही दिनों में लड़के उस गीत को गलियों में गाते फिरते थे। बहुत दिनों तक वह गीत लोगों का प्रिय गीत बना रहा। शो-गङ् के एक नौकर ने एक-दो बार मुझसे भी आकर कहा था कि जनरल आपसे मिलना चाहते हैं। मैंने समझा, कोई जोतिस-वोतिस की बात पूछेंगे, इसलिए नहीं जा सका।

6 फरवरी को ल्हासा में पहली हिमवृष्टि हुई, लेकिन वह हलकी-सी थी। पीछे एक दिन सोलह अंगुल मोटी बर्फ पड़ी थी, किन्तु दोपहर तक गल गई। ल्हासा शहर के बीचोबीच तिब्बत का सबसे पुराना बुद्ध-मन्दिर जोखङ् है, यह सातवीं शताब्दी के मध्य में बना था। मैं वहाँ अनेक बार दर्शन करने गया था। वह एक पवित्र स्थान ही नहीं, बल्कि तेरह शताब्दियों की मूर्ति-कला का एक सुन्दर संग्रहालय है। जोखङ् के दरवाजे के बाहर एक सूखा हुआ पेड़ है, कहते हैं कि यह उसी समय का पेड़ है, जब मन्दिर बना था।

पहली मार्च (माघ सुदी पड़वा) को तिब्बती नववर्ष का प्रथम दिन था। नववर्ष के प्रथम दिन से एक महीने तक ल्हासा का राज दलाई लामा छोड़ देते हैं, और उनकी जगह डे-पुङ विहार के निर्वाचित भिक्षु राज करते हैं। मैं बतला चुका हूँ कि प्रथम महन्तराज पाँचवें दलाई लामा डे-पुङ के एक महन्त (खनपो) थे। शायद उसी स्मृति में यह राज्य डे पुङ विहार की ओर से होता रहा। पाँचवें दलाई लामा बौद्धभिक्षु और अच्छे पंडित थे। हो सकता है, उन्होंने व्यक्ति की जगह भिक्षुओं के संघ की ओर से एक महीने राज करने की प्रथा को चलाकर संघ के राज की खूबी दिखलानी चाही हो। यदि यह बात सोची हो, तो नजीता बिलकुल उल्टा हुआ है। राज करने के लिए भिक्षु अपने-अपने चुनाव के लिए खूब रिश्वत देते हैं। जुर्माना और दूसरी तरह से एक महीने में काफी आमदनी करते हैं। और फिर इन अधिकारियों के चुनने में कुछ मुट्ठी-भर खुशामदी दरबारियों का हाथ होता है। इतना जरूर होता है, कि एक महीने के लिए ल्हासा का फैला हुआ शरीर खूब चुस्त हो जाता है।

दो मार्च को नए शासक घोड़े पर चढ़े डे-पुङ् से ल्हासा पहुँचे। दो बजे चौरस्ते पर उनके शासन की घोषणा की गई। जोखङ् ही उनकी कचहरी और बेंत मारने आदि का स्थान है। जान पड़ता है, शासक चुनने में डील-डौल और कद का भी ख्याल किया जाता है। शासक और अनुशासक दोनों ही बहुत लम्बे-चौड़े थे। ऊपर से जाकिट के भीतर कन्धे पर कपड़े की मोटी तह रखकर उन्हें और विशालकाय मल्ल बना दिया गया था। आगे-पीछे खूब मोटे-तगड़े भिक्षु अरदली की डयूटी बजा रहे थे। अरदलियों के हाथ में छोटा डंडा या तलवार नहीं, बल्कि पाँच इंच गोलाई का एक चार हाथ लम्बा और दूसरा कुछ कम मोटा दो हाथ का डंडा या पेड़ की डाली थी। सभी चीजें दर्शक के दिल में भय-संचार करने के लिए थीं। शासक अनुशासक सड़क पर चलते, तो उनके अनुचर बड़े जोर से चिल्लाकर बोलते—"फा-क्यु-क्ये! पी क्ये मा शमो!" (हटो रे, टोपी उतारो रे) उनके कहने की जरूरत नहीं थी। लोग पहले ही से सड़क छोड़कर भाग जाते थे। कोई खड़ा रहा, तो वह बुत पहले से टोपी को उतारे रखता था। वैसे ल्हासा की सड़कों को साफ करने की किसी को परवाह नहीं होती, न कोई म्यूनिसपैलिटी का ही इंतजाम है। इस महीने-भर के राज की कुछ न पूछो, लोग दिन में दो-दो बार अपने सामने की सड़कें बुहार कर रखते थे, इतना ही नहीं, सफेद मिट्टी के चौक पूरते थे। महीने भर तक घोड़ों के गरदन में घंटी नहीं बाँधी जा सकती। डे-पुङ्, सेरा, गन्दन तथा दूसरे मठों से बीस-पच्चीस हजार भिक्षु ल्हासा शहर में आकर जमा हो जाते। उनके लिए पानी भी तो पर्याप्त नहीं होता। लेकिन हरेक कुएँ को चौथाई पानी निकालकर जोखङ् के रसोईघर में भेजना पड़ता था। पानी जल्दी सूख सकता था, इसके लिए शहर से पश्चिम तरफ बहती नहर का पानी ल्हासा के सभी गड़हों में भर दिया जाता। ये गड़हे 11 महीने तक पाखाने का काम देते हैं। आस-पास का कूड़ा-करकट इन्हीं में फेंका जाता है। मरे कुत्तों, बिल्लियों के यही श्मशान हैं। पानी भर देने से कैसा माजूम तैयार होता है, यह आप खुद अनुमान कर सकते हैं। यही खैरियत है, कि ल्हासा 11-12 हजार फीट ऊँचाई पर बसा है, ठंडा है, उस पर से यह माघ-पूस का महीना होता है; नहीं तो हैजा हर साल ही होता। लोग भी ठंडा पानी पीने की जगह उसे गरम चाय के रूप में पीते हैं। नेपाली छोड़ दूसरे दुकानदारों को 'नई सरकार' को पैसा देकर लैसन्स का कागज लेना पड़ता है। मार-पीट या कोई दूसरा मुकदमा कचहरी में जाता है, तो न्यायाधीश जेल या बेंत की सजा कम देते हैं, बड़े-बड़े जुरमाने ही करना चाहते हैं—उसी में फायदा भी तो है। महीने-भर जोखङ् में खूब पूजा होती है। भिक्षु तीन-तीन बार दर्शन करने जाते हैं। मुँह में कपड़ा बाँधे पचासों परोसनेवाले टोटीदार बर्तनों में चाय लिये तैयार रहते हैं।

6 मार्च को दलाई लामा जुलूस के साथ शहर में पधारनेवाले थे। पता लगा, दो मंगोल भक्तों ने इसके लिए लामा को बड़ी भेंट चढ़ाई थी। मैंने एक बार दलाई

लामा को लीला देखते हुए पोतला में देखा था, उस दिन उनके जुलूस को देखा। सवेरे 7 बजे से पहले लोग अपनी-अपनी देखने की जगह पर खड़े हो गए। फिर कोई सड़क भी आर-पार नहीं कर सकता था। पहले मंत्रियों के परिचारक गोल तवे से लटकती लाल झालरों वाली टोपी पहने चल रहे थे। उनके बाद गृहस्थ-राजमंत्री थे, तब भिक्षु-अफसर, फिर गृहस्थ-अफसर, फिर नागरिक वेष में प्रधान सेनापति, तब छारोङ भूतपूर्व मंत्री सैनिक वेष में, फिर दो जनरल, फिर सेनापति के वेष में लेदन-ला। तब दलाई लामा की डोली चोरी ओर रेशमी पर्दे से ढकी चल रही थी, पीछे चलनेवाले अनुचरों में कितने ही मंगोल वेष में थे, कुछ चीनी और कुछ नेपाली वेष में भी थे।

सप्ताह-भर राज करते हो गए, ल्हासा की आबादी भी दूनी से ज्यादा हो गई और स्वास्थ्य सफाई का कोई इन्तजाम नहीं, फिर थोड़ी-बहुत बीमारी भी न हो, यह कैसे हो सकता था? सड़क पर तो गन्दगी नहीं थी, लेकिन घरों के पिछवाड़े की गन्दगी कैसे रोकी जाय—जब कि गन्दा करनेवाले वही भिक्षु हैं, जो महीना-भर के लिए राजा बन गए हैं। स्वास्थ्य सफाई विभाग का स्थान वहाँ लामा पुजारियों ने अपने हाथ में ले लिया था और सड़कों पर जगह-जगह मंत्र-जाप होते देखा जाता था। 9 मार्च की रात को 3 अंगुल बर्फ पड़ी। 10 के सवेरे को तो छत, आँगन, भूमि और पास के पहाड़ सभी सफेद कपास से ढके-जैसे मालूम होते थे। लोग सवेरे से ही बर्फ को झाड़कर गलियों में फेंकने लगे; छत की बर्फ को भी नीचे गिराने लगे, नहीं तो धूप से पिघलने पर मिट्टी की छत फाड़कर वह नीचे चूने लगती है। दोपहर तक सारी बर्फ गल गई।

अमावस्या को बहुत बड़ा उत्सव मनाया जाता है। आज सब जगह परिक्रमा (ल्हासा की मूल सड़क वस्तुत: जोखङ् की परिक्रमा है) में खम्भे गाड़े और सजाए जा रहे थे। फिर परदा करके लोग तरह-तरह की मूर्तियाँ बनाने में लगे हुए थे। राजमंत्री और सामन्तों तथा भिन्न-भिन्न विहारों में होड़ लगी हुई थी। शाम के वक्त पर्दे खोल दिये गए। रंग-बिरंगी पत्तियों से सजी सैकड़ों तरह की सुन्दर-सुन्दर मूर्तियाँ वहाँ सजाई हुई थीं और घी के दियों से चारों ओर जगमग-जगमग हो रहा था। पहले सिपाही सड़क में घूम-घूमकर देखते फिरे, फिर दर्शकों की भीड़ टूट पड़ी। प्रमुख लोग अपने-अपने प्रदर्शन के पास खड़े थे। उस साल रामोछे विहार के भिक्षुओं का स्तूप और मूर्तियाँ सजावटों में सबसे सुन्दर मानी गईं। लोग तिनकों का मशाल लेकर चल रहे थे। भीड़ होने पर मोटे डंडेवाले लोगों को मारकर हटाते थे। इक्की-दुक्की स्त्रियों की खैरियत नहीं थी, ढावा, पकड़कर उन्हें गलियों की ओर ले जाते थे। 12 बजे रात तक बड़ी भीड़ रही। नाच-गाना तो सारी रात और दूसरे दिन तक था। दूसरे दिन 15 मार्च को चैत वदी पड़वा थी। आज ही से वस्तुत: नया वर्ष शुरू हो रहा था। लोग एक-दूसरे से मिलने पर मंगल-गाथा पढ़ते थे। पहले महीने

की चौबीसवीं तिथि तक भिक्षु राज्य रहता है। महीने-भर बाद फिर 12 दिन के लिए उन्हें राज करने को मिलता है। 23 तारीख को बड़ा भारी जुलूस निकला। पुराने युग के वेष में सैनिक वर्मधारी सवार, धनुष और खड्ग लिये पैदल हजारों की तादाद में चल रहे थे, कितने ही सिर पर पंख सजाए पुरानी बन्दूकों को लेकर चल रहे थे। कहते हैं, आज ही के दिन मंगोल सरदार ने तिब्बत को जीतकर उसे दलाई लामा को भेंट चढ़ाया था। 24 तारीख को बड़े सवेरे मैत्रेय बोधिसत्व की रथयात्रा थी। अपने शंख-झाल लिये पीली टोपी और उत्तरासंग धारण किये भिक्षु चल रहे थे। फिर चमड़े का बाजा बजाते कंचुकधारी पुरुष थे। उनके पीछे रथारूढ़ मैत्रेय की प्रतिमा थी, जिसके पीछे दो हाथी चल रहे थे। तिब्बत जैसी सर्द जगह में हाथी का जीना बहुत मुश्किल है और उसका हिन्दुस्तान से लाना और भी। लेकिन बचपन ही में ये हाथी पहाड़ पार करा लिये जाते हैं। जाड़ों में उनके घर को गरम रखने की कोशिश की जाती है। आज ही भिक्षुओं का राज खतम हुआ और दलाई लामा ने फिर राज को अपने हाथ में लिया। 25 मार्च को सवेरे से दोपहर तक हिमवर्षा होती रही और धरती पर 16 अंगुल बर्फ जम गई। बर्फ के कारण सर्दी भी बहुत बढ़ गई थी। उस दिन घुड़दौड़ और बाणवेध का तमाशा हुआ। 28 मार्च को गर्मी खतम मालूम हो रही थी। अब पोस्तीन पहनकर चलना मुश्किल था।

3. सम्-ये की यात्रा

आनन्द जी का तार पाते ही यह तो निश्चय कर लिया था, कि अब मुझे लंका लौट जाना है, इसलिए हर तरह की पुस्तकों को मैं खरीदने लगा। कुछ अच्छी-अच्छी तस्वीरें भी खरीदीं। 30 मार्च को पता लगा कि सैनिक हटा लिये गए। अब रास्ता खुल गया था। मैंने मंगोल-भिक्षु धर्मकीर्ति (छोइडक) को कहा। वह साथ चलने के लिए तैयार थे। मैंने तिब्बत के सबसे पुराने बुद्धमन्दिर को तो देख लिया, लेकिन सबसे पुराने मठ (सम्-ये) का दर्शन करना भी जरूरी था। 5 अप्रैल को मध्याह्न के समय हम ल्हासावाली नदी से चमड़े की नाव पर रवाना हुए। 4 बजे से हवा बहुत तेज हो गई। रात को नदी के बगल के मन्डो गाँव में ठहरे। हमारी नाव पर एक 50 साल की बुढ़िया और उसका 24-25 साल का पति भी चल रहा था। यहाँ मैंने पूछने में गलती की, लेकिन धर्मकीर्ति ने ठीक कर लिया। तरुण ओझा था, उसके सिर पर देवता आया करता था। मौसम साफ बदला दिखाई देता था। वृक्षों पर पत्तियाँ कोंपल की शकल में निकल आई थीं। एक रात और हमें रास्ते में ठहरना पड़ा। 7 तारीख को सवेरे हम ब्रह्मपुत्र में पहुँच गए। अब हम ल्होखा-प्रदेश में थे। चाङ् प्रदेश की स्त्रियाँ सिर में धनुष को आभूषण बना के पहनती हैं। उइ (मध्य) प्रदेश यानी ल्हासा की औरतें एक बड़ा त्रिकोणकार शिरोभूषण धारण

करती हैं। ल्होखा में आधा उल्टा कंटोप उनका शिरोभूषण है।

मध्याह्न को हम कनेनुम्बा नामक 6-7 घर वाले छोटे-से गाँव में पहुँचे। तिब्बत की नदियों में मछलियाँ, काफी होती हैं। तिब्बती लोग मछली और चिड़िया के मांस को खाना बुरा समझते हैं, लेकिन इस गाँव का तो, मालूम होता था, मछली का व्यापार है। डेढ़-डेढ़ दो-दो सेर की मछलियाँ सुखाई जा रही थीं। हमने भी दो मछलियाँ उबलवाकर मँगाईं, लेकिन उनमें मोटे काँटों के अतिरिक्त बाल-जैसे बारीक काँटे सब जगह भरे पड़े थे। खाना मुश्किल था और स्वाद भी कुछ नहीं था। हमने समझा था, थोड़ी देर विश्राम करके चल देंगे, लेकिन बुढ़िया के पति के ऊपर देवता आने लगा। उस दिन देवता चढ़ा रहा और 8 अप्रैल को भी दोपहर तक भूत-खेलाई जारी रही। हमारे मल्लाह और गाँववालों के लिए वह दलाई लामा से कम नहीं था। अनाज, पट्टू और न जाने क्या-क्या चीजें उसे उपहार में मिलीं। हमने अपने भाग्य को सराहा, जब हमारी नाव आगे चली। उस दिन 7 बजे हम ब्रह्मपुत्र के किनारे 'सो-नम्-फन-सुम' नामक शिला के पास पहुँचे। वहाँ छोटी-बड़ी तीन चट्टानें हैं, जिनमें दो को माता-पिता और एक को पुत्र कहा जाता है। 8 बजे हम 'डक्-छेन-फुर-बु' शिला के पास रात के विश्राम के लिए उतर पड़े। यह चट्टान ब्रह्मपुत्र के बीच में है और 100 हाथ ऊँची त्रिकोण के शकल की। कहते हैं, जब सम्ये-विहार बना, तो चित्रपट टाँगने के लिए इसी शिला को भारत से लाया गया। लानेवाले ने गलती से यहाँ रख दिया और तब से वह यहीं है। दूसरे दिन मध्याह्न में हम जम्-लिङ घाट पर उतरे। ब्रह्मपुत्र से दाहिने कुछ दूर हटकर यहाँ एक बड़ा स्तूप है, जो नेपाल के महाबोधा से बहुत मिलता-जुलता है। वहाँ से परले पार हम नाववाले गाँव में पहुँच गए। गाँव में आदमी नहीं मिला, इसलिए जो कुछ थोड़ा-बहुत सामान था, उसे हम लिये-दिये पैदल ही सम्-ये की ओर चल पड़े। सम्-ये यहाँ से चार मील से ज्यादा नहीं था। कुछ दूर जाने पर पत्थर काटकर बने पुराने स्तूप मिले। आखिर हम सम्-ये पहुँच गए। सम्-ये को नालन्दा के आचार्य शान्तरक्षित ने आठवीं सदी में उडन्तपुरी विहार के नमूने पर बनवाया था। ग्यारहवीं-बारहवीं शताब्दी तक तिब्बत के विहार (मठ) समतल भूमि पर बना करते थे, पीछे तो दुर्गम पर्वत-स्कन्धों को लोगों ने विहार के लिए सबसे अनुकूल स्थान समझा। सम-ये समतल भूमि पर बना हुआ है। चारों ओर चहारदीवारी, जिसके भीतर चारों कोनों पर चार पक्की ईंटों के छत्रधारी चार स्तूप हैं। बीच में प्रधान देवालय हैं। विहार का मुख्य दरवाजा पूर्व की ओर है। हम लोग पश्चिम दरवाजे से घुसे और पहले ही शिकम के विद्वान भिक्षु 'उ-ग्र्येन कुशो' से भेंट हुई। उनसे पूछापाछी हुई, फिर मिलने की बात कहकर हम लोग पहले से निश्चित किये स्थान में चले गए।

उस दिन तो हम कहीं नहीं आए-गए। दूसरे दिन दर्शन के लिए निकले। पहले प्रधान मन्दिर में गए। यह लकड़ी की तीन-तला इमारत है। बीच में किसी वक्त

सम्-ये जल गया था, इसलिए यही वह मन्दिर नहीं हो सकता। मन्दिर में मुख्य मूर्ति बुद्ध की है। विहार के निर्माता और भारत के प्रचंड दार्शनिक आचार्य शान्तरक्षित, उनके शिष्य भोट भिक्षु वैरोचन और आचार्य के गृहस्थ-शिष्य सम्राट् 'ठि-स्रोङ' की भी मूर्तियाँ हैं। आचार्य 70 वर्ष से अधिक उम्र में तिब्बत गए थे और उनका देहान्त यहीं सम्-ये में ही हुआ। आचार्य की मूर्ति के मुँह में एक दाँत बचा हुआ दिखलाई देता है। सबसे अधिक प्रभावित मैं तब हुआ, जब मैंने अपनी आँखों के सामने शीशे के भीतर आचार्य शान्तरक्षित का कपाल देखा। वही कपाल, जिसके भीतर से 'तत्त्वसंग्रह' जैसा महान् दार्शनिक ग्रन्थ निकला। मैं कुछ देर तन्मय होकर उस ओर देखता रहा। आचार्य का देहान्त होने के बाद उनके शरीर को पूरबवाली पहाड़ी के ऊपर एक स्तूप में रखा गया था। कुछ ही साल पहले जीर्ण-शीर्ण हो यह स्तूप गिर गया और आचार्य की हड्डियाँ बिखर गईं। उन्हीं को लाकर लोगों ने यहाँ रख दिया। मुख्य मन्दिर के अतिरिक्त बारह और मन्दिर तथा निवास हैं। इन मन्दिरों को लिङ्-द्वीप कहते हैं। ग्य-गर लिङ (भारतद्वीप) वही स्थान है, जहाँ रहकर कितने ही भारतीय पंडितों ने संस्कृत पुस्तकों का भोट भाषा में अनुवाद किया था। ग्यारहवीं शताब्दी के मध्य में सम्-ये में संस्कृत पुस्तकों का कितना विशाल संग्रह था, यह इसी से मालूम होगा, कि भारतीय पंडित दीपंकर श्रीज्ञान ने उसे देखकर कहा था—यहाँ कितनी ऐसी पुस्तकें हैं, जो विक्रमशिला में भी नहीं मिलतीं। आज वहाँ कोई संस्कृत की पुस्तक नहीं सुनने में आई। दीपंकर श्रीज्ञान के देहान्त के कुछ समय बाद सम्-ये में आग लगी। फिर रा-लो च वा (बारहवीं सदी) ने उसे नए सिरे से बनवाया। सम्भव है, उसी आग में बहुत-सी पुस्तकें जल गई हों। यह भी हो सकता है कि कुछ पुस्तकें स्तूपों और मूर्तियों के भीतर अब भी सुरक्षित हों।

हम दोनों उर्गेन् कुशो के पास भी गए। वह भोटिया के पंडित तो थे ही, साथ ही चान्द्र व्याकरण के सारे सूत्र उन्हें कंठस्थ थे। लेकिन संस्कृत-भाषा का ज्ञान कुछ भी नहीं रखते थे। मैं दो-चार दिन और रहना चाहता था, लेकिन तिब्बती सरकार ने चाँदी के सिक्कों को हटाकर सिर्फ ताँबे के सिक्के रख छोड़े थे, जिनका दाम बहुत गिर गया था। कितना ताँबा बाँधकर साथ ले चलते। फिर यहाँ हमें कितने ही चित्रपट और हाथ की लिखी भोटिया पुस्तकें मिल रही थीं। हमने 25 चित्रपट और एक पुरानी हस्तलिखित पुस्तक 'पद्म-क-थङ्' खरीद ली थी। अब और ज्यादा पैसे रह नहीं गए थे। छुशिङ्-शा से हम उनके एक भोटिया दोस्त के नाम पैसे के लिए चिट्ठी लाए थे, लेकिन वह इस वक्त यहाँ मौजूद नहीं थे। उर्गेन् कुशो की मेहरबानी से दो घोड़े किराये पर ले हम कुछ दूर निकल गए थे, तब चिट्ठीवाले सज्जन मिले। उनका घर आगे 'हङ्गो-चङ्-गङ्' गाँव में था। गाँव से कुछ पहले ही हमने एक छोटा-सा मकान देखा, यही वह जगह है जहाँ तिब्बत के अशोक, सम्राट् 'ठि स्रोङ' पैदा हुए थे।

यद्यपि हम दो ही आदमी थे, घोड़े पर सवार और कपड़े-लत्ते से भी अच्छे, इसलिए देखनेवाला समझ सकता था कि ये पैसेवाले आदमी हैं। रास्ते भी सुनसान और आगे का डाँड़ा तो और भयंकर तथा खतरनाक था। लेकिन हमें अब आत्मविश्वास ज्यादा था। धर्मकीर्ति भी भिक्षु के वेष में होने पर भी अपने पूर्वज चंगेज खाँ के एक मंगोल सैनिक की तरह हट्टे-कट्टे थे। ऊपर से हम लोगों के पास भरी हुई पिस्तौल थीं।

12 तारीख को सूर्योदय के पहले ही दोनों घुड़सवार गाँव से निकल पड़े। इधर से पहाड़ों में कुछ छोटे-छोटे जंगली वृक्ष भी दिखाई दिये। ल्हासा की अपेक्षा सम्-ये और उसके पास की भूमि ज्यादा गरम है, ब्रह्मपुत्र के कारण उपत्यका भी बहुत चौड़ी। यहाँ बीरी और सफेदा ही नहीं, अखरोट के भी वृक्ष होते हैं। तिब्बती लोगों को शौक नहीं है, नहीं तो यहाँ सेब, अंगूर के भी अच्छे बाग लग सकते हैं। अब हम डाँडे की ओर जा रहे थे। ऊपर सर्दी ज्यादा थी। एकाध जगह कुछ बिर्फ दिखाई पड़ी। चढ़ाई उतनी कड़ी नहीं थी, लेकिन उतराई ज्यादा मुश्किल थी। उतराई में हम लोग घोड़ों से उतर गए। रास्ते में देखा गदहा मर रहा था और उसकी मालकिन बैठी रो रही थी। उतराई में दूर तक बर्फ-ही-बर्फ पर चलना पड़ा। रास्ते में एक जगह हमने चाय पी और सात बजे ल्हासावाली नदी (उइछू) के बाएँ किनारे पर अवस्थित 'दे-छेन जोङ्' गाँव में पहुँचे।

4. गन्दन् की यात्रा

गे-लुग्-पा सम्प्रदाय के संस्थापक चोङ्खा-पा ने जिस विहार को स्थापित किया था, जहाँ अब भी तिब्बत का वह अद्वितीय पंडित अनन्त निद्रा में लीन है; दलाई लामा के वैभव के बढ़ जाने पर भी उनके गे-लुग्-पा सम्प्रदाय की गद्दी जहाँ पर है, और जो भिक्षु-संख्या में तिब्बत का तृतीय विहार है; उस गन्दन् (स्था. 1405 ई.) का दर्शन करना मेरे लिए जरूरी था। वह यहाँ से बहुत दूर भी नहीं था। कोशिश करने पर भी सिर्फ एक घोड़ा मिल सका और धर्मकीर्ति को पैदल ही चलना पड़ा। 13 तारीख को कुछ घंटों के सफर के बाद पहाड़ की रीढ़ पर बसे गन्दन्-विहार में पहुँच गए। पहाड़ की जड़ से ही चढ़ाई कड़ी है, ऊपर पानी भी नहीं है। सबको पानी नीचे से ढो के ले जाना पड़ता है। इन विहारों के संस्थापक न जाने किस धुन में रहते थे और लोगों के कष्ट का ख्याल नहीं करते थे। अजन्ता, कार्ले, कनेरी, किसी पुराने बौद्ध विहार को देखिए, विहार बनानेवालों ने पानी की ओर सबसे पहले ध्यान दिया। कनेरी में कोई चश्मा या जलाशय नहीं, लेकिन पहाड़ काटकर बने घरों के नीचे बड़े-बड़े चहबच्चे खुदे हैं, और बरसात के पानी को जमा करने के लिए ऐसी नालियाँ बनी हैं, कि साल-भर पानी खतम नहीं होता। बम्बई के पास

कनेरी की गुफाओं के भिक्षुओं को खतम हुए आज छह-सात सौ वर्ष हो गए, लेकिन कदम-कदम पर मौजूद शीतल निर्मल जल के इन चहबच्चों से प्यास बुझा यात्री आज भी बनानेवालों की बुद्धिमानी की सराहना करते हैं। चोङखा-पा ने समझदार होकर ऐसी गलती क्यों की। गन्दन् में पहले मंगाले भिक्षु ज्यादा रहा करते थे, लेकिन अब उनकी संख्या बहुत कम है।

जिसे स्तूप में चोङखा-पा (1357-1419 ई.) का शरीर है, उसके ऊपर किसी मंगोल राजा का दिया तम्बू तना है। जिस कोठरी में चोङखा-पा रहता था, वह भी सुरक्षित है। 500 साल पहले उसने अपने हाथों से जिन पुस्तकों को लिखा था, वे भी एक सन्दूक में बन्द करके रखी हैं। चाँदी-सोने के चढ़ावों के बारे में कुछ कहने की जरूरत नहीं। नीचे 108 खम्भों का विशाल उपोसथागार (संघशाला) है। यहीं चोङखा-पा का सिंहासन है। उस समय पूजा हो रही थी। रंगीन आटे के चित्र-विचित्र मंडल (फुलवारीवाले चौक) बने हुए थे। एक तरफ हवनवेदी थी, किसी मूर्तिकार ने वर्तमान (तेरहवें) दलाई लामा की बड़ी मूर्ति बनाकर रखी थी। भीतर जाने के लिए जूता ले जाने का निषेध था—तिब्बत में शायद यह एक ही ऐसी जगह थी। गन्दन् में एक डसङ (कॉलेज) है, जिसमें तीन खनपो और 3 हजार भिक्षु रहते हैं। खनपो लोगों का काम अधिकतर प्रबन्ध देखना है, पढ़ाने का काम ग्येर-ग्येन् करते हैं। हम लोग मंगोलों के खम्जन् में ठहरे। वहाँ का ग्येर-ग्येन् मंगोल-विजेता गुश्री खाँ—जिसने 1642 ई. में सारे तिब्बत को जीतकर दलाई लामा को प्रदान किया था—का वंशज था।

दूसरे दिन घंटा-भर दिन चढ़ने के बाद हम लोगों ने प्रस्थान किया। हम ल्हासा जानेवाले चार थे, दूसरे दो में एक मंगोल और एक खम्-मो (खम्-प्रदेश की स्त्री) थी। हमें दे-छेन्-जोङ् से चमड़े की नाव पर ल्हासा जाना था। हम सीधे मल्लाह के घर पर गए, बहुत गरीब का घर था, तो भी वहाँ पाँच-सात मिट्टी की सुन्दर मूर्तियाँ और तीन-चार चित्रपट टँगे हुए थे। 4 साँग (प्राय: 2 रुपया) पर हमने नाव की, 15 अप्रैल को घड़ी-भर दिन चढ़े नाव नीचे की ओर चली। नदी के दोनों तरफ थोड़ी-थोड़ी दूर पर कितने ही गाँव थे। दोपहर को हम ल्हासा पहुँचे। अब जाड़ा बिलकुल खतम हो गया था।

5. ल्हासा में

जिस वक्त तिब्बत में चाँदी का सिक्का (टंका) चलता था, उस वक्त हिन्दुस्तानी रुपये का तीन टंका होता था। भोटिया-सरकार ने चाँदी के रुपये को खींचकर सिर्फ ताँबे का सिक्का रहने दिया, और अब दाम गिरते-गिरते रुपये का साढ़े 15 टंका हो गया था। चाँदी के आने से किस तरह सिक्के का दाम बढ़ जाता है, यह इसी से

मालूम होगा, कि जिस वक्त रुपये की दर 8 टंका थी, उसी वक्त भूटान के राजा के मरने पर पूजा के लिए एक लाख रुपया ल्हासा आया। उसके बाद ही रुपया 7 टंके का हो गया। मैं जिस वक्त ल्हासा पहुँचा था, उस वक्त रुपया 9 टंके का था। रास्ता बन्द होने पर 12 टंका का हो के रुका रहा। सुलह की खबर आने पर $13^1/_3$ टंका हो गया और आज वह साढ़े 15 टंका था। यद्यपि लोग हिन्दुस्तानी रुपया भुनाना चाहते थे और वह मिलता नहीं था।

व्यापारी रो रहे थे। मेरे नेपाली दोस्त पूछते थे—अभी भोटिया सिक्का और कितना नीचे गिरेगा? मैंने कहा—शोगाङ के ताँबे के दाम तक। शोगाङ करीब-करीब हमारे पैसे के बराबर था और $1^1/_2$ शोगाङ एक टंके के बराबर है।

अब मुझे भारत के लिए रवाना होना था। पुस्तकें, चित्रपट और दूसरी चीजें बाँधकर 17, 18 खच्चरों पर कलिम्-पोङ् को रवाना कर दिया। 18 अप्रैल को मैं फिर जोखङ् में दर्शन करने के लिए गया। सैकड़ों वर्षों की पुरानी होने से मूर्तियों के ऊपरी प्लास्तर कुछ बिगड़-से गए हैं। यह अच्छा है, जो आजकल लोग मरम्मत की कोशिश नहीं कर रहे हैं। जोखङ् की प्रधान बुद्धमूर्ति के सामने दर्जनों सोने-चाँदी के दीपक अखंड जलते रहते हैं। सोने के दीपकों में सबसे बड़ा 400 तोले का (पाँच सेर का) एक नेपाली उपासक ने चढ़ाया था, तो पिछले साल भूटान के राजा ने 700 तोले सोने का दीपक चढ़ाया। यह सबसे बड़ा दीपक है। यहाँ के इन सोने-चाँदी के दीपकों और मणिमुक्ताओं को देख मुझे साफ मालूम होने लगा, कि महमूद गजनवी और मुहम्मद बिन बख्तियार क्यों मन्दिरों की ओर इतने आकृष्ट होते थे। महमूद और बख्तियार के लिए ही क्यों रोना रोवें? ल्हासा के भीतर 18, 19 साल पहले तं-ग्ये-लिङ् का एक बहुत बड़ा विहार था। दलाई लामा और चीनियों का झगड़ा 1907 ई. के आस-पास जब हुआ और दलाई लामा को भागकर अंगरेजों की शरण में दार्जिलिंग आना पड़ा, उस समय तिब्बत पर चीनी सीधे शासन करने लगे। तं-ग्ये-लिङ् के लामा का यही कसूर था, कि चीनी उसका बहुत सम्मान करते थे। 1911 के बाद जब दलाई लामा फिर शासनसूत्र अपने हाथ में लेने के लिए सफल हुए तो तं-ग्ये-लिङ् गुम्बा को उन्होंने तोप से उड़वा दिया और लामा को कुएँ में डुबा के मरवाया। लामा के साथ चाहे जो भी करते लेकिन गुम्बा तो बुद्ध और बोद्धिसत्त्वों के देवालयों से भरी थी, उस पर तोप लगाना क्या महमूद के हमले से कम था।

6. प्रस्थान

लंका के तीन हजार रुपयों में से प्राय: दो हजार की हमने चीजें खरीद ली थीं। कंजुर मिल गया था, लेकिन तंजुर नहीं मिला था, इसलिए हमें उसके छपवाने के लिए

नर-थङ् जाना जरूरी था। धर्मकीर्ति भी हमारे साथ लंका चलने के लिए तैयार थे। हम लोग भाड़े के खच्चरों का भरोसा नहीं कर सकते थे, क्योंकि उनको जगह-जगह बदलना पड़ता और मिलने में भारी अड़चन होती। इससे बचने के लिए हमने दो खच्चर खरीद लिये, जिसमें करीब ढाई सौ रुपये लगे। रास्ते के लिए दो पिस्तौल भी ले गए। चौबीस अप्रैल को 7.30 बजे सवेरे हम दोनों ने ल्हासा छोड़ा। दोपहर बाद ने-थङ् गाँव में पहुँचे। इसके पास ही वह ऐतिहासिक तारामन्दिर डोल-मा-ल्ह-खङ् है, जहाँ पर भारतीय पंडित दीपंकर श्रीज्ञान ने 17 वर्ष तक तिब्बत में बौद्ध धर्म का प्रचार करने के बाद 1052 ई. में शरीर छोड़ा था। ठहरने की जगह से मन्दिर दो मील पर है। हम दोनों वहाँ गए। लाल चन्दन के खुरदरे खम्भे ही बतला देते हैं, कि मन्दिर 900 वर्ष से क्या कम होगा। यहाँ 21 तरह की ताराओं की मूर्तियाँ हैं। एक ओर एक बड़ा-सा पिंजड़ा है, जिसमें दीपंकर का भिक्षापात्र, खत्तर-दंड और ताँबे का धर्मकरक रखा हुआ है। भीतर ही कुछ अनाज और भक्तों के फेंके चाँदी के सिक्के पड़े हुए हैं। सरकारी मुहर लगी हुई थी, इसलिए हम खुलवा के देख नहीं सकते थे।

25 अप्रैल को हम फिर आगे के लिए रवाना हुए (1930 ई.)। अब खेत बोये जा रहे थे। नीचे छुशोर में तो अंकुर भी जम आए थे। रात को हम छुशोर में रहे। गृहस्वामिनी ने हमारे आराम का बहुत ख्याल रखा। वह किसी चीनी की स्त्री थीं। पति बहुत दिनों से बाहर चला गया था, लौटा नहीं। उन्होंने कहा कि जो हिन्दुस्तान में कहीं मिले, तो उसे भेजने की कोशिश करेंगे।

26 को हम नाव से ब्रह्मपुत्र पार हो गए। ग्यांची जानेवाले तीन और सवार आ गए, अब हम पूरे पाँच सवार थे। पिछली बार जितने रास्ते हमने दो-दो तीन-तीन दिन में काटे थे, उन्हें हम एक-एक दिन में पार कर रहे थे। हमारी खचरियाँ भी मजबूत थीं। उसी दिन खम्बाला पार कर रात को हम लुङ्गाँव में ठहरे। 27 को बड़े सवेरे फिर रवाना हुए। हवा तेज चल रही थी। सर्दी बहुत अधिक थी। रास्ते में पानी जमा हुआ था, लेकिन महासरोवर में नहीं। महासरोवर के किनारे-किनारे चलते साढ़े तीन बजे नगाचे पहुँचे। दूसरे दिन जराला की ओर रवाना हुए। पिछली बार जहाँ हमारे खच्चरवालों ने मुकाम किया था, वहाँ अब बहुत बर्फ थी। रास्ते में हमें अच्छे-से-अच्छे घर में टिकने को जगह मिलती थी। इसमें सिर्फ हमी दोनों के खच्चर और पोशाक का प्रताप नहीं था, बल्कि हमारे तीन साथियों का परिचय भी सहायक था। ल्हासा से चलकर छठे दिन हम दोपहर को ग्यांची पहुँच गए। अब मैं चोर की तरह ग्यांची नहीं जा रहा था, कि ग्यांची के अँगरेजी किले में जाने से डरता। अँगरेज इसे किला नहीं कहते, लेकिन तिब्बती और दूसरे लोग इसे किला ही कहते हैं। तिब्बती हथियारों के लिए यह काफी मजबूत है। पत्थर की दीवारों के भीतर, कहते हैं, फौलाद की मोटी-मोटी चादरें लगी हुई हैं। मशीनगन और छोटी

तोप भी हैं। सौ के करीब सीखे हुए जाट सिपाही और उतने ही भूतपूर्व गोरखा सिपाही खेती का काम करते हुए रह रहे हैं। बेतार का भी इन्तिजाम है। उस वक्त वहाँ ट्रेड-एजेंट, सहायक ट्रेड-एजेंट और डॉक्टर तीन अँगरेज अफसर थे। किले के भीतर ही डाकखाना और तारघर है। डाकमुंशी और तारबाबू मेरे नाम से अच्छी तरह परिचित थे, क्योंकि मेरी चिट्ठियाँ उन्हीं के हाथ से होकर ल्हासा जाती थीं। ग्यांची में पलटन की रसद के ठेकेदार एक मारवाड़ी सज्जन हैं, जिनके दो गुमाश्ते वहाँ पर रहते हैं। भोटिया लोग मारवाड़ियों को 'काइयाँ' कहते हैं। मारवाड़ी भाषा के 'काइयाँ' (क्यों) शब्द को लेकर उन्होंने यह नाम दिया है।

पहली मई को सूर्योदय के साथ ही हमने शिगर्चे का रास्ता पकड़ा। बादल घिर आया, बर्फ पड़ने लगी, फिर कुहरे ने चारों ओर अँधेरा कर दिया। हम रास्ता भूल गए, लेकिन हमें नदी के बाएँ-बाएँ जाना था और अपनी बाईं ओर के पहाड़ को हम लाँघ नहीं सकते थे, इसलिए उम्मीद थी कि रास्ते से बहुत दूर हटकर नहीं जाएँगे। आगे एक बड़े गाँव के बड़े घर में चाय पीने के लिए ठहरे; साथ में अंडे भी मिल गए। रास्ते में एक दिन ठहरकर दूसरे दिन दोपहर को शिगर्चे पहुँच गए। हम ल्हासा से अपने साथ पैसे ढोकर नहीं ले आए थे, लेकिन एक खम्बा (खमदेशीय) सौदागर के नाम छू-शिङशा की चिट्ठी थी। कुछ हिचकिचा के उसने रुपया देना स्वीकार किया। टशील्हुन्पो में भी सौ रुपये की पुस्तकें खरीदीं। 400 रुपये का कागज-स्याही खरीद तंजूर छापने के लिए नरथङ पहुँचाया। 8 अप्रैल को नरथङ-विहार में गए। यह ग्यारहवीं शताब्दी का पुराना विहार है। 200 भिक्षु रहते हैं। यद्यपि संस्कृत की पुस्तकें यहाँ नहीं हैं। भारत की लाई मूर्तियों की तरफ उस यात्रा में मेरा ध्यान नहीं गया था, लेकिन पीछे मैंने वहाँ कई भारतीय चित्रपट देखे। बोधगया मन्दिर का पत्थर का नमूना भी वहाँ पर मौजूद है, जिसे ग्यारहवीं-बारहवीं शताब्दी में कोई गया से बनवा के लाया था। हमारे काम में हमारे मेजबान मणिरत्न के साले भिक्षु घोला ने मदद की। घोला खचरा-नेपाली थे। नेपाली पिता और भोटिया माँ के लड़के को खचरा कहा जाता है और लोग इसे बुरा नहीं मानते, शायद वे खचरा शब्द का अर्थ नहीं जानते या तिब्बत में खच्चर को बुरा नहीं समझा जाता। उस वक्त भारत में गाँधी जी का सत्याग्रह चल रहा था। उसकी खबर हिमालय के उस पार भी पहुँच गई थी। एक तिब्बती भिक्षु बड़ी गम्भीरता से कह रहा था—गाँधी जी लोबोन्-रिन्-पो-छे (सिद्ध पद्म-सम्भव) के अवतार हैं। तिब्बत में लोबोन्-रिन्-पोछे बुद्ध से भी ज्यादा सिद्ध और पूज्य समझे जाते हैं।

तंजूर के ऊपर 1400 साङ (1400×20/3)×17 रु. लगे। कंजूर-तंजूर दोनों पर 21-22 सौ रुपये खर्च हुए।

16 अप्रैल को जब मैं शिगर्चे ही में था, तभी शलू विहार के रिसुर लामा ने 'वज्रडाकतंत्र' की तालपत्र की पुस्तक भेंट की। मैंने ल्हासा में 'अष्टसाहस्रिका',

प्रज्ञापारमिता' जैसी मुद्रित एक-दो पुस्तकों के खंडित तालपत्र देखे थे, लेकिन यह दुर्लभ पुस्तक थी, और लिपि से भी ग्यारहवीं शताब्दी से पीछे की नहीं मालूम होती थी।

मुझे अब सारी पुस्तकें और यहाँ से खरीदे चित्रपटों को कलिम्-पोङ रवाना करना था। फरी तक के गधे भी मिल गए थे। पुस्तकों की रक्षा के लिए जरूरी था, कि उन्हें कपड़े और फिर चमड़े से लपेटकर भेजा जाय। मैंने शिगर्चे के कसाई को याक के चमड़ों के लिए पैसा दिया। उसने याक की जगह गाय का चमड़ा भेजा। मैंने उसे बुलाकर जब शिकायत की, तो वह गुर्राने लगा। वैसे मुझे गुस्सा बहुत कम आता है, लेकिन कभी-कभी ऐसे अवसर आए, जब मैं अपने पर संयम नहीं कर पाया। 17 मई को उस वक्त ऐसा ही हुआ। मैं बहुत गुस्से में हो गया और उसे धकेलकर बाहर कर दिया—मारा नहीं, यह सच है।

यद्यपि ल्हासा में लड़ाई का बुखार उतर गया था, लेकिन शिगर्चे में उसकी गर्मी कम नहीं हुई थी। नेपालियों के आने-जाने का रास्ता नहीं खुला था। गाँव के जवानों का अब भी सेना के लिए नाम लिखा और उनके हाथों में पैसा बाँधा जा रहा था। ल्हासा से दो महीना उत्तर के रास्ते सिनिङ (कन्सू) से आए एक लामा ने बताया, कि उधर लाल (बोलशेविकों) का राज्य है, डाकुओं का अब उपद्रव नहीं है। लाल न लामाओं का विरोध करते हैं, और न पक्षपात ही। तिब्बत के लोगों में प्रति सैकड़ा जितने लोग बोल्शेविकों के नाम से परिचित थे, उस वक्त हिन्दुस्तान में भी उतने लोग परिचित नहीं थे। इसका कारण यही था, कि बोल्शेविकों की व्यवस्था उन देशों में पहुँच गई थी, जहाँ का धार्मिक नेतृत्व तिब्बती लामा करते थे। लेकिन ये सिनिङ वाले लाल रूसी बोल्शेविक नहीं थे, ये चीनी बोल्शेविक थे।

20 मई को 9 गदहों पर लदवा यहाँ से खरीदी पुस्तकों और दूसरी चीजों को हमने फरी के लिए रवाना कर दिया। दूसरे दिन सवेरे ही हम दोनों शलू विहार के लिए रवाना हुए। शलू ग्यांची के रास्ते से मील-डेढ़ मील हट के पड़ता है। 3 घंटे के बाद हम वहाँ पहुँच गए। यह भी ग्यारहवीं-बारहवीं शताब्दी का पुराना विहार है, और समतल भूमि पर बना हुआ है। विहार के चारों तरफ कच्ची चहारदीवारी है। हम रिसुरलामा के पास पहुँचे। ये मेरे तिब्बत के उन दोस्तों में हैं, जिन्होंने मेरे काम में बराबर सहायता पहुँचाई। उन्होंने रहने के लिए कहा, लेकिन हम विहार देख के चले जाना चाहते थे। इस पहली तिब्बत-यात्रा में मैं पहले-पहल तो संस्कृत पुस्तकों के खोजने में बड़ा उत्साह दिखाता था, लेकिन कई मर्तबे के प्रयत्न में असफल होने पर मेरी धारणा बँध गई कि भारत से यहाँ लाई संस्कृत पुस्तकें नष्ट हो चुकी हैं, या मूर्तियों अथवा स्तूपों के भीतर बन्द कर दी गई हैं, जिससे वे देखने के लिए नहीं मिल सकतीं। चलते-चलाते रिसुरलामा ने 'वज्रडाकतंत्र' की तालपोथी देकर मेरी गलत धारणा पर चोट पहुँचाई, लेकिन मुझे क्या मालूम था कि दो ही मील दूर इसी शलूगुम्बा के शाखा-विहार में तीन दर्जन से अधिक अनमोल तालपोथियाँ रखी

हुई हैं। लामा ने भी उनके बारे में मुझे कुछ नहीं बताया। यदि वह बतलाते तो मैं 5-7 दिन के लिए वहाँ डट जाता। मैंने विहार को घूमकर देखा। वहाँ कितनी ही भारतीय मूर्तियाँ थीं। दीवारों पर सुन्दर चित्र थे। भारतीय पुस्तकों के भोटिया अनुवादों को कंजूर और तंजूर के दो वृहत-संग्रहों के रूप में क्रमबद्ध करनेवाले महाविद्वान् बु-तोन इसी शलू विहार के थे, यह मैं जानता था। उस कंजूर-तंजूर को भी वहाँ देखा, जिसके आधार पर सत्रहवीं सदी में से मि-विङ ने नरथङ् के छापाखाने के लकड़ी के ब्लॉकों को खुदवाया था, और उन ब्लॉकों पर छपे प्रथम कंजूर-तंजूर भी इस विहार में मौजूद हैं। रिसुरलामा ने चलते वक्त दो चित्रपट भेंट किए। हम 12 बजे शलू से रवाना हुए। रात को रास्ते में रहकर दूसरे दिन ग्यांची पहुँच गए, गोया शिगर्चे से ग्यांची के रास्ते को डेढ़ दिन में तय किया। ग्यांची में हमारी छोटी उमरवाली खचरी बहुत बीमार हो गई। हमें तो डर लगने लगा था।

23 मई को दोपहर बाद हम भारत की ओर रवाना हुए। ग्यांची से कलिम्-पोङ् का रास्ता अच्छा है। कितने ही सालों तक यह अँगरेजों के हाथ में रहा। अब भी ग्यांची का डाकखाना और तारघर भारतीय तार विभाग के अधीन हैं। थोड़ी-थोड़ी दूर पर यहाँ डाक बँगले भी बने हैं, टेलीफोन और तार भी हैं। अगर सरकारी आज्ञा मिल जाय, तो ग्यांची तक आदमी आराम से जा सकता है। मुझे डाक बँगलों की जरूरत नहीं थी, न मेरे पास आज्ञा थी, न उतना खर्च करने के लिए पैसे ही। इस रास्ते में भी जहाँ-तहाँ पत्थर की बहुत अच्छी चिनाई के उजड़े घर मिले। लोग कहते हैं, अठारहवीं सदी में दलाई लामा के खिलाफ हुई बगावत को दबाने के लिए जब दूसरी बार मंगोल सेना तिब्बत में आई, तो उसी ने इन घरों को उजाड़ा। पहले दिन हम थोड़ा ही चले थे, खचरी को भी आराम देना चाहते थे। तीसरे दिन (25 मई) हम विशाल सरोवर के किनारे-किनारे चलकर रात को दोजिङ् गाँव में ठहरे। ऊँचाई बहुत होने से यहाँ खेती कम होती है, लोग भेड़-बकरी ज्यादा पालते हैं। इसी घर में पहले-पहल एक पुरुष की दो स्त्रियाँ देखीं। लेकिन दोनों सगी बहनें थीं। उनके बाप को कोई लड़का नहीं था, घर-जमाई ने आकर दोनों लड़कियों को ब्याहा था।

दूसरे दिन (26 मई) थोड़ा आगे चलने पर सरोवर का अन्त हो गया। हमारे सामने विशाल मैदान था और आगे ऊपर की ओर हिमाच्छादित हिमालय की चोटियाँ थीं। सर्दी अधिक थी। रास्ते में एक छोटा-सा घर मिला, जिसमें हमने चाय पी। निर्जन प्रदेश में चलते एक डाँड़े को पार किया। वस्तुत: यह डाँड़ा नहीं था, जल-विभाजक होने से ही हम इसे डाँड़ा कहते हैं। साढ़े तीन बजे हम फरी पहुँच गए। फरी बहुत ठंडी जगह है। जौ-गेहूँ यहाँ बड़े-बड़े तो हो जाते हैं, लेकिन बीज पड़ने से पहले ही जाड़ा आ जाता है, और वे पक नहीं पाते। कलिम्-पोङ् और ल्हासा दोनों ओर से रोज सैकड़ों खच्चर यहाँ आया करते हैं। लोगों को गेहूँ-जौ के डंठल को दाने के दाम पर बेचने से काफी नफा होता है। यहाँ भोट-सरकार का

जोङ् और अँगरेजी तार-डाकघर भी हैं। 1904 के पहले यहाँ के जोङ् की इमारत बहुत बड़ी थी, लेकिन अँगरेजी तोपों ने उसे तोड़ दिया। अब इमारत छोटी-सी है। दक्खिन के पहाड़ को पार करके आधे ही दिन में आदमी भूटान पहुँच सकता है। एक घर के भीतर खाने की चीजों की हाट लगती है, जिसमें भूटानी लोग चावल-बूरा ला के बेचते हैं।

यहाँ से किराये के खच्चर हमें मिल सकते थे। अपने खच्चरों के 270 रु. मिल रहे थे, लेकिन लोगों ने बतलाया कि कलिम्-पोङ् में और दाम मिलेगा—यद्यपि यह बात गलत निकली।

28 मई को फरी से हम आगे की ओर चले। अब हम नीचे-नीचे की ओर जा रहे थे। कितने ही मील चलने के बाद छोटे-छोटे वृक्ष शुरू हुए और आगे बढ़ते-बढ़ते काफी देवदार आने लगे। यह डोमों (छुम्बों) का इलाका है। अँगरेजों की लड़ाई के बाद डोमों को उन्होंने लड़ाई के हरजाने के तौर पर दखल कर लिया और कई सालों तक उन्हीं का शासन रहा। फरी से तीन घंटा चलने के बाद नंगे पहाड़ खतम हुए थे, अब तो गाँव में घरों की छतें भी लकड़ी की थीं—मानो मैं फिर एल्मो में आ गया था। यहाँ की स्त्रियाँ एल्मो की ही तरह सुन्दर हैं, लेकिन पुरुषों के लिए वही बात नहीं कही जा सकती। दडोमोवाले ज्यादातर खच्चर लादने की काम करते हैं। इनकी स्त्रियाँ बाहर जाने पर भोटिया कपड़ा पहनती हैं, नहीं तो कनौरियों की तरह ऊनी साड़ी उनकी पोशाक है। 31 तारीख को 10 बजे हम स्या-सीमा पहुँचे। पहले यहाँ अँगरेजी की काफी बड़ी पलटन रहा करती थी, लेकिन अब 40-50 सिपाही रहते हैं। डाक बँगला, तारघर के अतिरिक्त एक खासा अच्छा बाजार भी है। मकान ज्यादातर टीन से छाए हुए हैं। बरस-भर से आँखें हरियाली के लिए तरस रही थीं, अब पहाड़ में जिधर देखो हरियाली ही हरियाली थी। हर गाँववाले खच्चरों से एक-एक टंका चराई वसूल करते हैं। मैंने 16 रु. पर खच्चर किराया किया था। धर्मकीर्ति पैदल चल रहे थे और दोनों खच्चर इसलिए खाली ले चल रहे थे, कि कलिम्-पोङ् तक वे काफी तगड़े ही जाएँगे। दोनों खच्चरों के लिए हर गाँव में दो टंका चराई का देना पड़ता था। उस दिन रात को हम ग्यू-थङ् में ठहरे। चारों ओर बड़े-बड़े देवदारों का जंगल था। कई प्राइवेट सरायें थीं। हम लोगों के लिए एक अच्छी कोठरी मिली। मकान की दीवारें, छतें सब कुछ देवदार की लकड़ी की थीं। सरायवाली बुढ़िया ने हमारे स्वरूप को देखकर समझ लिया कि भद्रपुरुष हैं, चलते वक्त छङ्रिन् (इनाम) देंगे। हमारे बैठने के थोड़ी ही देर बाद दो स्त्री-पुरुष आए। बुढ़िया ने उनके लिए पान प्रस्तुत किया। थोड़ी ही देर बाद स्त्री अँगड़ाई लेने लगी। पुरुष बार-बार हाथ जोड़ने लगा। धर्मकीर्ति ने बतलाया कि स्त्री के ऊपर देवता आ रहा है, और पुरुष उसे न आने देने के लिए नकल कर रहा है। स्त्री उठ खड़ी हुई, देवता की पोशाक पहन डंडे लगा डफ बाजा लिवाए वह मालकिन बुढ़िया की

कोठरी में चली गई। सामने बत्ती बाल दी गई, धूप जलने लगी और पतली लकड़ी से बाजे पर ताल देते देवता धाराप्रवाह पद्य में बोलने लगा। सारे खच्चरवाले और दूसरे मुसाफिर देववाहिनी के सामने पैसा रख-रखकर अपने दुख-सुख के बारे में पूछने लगे, गद्य में नहीं, सारा जबाव पद्य में था। फरी से हमारे साथ धर्मा साहु के भानजे कानछा चल रहे थे। मैंने उनसे मजाक करने के लिए कहा—कुछ पैसा रखकर तुम भी देववाहिनी से पूछो कि मेरा लड़का नेपाल में बीमार है, उसका क्या होगा। कानछा ने पूछा। देववाहनी ने कहा—"कुछ देवता नाराज हैं, लेकिन बहुत अनिष्ट का डर नहीं।" कानछा का ब्याह भी नहीं हुआ था। लेकिन लोग वहाँ देववाहनी से पूछ के सन्तोष-लाभ कर रहे थे। वे इस झूठ को थोड़े ही मानते।

पहली जून को हम फिर आगे बढ़े। कल भी हमें दो-ढाई घंटे चढ़ाई चढ़ के आना पड़ा था, लेकिन वह चढ़ाई उतनी कठिन नहीं थी। आज यह जेलपला (डाँड़े) की चढ़ाई थी, खूब कड़ी। वर्षा भी काफी हुई। बर्फ बहुत कम थी। दोपहर के वक्त हम डाँड़े के सर्वोच्च स्थान पर पहुँच गए। यही शिकम और तिब्बत की राजसीमा है। अब उतराई थी। 2, 3 मील चलने पर कुपुक आ गया। यहाँ बाकायदा चाय-रोटी की दुकानें थीं। गोया हम पन्द्रहवी से बीसवीं सदी में आ गए।

2 जून को जरा-सा चढ़कर हम तुकोला पार हुए। अब हिमालय की उतराई शुरू हुई, जो उतरने में जितनी कड़ी थी, इधर से तिब्बत की ओर जाने में भी उतनी ही कड़ी होगी। कई मील तक हम देवदारों के क्षेत्र में ही चलते रहे। फद्म-चेङ् गाँव पहुँचते-पहुँचते देवदार पीछे छूट गए। अब घरों में बाँस की छतें थीं। गर्मी काफी मालूम होती थी। चाय-रोटी सब जगह तैयार थी, उसके साथ मक्खियों की भरमार थी। रात को हम इसी गाँव में रहे। रोलिङ-छुगङ तक उतराई ही उतराई रही। यहाँ छपरा की एक दुकान थी, लेकिन मैंने अपने को प्रकट नहीं किया। नदी पार करने पर फिर कुछ कड़ी चढ़ाई मिली, यहाँ महुवे की तरह के बड़े-बड़े चम्पा-वृक्षों का जंगल था, नीचे फूलों का ढेर लगा हुआ था। अब गोरखों के गाँव मिल रहे थे। नारंगी के वृक्ष और मक्का के खेत थे। दोपहर बाद डुम्पे फङ् में पहुँचकर हम ठहरे। यहाँ से 4 मील दूर शिकम राज्य है, उसके बाद अँगरेजी इलाका आ जाता है। अब हमें कलिम्-पोङ् पहुँचने के लिए 16 मील और चलना था। 4 जून को हम फिर चले और एक-दो बस्तियों को पार करते अलगरहा पहुँच गए। यहाँ छपरा की कई दुकानें थीं, पूछने पर शीतलपुर-बरेजा के एक ब्राह्मण देवता मिल गए। उनकी ससुराल परसा में है, फिर परसा के नाते वे मुझे खिलाए-पिलाए बिना कैसे आगे जाने देते। पुआ बना हुआ था, उन्होंने खिलाया। दो घंटे के विश्राम के बाद फिर चले और शाम तक कलिम्-पोङ् पहुँच गए। भाजू रत्न साहु के द्वारा ही हमारी सारी चीजें नीचे रेल तक पहुँचनेवाली थीं, पहले ही से मेरे आने की उन्हें खबर थी।

यद्यपि कलिम्-पोङ् चार हजार फीट से ऊँची एक ठंडी जगह समझी जाती है

किन्तु सवा बरस हिमालय में रहने के बाद यहाँ मुझे बहुत गरम मालूम हो रहा था और धर्मकीर्ति बेचारा साइबेरिया का बाशिन्दा, उसने इतनी गरम जगह तो जिन्दगी भर में कभी नहीं देखी थी। मैंने ख्याल किया, जल्दी-से-जल्दी लंका पहुँचने ही में खैरियत है, नहीं तो वह कहीं और अधिक बीमार न हो जाय। हम एक ही दिन कलिम्-पोङ् में ठहरे। खचरियों के बेचने-बाचने का काम भी भाजू रत्न साहु के जिम्मे लगाया और 6 जून को तीन बजे मोटर से सिलीगुड़ी के लिए रवाना हो गए। एक तो पहाड़ों के घूम-घुमावे रास्ते में ऐसे भी बहुत आदमियों को मोटर में चलने से कै होती है, धर्मकीर्ति तो गर्मी के मारे भी परेशान थे, उधर मोटर पर भी पहली मरतबे चढ़े थे। सिलीगुड़ी हम शाम को पहुँचे, वहाँ पहुँचते-पहुँचते वह बहुत परेशान हो गए। उन्होंने लौट जाने के लिए कहा। मैंने खर्च दे उसी मोटर से उन्हें कलिम्-पोङ् लौटा दिया। रात को कलकत्ता की गाड़ी मिली और 7 जून को मैं वहाँ पहुँच गया। बड़ा-बाजार में सत्याग्रहियों पर लाठी पड़ती देखी। मेरा दिल बहुत ललचाने लगा, लेकिन मैं इक्कीस खच्चरों पर ग्रन्थराशि तिब्बत से जमा करके लाया था, जब तक उन्हें सीलोन नहीं पहुँचा देता, तब तक मैंने अपने लालच को दबाना ही पसन्द किया।

10 तारीख को पटना पहुँचा। सदाकत आश्रम में बिहार प्रान्तीय कांग्रेसी कमेटी का केन्द्र था। ब्रजकिशोर बाबू से मुलाकात हुई। देखा सरकार के इतने दमन पर भी देशभक्त किस तरह काम कर रहे हैं। 11 जून को पता लगा, बीहपुर में राजेन्द्र बाबू पर पुलिस ने लाठी चलाई। 12 को सारनाथ गया। वहाँ मालूम हुआ कि छपरा की पुलिस मेरी खोज में यहाँ भी कई बार हैरान होने के लिए आई। बनारस में डॉ. भगवान दास से मुलाकात हुई। वह थ्योसोफी के पुराने भक्त है। थ्योसोफी के नेताओं ने तिब्बत के नाम पर सैकड़ों तरह का मिथ्या विश्वास फैलाया है। उनके लालसिंह, कुथुमी आदि कितने ही महात्मा तिब्बत में रहते हैं। डॉ. भगवान् दास ने उनके बारे में पूछा। मैं उनकी श्रद्धा पर चोट नहीं करना चाहता था, मैंने सिर्फ इतना ही कहा कि वहाँ वाले इन महात्माओं का कोई ज्ञान नहीं रखते। 15 को मैं फिर कलकत्ता चला आया। सिन्धिया कम्पनी के जहाज कलकत्ता से कोलम्बो जाया करते हैं, मैंने उनसे अपने बहुमूल्य संग्रह के बारे में बतलाया और उन्हें हिफाजत से कोलम्बो पहुँचा देने के लिए कहा। 16 को मद्रास-मेल पकड़ी और वहाँ हो के 20 जून को लंका में विद्यालंकार विहार में पहुँच गया।

परिशिष्ट-3

तिब्बत में तीसरी बार
(1936 ई.)

शिवरात्रि के यात्री खूब जा रहे थे, इस वक्त राहदारी का सवाल नहीं था। खुली लारियाँ एक-एक रुपये पर भीमफेरी पहुँचा रही थीं। ढाई घंटे में हम भीमफेरी पहुँच गए। अबकी बार यह अच्छा इन्तिजाम देखा, कि चीजों की तलाशी ऊपर सीसागढ़ी पर नहीं, बल्कि यहीं कर लेते थे। अभी मेरे शरीर में इतनी ताकत नहीं थी, कि दोनों डाँड़ों को लाँघ सकता। 14 रुपया सवा आठ आने में चार कुलियोंवाला एक खटोला किया गया। खटोले में इतना सिमटकर बैठना पड़ता था, कि बड़ी तकलीफ होती थी। अँधेरा होते-होते हम सीसागढ़ी पहुँचे। कहीं और ठिकाना न मिलने के कारण मन्दिर के आँगन में सो गए। आधी रात को वर्षा होने लगी, फिर नीचे एक घर में चले गए। दूसरे दिन (18 फरवरी) 5 बजे शाम को चन्द्रागढ़ी के ऊपर पहुँचे। उतराई में जमीन इतनी बिछली थी, कि लोग फिसलकर गिर रहे थे। शाम को साढ़े छह बजे थानकोट के नीचे मोटर के अड्डे पर पहुँचे। आठ-आठ आना लेकर मोटर ने इन्द्रचौक में पहुँचा दिया। ढूँढ़-ढाँढ़कर किसी तरह धर्ममान साहु के घर पहुँच गए। उतराई में लोगों को फिसलकर गिरता देख मैं खटोले पर बैठना बेवकूफी समझ पैदल ही आया था, इसलिए कमर और पैरों में दर्द मालूम होता था।

1. नेपाल में

हेमिसलामा को दस साल बाद आज यहाँ देखा। उस वक्त उनसे लद्दाख में जब मिला था, तो उन्हें हिन्दी बोलना नहीं आता था, और मुझे तिब्बती नहीं आती थी। अब वह हिन्दी भी बोलते थे। वह तीर्थ करने के लिए इधर आए थे। अब लद्दाख लौटनेवाले थे। ञेनम् के जोङ्पोन् भी यहीं ठहरे हुए थे। अभी वह एक मास तक यहाँ रहनेवाले थे। लेकिन तब तक मेरा काम खतम हो जाएगा, इसमें सन्देह था और ठीक वैसा ही हुआ भी। मुझे 18 फरवरी से 14 अप्रैल तक प्राय: दो मास काठमांडू में ठहरना पड़ा। धूपनाथ को यहाँ से भारत लौट जाना था। यद्यपि उनके

मन में भी साथ चलने की इच्छा थी, किन्तु उन्होंने प्रकट नहीं किया। उनको नेपाल के कितने ही स्थानों को दिखला देना जरूरी था। हम थापाथली गए, अब भी वहाँ साधु उसी तरह डटे हुए थे, जैसा कि हमने 13 साल पहले देखा था। पशुपति और गुह्येश्वरी को दिखाया, किन्तु धूपनाथ को श्रद्धा नहीं थी। महाबौधा गए। चीनी लामा ने चाय पिलाई, तीन घंटे तक बात होती रही। आजकल तिब्बत के बहुत-से यात्री यहाँ ठहरे हुए थे। मैं अबकी चौथी बार महाबौधा आया था। मैंने धूपनाथ को कोठरियाँ दिखलाकर बतलाया, कि कैसे मैंने वहाँ स्वेच्छापूर्वक कैद-तनहाई काटी थी। अब मैं प्रगट था। लोगों को पता चल ही जाता, इसलिए कि यहाँ दो-चार जिज्ञासु आते ही रहते थे। एक दिन कॉलेज के प्रोफेसर पंडित गोकुलचन्द्र शास्त्री मिले, उनसे मालूम हुआ कि स्वामी प्रणवानन्द आए हुए हैं—लाहौर के छात्रावस्था के मित्र सोमयाजुलु, जिन्हें हम लोग प्यार से मिस्टर कहा करते थे। 17 वर्ष बाद आज इतना पास आ गए हैं, फिर मिलने की इच्छा क्यों न होती? यद्यपि उनका शरीर अब भी वैसा ही पतला था, रंग वैसा ही साँवला था, किन्तु सिर पर लम्बे-लम्बे बाल और मुँह पर लम्बी दाढ़ी—ऐसे भेष को देखकर आदमी जल्दी भ्रम में पड़ सकता है, लेकिन मुझे पहचानने में कठिनाई नहीं हुई। 17 वर्ष पहले हम दोनों एक चौरास्ते पर खड़े थे। फिर हमने अपने-अपने पैरों को आगे बढ़ाया, और अब कितना अन्तर है। वह घर-बार छोड़कर योगी हुए। 1926 ई. तक वह भी कांग्रेस के काम में लगे हुए थे। फिर ब्रह्म और योग ने उन्हें अपनी ओर खींचा। उन्हें एक अच्छा गुरु मिला और दस-दस घंटे की समाधि लगने लगी। बतला रहे थे, बीमारी के कारण आपरेशन कराना पड़ा, इसलिए अब चार-पाँच घंटे ही समाधि रहती है। प्रणवानन्द रमण-महर्षि और स्वामी सियाराम (स्वर्गीय) के बड़े प्रशंसक हैं। मैं उनके मुँह से योग की बातों को सुन रहा था, लेकिन इन सबके सुनने की मेरे दिल में कभी स्पृहा नहीं हुई। ज्यादा-से-ज्यादा मैं यही मान सकता था, कि शायद हमारे योगियों ने क्लोरोफार्म के बिना भी बेहोशी की कोई युक्ति निकाल ली है। ऐसी युक्ति को समझना कोई बुरी बात नहीं है। लेकिन, मेरे पास उसका समय कहाँ था? साथ ही मुझे यह भी विश्वास है, कि योग मनुष्य की प्रकृति में अन्तर नहीं डाल सकता। अब भी प्रणवानन्द 'मिस्टर' की तरह ही निस्संकोच भाषण कर सकते थे। जब मैं पहली बार सीलोन में था, (1927-29) तो वह लद्दाख होकर मानसरोवर गए थे, और तब से वह कई बार मानसरोवर हो आए हैं। एक बार तो सालभर से ज्यादा वहीं रहे। कच्चे योगी होने से, मैं समझता हूँ, उन्होंने कभी याक के कच्चे मांस का स्वाद नहीं लिया होगा। हाँ, कैलाश के हवा-पानी में आध्यात्मिकता की विद्युत्-तरंगें प्रवाहित हैं, यह उनको विश्वास है। हम एक-दूसरे को एक मत का बनाने के लिए उत्सुक नहीं थे, इसलिए बातचीत का ही आनन्द रहा। दो-चार दिन हम

दोनों एक ही मकान में रहे। हमने अपने पुराने जीवन की स्मृतियाँ दौड़ाईं। एक बात में जरूर हम दोनों एक थे, उनको भी तिब्बत के कष्टों का आह्वान करने में आनन्द आता था, और मुझे भी।

एक दिन मैं नेपाल और जापान की तुलना कर रहा था—(1) दोनों ही हरे-भरे सर्द देश हैं, (2) दोनों ही के मनुष्य मंगोल-किरात (मलाई)-श्वेतांग (अयिनू या हिन्दी-आर्य) मिश्रित जाति के हैं, (3) दोनों ही बड़े मेहनती और साहसी हैं, (4) और यह बात यद्यपि आज कोई महत्त्व नहीं रखती, किन्तु 68 वर्ष पूर्व दोनों का शासन भी एक जैसा था—वहाँ मिकादो को पर्दे में रखकर शोगुन राज करता था, यहाँ धिराज को पर्दे में रखकर अब भी तीन सरकारें राज करती हैं। जापान की खेती-बारी, बिजली, फल आदि की विद्या सारी की सारी नेपाल भी अपने व्यवहार में ला सकता है।

धूपनाथ फरवरी 10 से 15 के 6 दिनों को छोड़कर 27 दिसम्बर से 28 फरवरी तक बराबर मेरे साथ रहे। आज ये विदा होने लगे तो मुझे जरूर कुछ खेद मालूम हो रहा था। ऐसे मित्र का वियोग खेदरहित कैसे हो सकता है? मैं नेपाल में था। जायसवाल जी की इच्छा हुई कि नेपाल देख लिया जाय, मैंने भी लिख दिया कि जरूर आइए। फिर नेपाल सरकार से आज्ञा लेने के लिए मैंने राजगुरु पंडित हेमराज शर्मा से कहा। उन्होंने उसके बारे में कोशिश करने की जिम्मेवारी ली। इधर ज्योतिषियों ने फिर भविष्यवाणी की थी, कि 3 मार्च को भूकम्प आनेवाला है। 1934 के भूकम्प से लोग पूरे भयभीत थे। नेपाल में बहुत नुकसान हुआ था। मैंने दो मार्च को लिखा था—'यहाँ कल भूकम्प आने का इतना हल्ला है, कि बहुत-से लोग घर छोड़कर बाहर रह रहे हैं। इस मूर्खता का क्या ठिकाना? ऐसे ज्योतिषियों को तो सजा देनी चाहिए। ख्याति और प्राप्ति के लिए वे तो लिख डालते हैं, और प्रेस से भी फायदा उठाते हैं, इधर करोड़ों आदमी हैरान होते हैं। कितनों के घर चोरी हो जाती है।' 3 तारीख को भूकम्प नहीं आया, तो ज्योतिषियों ने 20 मार्च को भूकम्प आने की बात कही।

6 मार्च को मालूम हुआ कि जायसवाल जी के आने की इजाजत मिलने में एक कठिनाई है—उनकी धर्मपत्नी भी आएँगी, शायद वह पशुपति का दर्शन करना चाहें, लेकिन, उनके पति विलायत हो आए हैं, इसलिए पशुपति का दर्शन नहीं हो सकता। खैर, रास्ते की कठिनाई को देखकर वह खुद नहीं आईं और पशुपति के दर्शन करने की जरूरत नहीं पड़ी। 17 मार्च को अभयसिंह आ गए। अब उन्हें तिब्बत के लिए तैयार करना था। मैंने उन्हें तिब्बती अक्षर सिखलाना शुरू किया। पहली अप्रैल को जायसवाल जी, श्याम बाबू और अपने सबसे छोटे लड़के दीपक के साथ नेपाल पहुँच गए। अगले दिन हम पशुपति गए। साथ में 'साहेब लोग' थे, इसलिए मन्दिर के भीतर नहीं जा सके, बाहर-बाहर से देखा। पहली अप्रैल से

11 अप्रैल तक जायसवाल जी नेपाल में रहे। उस वक्त मेरा अधिक समय उनके साथ भिन्न-भिन्न स्थानों के देखने में लगा। 5 तारीख को हम म्यूजियम में गए, यहाँ नए-पुराने हथियारों का अच्छा संग्रह है। चित्र भी अच्छे हैं। मूर्तियाँ उतनी सुन्दर नहीं हैं, लेकिन कुछ मल्ल-दानपतियों की पीपल की मूर्तियाँ सुन्दर हैं।

तीन बजे हम कमांडर-इन्-चीफ सर पद्मशमशेर से मिलने गए। मधुर स्वभाव, स्पष्टवादी और व्यवहार में अत्यन्त सुजन प्रतीत हुए। मेरे 'तिब्बत में सवा बरस' को उन्होंने ध्यान से पढ़ा था। कह रहे थे—"सत्य बहुधा अप्रिय होता है।" मैंने उसमें कुछ कटु सत्य जरूर कहे हैं। गोरा रंग, लम्बा कद, प्रायः सारे बाल सफेद। उनके चेहरे ही से हृदय की मृदुता झलकती थी। पोशाक बिलकुल सादी थी। नेवार लोग अपने चीफ साहेब की बड़ी प्रशंसा करते थे। कह रहे थे, वह भूकम्प के समय लोगों के पास अकेले ही घूमा करते थे। उनका महल भी भूकम्प में गिर गया था। दो वर्ष हो गए, लेकिन अभी भी उन्होंने उसे नहीं बनवाया। वह एक मामूली अस्थायी घर में रहते थे। इसमें शक नहीं कि वह अपनी प्रजा और नेपाल का हित चाहते हैं। लेकिन चाहने से क्या होता है, वह जिस तरह की राजनीतिक व्यवस्था के पुर्जे हैं, उससे उनके लिए कुछ कर सकना सम्भव नहीं है।

7 अप्रैल को हम चांगूनारायण गए। इस मन्दिर की स्थापना छठी सदी के आसपास हुई। मन्दिर के बाहर चारों ओर अत्यन्त सुन्दर काष्ठप्रतिमाएँ हैं, जहाँ-तहाँ कितनी ही खंडित मूर्तियाँ पड़ी हुई हैं। उसी दिन हम स्वयम्भू चैत्य देखने गए। एक कोने में जयार्जुनदेव का शिलालेख हैं। मैं इधर कई दिनों से नेपाल की राजवंशावली का अध्ययन कर रहा था। उससे मालूम हुआ, कि 770 नेपाल संवत (1350 ई.) में बंगाल का 'सुरत्राण शमसदीन भाँगरा' (सुल्तान शमसुद्दीन बागरा) नेपाल आया, उसने बहुत-से देवालयों को तोड़ा। मैंने नेपाल में जहाँ-तहाँ नाक-कटी मूर्तियों को देखा था, इसलिए वंशावली को ध्यान से देखा। यह लेख उसी बात की पुष्टि करता था। मैंने राजगुरु से एक दिन इसकी चर्चा की, तो उन्होंने कहा—नेपाल में किसी मुसलमान विजेता ने पैर नहीं रखा। लेकिन इन तीन-तीन प्रमाणों का उतने से कैसे खंडन हो सकता था? मैंने जायसवाल जी को सारी बातें बतलाईं, फिर उस शिलालेख को दिखाया। बात बिलकुल साफ थी। भारत लौटने पर जायसवाल जी ने इसके बारे में एक वक्तव्य दिया, जिसमें नेपाल की राजवंशावली पर कुछ लिखने का भी विचार प्रकट किया। नेपाल-दरबार की ओर से उनसे कहलाया गया, कि प्रकाशन से पहले पुस्तक को उनसे दिखवा लें। निश्चय ही यह धृष्टता थी। जायसवाल जी को जो कुछ लिखना था, अपनी ऐतिहासिक जिम्मेवारी के साथ लिखना था। भला वह कैसे इस बात को मान लेते? उन्होंने पीछे अपनी खोजों को प्रकाशित किया। 12 अप्रैल को जायसवाल जी चले गए। मुझे भी अब ज्यादा दिन रहने की जरूरत नहीं थी।

मैंने अपने दो महीने के निवास में जहाँ 'दीर्घनिकाय' और 'जापान' के प्रूफ का काम खतम किया, वहाँ नेपाल की वंशावली, सिक्कों, तालपत्रों का भी अध्ययन करता रहा। बहुत सारे सिक्के पटना म्यूजियम के लिए जमा करवाये। पता लगा कि, एक आदमी के पास 500 वर्ष के तालपत्र पर लिखे खरीद-बेच के दस्तावेज हैं। मैंने उनमें से कुछ देखे। ये पत्र उत्तरी भारत के ताड़ के हैं, इसलिए उतने मजबूत नहीं हैं। इन तालपत्रों के एक कोने में राजा की मुहर रहती है। चित्तहर्ष के पास ऐसे 300 तालपत्र जमा हैं। उनसे नेपाल के राजनीतिक इतिहास ही नहीं, आर्थिक इतिहास पर भी प्रकाश पड़ सकता है।

राजगुरु ने एक दिन कहा—'तिब्बत में सवा बरस' में आपने जो यहाँ के शासक वर्ग पर टिप्पणी की है, उससे वे बड़े असन्तुष्ट हैं। इसकी वजह से आपकी दूसरी किताबों को यहाँ आने में बड़ी रुकावट हो रही है, इसलिए उसे आप हटा दें, तो अच्छा है। असन्तोष का एक और पता 24 मार्च को लगा। 'जापान' और 'खुद्दकनिकाय' (पाली) के प्रूफों को डाक से भेजने के पहले अभयसिंह जी कस्टम (भनसार) वालों को दिखाने के लिए ले गए। उन्होंने कहा—हम इसे तब तक नहीं भेज सकते, जब तक आप 'तिब्बत में सवा बरस' की एक कॉपी नहीं दे देते। वहाँ भला कॉपी कहाँ थी। फिर यह पुस्तक तो सरकार द्वारा जब्त है। उन्होंने इनकार कर दिया, पीछे गुरुजी ने कोशिश करके उन्हें भिजवाया। मैंने भी देखा कि मेरी एक पुस्तक के लिए दूसरी पुस्तकों के पढ़ने से लोग क्यों वंचित रहें, इसलिए 'तिब्बत में सवा बरस' के 33 से 36 पृष्ठ को फिर से लिखकर नरम कर दिया।

30 मार्च को महादशमी थी। आज पुराने राजमहल में खूब बलिदान हुए। डेढ़ सौ तो भैंसे ही काटे गए। नेपाल में उज्जैन की देवी हरिसिद्धि का मन्दिर है। पहले बारह-बारह साल पर वहाँ नरबलि हुआ करती थी। 3 साल हुए जबकि 12 वर्ष पूरे हुए थे। कहते हैं, उस वक्त पुजारियों ने चोरी-चोरी एक बलि चढ़ाई थी।

सीमा की ओर—15 अप्रैल को हमने काठमांडू से विदाई ली। राजगुरु पंडित हेमराज शर्मा में विद्वत्ता, विद्याप्रेम, सहृदयता, कालज्ञता, राजनीतिज्ञता सभी का सुन्दर सम्मिश्रण है। उन्होंने, जब-जब मैं इधर आया, मेरे कामों में सहायता की। धर्ममान साहु और उनके पुत्र प्रथम यात्रा ही से सहायक रहे। मुझे यह देखकर अफसोस हो रहा था, कि धर्ममान साहु अब बहुत कमजोर हो गए हैं। 74 वर्ष की आयु और उस पर से दमा का रोग, बहुत ही कम उम्मीद थी, कि उन्हें देखने का फिर मौका मिलेगा। सामान ढोने के हमने चार भरिया (कुली) ठीक किये थे। यद्यपि अब शरीर में बल पूर्ववत् मालूम होता था, किन्तु तो भी गुरु जी ने दो घोड़ों को तातपानी तक के लिए दे दिया, तातपानी के आगे तो घोड़ा जाता ही नहीं। ज्ञानमान् साहु के साथ साखू तक हम मोटर में गए। आज रात-भर यहीं रहना हुआ। अगले दिन (16 अप्रैल) हम पाँच ही बजे रवाना हुए। अबकी बार देवपुर-डाँड़ा से न जाकर नङ्ला से पार हुए। भरिया

बहुत धीरे-धीरे चल रहे थे। उस दिन नवलपुर बाजार में ठहर जाना पड़ा। भरियों के लिए इन्तिजार करते रहे, लेकिन वे रातभर नहीं आए। बाजार था, लेकिन वहाँ खाने का इन्तिजाम न हो सका। सामान सब भरियों के पास था, मेरे चीवर काफी मजबूत थे। हाँ, खटमलों और पिस्सुओं ने बहुत तकलीफ दी। दूसरे दिन (17 अप्रैल) भरिया 7 बजे आए। बोझ के मारे दो लड़के नहीं चल सके, इसीलिए पीछे ठहरना पड़ा। यहाँ से हम 12 बजे रवाना हुए। सारा रास्ता चढ़ाई-उतराई का था। हमारे घोड़े साढ़े तीन बजे चौतारा पहुँच गए। लेकिन भरिया 6 बजे पहुँचे। यहाँ एक साईस ने पेट की बीमारी का बहाना कर दिया, हमें उसे लौटाना पड़ा। एक भरिया भी बीमार पड़ा, फिर एक दूसरे आदमी को तातपानी तक के लिए लेना पड़ा। दूसरे दिन (18 अप्रैल को) हम जलवीर पहुँचे। अबकी वह बाजार सूना था, और भुनी मछलियों का भी कहीं पता नहीं था। मालूम होता है, फसल कटने के वक्त ही जलवीर का बाजार जमता है। आगे चढ़ाई थी, और कुछ दूर तक तो इतनी कठिन थी, कि घोड़ा छोड़कर पैदल चलना पड़ा। पइरे गाँव में एक तितल्ला मकान रहने के लिए मिला, लेकिन घोड़े के लिए खोजने पर भी पुवाल न मिल सका; उसे सिर्फ दाने पर रहना पड़ा। 19 अप्रैल को हम देवराली के डाँड़े पर पहुँचे। यह सबसे ऊँचा डाँड़ा है, और चढ़ाई बहुत सख्त है। सारी चढ़ाई पैदल पार करनी पड़ी। यन्लाकोट होते 4 बजे ठागम पहुँचे। यह अच्छा बड़ा गाँव है। रहनेवाले नेवार हैं। आए थे बेचारे दुकान करने के लिए, लेकिन व्यापार का स्रोत बहुत बरस हुए सूख गया, अब खेती करके गुजारा करते हैं। बड़ी मुश्किल से एक घर में चावल मिला। अगले दिन (20 अप्रैल) भी रास्ता खराब रहा। खिल्ती गाँव में माईथान देवी का थान है। मन्दिर के सामने एक पाषाण-स्तम्भ पर पीतल का सिंह है, जिसे कर्नल गंगाबहादुर ने बनवाया था। यहाँ भी नेवारों के चार-पाँच घर हैं, किन्तु ये लोग व्यापारी नहीं, आलू आदि की खेती करते हैं। कितनी ही चढ़ाई के बाद शरबा लोगों का गाँव मिला। यहाँ एक गुम्बा भी है। नीचे के गाँवों में जौ कट गया था, और यहाँ शरबा लोगों के गाँवों में अभी जौ बिलकुल हरा था। उस दिन हम दुग्ना गए और अगले दिन (21 को) 10 बजे तातपानी पहुँच गए। स्नान गरम कुंड में हुआ। गुरु जी का घोड़ा और साईस सिर्फ यात्रा के लिए ही सहायक नहीं साबित हुए, बल्कि उनकी वजह से अधिकारियों पर भी प्रभाव पड़ा। हमारे पास एक भरिया की कमी थी, भनसार के अधिकारी ने अपना आदमी दे दिया। कुदारी की फौजी चौकी पर भारदार ने गुरु जी के साईस को देखा। वह हमें आगे जाने से रोक तो नहीं सकता था, किन्तु नम्रता से बोला—आगे से आएँ, तो एक सरकारी चिट्ठी लाएँ, यह हमारे लिए भी अच्छा होगा; इस वक्त रोकें, तो आपको कष्ट होगा। अब हम 5 आदमी थे, तीन भरिया, अभयसिंह और मैं। भोट की सीमा में पहुँचकर चढ़ाई आई, और थोड़ी ही दूर जाने पर पैरों ने जवाब दे दिया। हम तेजीगङ (रमइत) में रात को ठहर गए।

2. तिब्बत में

डाम के सामने ही आकर हम शाम को ठहर गए थे। सुबह 6 ही बजे चले। जंजीरवाले पुल पर अभयसिंह को बहुत उत्साह देकर पार कराना पड़ा। डाम में हम नीचे से जा रहे थे, देखा, हमारी एल्मो की परिचिता भुट्टी और डुक्पालामा के एक चेला बैठे हुए हैं। मिले, कुशल प्रश्न हुआ। फिर वहाँ से रवाना हुए। आज के आधे रास्ते पर जाकर चाय पी। एक जगह गुनास (पहाड़ी अशोक) के लाल-गुलाबी फूलों की अद्‌भुत शोभा थी, पत्तियाँ बिलकुल नहीं, सिर्फ फूल ही फूल दिखाई देते थे। रास्ता कठिन था, कहीं-कहीं इतना संकीर्ण था, कि दिल दहल उठता था। उसी दिन 6 बजे के करीब हम छोक्सुम के गरमपानी के चश्मे पर पहुँच गए। कल नेपाल-सीमा पार करने के बाद से अब तक नौ पुल पार करने पड़े थे। अब हम नौ, दस हजार फीट ऊँची जगह पर थे। सर्दी इतनी थी कि अभयसिंह ने सप्तकुंड में नहाने का ख्याल छोड़ दिया। 23 अप्रैल के ढाई बजे हम ञेनम् पहुँच गए। रास्ते में बर्फ बहुत कम मिली थी। इस वक्त पहाड़ी लोग नमक की ढोवाई में लगे हुए थे। यह तीसरी बार मैं ञेनम् आया था। अबकी चार दिन यहाँ रहना पड़ा, पहले तो कुछ सन्देह मालूम होने लगा, क्योंकि एक जोङ्पोन् (जोङ्नुब) ने दूसरे जोङ्पोन् (जोङ्शर्) के ऊपर टालना चाहा। नेपाल में हमारा परिचय पहले पहले जोङ्पोन से हुआ था, दूसरे जोङ्पोन् का मिजाज लोग कड़ा बतला रहे थे। मेरे पास अपनी लिखी तिब्बती पुस्तकें, और ल्हासा और साक्या के बहुत-से फोटो थे, उनको देखकर, उसने कहा—वैसे तो आचारा (साधु) आदि को हम ऊपर नहीं जाने देते, किन्तु आप धर्मकार्य के लिए जा रहे हैं, इसे हम दोनों जोङ्पोन् से बातचीत करके ठीक कर लेंगे। यह सुनके जी में जी आया। शाम को जोङ्नुब की ओर से चावल और मांस की सौगात आई। हम भी सौगात लेकर दोनों जोङ्पोनों के पास पहुँचे। जोङ्नुब ने भाड़े पर खच्चर भी कर देने का वचन दिया।

मैं अपने साथ रुपया नहीं लाया था। रुपया धनमान साहु के यहाँ जमा कर दिया था। उन्होंने ञेनम् के जिस व्यापारी को रुपया देने के लिए चिट्ठी लिखी थी, वह हिचकिचाने लगा। मैं अपनी गलती के लिए पछताने लगा। दो-तीन सौ रुपये के नोट कोई बहुत भारी थोड़े ही होते हैं। खैर, उन्होंने भी कुछ पीछे सोचा और मुझे सौ रुपये के तिब्बती सिक्के दिये। शिगर्चे के फोटोग्राफर तेजरत्न अपनी भोटिया पत्नी के साथ लौट रहे थे, इसलिए रास्ते के साथी भी मिल गए। अगले दिन (27 अप्रैल) मैं जोङ्नुब् के यहाँ गया। वहाँ उनके परिवार के कई फोटो लिये। तिब्बत की स्त्रियाँ कितनी निर्भय हैं, यह इसी से मालूम होगा, कि जोङ्पोन की चाम् (पत्नी) ने मर्दाना पोशाक पहनकर फोटो खिंचवाया। इधर की यात्रा, यहाँ की सर्दी और नए शिष्टाचार के सीखने में उपेक्षा और निर्बलता

देखकर मैंने अभयसिंह से कहा—"अभी तो हम तिब्बत के अंचल पर पहुँचे हैं, आगे और भी ज्यादा तकलीफें हैं; यहाँ से नेपाल आसान है।" उन्होंने आगे चलने का आग्रह किया।

28 अप्रैल को 9 बजे हम ञेनम् से रवाना हुए। हम 6 आदमी घोड़ों या खच्चरों पर सवार थे—मैं, अभयसिंह, तेजरत्न, उनकी स्त्री तथा दो और नेपाली। जोङ् का नौकर भी घोड़े पर चलता था, साथ में एक खच्चरवाला पैदल चल रहा था। हमारे बहुत-से सामान तो ताडू (घोड़े की पीठ पर रखे जानेवाले चमड़े के थैले) में भरे थे। कपड़ा-लत्ता भी घोड़े की पीठ पर आ गया था और सामान के लिए दो बेगार थे। मुझे चढ़ने के लिए एक खच्चर और अभयसिंह को दुबला घोड़ा मिला था। पहला मुकाम चाङ्दोओमा में रहा। जोङ्शर् भी सदलबल वहाँ पहुँचा। सारे गाँव ने बढ़कर उसकी अगवानी की। हमें जो घोड़े मिले थे, उनका किराया जोङ्नुब् को दिया था, लेकिन घोड़े जोङ् का आदमी हमें बेगार में पकड़-पकड़कर देता था। अगले दिन नए घोड़ों के आने में देर हो गई, और 10 बजे बाद रवाना हुए। घोड़ा कुछ अच्छा था।

अभयसिंह को दौड़ाने का शौक हुआ और वह आगे बढ़ गए। घोड़ेवाला बहुत नाराज हुआ, लेकिन उनको समझावे कौन? ञेनम् तक ही यह पता लगा गया था, कि वह सीखेंगे तो अपने मन से ही, किसी को गुरुगड़रिया मान के नहीं। उस रात हम थुलुङ में ठहरे। यह जगह 15 हजार फीट से कम ऊँची नहीं होगी। अभयसिंह को सारी रात नींद नहीं आई, मैं घबड़ा गया। मैंने लद्दाख में दूसरी यात्रा के वक्त देखा था—एक सिपाही को वहाँ पहुँचते ही साँस लेने में तकलीफ होने लगी थी, जब तक पीछे लौटाने का इन्तिजाम किया जाय, तब तक वह चल बसा। अभयसिंह को यदि ऊँचाई के कारण फेफड़े के कष्ट से यह हो रहा है, तो यह जरूर खतरे की बात थी। खैर, सवेरे तक सब ठीक हो गया।

अगले दिन (30 अप्रैल) हम थोङ्ला पार करके 5 बजे लङ्कोर पहुँचे। अभयसिंह वैद्य प्रसिद्ध हो गए, लोग उनसे दवाई लेने के लिए आए। घर के मालिक को आतशक (उपदंश) की बीमारी थी, उनको दवा दी गई। साथियों में से दो के सिर में दर्द था। यद्यपि लङ्कोर भी 13 हजार फीट से कम ऊँची जगह नहीं है, लेकिन हम तो बड़ी ठंडी जगह से होकर आए थे, इसलिए गर्मी मालूम होती थी। लङ्कोर से फिर रवाना हुए और साढ़े तीन घंटे में तिङ्री पहुँच गए। जोङ्पोन को यहीं ठहरना था, इसलिए हमें भी यहीं ठहर जाना पड़ा। आजकल तिङ्री मैदान की घास पीली पड़ गई थी। क्याङ् (जंगली गदहों) का भी कहीं पता नहीं था। जहाँ-तहाँ भूमि से अपने आप ही पानी निकल रहा था। दो मई को हम चा-कोर् पहुँचे। जोङ्पोन् यहाँ भी आया, और महापंडित, न्यायाचार्य, खच्चरवाले और खच्चर सभी एक घर में रख दिये गए।

फक (3 मई) अगला पड़ाव था। गुस्सा, बात न मानना तथा वहाँ के ढंगों के सीखने में अवहेलना यह अभयसिंह में बराबर चल रही थी, कोई उपाय नहीं था। मैंने सोचा कि साक्या में रखने से बेहतर है, उन्हें शिगर्चे भेज दिया जाय। और लोग जा ही रहे हैं, इसलिए तकलीफ न होगी। रघुवीर को पत्र दे देंगे, वह उनका इन्तिजाम कर देंगे। अगले दिन हमें शाम को छोन्दू पहुँचना था। पिछली बार नेपाल जाते वक्त हमने एक डाँड़ा (जोत) पार किया था, अबकी हम पहाड़ की परिक्रमा करते-करते नीचे से जा रहे थे। कई जगह धरती से सोडा निकला हुआ था, जिसके कारण घोड़ों को भी खाँसी आ रही थी। आगे आताबू के बनाए बालुका-पर्वत मिले। कहते हैं, ये पिशाच घंटे-भर में लाखों मन बालू उठाकर एक जगह से दूसरी जगह रख देते हैं। लाखों मन बालू के टीलों को हमने जरूर देखा,लेकिन आताबू नहीं दीख पड़े। आज बवंडर नहीं था, नहीं तो क्या जाने हम भी आताबू के फेर में पड़ते और लाखों मान बालू हमारे भी ऊपर आ जाती। रात को छोनदू में ठहरे।

सवेरे (5 मई) घोड़े को बढ़ाकर हम मब्जा पहुँचे। मालूम हुआ, कुशो डोनिर्ला साक्या गए हुए हैं। उनकी माँ ने चाय पीने का बहुत आग्रह किया, लेकिन साथियों के आगे चले जाने के डर से हम नहीं ठहर सके। 3 बजे डोङ्ला की जोत पर पहुँचे, और शाम तक लुग्रा में। एक बड़े महल के पास 6 आदमियों के लेटने के लिए एक बिलकुल छोटी-सी कोठरी मिली। मैं जाहिदान की यात्रा में 4 दिन तक इससे भी भयंकर सासत को सह चुका था, इसलिए यहाँ की सासत की परवाह क्या? अब साक्या घंटा-डेढ़ घंटा का रास्ता था। तेजरत्न और दूसरों को शिगर्चे जाना था। मैंने अभयसिंह को समझाकर कहा—"न मेरा दोष है, न आपका दोष है। आदमी का दिल यदि हफ्ते-दो हफ्ते के निरन्तर सहवास से प्रयत्न करने पर भी नहीं मिल सका, तो समझना चाहिए, कि दोनों की प्रकृति में भेद है। अब अधिक साथ रहना निरी कटुता का कारण होगा। वैसे तो मुझे कुछ महीने रहकर तिब्बत से चला जाना है, और आपको दो-तीन साल रहना है। मैं रघुवीर को चिट्ठी लिख देता हूँ, वहाँ आपके रहने का इन्तिजाम कर देता हूँ, आप चले जाइए।" मेरी बात में कहीं कटुता या क्रोध का चिह्न नहीं था। मैंने रघुवीर को चिट्ठी लिख दी। भारत भेजने के लिए कितनी ही चिट्ठियाँ लिख दीं। जिस वक्त खाने-पीने की चीजों को सुपुर्द करते वक्त मैंने उनके हाथ में नोट रखा, तो वह यकायक रो पड़े। अभी तक मैं उनके जीवन के एक ही रूप को देखता था, मैंने फिर उन्हें शिगर्चे जाने के लिए नहीं कहा। तिब्बत में जब-जब दोनों को निरन्तर बहुत दिनों तक रहना पड़ा, तब-तब फिर वही कठिनाइयाँ आईं। मैं अभयसिंह को दोष नहीं दे सकता। आदमी का हृदय वीणा के तार की तरह कुछ ऐसे सूक्ष्म भेद रखता है, कि मिल जाए तो फिर कभी मिठास हट ही नहीं सकती, और न मिले तो ठोंक-पीटकर उसे नहीं मिलाया जा सकता। आखिर दिन-रात में बे जाने आदमी परिहास में, क्रोध में, खेद में, बुद्धिमान्

की तरह, बेवकूफ की तरह, पागल की तरह, न जाने कितनी तरह की बातें करता है, काम करता है। किन्तु, दूसरे आदमी के दिल में यदि जरा भी गलतफहमी बैठ गई, सहृदयता नहीं दिखी तो हर जगह उसे सन्देह होने लगता है।

6 मई को हम दोनों लड़के सबसे आगे निकल गए और डेढ़ घंटे में (साढ़े सात बजे) साक्या पहुँच गए। रास्ते में पानी अब भी बर्फ बना था। वृक्षों में पत्तियाँ हरी कलियों जैसी आ रही थीं। खेतों में जुताई अभी शुरू ही हुई थी। डोनिरछेन्पों ने दिल खोलकर स्वागत किया। अचा दिकिला ने सबसे ऊपरी तल के एक कमरे में हमारा आसन लगवाया।

(क) साक्या में—चाम्कुशो छेरिङ् पलमो उस वक्त एक विहार में पूजा और ध्यान करने गई थीं। घर में डोनिर् छेन्पो, उनकी दूसरी स्त्री दिकीला, साले डोनिर्ला और उनकी पत्नी मौजूद थीं। डोनिर्ला की छोटी-सी बच्ची मर गई थी, और आगे की पीढ़ी के लिए घर फिर सूना था। रसोई बनानेवाली पुरानी अनी अब भी मौजूद थी। यह मालूम हुआ कि जापान से भेजी चित्रावली उनके पास नहीं पहुँची, किन्तु मेरी चिट्ठी पहुँच गई थी, जिसमें चित्रावली का जिक्र था।

साक्या के महन्तराज दग्छेन् रिन्पोछे का पिछले साल देहान्त हो गया था, और अब फुन्छोग प्रासाद के लामा गद्दी पर बैठनेवाले थे। अभी इन्तिजाम तारा (डोल्मा) प्रासाद के हाथ ही में था। शाम को 4 बजे तारा प्रासाद में गए। कुछ भेंट और तिब्बत में संस्कृत पुस्तकों की सूची भेंट की। चाय पी, थोड़ी दोनों बेटों से बात की, और फिर वृद्धा दामो (महन्तरानी) और तरुणी दामो से भी कुशल-प्रश्न हुआ। फुनछोग् प्रासाद के लामा इस वक्त ल्हाखङ्छेन्मो के महाविहार में गए थे। वहाँ पहुँचे। लामा उसी तरह हँसते हुए प्रेम से मिले।

6 मई से 22 जुलाई तक प्राय: ढाई महीना साक्या ही में रहना पड़ा। अगले दिन दोनों प्रासादों से चाय-सत्तू और मांस की सौगात आई। जैसा कि दरबारी सौगातों में अकसर होता है—उपयोग की चीजें बहुत कम आईं। सत्तू पुराना सड़ा, कड़वा, गोश्त सूखा कीड़े पड़ा, मक्खन भी खराब। शायद दुनिया-भर के दरबारों का यही हाल है। भेजनेवाले स्वयं तो इन चीजों को देखते नहीं। नौकर-चाकर समझते हैं, कि इन छोटी-छोटी बातों की शिकायत एक बड़ा आदमी महाराज के सामने कैसे करेगा? फिर अच्छी चीजों को अपने लिए रखकर खड़ी-गली चीजें क्यों न भेजी जाएँ? खैर, मुझे तो सौगातों की जरूरत नहीं थी, मुझे तो चहिए थी उनकी प्रसन्नता। और दोनों प्रासाद (फोटाङ्) मेरे काम में सहायता देने के लिए तैयार थे। मैं दोपहर का भोजन करके फुनछोग लामा के पास गया। उनको बाहरी दुनिया की बातें सुनने का बड़ा शौक था, राजनीतिक ज्ञान के लिए नहीं, केवल मनोरंजन के लिए, जापान के बारे में बात हुई, चीन के बारे में, फिर भारत के बारे में। रूस की बातें मैंने नहीं कहीं, वहाँ की बातों को जानने के लिए वह बहुत उत्सुक भी न होते। उस वक्त कनजूर

के पारायण में भिक्षु लगे हुए थे, और देवताओं के लाए विशाल खम्भोंवाला हॉल कथा बाँचनेवाले भिक्षुओं से भरा था। लामा दो बार मुझे लेकर पाठ करानेवालों के बीच घूमे। बार-बार पूछते थे—किसी चीज की आवश्यकता है? हमारी आवश्यकता का जिम्मा डोनिर्छेन्पो ने ले लिया था। पुस्तकों को छोड़कर और क्या आवश्यकता हो सकती थी। ङोर्गुम्बा के खेन्पो भी आजकल यहीं थे, उनसे भी मिलने गया। यह खुशी की बात थी, कि भारत से भेजे फोटो उनको मिल गए थे। गेशे धर्मवर्द्धन के बारे में सभी बहुत पूछ रहे थे।

8 मई को दोपहर बाद 'वर्तिकालंकार' (प्रज्ञाकरगुप्तकृत 'प्रमाणवार्तिक-भाष्य') की पुस्तक आ गई। विभूतिचन्द्र ने 13वीं सदी के आरम्भ में कागज पर इसके डेढ़ परिच्छेदों को लिखा था। पहली बार साक्या में जब मैं आया था, तभी आधे परिच्छेद को लिख ले गया था। अब बाकी एक (चौथे) परिच्छेद को लिखना था। यद्यपि सारा ग्रन्थ (तीनों परिच्छेद) मौजूद नहीं था, लेकिन सर्वनाश के आधे का मिलना भी गनीमत है। अभयसिंह का अभी अक्षर से परिचय नहीं था, क्योंकि पुस्तक 12वीं 13वीं सदी की लिपि में लिखी गई थी। पन्ने बड़े और अक्षर छोटे थे। इसलिए रोज दो पन्ने से ज्यादा लिखने की आशा नहीं थी। उस दिन जुकाम हो गया और तीन-चार दिन तक चलता रहा। लेकिन वैद्यराज घर ही में थे, दूध-पानी गरम करके पिलाया गया। 11 मई को थोड़ा-सा ज्वर भी आया। लेकिन वह जुकाम ही के कारण। ऋतु भी प्रतिकूल थी; आकाश मेघाच्छन्न और आसपास के पहाड़ों पर बर्फ पड़ गई थी। हमारी छत पर तो बर्फ के कुछ कण ही गिर पाये थे। सिर में हल्की सूई-सी जब-तब चुभ जाती थी। लेकिन मैंने अपनी कलम ढीली नहीं की—काम असल चीज है, जीवन तो चलायमान है ही।

13 मई को सर्दी के कारण हमारे हाथ कुछ फट-से रहे थे। टौन्सिल भी दुखने लगी। अभी भी वृक्षों पर हरे पत्ते निकले नहीं थे। सिर का दर्द तो बराबर ही थोड़ा-बहुत होता रहता था। 19 को 'वार्तिकालंकार' में उपलब्ध अंश को लिखकर समाप्त कर दिया। फिर लिखे पन्नों को फिर से मिलाने का काम शुरू किया। ङोर्खेन्पो अभी अपने गुम्बा में जानेवाला नहीं था, इसलिए वहाँ जाने से अभी कोई फायदा नहीं था।

मेरे मित्र कुशो डोनिर्छेन्पो और फुन्छोग प्रासाद के नए महन्तराज में बहुत अनबन थी। मेरे से दोनों का घनिष्ठ स्नेह था। दामो (महन्तरानी) एकाध बार डोनिर्छेन्पो और उनकी दोनों चाम् के बारे में पूछ लेती थीं, लेकिन लामा कभी कुछ नहीं पूछते थे। मैं जब जाता तो 4,5 घंटे से पहले कहाँ लौट पाता! जाते ही खबर होती, प्रतिहारी श्रीगर्भ में ले जाती, जहाँ कि लामा और दामो बैठती थीं। मेरे लिए एक कुर्सी आ जाती थी। मैं बतला चुका हूँ, कि तिब्बत में साक्या लामा का सम्मान दलाई लामा और टशी लामा की तरह किया जाता है। उनके सामने सभी बहुत नीचे आसन पर बैठते हैं—चाहे भिक्षु हों या गृहस्थ, लेकिन मेरे लिए कुर्सी जरूर आती थी और

लामा की दोनों जेचुन्मा (=भट्टारिकाएँ) चाय लाने या खाने-पीने की चीजों के लाने में तत्पर रहतीं। साक्या के दोनों प्रासादों की कन्याओं को सम्मान के लिए जेचुन्मा कहा जाता है। यह कुल इतना पवित्र समझा जाता है, कि कोई इसकी लड़कियों से शादी नहीं करता। प्रारम्भिक मुगल सम्राटों की तरह शताब्दियों से इस कुल की लड़कियों को आजन्म कुमारी रहना पड़ता है। बचपन ही से उनके केश काट दिये जाते हैं, वे भिक्षुणी बना दी जाती हैं। माँ-बाप के समय तक तो वे उनके साथ रहती हैं, फिर किसी छोटे महल में अलग रहने लगती है। ऐसे छोटे महल साक्या में कई हैं। उन्हें नौकर-चाकर भी मिलते हैं। जहाँ तक खाने-कपड़े का सम्बन्ध है, उनका जीवन आराम का होता है, लेकिन पुरुष-संसर्ग उनके लिए मुश्किल है। हमारे लामा की दोनों लड़कियाँ भी दस-दस, बारह-बारह साल की थीं। डोनिर्छेन्पो की लामा से अनबन का कारण लामा का छोटा भाई था। तिब्बत के रिवाज के मुताबिक राजा हो चाहे रंक, सभी भाइयों की एक पत्नी होती है। दामो (महन्तरानी) अपने देवर को सँभाल नहीं सकीं। उसने अपना अलग ब्याह किया—इस कुल को अपनी लड़की देने में तिब्बत के सभी सामन्त अपना अहोभाग्य समझते है। ब्याह करके वह अलग रहने लगा। खर्च-वर्च की दिक्कत थी। उस वक्त गद्दी पर तारा प्रासाद के लामा थे। उन्होंने छोटे भाई को थोड़ी जागीर दे दी। बड़ा भाई और भाभी इसे पसन्द नहीं करते थे। गद्दीघर से भी बिगाड़ हुआ, छोटे भाई का पक्ष डोनिर्छेन्पो ने भी लिया था, इसलिए उनसे भी बिगाड़ हो गया। छोटा भाई कई साल हुए, मर गया। उसकी दामो अब भी मौजूद है, घर में कोई सन्तान नहीं है। डोनिर्छेन्पो को नए महन्तराज का केवल क्रोध-भर प्राप्त हुआ। उनको डर है कि गद्दी सँभालते ही उनका दर्जा चला जाएगा।

उस दिन (21 मई) महन्तराज ने कहा, कि ङोर् ले जाने के लिए मैं घोड़े दूँगा, तिब्बत के सभी साक्या सम्प्रदायवाले मठों के लिए मैं परिचय-पत्र दूँगा। उन्होंने यह भी कहा, कि साक्या में बहुत-सी तालपोथियाँ हैं, उन्हें अच्छी तरह ढूँढ़ना चाहिए। मैंने देखे हुए पुस्तकालयों के नाम बतलाए। महन्तराज ने कहा, कि एक बार ल्हाखङ् छेन्मो के कोठे पर छग्पे-ल्हाखङ् नामक छोटा-सा पुस्तकालय भी खुलवाकर देखो। अभी प्रबन्ध तारा प्रासाद की ओर से हो रहा था। मैंने उस दिन लौटकर डोनिर्छेन्पो से कहा। उन्होंने कहा—मैं इसके लिए प्रासाद में निवेदन करूँगा।

25 मई का स्मरणीय दिवस आया। तारा प्रासाद से खबर आई, कि छग्पे-ल्हाखङ् की कुंजी मिल गई है, हमारा अफसर वहाँ जाने के लिए तैयार है। मैं छग्पे-ल्हाखङ् में दोपहर को गया, उन सीधी, लम्बी, डरावनी सीढ़ियों पर चढ़ते वक्त मुझे बहुत कम आशा थी, कि वहाँ कोई संस्कृत की पुस्तक होगी। कोठे पर पहुँचकर दाहिनी ओर घूमा। पहली कोठरी थी। बाहर से देखने पर बिलकुल मामूली-सी मालूम होती थी। सैकड़ों वर्ष पुराना किवाड़ और चौखट विद्रूप-सा दिखाई देता था। भिक्षु

अफसर ने मुहर को तोड़ा, ताले पर लिपटे कपड़ों को अलग किया, कुंजी घुमाई, ताला खुल गया। किवाड़ों को पीछे की ओर ढकेला। न जाने कितने वर्षों की धूल जमी हुई थी। एक बार इतनी धूल उड़ी, कि कोठरी में धुआँ-सा भर गया। जरा-सा ठहरकर हम भीतर घुसे। फर्श पर भी पैरों की छाप लगाने के लिए धूल मौजूद थी। कोठरी में दीवारों के सहारे चारों ओर लकड़ी के तितल्ले-चौतल्ले ढाँचे खड़े थे। इनके ऊपर कपड़े में लिपटी या खुली-बँधी हजारों पुस्तकें थीं। इनमें सात-सात सौ, आठ-आठ सौ वर्ष पुरानी पुस्तकें थीं। ये वे पुस्तकें थीं, जिन्हें तिब्बत के ऐतिहासिक विद्वानों ने अपने हाथ से लिखा या पढ़ा था। तिब्बती साहित्य और इतिहास के लिए ये अनमोल रत्न हैं। लेकिन मैं तो अपने समय और शक्ति के ही अनुसार काम कर सकता था। मुझे जरूरत थी, संस्कृत की तालपोथियों की। इधर-उधर हाथ मारने के बाद तालपोथियों पर हाथ पड़ा। इन पर कपड़ा नहीं लिपटा था, दो लकड़ी की तख्तियों के बीच में मोटे डोरे से आरपार छेद करके बाँधी ये पुस्तकें एक जगह मिलीं—एक, दो तीन, चार...बीस पोथियाँ निकल आईं। कुछ तो तिब्बती पोथियों के बीच में थीं। मैंने खोलकर देखना शुरू किया। मेरे आनन्द की सीमा न रही, जब देखा कि 'वार्त्तिकालंकार' (प्रमाणवार्त्तिकभाष्य) सम्पूर्ण वहाँ मौजूद है। कर्णक गोमि-कृत 'स्ववृत्तिटीका' भी है। अर्थात् 'प्रमाणवार्त्तिक' की टीका और भाष्य! महान् दार्शनिक असंग की महत्त्वपूर्ण पुस्तक 'योगाचारभूमि' भी यहाँ मौजूद थी। 'चान्द्रव्याकरण' की टीका भी देखी। एक पोथी तमिल अक्षरों में लिखी थी, और दूसरी सिंहल में। मैं 'वार्त्तिकालंकार' और 'स्ववृत्तिटीका' को साथ लेकर चला आया। अब साक्या को तुरन्त छोड़ने का सवाल कहाँ से हो सकता था। यद्यपि मेरे पास फोटो का कैमरा और फिल्म थी, लेकिन वहाँ धोने का कोई इन्तिजाम नहीं था, इसलिए मैं फोटो पर विश्वास नहीं कर सकता था। अब सिर्फ लिखने ही की धुन थी। अभयसिंह को अभी अक्षरों से थोड़ा परिचय था, दूसरे यह भी ठिकाना नहीं था, कि कब वह दुर्वासा बन जाएँ। मैंने 26 तारीख से 'स्ववृत्ति' और अभय ने 'वार्त्तिकालंकार' को लिखना शुरू किया। दो-चार दिन बाद अभयसिंह ने भी लिखने में हाथ बढ़ाया। 15 जून तक अभय ने 'वार्त्तिकालंकार' का आधा लिख डाला। अभयसिंह से पटती न देखकर मैंने यही समझा, कि उनको टशील्हुन्पो भेज दिया जाय। अगले दिन (16 जून) घोड़े का इन्तिजाम हो गया, और वह साक्या से रवाना हो गए। मैंने रघुवीर और दूसरे मित्रों को चिट्ठी लिख दी। वहाँ रहने के लिए कुछ महीनों का खर्च भी दे दिया। यह भी कह दिया कि ङोर् और शलू होते टशील्हन्पो मुझे आना ही है, उस वक्त मैं कुछ और इन्तिजाम करूँगा। अभयसिंह ने रात को बहुत-सी चिट्ठियाँ लिखी थीं, मैं जानता था कि उनमें मेरी काफी शिकायत लिखी होगी। विदाई के वक्त मेरे बर्ताव से उन्होंने देख लिया, कि इसमें कड़ुवाहट का लेश भी नहीं है। मुझे डर था, कि वह इन चिट्ठियों को नहीं भेजेंगे। मैंने कहा—इन चिट्ठियों को मुझे

दे दो, मैं इन्हें अपने पास नहीं रखूँगा, जैसे ही कोई शिगर्चे या ग्यानची जानेवाला आदमी मिलेगा, मैं उसके हाथ से डाक में छुड़वा दूँगा। अभयसिंह ने समझा—यह विचित्र आदमी है, यह चिट्ठियों को जरूर भेज देगा। उन्होंने वहीं सारी चिट्ठियों को फाड़ डाला। मैंने तो समझा था कि, चिट्ठियों से लोगों को तसवीर का दूसरा रुख भी देखने को मिलेगा, इसीलिए मैं उन्हें भिजवाना चाहता था। मैं समझता हूँ, लोगों को व्यक्ति का सफेद-काला दोनों रुख देखने को मिले, तो अच्छा है। मुझे नाम और सम्मान कोई ऐसी ठोस चीज नहीं मालूम होती, ठोस चीज है वह काम, जो स्वयं तो नष्ट हो जाता है, लेकिन आगे काम करनेवालों को धक्का देकर एक कदम आगे बढ़ा देता है।

17 जून को 'स्ववृत्तिटीका' मैंने लिख डाली। अब 'वार्त्तिकालंकार' के बाकी बचे आधे को लिखना था। 20 जून से 28 जून तक उसे भी लिखकर समाप्त कर दिया। फिर लिखे हुए अंशों की आवृत्ति करता रहा। महन्तराज का बहुत आग्रह था, कि मैं कुछ दिनों उनके प्रासाद में आकर रहूँ, इसलिए मैं 2 जुलाई को वहाँ चला गया और 22 जुलाई तक वहीं रहा। अब सबसे मुख्य काम था, पुस्तकों की सूची बनाना। ताराप्रासाद के बगीचे में एक बँगला था। पुस्तकें वहाँ मँगा दी गईं और मैं दिन-भर वहाँ रहकर पुस्तकों को सिलसिले से लगाता, उनकी सूची बनाता। 10 तारीख को सूची का काम समाप्त हुआ। कुल 27 पोथियाँ थीं। एक बार फिर मैं छग्पे-ल्हाखङ् को ढूँढ़ने गया, किन्तु वहाँ और कोई तालपोथी नहीं मिली। 'कालचक्रतंत्र' की टीका कागज पर लिखी पहले दिन देखी थी, लेकिन, वह हजारों तरह की दूसरी पुस्तकों में मिल गई थी। दुबारा ढूँढ़ने पर वह नहीं मिली। सभी वेष्टनों को खोल-खोलकर देखना आसान काम न था।

तारा प्रसाद के बड़े लामा बेचारे बहुत सीधे-सादे थे, वह भी बड़े प्रेम से मिलते थे, लेकिन अपने भावों के प्रकट करने की उनमें क्षमता नहीं थी। उनके छोटे भाई घंटों मेरे पास आकर बैठते, बातें होतीं, वह बहुत समझाने की कोशिश करते कि तिब्बत की खतरनाक जोतों में हर जगह खूनी डाकू रहते हैं। आप इस तरह दो-एक आदमियों के साथ घूमते हैं, यह अच्छी बात नहीं है। मैं कहता—"अभी तक तो कोई ऐसा डाकू मिला नहीं, और अगर इस डर का ख्याल करता तो, मैं तिब्बत में आ नहीं सकता था। मैं खतरे को उठाकर जो काम कर पाया हूँ, उससे मुझे पूरा सन्तोष है। रहा मरना, सो मैं तो इस साल अभी मर के बचा हूँ। मुझे उस वक्त अफसोस सिर्फ इसी बात का होता था, कि मैं धर्मकीर्ति के महान् ग्रन्थ 'प्रमाणवार्त्तिक' को दुनिया के सामने रख नहीं पाया।"

तारा प्रसाद की वृद्धा दामो हर वक्त पूजा-पाठ में रहा करती थीं, लेकिन उनका भी स्नेह इतना था, कि वह अक्सर मुझे बुलातीं, फिर तिब्बत के अच्छे-से-अच्छे भोजन तैयार करातीं। खम्, अम्दो, लद्दाख और नेपाल तक के सूखे ताजे फलों

और मेवों को सामने रखतीं, मक्खन में पकी गुड़ की पट्टी को मैं बड़ी रुचि से खाता था, उसे वह जरूर ताजा बनवातीं। उनका ज्ञान बहुत परिमित था, इसलिए मेरी बातें भी ज्यादा दूर तक नहीं फैल सकती थीं। छोटी दामो (महन्तरानी) ल्हासा के एक बड़े सामन्त की पुत्री थीं, वह ज्यादा जानकार थीं, बोलने-चालने में भी बहुत चतुर। मैं कैमरा लेकर जाता, तो वह उसे बड़े गौर से देखतीं, उसके एक-एक पुरजे के बारे में पूछतीं। तिब्बत में उतना संकोच नहीं है, और मेरे साथ तो उनका और भी संकोच नहीं था। जान पड़ता है, छोटे पति से उनका अधिक प्रेम था, क्योंकि मैं उन्हें अक्सर उनके ही साथ देखता। दामो को अभी कोई सन्तान नहीं थी। तिब्बत की धारणा के अनुसार सन्तान से निराशा होती जा रही थी। लेकिन तिब्बत में नि:सन्तान होने से दूसरा ब्याह कर लेना उतना आसान नहीं। उसके लिए स्त्री जब तक स्वयं आग्रह न करे, तब तक चुप ही रहना पड़ता है। लेकिन वहाँ घर के लिए किसी पुत्र या पुत्री का होना बहुत जरूरी था, क्योंकि न होने पर सैकड़ों वर्षों से चला आया अविभाज्य घर सर्वदा के लिए लुप्त हो जाता।

'योगाचार भूमि' भी करीब-करीब सम्पूर्ण थी, और आठ हजार श्लोकों के बराबर इस महाग्रन्थ को लिखने के लिए अब समय नहीं था। इसलिए मैंने उनके फोटो पर ही सन्तोष किया। साक्या छोड़ने से पहले मैं फिर डोनिर्छेन्पो के मकान पर चार दिन (16-19 जुलाई) के लिए गया। गूरिम्-ल्हाखङ् को फिर देखा, किन्तु वहाँ कोई नई पुस्तक नहीं मिली। अगले दिन चाम्कुशो भी आ गईं। तीन महीने से अधिक एक विहार में यह ध्यान-पूजा में रत थीं। ध्यान-पूजा का अर्थ शायद घर के लिए एक सन्तान की प्राप्ति रहा हो। सचमुच ही उनके पति और पितृ-कुल दोनों ही नि:सन्तानी थे। वह पहले ही की तरह मेरी आवभगत के लिए तैयार थीं। मुझे प्रसन्नता हुई, कि साक्या छोड़ने से पहले चाम्कुशो से भी भेंट हो गई।

20 जुलाई को मैं फिर फुन्छोग्-प्रासाद में चला आया। अब ङोर् जाने की तैयारी थी।

अबकी साक्या का आना बहुत सफल रहा। टाईफाइड के जमाने में ही मेरी जबान पर धर्मकीर्ति का नाम नहीं था, बल्कि ञेनम् से चलने के बाद मैंने स्वप्न में देखा था, कि किसी ने तालपत्र की पुस्तकें मेरे हाथ में दीं, खोलने पर उनमें दिग्नाग का 'प्रमाणसमुच्चय' और धर्मकीर्ति के ग्रन्थ निकले। दिग्नाग के ग्रन्थों—'प्रमाणसमुच्चय' और 'न्यायमुख' को तो मैं नहीं पा सका, किन्तु धर्मकीर्ति के ग्रन्थों के पाने में आशातीत सफलता हुई। सारा 'प्रमाणवार्त्तिक' ही नहीं मिल गया, बल्कि एक परिच्छेद में ग्रन्थकर्ता की अपनी वृत्ति (स्ववृत्ति) और उस पर कर्णकगोमी की विस्तृत टीका मिली, जिन्हें मैंने यहाँ बैठकर उतार डाला। पीछे 'स्ववृत्ति' के खंडित अंश को तिब्बती अनुवाद और टीका के सहारे फिर से संस्कृत में कर डाला और अब (सितम्बर 1944) ये दोनों पुस्तकाकार छप चुके हैं। 'प्रमाणवार्त्तिक' के बाकी तीन

परिच्छेदों पर प्रज्ञाकर गुप्त का 'वार्त्तिकालंकार' वृहद्भाष्य बहुत अनमोल पुस्तक है, इसको भी मैंने साक्या में पाया। सबकी कॉपी भी तैयार हो गई। शलू में जाने पर 'प्रमाणवार्त्तिक' की एक बहुत ही सुन्दर वृत्ति मनोरथनन्दीकृत मिली, उसकी भी मैंने कॉपी की और पीछे सम्पादित करके छाप दिया। 'वादन्याय' को मैं पहले ही सम्पादित कर चुका था। इस प्रकार 'प्रमाणवार्त्तिक' और 'वादन्याय' ये दो धर्मकीर्ति के ग्रन्थ प्रकाशित हो चुके हैं। 'न्यायविन्दु' पहले ही से मिल चुका था। 'हेतुविन्दु' को भी मैं तिब्बती अनुवाद और अर्चट (धर्माकरदत्त) की टीका के सहारे संस्कृत में कर चुका हूँ। अर्चट की टीका और न्यायविन्दु-पंजिका (धर्मोत्तर) के ऊपर दुर्वेक मिश्र की टीकाएँ ङोर् गुम्बा में मिलीं। धर्मकीर्ति की सम्बन्ध-परीक्षा को भी संस्कृत में तैयार कर चुका हूँ। अब धर्मकीर्ति के न्याय के सात ग्रन्थों में ('सन्तानान्तरसिद्ध' और 'प्रमाणविनिश्चय' दो ग्रन्थ सिर्फ तिब्बती अनुवाद में मिलते हैं, जिन्हें मूल या तिब्बती अनुवाद से संस्कृत में करके किसी वक्त प्रकाशित करना होगा।

(ख) ङोर् और शलू में—23 जुलाई को मैंने साक्या से विदाई ली। फुन्छोग प्रासाद ने तीन खच्चर और अपने एक बड़े मजबूत रसोइए को साथ जाने के लिए दिया। तारा प्रासाद ने पाथेय के लिए कितनी ही चीजें भेजीं। महन्तराज और दामो ने बड़े प्रेम के साथ विदाई दी। 11 बजे हम साक्या से चले। एक खचरी बहुत मजबूत थी। उसने दो बार रसोइए को पटका। रास्ते में साक्या के कुछ खच्चरवाले मिले, उससे उसने खचरी को बदल लिया। जब मैं आया था, उस समय खेतों की जुताई शुरू हुई थी। अब खेतों में हरे-हरे जौ-गेहूँ खड़े थे। सरसों फूली हुई थी। ये बरसात के दिन थे। नंगे रूखे पहाड़ों पर चारों ओर हरी-हरी घास दिखलाई देती थी। आटोला, फिर शोङ्ला दोनों जोतों को पार करके हम डोकपा लोगों के गाँव—शोङ-चिक्ग्यप् में रात को ठहरे, और पिछले सालवाली कोठरी में आसन पड़ा। यद्यपि पैदल नहीं चलना पड़ा था, लेकिन कमर में दर्द बहुत रहा। आखिर ढाई महीने बैठे-बैठे कलम भी तो चलानी पड़ी थी। अगले दिन (24 जुलाई) सत्तू-चाय खाकर 7 बजे चलने लगे, तो बूँदें हल्की-हल्की पड़ रही थीं। कितनी ही दूर उतरकर नदी के किनारे-किनारे चलने लगे। उस वक्त नदी में बहुत पानी बह रहा था और कहीं-कहीं हमें पानी में से होकर चलना था। एक जगह खचरी बक्सों को लिये-दिये बैठ गई। जल्दी से उसे उठाया गया। मुझे डर लगा, कि पानी बक्स के भीतर चला गया होगा, पीछे देखा कि सभी चीजें सुरक्षित हैं। फिर बड़ी नदी के किनारे आए। दोपहर के खाने के लिए एक जगह थोड़ी देर ठहरे। अब नदी को पार करने की समस्या थी। पिछली बार गेशे और मैं बरसात के बाद आए थे, उस वक्त भी नदी को बहुत ढूँढ़-ढाँढ़कर पार हुए थे। अबकी बार तो बरसाती नदी थी। बहुत ढूँढ़ने-ढाँढ़ने पर यही मालूम हुआ, कि नीचे शव् में पुल से पार हुआ जा सकता है। तिब्बत की प्रथम यात्रा में मैं उसी पुल से गुजरा था। हम चाङ्शों में

पहुँचे। अभी काफी दिन था, लेकिन खच्चर लादकर चलते वक्त पानी बरसने लगा, इसलिए रात को यहीं रहना पड़ा।

25 तारीख को भी साढ़े सात बजे रवाना होते समय बूँदें पड़ रही थीं। छारोङ्-छू (नदी) में पानी और बढ़ आया था। दो घंटे बाद क्यिदोत्पा में पहुँचे। आशा थी कि यहाँ चमड़े की नाव (क्वा) मिल जाएगी, लेकिन उसका कोई पता न था। फिर दो आदमी खच्चर पर चढ़कर नदी में थाह ढूँढ़ने के लिए गए और किसी तरह डरते-डरते हम सही-सलामत नदी पार पहुँचे। एक बक्स में थोड़ा-सा पानी चला गया था, मगर कोई नुकसान नहीं हुआ। आज रात को शव् में रहे। अगले दिन (26 जुलाई) चलते वक्त जरा-जरा बूँदें पड़ रही थीं। डेढ़ घंटे में छाचा-ला को पार गए। उसी दिन ताचोला भी पार होकर साढ़े 5 बजे ङोर्-गुम्बा में पहुँच गए। खङ्सर में रहने के लिए अच्छी जगह मिली। ङोर् की किताबें अभी नहीं मिल सकती थीं, क्योंकि अधिकारी वहाँ मौजूद न था, इसलिए पहले शलू जाने का निश्चय किया गया। कुछेन् और कुडिङ् दोनों लामाओं से मुलाकात की। अगले दिन भोजन करके 10 बजे हम शलू के लिए रवाना हुए। घूमकर जाने पर हम बिना पहाड़ चढ़े भी पहुँच सकते थे, लेकिन हमने सीधा रास्ता लिया। चढ़ाई कठिन और रास्ता भी पगडंडी का था। पहले ङोला पार किया। उतराई में तो कुछ दूर इतना खराब रास्ता था, कि खच्चर का बोझ आदमियों को देना पड़ा।

नीचे नदी की कछार में आने पर वर्षा होने लगी और वहाँ पचीसों धारें बहने लगीं। किनारे के खेतों को नदी काट न ले जाय, इसके लिए पत्थर के बाँधों पर सफेद रंग के बहुत-से शिलापुत्रक रखे हुए थे। लोगों का विश्वास है, कि ये शिलापुत्रक जलदेवता को आगे नहीं बढ़ने देंगे। श्वाला का डाँड़ा भी अच्छा-खासा है, लेकिन चढ़ाई ज्यादा नहीं; फिर कगोङ्ला नामक, एक छोटा-सा डाँड़ा मिला। इस प्रकार तीन डाँड़ों को पार कर 6 घंटे की यात्रा के बाद हम शलूविहार में पहुँचे। रिसुरलामा बड़े प्रेम से मिले। एक अच्छी जगह रहने के लिए मिली। भारत और जापान से मैंने जो चित्र इनके पास भेजे थे, वे मिल गए थे। अगले दिन (28 जुलाई) 9 बजे हम एक मील चलकर रिफुग् में पहुँचे। शलूगुम्बा की यह एक शाखा ही नहीं, बल्कि अभिन्न अंग है। महाविद्वान् बुतोन् (1290-1364 ई.) पहले बहुत साल साक्या में रहे थे, किन्तु उन्होंने अपने अन्तिम समय को यहीं बिताया था। यहाँ उनका चैत्य है। लालमन्दिर उन्हीं का बनवाया हुआ है, जिसके भीतर उनकी मूर्ति भी है। हम पुस्तकालय में गए। एक छोटी-सी बहुत अँधेरी कोठरी थी। बगल में एक और कोठरी थी, जिसके दरवाजे पर ताला बन्द था और उस पर भोट सरकार की मुहर लगी थी। बिना सरकारी आज्ञा के उसे खोला नहीं जा सकता था। लेकिन रिसुर्लामा ने बतलाया कि उसमें तालपोथी नहीं है। फिर सारे पुस्तकालय को ढूँढ़ने लगे। लकड़ी के ढाँचे (रैक) पर हाथ की लिखी बहुत-सी पोथियाँ थीं, लेकिन वे सभी तिब्बती

भाषा की थीं। एक बक्स खोला गया, उसमें 39 बंडल (मुट्ठे) तालपोथियों के मिले। इनमें मनोरथनन्दी की 'प्रमाणवार्त्तिक-वृत्ति' तथा 'प्रमाणवार्त्तिक-मूल' के भी तीन परिच्छेद मौजूद थे। और भी कितने ही काम की पुस्तकें थीं।

नेपाल से आते वक्त तेजरत्न से बातचीत हुई थी, और उन्होंने फोटो खींच देने के लिए कहा था, इसलिए मैंने सोचा, कि उनको यहाँ ले आकर कुछ पुस्तकों के फोटो खिंचवा लूँ।

अगले दिन (29 जुलाई) मैं शिगर्चे चला गया। भारत से आई बहुत-सी चिट्ठियाँ मिलीं। सबसे अफसोस की खबर यह थी, कि पटना-म्यूजियम के क्यूरेटर मनोरंजन घोष का देहान्त हो गया। मुझे याद आता था, उनका सौहार्द और सरलता, तिब्बती वस्तुओं के संग्रह के लिए वह कितना आग्रह किया करते थे और चीजों के पहुँचने पर कितना खुश होते थे।

मैंने साक्या में जितने चित्र लिये थे, तेजरत्न से उन्हें धोया। 'योगाचार-भूमि' की तीन फिल्म ठीक नहीं आईं। 'योगाचार-भूमि' को छोड़कर जा नहीं सकता, इसलिए साक्या ही के रास्ते भारत लौटना होगा, यह निश्चय करना पड़ा। पता लगा, कि नेरीकाछा में कुछ तालपोथियाँ हैं। तीन-चार दिन इन्तिजार करने पर एक घोड़ा मिला, उस गुम्बा का एक ढावा भी आया था। साढ़े तीन घंटा कुछ पैदल और कुछ घोड़े पर चलकर मैं गुम्बा पहुँचा। यह बहुत पुराना विहार नहीं है। 25, 30 वर्ष पहले वर्तमान टशीलामा के शिक्षक योङ्-जिनलामा ने इसे बनवाया था। यहाँ भला संस्कृत पुस्तक होने की क्या आशा हो सकती थी? हाँ, वहाँ एक तालपोथी जरूर थी और सिंहलाक्षर में 'पाराजिका' (पाली) थी, जिसे 40-45 साल पहले लिखा गया था। मैं 3 बजे उसी घोड़े पर लौटा। वर्षा आगे-पीछे दोनों ओर हो रही थी, लेकिन मैं भीगने से बच गया। डोसुम् ब्रह्मपुत्र के किनारे एक घाट है, जहाँ ल्हर्चे से चमड़े की नावें आया करती हैं। वहाँ पहुँचते ही घोड़े का मालिक आ गया। उसने कहा—मैं तो घोड़े को नहीं जाने दूँगा। घोड़ा वहीं छोड़ दिया। साढ़े पाँच बज गया था। रास्ते में अँधेरा होने का डर था। मैं अकेला था और तिब्बत में बस्ती से बाहर सभी जगह जान का खतरा रहता है। मैं जल्दी-जल्दी चला। यदि तिब्बती भिक्षुओं का वेष होता, तो कोई मेरी ओर ताकने की हिम्मत न करता, किन्तु मेरे शरीर पर तो पीले चीवर हैं। आगे दो आदमी—जो शायद पास में भेड़ चरा रहे थे—मेरे नजदीक आए और कहने लगे "सौदा! छङ्रिन (शराब का दाम) दे।" उनके स्वर से ही मालूम होता था कि वे भिखमंगी नहीं कर रहे हैं। मैं पैसा देकर उन्हें क्यों बतलाता, कि मेरे पास पैसा है। मैंने कहा, "मेरे पास पैसा नहीं है।" फिर उन्होंने धमकाने के स्वर में उसी वाक्य को दुहराया। मैंने चीवर को जरा-सा खिसका दिया तो कैमरे का चमड़ेवाला फीता साफ दिखलाई देने लगा। दाहिने हाथ को भी मैंने बगल में डाला। उनका रुख बदल गया और रास्ता छोड़कर चले गए। उनको क्या

मालूम था कि यह पिस्तौल नहीं, फोटो का कैमरा है। इसमें कोई सन्देह नहीं, कि रोलैफैक्स ने उस दिन जबर्दस्त तावीज का काम किया। मेरे पास कोई हथियार नहीं था और उन दोनों के पास तिब्बती छुरे थे। मैं जल्दी-जल्दी पैर बढ़ाते अँधेरे से पाहिले ही शिगर्चे पहुँच गया।

यहाँ आते ही अभयसिंह और रघुवीर से भेंट हो गई। अगले दिन (3 अगस्त) मैं टशील्हुन्पो विहार में समूलो गेशे से मिलने गया। न्याय के बड़े विद्वान, लेकिन थे पुराने युग के पंडित। उस दिन या पहले किसी दिन बात चल रही थी, मेरे मुँह से निकल आया कि पृथ्वी गोल है। उन्होंने झट मेरी बात को पकड़ लिया, और कहने लगे—तब तो आप 'अभिधर्मकोष' (वसुबन्धु) और बुद्धवचन (त्रिपिटक) को नहीं मानते। "नहीं मानता," कहकर मैं नास्तिक कैसे बनता? मेरे दिमाग पर बहुत जोर पड़ा, लेकिन मैंने जवाब खूब अच्छा सोच निकाला। मैंने पूछा—"जिस वक्त कुशीनारा में भगवान् शाक्य मुनि का परिनिर्वाण हुआ था, उस वक्त भूकम्प आया था कि नहीं?"

"आया था।"

"उस भूकम्प से पृथ्वी दस-पाँच अँगुल या दस-बीस योजन हिली थी?"

"योजन नहीं, सारी पृथ्वी भी नहीं, बल्कि दशसाहस्त्री लोकधातु (ब्रह्मांड) जड़मूल से हिल गई थी।"

फिर मैंने हँसते हुए कहा—"गेशे रिन्पोछे! मामूली भूकम्प आता है, तो जल का थल और थल का जल हो जाता है, कितने पहाड़ दब जाते हैं, कितने द्वीप समुन्दर में घुस जाते हैं, फिर उस असाधारण भूकम्प ने दुनिया में असाधारण परिवर्तन किया होगा या नहीं?"

"परिवर्तन क्यों नहीं किया होगा।"

फिर मैंने दोनों हथेलियों की पीठ को कछुए की पीठ का रूप देते हुए कहा—"पहले पृथ्वी इस तरह की अर्द्ध-गोलाकार थी, उस महाभूकम्प के बाद वह इस तरह गोल हो गई," कहते हुए मैंने दोनों हाथों को गोल की शकल में बदल दिया। बेचारे गेशे क्या बोलते? मैंने कहा—"बुद्ध का वचन गलत नहीं है, क्योंकि वह परिनिर्माण के उस महाभूकम्प के पहले कहा गया था। आचार्य वसुबन्धु का भी कथन गलत नहीं, क्योंकि उन्होंने बुद्ध-वचन में जैसा देखा, वैसा ही लिख दिया।"

गेशे ने कुछ सोच करके कहा—"उस पृथ्वी के बीचोबीच सैकड़ों योजन ऊँचा सुमेरू पर्वत खड़ा था, वह क्या हुआ?"

मैंने कहा—"पृथ्वी जब कच्छपपीठ से गोल बन गई, बेचारे सुमेरू पर्वत का क्या ठिकाना? वह उसी के पेट में चला गया। आजकल जो पृथ्वी है, उसकी नाप-तोल हो चुकी है, उसका नक्शा बन चुका है। उसी नक्शे को देखकर जिस दिशा को उड़ते हैं, हवाई जहाज वाले वहाँ पहुँच जाते हैं, इसलिए वह नक्शा गलत नहीं है, वह अर्थक्रिया-समर्थ है।" कहते मैंने धर्मकीर्ति का वाक्य भी दुहरा दिया।

गेशे ने कुछ सोचकर कहा—"सुमेरू नहीं रहा तो, देवेन्द्र शक्र, और त्रायस्त्रिंश देवता कहाँ गए?"

मैंने चेहरे से कुछ खेद प्रकट करते हुए कहा—"गेशे रिन्पोछे! यह बड़े दुख की बात है। लेकिन ऐसे भूकम्पों में ऐसा हुआ ही करता है। दो साल पहले के भूकम्प में हमारे एक शहर (मुंगेर) के 20 हजार आदमी मर गए, पिछले साल के भूकम्प में एक दूसरे शहर (क्वेटा) के 50 हजार आदमी मरे। देवलोक को उससे भी अधिक क्षति उठानी पड़ी। भूकम्प रात के पिछले पहर आया था न?"

"हाँ, पिछले पहर आया था।"

मैंने कहा—"बेचारे शक्र, उसकी अप्सराएँ और सारे देवता दोपहर रात तक नाचते और शराब पीते रहे। वे अभी-अभी सोये थे। पहली नींद बहुत गाढ़ी होती है, उसी वक्त भूकम्प आ गया। कोई जागने भी न पाया और सुमेरू सबको लिये-दिये पृथ्वी के गर्भ में समा गया। नींद खुली होती, तो वे हवा में उड़ सकते थे, उनसे बहुतेरे अपनी जान बचा सकते थे। अफसोस देवलोक, देवता सभी दुनिया से गायब से हो गए!"

रघुवीर बहुत खुश था, समलो गेशे भी मुस्कराकर रह गए।

उस वक्त अम्दो की ओर से बहुत उल्टी-सीधी खबरें आ रही थीं। कोई कहता था—सारे कनसू और अमदों को लाल (बोलशेविक) ने ले लिया, अब वे तिब्बत की ओर आ रहे हैं। फुन्छोग प्रासाद के महन्तराज ने सुना था कि खम् में 'लाल' आ गए हैं। उनकी सेनापति एक स्त्री है, जिसके मुँह के कोने में तीन-तीन अँगुल के दाँत बाहर निकले हुए हैं। उस पर गोली-गोला किसी का असर नहीं होता, वह बच्चों को चबा जाती है। किसी ने यह भी बतलाया कि वह पलद्न ल्हामो (श्रीदेवी) तिब्बत की सबसे बड़ी देवी माँ काली का अवतार है। लामा लोग यह भी खबर फैला रहे थे, कि लोबोन् रिन्पोछे (पद्मसम्भव) ने भविष्यवाणी की है, कि एक बार दुनिया में लाल का राज हो जाएगा, और वही अब हो रहा है। टशील्हुन्पो में, रघुवीर कह रहे थे कि "भिक्षु लोग बन्दूक चलाना सीख रहे हैं।"

मैंने पूछा—"क्यों?"

रघुवीर—"लाल आएँगे, तो वे हमारे गुम्बा को तोड़ डालेंगे, ढावा लोग इसे कैसे बरदाश्त करेंगे?"

मैंने कहा—"दो-चार के बन्दूक सीखने से कुछ नहीं बनता, तुम बाकायदा लोगों को भरती करो, खूब कवायद-परेड सिखाओ, उनसे निशाना लगवाओ, शिगर्चे और आसपास के लोगों की भी सेना बनाओ।"

रघुवीर ने हँसते हुए कहा—"जिसमें कि मेरे ही गले में पहले फाँसी लगे, क्योंकि ढावा और पल्टन तो सब धूप में मक्खन की तरह बिला जाएगी और मेरा ही नाम पहले से मशहूर रहेगा!"

फिर शलू में (15 अगस्त) शम्लो गेशे ने अपने दो घोड़े दिये और मानबहादुर साहु ने अपना एक घोड़ा। एक घोड़े पर फोटो का सामान रखा गया। रघुवीर, तेजरत्न, अभयसिंह और मैं चारों 10 बजे शलू के लिए रवाना हुए। एक नदी के हम जब पार हो रहे थे, तो फोटो के कैमरेवाला घोड़ा बीच धार में बैठ गया। शायद अभयसिंह उस पर सवार भी थे। उनका पाजामा तो भीग ही गया। लेकिन हम लोगों को डर लगा कि कहीं फोटो के बकस के भीतर पानी न चला गया हो। खैर, वह बाल-बाल बच गया। शलू पहुँचे। सभी पुस्तकें रिफुग् से यहाँ नहीं आ सकती थीं, इसलिए निश्चय हुआ कि हम लोग रिफुग् में ही चले चलें। अगले दिन (6 अगस्त) हम रिफुग् में चले गए, और 8 दिन तक रहकर यहीं तसवीरें खिंचवाते रहे। तसवीरें तेजरत्न खींचते थे, मैं पुस्तकों की सूची बनाता और बीच-बीच में पत्रों को लगाकर फोटो के लिए उन्हें सजाता था। कलकत्ते से आई कितने ही प्लेटें पुरानी निकलीं, इसलिए फोटो नहीं आया। तेजरत्न की पुरानी प्लेटें अच्छी थीं। बीच-बीच में वर्षा भी जोर मारती थी इसलिए फोटो लेने में विघ्न होता था। मैंने सूची तैयार की। पिछले साल 'सद्धर्मपुंडरीक' और 'काशिकापंजिका' की तालपोथियाँ देखी थीं, लेकिन अबकी वे नजर नहीं आईं। कलकत्ते से आई सारी प्लेटें बेकार गईं। तेजरत्न की प्लेटों से कुछ फोटो मिले। अबकी बार भी फोटो का काम ठीक नहीं हुआ। मैं पछता रहा था, कि क्यों नहीं एक-दो महीने किताबों के फोटो लेने और धोने में लगा दिये। 13 अगस्त को तेजरत्न शिगर्चे लौट गए और हम शलू विहार में चले आए। यहाँ की पुस्तकों में से 'मध्यमकहृदय' (भाव्य) 'विग्रहव्यावर्तनी' (नागार्जुन), 'प्रमाणवार्त्तिकवृत्ति' (मनोरथनन्दी) और 'क्षणभंगाध्याय' (ज्ञानश्री) को तीन महीने साथ रखने के लिए गुम्बा के पाँचों पंचों ने इजाजत दी। गुम्बा के लोग समझ रहे थे कि यह कोई बड़ी धनी लामा है, इसलिए आशा रखते थे और गुम्बा के भीतर चित्रकारी के लिए रंग, छत के लिए कपड़ा, मूर्ति पर चढ़ाने के लिए सोना आदि चीजों की माँग कर रहे थे। मैं अगर चार-छह हजार रुपये खर्च कर सकता, तो उन्हें बहुत खुशी होती और मैं सभी महत्त्वपूर्ण तालपोथियो को ले आता, लेकिन रुपये कहाँ थे? मैं तो जबर्दस्ती घूमने की हिम्मत करता था। रुपये उधार देने के लिए छु-शिङ्शावाले तैयार थे, लेकिन मैं उतने ही रुपये ले सकता था, जिनके कि लौटाने में दिक्कत न होती।

(ग) ग्यान्ची में (17 अगस्त-7 सितम्बर)— 16 अगस्त को हम तीनों ग्यान्ची की ओर रवाना हुए। दूसरे दिन हम चार बजे ग्यान्ची पहुँचे। रास्ते में नेसा में चाय पीने के लिए ठहरना पड़ा। पता लगा कि यहाँ एक पुराना मन्दिर यूम्ल्हाखङ् (मातृमन्दिर) है, जिसे सम्राट् रल्पाचन् (877-901 ई.) ने बनवाया था—ऐसी कहावत है। मैदान में यह छोटा-सा मन्दिर है जरूर पुराने ढंग का। बीच में चतुमूर्ति वैरोचन—शायद यह पीछे की मूर्ति हो। पीछे की ओर युम् (माता) प्रज्ञापारमिता और दश बुद्ध की

मूर्तियाँ हैं। कारीगरी सुन्दर है, कला उस काल के अनुरूप है। सामने सम्राट् ठीस्रोङ (823 ई.) का बनवाया मन्दिर है, जिसमें वैरोचन, आठ बोधिसत्व आदि मूर्तियाँ हैं। ये उतनी सुन्दर नहीं हैं, तो भी काफी पुरानी हैं। ये मन्दिर चाहे सम्राटों के बनवाए न हों, लेकिन पुराने जरूर हैं। मुमकिन है, वे उसी काल में बने हों।

ग्यान्ची में रहते वक्त मैं और अभयसिंह पुस्तकों की कॉपी करने में व्यस्त रहे। 'प्रमाणवार्तिक' सम्बन्धी साहित्य की प्राप्ति के बारे में मैंने जायसवाल जी और डॉक्टर श्चेर्वात्स्की (सोवियत) के पास पहले ही अभयसिंह के साथ चिट्ठियाँ भेज दी थीं। जायसवाल जी ने इसकी सूचना ऐसोशिएटेड् प्रेस को दे दी, और वह भारत के पत्रों में छप गई। कुछ फोटो के सामान की जरूरत थी, मैंने उनके लिए ग्यांची से तार और चिट्ठियाँ भेजीं।

2 सितम्बर को चीजों के तीन पार्सल आए, इनमें फोटो के सामान तथा लामाओं को भेंट देने की चीजें थीं। 4 सितम्बर को डॉक्टर श्वेर्वात्स्की का पत्र आया। नई पुस्तकों की खोज सुनकर उन्हें अत्यन्त आनन्द हुआ और उन्होंने लिखा कि मैं डॉक्टर वोस्त्रीकोफ के साथ भारत आना चाहता हूँ। इन पुस्तकों का कितना महत्त्व था, वह इसे अच्छी तरह जानते थे। जैसे प्लेटो और अरस्तू के मूलग्रन्थ लुप्त हो गए हों, सदियों से अनुवादों और उनकी टीकाओं के सहारे यूनानी दार्शनिकों के विचार का अध्ययन हो रहा हो, फिर यकायक मूलग्रन्थ अपनी मूलभाषा में मिल जाएँ। 22 तारीख को मैंने पुस्तकों के हस्तलेखों और दूसरे चीजों को डाक से डॉ. जायसवाल के पास भेज दिया। इन बहुमूल्य वस्तुओं को साथ लिये फिरना मैंने अच्छा नहीं समझा। इसमें सन्देह नहीं कि तिब्बत में जैसे अकेले-दुकेले मैं घूम रहा था, उससे किसी वक्त भी भारी खतरे में पड़ सकता था।

(घ) ङोर् में—8 सितम्बर को हम ग्यान्ची से शिगर्चे के लिए रवाना हुए। अब खेत कट रहे थे। पहली रात दोङ्ले और दूसरी रात पेनाङ् में ठहरे। पेनाङ् में खच्चरों के लिए घास नहीं मिली, और हम लोगों को पिस्सुओं ने रात में तबाह कर डाला। 10 सितम्बर को रघुवीर और मैं आगे बढ़कर शलू विहार में गए। एक को छोड़कर बाकी पुस्तकें लौटा दीं। उसी दिन तीन बजे के करीब शिगर्चे पहुँच गए। अभी पोइखङ्, तानक् और ङोर् की पुस्तकों को देखना था, लेकिन तिब्बत में आदमी और घोड़ों का मिलना आसान काम नहीं है।

12 सितम्बर को ङोर् आने-जाने के लिए घोड़े मिले। हम लोग उसी दिन शाम तक ङोर् पहुँच गए। लेकिन मालूम हुआ कि किताब देनेवाला अधिकारी अभी नहीं आया है। अगले दिन हम नए अधिकारी के पास गए। वह किताबों को दिखलाने के लिए तैयार थे, लेकिन चाभी अभी पुराने अधिकारी के हाथ में थी। वह चाभी को लामा गेन्देनु के पास दे गया था, तो भी उससे कहा—पुराने अधिकारी के बिना द्वार नहीं खोला जा सकता। खङ्सर के दोनों बड़े लामाओं ने भी कोशिश की, लेकिन

वह दुष्ट राजी नहीं हुआ। अन्त में यही निश्चय हुआ कि कुडिङ् रिन्पोछे (खङ्सर के बड़े लामा) पुराने अधिकारी (छन्जो) के पास आदमी भेजेंगे, जब पुस्तकों के मिलने की सम्भावना होगी, तो सन्देश भेजेंगे, फिर हम आएँगे।

ङोर् से नरथङ गए। वहाँ 'बोधगया मन्दिर' और दो भारतीय चित्रपटों के फोटो लिये। रात को वहीं रह गए और अगले दिन (14 सितम्बर) 3 घंटे में शिगर्चे पहुँचे। मैं अब 'क्षणभंगाध्याय' की कॉपी करने में लग गया, और रघुवीर तथा अभयसिंह अगले दिन (15 सितम्बर) तानक गए। 17 तारीख़ को ङोर् का आदमी बुलाने के लिए आया और 18 सितम्बर को हम फिर ङोर् पहुँच गए। उसी दिन मुहर तोड़ी गई और पुस्तकालय की तालपोथियों को देखा गया। वसुबन्धु का 'अभिधर्मकोषभाष्य' सम्पूर्ण मिल गया। 'तर्करहस्य' और 'वादरहस्य' नामक खंडित न्यायग्रन्थ मिले। मैंने पुस्तकों के बहुत-से फोटो खींचे। पिछले साल मैंने 'सुभाषित', 'प्रातिमोक्ष', 'वादन्याय' की पोथियाँ देखी थीं, अब की वे नहीं दिखाई पड़ीं। ढूँढ़ने पर वे पहलेवाले अधिकारी के घर में मिलीं। तिब्बत में पुस्तकें कितनी अरक्षित हैं, यह इससे मालूम हो सकता है। चार दिन ङोर् में रहकर फिर हम शिगर्चे चले आए। तेजरत्न ने फोटो लिया, उसे वहीं धोकर देख लिया गया, इसलिए फोटो पर विश्वास तो हो सकता था, किन्तु फोकस उतना अच्छा नहीं था। रघुवीर और अभयसिंह तानक से लौट आए, वहाँ दो-तीन तालपत्र की पोथियाँ थीं, किन्तु उतनी महत्त्वपूर्ण नहीं थीं। कलकत्ता से और भी पार्सल आए थे। बाबू ब्रजमोहन वर्मा चलने-फिरने और शरीर से लाचार थे, लेकिन यदि उन्होंने तन्देही न की होती, तो कलकत्ता से समय पर चीजों के आने में बड़ी दिक्कत होती। वर्मा जी कष्ट की कोई परवाह नहीं करके दर्जनों जगहों से ढूँढ़कर चीजों को भिजवाते थे।

पोइखङ् जाने की बड़ी इच्छा थी। लेकिन, एक तो वहाँ के लिए घोड़े नहीं मिल रहे थे, दूसरे तेजरत्न वहाँ जाना नहीं चाहते थे, इसलिए अब फोटो लेना सम्भव नहीं था। तेजरत्न से फोटो की दर मुकर्रर हो गई थी, लेकिन अब उन्होंने मनमाना दाम लगाना शुरू किया। इस तरह की दिक्कतें आया ही करती हैं।

28 सितम्बर को रघुवीर के साथ टशील्हुन्पो विहार में चला आया और चार दिन यहीं रहा। पहले दिन शमलो गेशे के साथ सुमेरू और भूकम्पवाली बात हुई। पिस्सुओं के मारे आफत थी। अब मैं साक्या जाने के लिए तैयार था, लेकिन घोड़े का कोई इन्तिजाम नहीं हो रहा था।

बहुत मुश्किल से 2 अक्टूबर को शव् तक के लिए दो घोड़े मिले। जान्स्कर का एक भिक्षु शव् तक चलने के लिए तैयार हुआ। साढ़े तीन बजे हम रवाना हुए और रात को नरथङ् में रह गए। अगले दिन चार बजे सुबह ही चले पड़े। 7 बजते-बजते तालाजोत पर पहुँचे। यह बुत छोटा-सा डाँड़ा है, पर है खतरे से भरा। पहली तिब्बत-यात्रा में मैं इस डाँड़े से गुजरा था। दो बजे हम एक गाँव में पहुँचे।

घोड़ेवाले का पैर दुखने लगा, और वह वहीं ठहर गया। लेकिन हम दोनों आगे चल दिये। छारोङ्छू नदी को पुल से पार किया, फिर थोड़ा-सा ऊपर की ओर से चलने पर चाङ्गुवा गाँव आया। यहाँ साक्या के कुशो डोनिर्छेन्पो का घर है। यद्यपि मैं यहाँ कभी नहीं आया था और न यहाँ के नौकर-चाकरों ने मुझे देखा था, लेकिन वे मेरे बारे में सुन चुके थे, इसलिए जान-पहचान होने में देर न लगी। इस वक्त फसल कट रही थी, लोग उसी में लगे हुए थे, इसलिए आदमी मिलना आसान नहीं था, लेकिन हम कुशो डोनिर्छेन्पो के घर में थे। चोला हर तरह से मदद करने को तैयार थे। मकान बहुत अच्छा और बड़ा था, लेकिन मालिक, मालकिन यहाँ बहुत कम आते थे, इसलिए मरम्मत आदि के ऊपर उतना ध्यान नहीं दिया गया था। एक तरफ मालिक थे, कि सन्तान बिना उनका घर सूना था, दूसरी ओर उनका चोला था, जिसकी बीवी अभी जवान थी, तो भी 5 लड़के और 2 लड़कियाँ मौजूद थे। लड़के-लड़कियाँ गोरे थे, सुन्दर थे, स्वस्थ थे, यद्यपि उनके चेहरे पर मैल की मोटी तह जमी रहती थी। उसी शाम को बगल की किसी स्त्री के पेट में दर्द हुआ। मेरे पास दवा के लिए आए। तिब्बत ऐसे मुल्कों की यात्राओं में चार-पाँच प्रकार की दवाएँ रखना आवश्यक है, जिनमें टिंचर-आयोडीन्, जुलाब, पाचक लवण, कुनैन मुख्य हैं। मैंने 'ऐनोसाल्ट' एक चम्मच दिया, कुछ फायदा हुआ।

4 अक्टूबर को आचो ल्हग्पा दो गधे और एक घोड़े के साथ चले। घोड़ा मेरी सवारी के लिए था, गधे सामान ढोने के लिए। हम लोग 6 बजे सवेरे ही रवाना हुए। पुल के सामने आकर बाईं ओर की उपत्यका में मुड़ पड़े। ल्हासा-नेपाल-भारत का पुराना रास्ता यही है। आगे उपत्यका में जमीन से अपने आप पानी निकल रहा था। कई जगह भूमि दलदल बन गई थी। ताज्जुब है कि जो खेत चन्द दिन पहले सूखे थे, उनमें गेहूँ लहरा रहे थे, और पानीवाली क्यारी-से बन गए थे। साढ़े दस बजे जिलुङ् गाँव में पहुँच गए। यह बड़ा गाँव है, और शायद पहले और बड़ा रहा होगा। पुराने घरों की मिट्टी की दीवारें अब भी खड़ी थीं। चीन का जब तिब्बत में प्रभुत्व था, उस वक्त चीनी अफसरों को ठहराने के लिए घर (ग्य खङ्) बने थे। इस गाँव में वैसा घर था। आगे ज्यादातर निर्जन, सुनसान, चौड़ी उपत्यका से चलना पड़ा। 5 बजे हम ल्हाऊ की भिक्षुणियों के मठ में पहुँचे और बाहर यात्रीगृह में ठहरे। तिब्बत में भिक्षुणियों के मठ कहीं-कहीं बड़े ही दुर्गम और निर्जन स्थानों में मिलते हैं, यह वैसा ही स्थान था। भिक्षुणियों का भिक्षुओं जैसा मान नहीं, इसलिए उनका जीवन ज्यादा कष्ट का है। उनके विहारों में जागीरें भी नहीं होतीं, प्रसिद्ध मन्दिर भी उनके पास नहीं हैं लेकिन तब भी उन्हें जीवित रहना है। जब घर-भर के लिए एक ही बहू आ सकती है—पाँच-सात भाइयों पर एक ही पत्नी रहती है—और लड़कियों की संख्या लड़कों से कम नहीं होती, फिर भिक्षुणियों की संख्या ज्यादा होना जरूरी ठहरा। यद्यपि पुरुष भिक्षुणियों का सम्मान और सहायता करने के लिए

उतने उदार नहीं होते, लेकिन स्त्रियाँ जरूर उनका ख्याल करती हैं। कोई घर नहीं है, जिसकी कोई लड़की भिक्षुणी न हो; चाहे वह घर ही में रहती हो, लेकिन उसका कोई गुरुस्थान (भिक्षुणीविहार) जरूर होता है।

फिर ढाई बजे रात को ही रवाना हुए, सिर्फ दो जने और एक ही दिन में तीन खतरनाक जोतोंवाले निर्जन रास्ते से! अचो ल्हक्पा (भाई बुध) को जब परवाह नहीं थी, तो मुझे क्यों परवाह हो; जो एक आदमी कर सकता है, वह मैं भी क्यों नहीं कर सकता। चढ़ाई कठिन थी। ऊपर-नीचे होते चार बजे ठिमोला जोत पर पहुँचे। फिर उतरने पर पाँच बजे एक डोक्पा—(पशुपालकों) का गाँव मिला। अभी भी सूर्योदय नहीं हुआ था। जगह-जगह काली चमरियाँ चर रही थीं। वहाँ के लोग सिर्फ सत्तू-भर के लिए कुछ खेती कर लेते हैं, नहीं तो उनकी प्रधान जीविका है, भेड़ और चमरी। एक नाले के मुँह पर बसे डोक्पा घर में हमने चाय पी, फिर आगे चढ़ाई चढ़ते दोपहर से पहले ही पोछेनला पर पहुँचे। ऊपर बहुत दूर तक घास का मैदान-सा मालूम होता था, अब घासें पीली पड़ गई थीं। यहाँ खुले डाँड़े और खुले आसमान के नीचे हजारों भेड़ें चर रही थीं। एक ओर काले तम्बू से धुआँ निकल रहा था। पुरानी इच्छा फिर जागृत हो आई—कभी मैं भी साल-दो-साल ऐसे बिता पाता? लेकिन अब वह जीवन बहुत दूर था। फिर उतराई उतरते पहलेवाले रास्ते पर आ गए। आटोला पार किया, और साढ़े तीन बजे साक्या पहुँच गए।

(ङ) फिर साक्या में— कुशो डोनिर्छेन्पो के घर में ल्हासा-सरकार के दो अफसर ठहरे हुए थे। वे जमीन का हिसाब कर रहे थे। शायद सरकार मालगुजारी बढ़ाना चाहती थी। दो-एक दिन बाद अफसर चले गए और मुझे फिर उसी पुराने कमरे में जाना पड़ा। अबकी बार सबसे जरूरी काम था 'योगाचार-भूमि' को उतारना। दोनों प्रासादों के लामा उसी तरह से स्नेह-प्रदर्शन कर रहे थे। अच्छा हुआ, मैं ठीक वक्त पर आ गया, क्योंकि अब वे दो हफ्ते के लिए यहाँ से कुछ दूर तप्तकुंड में जा रहे थे। मैं 'योगाचार-भूमि' ला के उसे कॉपी करने के काम में जुट पड़ा। आठ-दस हजार श्लोक के बराबर का ग्रन्थ है। मैं 500 श्लोक के बराबर रोज लिख लिया करता था। कभी-कभी कुशो डोनिर्छेनपो, चाम्कुशो और दिकीला से कुछ बात करने में समय लगता, नहीं तो सारा समय मेरा पुस्तक लिखने में जाता।

15 अक्टूबर को सर्दी काफी बढ़ गई थी। रात के वक्त पाला मार जाने के डर से फूलों के गमले भी घर के भीतर रखे जाने लगे। 18 तारीख से तो दिन में और घर के भीतर भी सर्दी से हाथ ठिठुरने लगता। बादल और हवा दोनों का जोर बढ़ा। 20 अक्टूबर को पास के पहाड़ों पर बर्फ पड़ गई। अब जरूर जल्दी करनी थी, क्योंकि रास्ते में बहुत-से बर्फवाले डाँड़े पार करने थे, जो ज्यादा बर्फ पड़ जाने पर हफ्तों दुर्लंघ्य हो जाते। 21 अक्टूबर को योगाचार-भूमि खतम हुई। वैसे पुस्तक सम्पूर्ण है, किन्तु पुस्तक में दो भूमियाँ—'श्रावक-भूमि' और 'बोधिसत्य-भूमि' नहीं

हैं। 'बोधिसत्व-भूमि' तो खैर जापान से छप चुकी है। अब मुझे कितने ही फोटो लेने थे। दोनों प्रासादों के लामों और उनके परिवार के फोटो तो लिये ही, साथ ही भारतीय मूर्तियों के कई फोटो लिये और उन्हें वहीं धोया। फोटो धोने और डेवलप करने का गुर कुछ-कुछ मालूम हो चला था। मेरे काम में चाम्कुशो या दिकीला मदद करती थीं। मैं मजाक में चाम्कुशो से कहता था—अब आपको चार-चार महीना योग-तपस्या करने की जरूरत नहीं, मैं जब भारतीय पुस्तकों और मूर्तियों का फोटो खींचूँ, तो आप उसमें मदद करें। उनको पहले जादू-सा मालूम होता था, कि कैसे उस पीले लेप पर आदमी की शकल उतर आती है; लेकिन तस्वीर उतरती उन्होंने देखी। मैंने बतलाया—तसवीर तो हर दरपन पर उतर आती है, वहाँ सिर्फ पकड़नेवाले मसाले की कमी रहती है। मैंने चाम्कुशो का नौकरानी के साथ एक फोटो खींचा, फिर उनके सामने ही डेवलप करके दिखाया। संयोग से वह तसवीर अच्छी आई। उन्होंने तीस हजारवाला मोतियों का धनुषाकार शिरोभूषण धारण किया था। वह बोल उठीं—"अखखा छीलिङ्, (विदेशी, यूरोपियन) बड़े होशियार हैं।" मैंने कहा—"होशियार न होते तो आकाश में देवताओं की तरह उड़ते।"

इधर कई सालों से गर्मियों में अँगरेजों का दल चामोलुङ्मा (एवरेस्ट) पर चढ़ने के लिए जाया करता था। उनके साथ पचासों कुली खाने-पीने के सामान और दवाइयों के बक्स को ढोने के लिए जाते थे। कभी-कभी कोई-कोई कुली सामान ले के गायब हो जाता था। दो चीजें चाम्कुशो के पास भी पहुँची थीं—एक शीशे के बड़े मर्तबान में खीरा आदि का सिरके में पड़ा अचार था और दूसरे छोटे-से खूबसूरत बक्स में इंजेक्शन देने की दवा थी। सिरके के अचार को मैंने खा के दिखलाया, लेकिन किसी को खाने की हिम्मत न हुई। चाम्कुशो शीशे के बरतन को चाहती थीं; अचार से उनको कोई मतलब नहीं था। कुशो डोनिर्छेन्पो को जब मालूम हुआ, कि इंजेक्शन दिल की बीमारी और ताकत की दवा है, तो उन्होंने अपने रोगियों पर उसका प्रयोग करने की इच्छा प्रकट की, लेकिन वहाँ इंजेक्शन देने की सूई नहीं थी, और मैंने यह भी बतला दिया कि सूई देने का ठीक तरीका जाने बिना इंजेक्शन देने में खतरा है।

शितोग्प्रासाद के ग्यगरल्हाखङ् (भारतीय मन्दिर) में 500 से ऊपर धातु की मूर्तियाँ हैं, जिनमें 150 भारत से गई हैं, और दो दर्जन तो बहुत ही सुन्दर हैं—कुछ तो छठी-सातवीं सदी तक की पुरानी हैं। यहाँ भी बोधगया मन्दिर के पत्थर के दो नमूने हैं। मैंने बहुत-सी मूर्तियों के फोटो लिये, और उन्हें वहीं धोया। कुछ साफ आए।

अक्टूबर के अन्त तक सर्दी बहुत बढ़ गई थी। फुन्छोग प्रासाद की महंतरानी ने रास्ते के लिए एक ऊनी गुलूबन्द और खाने की बहुत-सी चीजें दीं। ताराप्रासाद के छोटे भाई, पहले ही से खतरनाक जोतों में इस तरह घूमने के लिए मुझे बहुत

समझाया करते थे। उन्होंने चलते वक्त अपना चमड़े का पायजामा दिया है। मैंने शिगर्चे में एक पोस्तीन का सलूका (जाकिट) बनवा लिया था, इसलिए सर्दी से तो अब निश्चिंत था। कुशो डोनिर्छेन्पो ने भी रास्ते की उपयोगी कितनी ही चीजें दीं। वह अब बहुत खुश रहते थे, क्योंकि उनकी छोटी चाम् दिकीला में वंश चलाने के चिह्न प्रकट हो गए थे।

3. भारत की ओर

30 अक्टूबर को मैंने साक्या छोड़ी। चङ्मा (वीरी) के वृक्षों पर कोई-ही-कोई सूखी पत्तियाँ रह गई थीं। पहाड़ों की हरियाली लुप्त हो चुकी थी, और उन्होंने फिर अपना वही नंगा सूखा रूप धारण कर लिया था। अबकी बार ताराप्रासाद ने मेरे लिए 3 खच्चर और अपना एक आदमी—जयङ् दिया था। मब्जातक चाम्कुशो के मौसेरे भाई लामा गयंजे भी साथ चल रहे थे। उसी दिन हम मब्जा पहुँच गए। जयङ् को रास्ता नहीं मालूम था, इसलिए कुशो डोनिर्ला ने एक और आदमी साथ कर दिया। पहली नवम्बर को मब्जा से रवाना हुए। पाचा के रास्ते शोङ्पाला पार हो चिब्लुङ्-उपत्यका में चले गए, और उस दिन रात को शादोङ् गाँव में ठहरे। अगले दिन नवम्बर (2 दिन) तोब्डाला पार कर छिका गाँव में जलपान किया। हमारे बाईं ओर झील थी, जिसके किनारे तोब्डा गाँव था। यह तिब्बत के भीतर है, लेकिन जागीर है, शिकम के राजा की। छिका के सामने तिङ्री जैसा विशाल मैदान है। वैसे ही यहाँ भी घास है, कहीं-कहीं बालू के टीले हैं। सवा 5 घंटे चलने के बाद हम इस मैदान को पार कर सके। रास्ते में कोई बस्ती नहीं थी, सूर्यास्त को हम ऊँचेशमा गाँव में पहुँचे—इस प्रदेश का नाम शमा है।

यद्यपि अब मैदान नहीं था, लेकिन रास्ता बराबर था। डेढ़ घंटा चलने के बाद हम खम्वाजोङ् के मैदान में पहुँचे। रात को पौने दो घंटा चलकर हम 8 बजे खम्वा गाँव में पहुँचे। अब पूरा जाड़ा था, फिर सर्दी के लिए क्या पूछना? चाय-सत्तू हुआ, घोड़ों को घास-दाना दिया गया। 3 घंटे के विश्राम के बाद हम फिर चले। रास्ते में कहीं-कहीं क्याङों (जंगली गदहों) के झुंड दिखाई पड़े। कीरूला की चढ़ाई बहुत मुश्किल नहीं है। डाँड़े से कुछ उतराई के बाद डोक्पा लोगों का गाँव कीरु मिला। यहाँ 10, 12 घर हैं, लेकिन चँवरियों पर परले पार से लकड़ी ढोने का सुभीता है, इसलिए मकान अच्छे बने हैं। एवरेस्ट जानेवाले इसी रास्ते से गुजरते हैं। हम लोग दो ही बजे पहुँच गए थे, लेकिन आगे लाछेन् की बड़ी जोत थी, और अगली बस्ती बहुत दूर पड़ती, इसलिए आज यहीं ठहर गए। बर्फ के कारण कई दिनों से रास्ता बन्द हो गया था। आज लाछेन् से आदमी आया, मालूम हुआ, बर्फ कम है, जो है वह सख्त हो गई है, इसलिए रास्ता खुल गया है।

4. भारत में (1936-37 ई.)

हमने साक्या से लाई पिस्तौलों को कीरु में छोड़ दिया, क्योंकि, डाँड़ा पार करते ही हम उस देश में पहुँच जाते हैं, जहाँ आत्मरक्षा के साधन पिस्तौल या बन्दूक को हाथ में रखने के लिए आदमियों को जेल की हवा खानी पड़ती है। 4 नवम्बर को साढ़े 5 बजे जब हम गाँव से बाहर हुए, तो हिमालय की बर्फीली चोटियों को सूर्य की किरणें स्वर्णिम बना रही थीं। सर्दी खूब थी, लेकिन ऊन और चमड़े में लिपटे शरीर का वह क्या बिगाड़ सकतीं? दो फर्लाङ् चलने के बाद रास्ते में बर्फ आ गई। चारों ओर विस्तृत हिमक्षेत्र था। दाहिनी ओर दूर सामने हिमालय की शिखर-पंक्तियाँ थीं। पौने दो घंटे चलने के बाद हम लाछेन्-जोत पर पहुँचे। चढ़ाई से उतराई कुछ अधिक जोरदार थी, किन्तु मुश्किल नहीं थी। जोत से थोड़ा नीचे आने पर तिब्बत और शिकम्राज्य-तिब्बत और अँगरेजी राज या तिब्बत और भारत की सीमा मिली। डेढ़ घंटा चलने के बाद हमें एक छोटी-सी झील मिली। झील के बाद से रास्ते में अब बर्फ कम थी। गाँव छोड़े 4 घंटे हो गए थे, पौने 10 बज रहा था; इसलिए चाय पीने का कोई इन्तजाम करना जरूरी था। रास्ते से दाहिने थोड़ा ऊपर याक के काले बालों का तम्बू दिखाई पड़ा। हम वहाँ चले गए। तम्बू में आग के पास बैठे। पता लगा कि वह लाछेन् के चीपोन् वङ्ग्यल् के डोकपा (पशुपालक) हैं। जाड़े के सिर्फ दो महीने ये लोग किसी एक जगह रहते हैं, नहीं तो अपनी भेड़ों और याकों चमरियों को लिये दस महीने नई-नई चरागाहों में घूमते रहते हैं।

दो घंटे के विश्राम के बाद हम फिर चले। आगे नदी की धार मिली। 3 बजे तक रास्ते में बर्फ पड़ी हुई मिली। आगे एक छोटा-सा अकेला घर आया और उसके बाद से सड़क आ गई। इस वक्त बादलों की भारी पलटन जोत की ओर जा रही थी। हमने अपने भाग्य को सराहा, न जाने वहाँ कितनी बर्फ पड़ती, और हम मुश्किल में पड़ जाते। चार बजे से नंगे पहाड़ों की जगह झाड़ीवाले पहाड़ आने लगे, फिर देवदार आ गए, और बीस मील तक पहाड़ों पर देवदार ही छाये हुए थे। पहाड़ के ऊपरी भाग पर भोजपत्र के भी वृक्ष थे। अँधेरा हो रहा था, जबकि पौने 6 बजे हम थङ्गू के डाक बँगले पर पहुँचे। मेरे पास डाक बँगले में ठहरने का आज्ञा-पत्र नहीं था, लेकिन चौकीदार ने अपने पास की कोठरी में रहने को जगह दे दी। अब हम गन्तोक् (मोटर) से 62वें मील पर थे। हमारे बक्स बाहर पड़े थे। मैंने उन्हें भीतर रखने के लिए कहा, तो चौकीदार ने कहा—"यहाँ कोई परवाह नहीं है।" परवाह नहीं थी, यह बात ठीक थी, तिब्बत में यात्रा करते वक्त जैसे रोएँ-रोएँ को हर वक्त सजग रहने की जरूरत पड़ती थी, अब उसकी जरूरत नहीं थी, सर्दी भी अब हमें उतनी नहीं मालूम पड़ रही थी।

सिक्किम में— साढ़े पाँच महीने बाद तरसती आँखों को फिर वृक्षों से आच्छादित

पर्वत देखने को मिले और ये थे देवदार के सुन्दरतम वृक्ष। पौने 6 बजे सवेरे ही हम रवाना हुए। हमने पोस्तीन उतार दी थी, तो भी गर्मी मालूम होती थी। 4 मील चलने पर यातुङ गाँव मिला। लाछेन गाँववाले गर्मियों में आकर यहाँ रहते हैं, और आलू-फाफड़ की खेती करते हैं। अब सारा गाँव निर्जन था। एक घर में धुआँ निकलता देख हम वहाँ गए। वहाँ चीपोन पेग्यल् (पद्मराज) का लड़का था। उसने चाय, भात और मांस और तैयार किया। भोजन करके सवा दो घंटे के विश्राम के बाद हम फिर चले। 1 मील जाने पर मालूम हुआ कि कैमरा घर में छोड़ आए। लौटकर आए, तो देखा ताला बन्द था। जयङ् को ऊपर भेजा। मालूम हुआ कि कैमरा घर में है, और तरुण कल अपने साथ लाएगा। दो-तीन मील चलने के बाद देवदार-वृक्ष बड़े-बड़े दिखलाई देने लगे, फिर बाँसी (पतला बाँस) भी आने लगी। आज 14 मील चलने के बाद लाछेन् आया। वहाँ एक प्रौढ़ पुरुष मिल गए। उनके साथ बात करते चले। मैंने बतलाया कि साक्यालामा ने चीपोन वङ्ग्यल् के लिए परिचय-पत्र दिया। डाक बँगले के पास जाने के बाद उन्होंने कहा—मेरा ही नाम वङ्ग्यल् है। उन्होंने बँगले के सामने के एक तिब्बती वृद्ध को बुलाया, और उसे एक कोठरी रहने के लिए देने को कहा। कोठरी बुरी नहीं थी। अब आलू-भात का मुलुक आ गया था, यद्यपि चावल यहाँ नहीं पैदा होता। चीपोन ने डलिया-भर के सेब भेजा।

लाछेन में अब सेब के बहुत से बगीचे लग गए हैं। फिनलैंड की एक महिला पचीसों वर्षों से यहाँ ईसाई धर्म का प्रचार कर रही हैं, उनके सेब के बगीचे को देखकर यहाँ के लोगों ने भी सेब के पेड़ लगाने शुरू किये। यह सेबों की फसल का समय था। लाछेनवाले खच्चरों और घोड़ों पर सेब लादकर नीचे ले जाते, और चावल खरीदकर ले आते थे। गाँव में कोई घोड़ा या खच्चर नहीं था। तीसरे दिन (7 नवम्बर) साक्यावाले लौट गए। मैंने उस दिन गरम पानी से साबुन लगाकर सवेरे और शाम को दो बार स्नान किया। नहीं कह सकता, महीनों की जमी मैल शरीर से उसी दिन छूट गई। कपड़ों को धुलवाया, लेकिन जुएँ अब भी बाकी थीं।

घोड़ों की आशा रखे बैठे रहना अच्छा नहीं था, वे न जाने कितने दिनों में आएँ। फिर सेब की जगह वे मेरा सामान ले जाने को तैयार होंगे, इसमें भी सन्देह था। चीपोन भी उदास-से थे, इसलिए मैंने खुद कोशिश करनी शुरू की। गृहपति स्वयं भोटिया था, मगर उसने लाछेन की औरत से शादी की थी। उसने खाने-पीने, नहाने-धोने में किसी तरह की मुझे तकलीफ नहीं होने दी। वह बेचारा इधर-उधर पूछ-ताछ करता रहा, लेकिन कहीं से कोई आशा नहीं थी। उसने कहा—मेरे पास दो गधे हैं, चाहें तो मैं उन्हें भेज सकता हूँ। बंक्स बहुत भारी नहीं थे, उसने उठाकर देखा, और कहा कि गधे ले जा सकते हैं। फिर सवाल आया एक आदमी का, लेकिन वहाँ कोई आदमी भी नहीं मिल रहा था। बूढ़ा स्वयं घर का काम छोड़कर जा नहीं सकता था। अन्त में उसने कहा, मेरी लड़की मेतोक् (फूल) गदहों के साथ

जा सकती है, लेकिन सामान लादने-उतारने में आप को मदद देनी पड़ेगी। वहाँ बैठकर इन्तिजार करने की जगह मैंने चलना ही पसन्द किया।

8 नवम्बर को चाय पीकर साढ़े सात बजे हम चार जीव लाछेन से रवाना हुए। चार जीव थे—मैं, मेतोक् (20 साल की स्वस्थ तरुणी), नोर्बू (मणि), और छेरिङ् (दीर्घायु)—नोर्बू और छेरिङ् हमारे गधों के नाम थे। मैं सोच रहा था—कई साल से एक साध थी, कि गधे-खच्चर या भेड़ों पर अपना थोड़ा-सा सामान लादे तिब्बत में स्वच्छन्द विचरा जाय। समय बीतने के साथ काम इतने बढ़ गए, कि उस साध के पूरने की आशा जाती रही; लेकिन अब दो-चार दिन के लिए तो मेरा गधोंवाला परिवार बन ही गया था। मैं था सिद्ध गदहपा—84, सिद्धों के जमाने में मैं यदि इसी तरह कुछ साल स्वच्छन्द विचरता, तो मुझे लोग उसी नाम से पुकारते। यदि ऊपर की तरफ पैदल जाना होता, तो दिमाग इस तरह स्वच्छन्द कल्पना न करता। मैं खाली हाथ था। एकाध जगह थोड़ी-सी चढ़ाई आती, नहीं तो बराबर उतराई ही उतराई थी। देवदारों में से मन्द-सुगन्ध बयार आती थी, और उन्हीं की छाया में चलना पड़ता था। हिमालय ने अपने सुन्दरतम दृश्य को सामने रखा था। मैं शायद कविता करने लगता, लेकिन बहुत साल पहले ही मैंने हाथ-पैर मार के देख लिया था, कि कविता-सुन्दरी को मेरी सेवाएँ पसन्द नहीं हैं। एक समझदार आदमी की तरह मैंने फिर उस रास्ते में पैर बढ़ाने का ख्याल नहीं किया। लाछेन् से 3 मील नीचे उतरते-उतरते देवदार रास्ते पर से गायब हो गए थे। आगे बढ़ने के साथ-साथ गर्मी ज्यादा मालूम होती थी। पानी के झरनों का दुख इधर नहीं है, और न लकड़ियों का ही। 2 बजे के करीब हम एक झरने पर पहुँचे। दोनों ने मिलकर सामान गधों की पीठ पर से उतारा। गधे हरी घास चरने लगे। मैं सूखी लकड़ी जमा करके आग तैयार करने लगा। मेतोक् एल्युमिनियम के भगौने को लेकर झरने पर मलने और पानी भरने के लिए गई। हाँ, अब हम तिब्बत में नहीं थे। अब यहाँ जूठ-मीठ का विचार था, सफाई का ख्याल था। मेतोक् यद्यपि भोटिया बाप की बेटी थी, लेकिन उसका सारा 20 साल का जीवन लाछेन् में ही बीता था। नीचे जितनी सफाई तो क्या होती, लेकिन भोटिया ढंग अब नहीं था। लाछेन् के लोगों की आँखों पर कुछ तिब्बती छाप जरूर होती है, लेकिन वे ज्यादातर एल्मोवालों की तरह मालूम होते हैं—रंग ज्यादा साफ और चेहरा हल्का। खैर, चाय बनी। अभी मीठी चाय का देश थोड़ा और नीचे उतरकर आनेवाला था। हमने नमकीन चाय तैयार की, और प्याले में ही मक्खन डालकर उसे पिया। सत्तू भी छूट चुका था, उसकी जगह च्यूरा ने ले ली थी।

फिर हम लोगों ने गधों को लादा, और नीचे की ओर चले। गधे बड़े मेहनती जानवर हैं, और करीब-करीब उतना ही बोझ ले चलते हैं, जितना कि खच्चर; हाँ, उनकी चाल धीमी होती है। चढ़ाई होने पर वे जहाँ-तहाँ बैठ भी जाते हैं। लेकिन हमें तो नीचे की ओर जाना था। अभी घंटा-भर दिन था, जब हम चुङ्थङ् में पहुँचे। यहाँ

डाकखाना भी है, और डाक बँगला भी। शिगर्चे के बाद मुझे अखबार नहीं मिला था और सभ्यता के भीतर पैर रखते ही आदमी अखबार देखने के लिए बेकरार हो जाता है। मैं डाकखाने गया। पोस्टमास्टर बड़े सहृदय थे। मैंने चिट्ठियाँ लिखकर वहाँ डाल दीं। डाक बँगले के साथ कुछ कोठरियाँ थीं, उन्हीं में से एक में खाना बनाने का इन्तिजाम हो गया। पोस्टमास्टर शाम को वहाँ स्वयं आए और पूछा—कोई तकलीफ तो नहीं है? मेतोक् ने भात और आलू का साग बनाया। तिब्बत की सीमा के नजदीक जाने पर चाहे नेपाल हो या सिक्किम या गंगोत्री—सभी जगह भात और आलू की तरकारी को बहुत अच्छा भोजन समझा जाता है। वहाँ के लोग जिम्बू (जंगली प्याज) को मसाले के तौर पर इस्तेमाल करते हैं, और भोजन बहुत ही स्वादिष्ट मालूम होता है। रात को ज्यादा गर्म मालूम होता था। जान पड़ता था कि अप्रैल-मई की रात में बनारस में हैं, हालाँकि यह नवम्बर का महीना था। वस्तुत: यहाँ उतनी गर्मी नहीं थी, लेकिन मैं बहुत ठंडी जगह से आ रहा था, यदि नीचे से ऊपर की ओर गया होता, तो यहाँ काफी ठंडक मालूम होती।

अगले दिन (9 नवम्बर) साढ़े 5 बजे कुछ अँधेरा रहते ही हम चल पड़े। थोड़े ही नीचे झूलेवाला लोहे का पुल मिला, उसे पार करके हम सिक्किम-पेटरोल पुलिस की चौकी के सामने से गुजरे। यहाँ एक हवलदार और दो सिपाही रहते हैं। यदि मैं नीचे से आया होता, तो सिक्किम के अँगरेज अफसर के आज्ञा-पत्र के बिना ये मुझे ऊपर नहीं जाने देते। लाछेन् और लाछुङ् दोनों जोतों को पार कर तिब्बत के आनेवाले रास्ते यहीं मिलते हैं और नीचे से आनेवालों को इसी पुल को पार करना पड़ता है। चौकी में फूल खूब अच्छे लगे हुए थे। अब भी पहाड़ नीचे से ऊपर तक जंगल से ढका हुआ था, लेकिन देवदार का पता नहीं था। इधर के वृक्षों पर भारी लताएँ लिपटी हुई थीं। इनके पत्ते केलों के पत्तों जैसे बड़े-बड़े थे और भार इतना था कि कितने ही वृक्ष तो बोझ के मारे टेढ़े पड़ गए थे। मैंने पाली ग्रन्थों में पढ़ा था कि मालुवा नाम की एक लता होती है, जो बरसात के पानी को इतना सोख लेती है, कि जिस वृक्ष पर वह चढ़ी रहती है, वह बोझ के मारे फट जाता है। ऐसी ही लता को देखकर मालुवा की कल्पना तो नहीं की गई। इधर लिपचा (सिक्कमी) लोगों की बस्तियाँ थीं। इनकी पोशाक तिब्बती लोगों से अलग, रंग भी ज्यादा पीला लिये हुए था। एक जगह मैंने चाय पी, फिर आगे चले। एक झूलेवाला पुल पार करके नदी की बाईं ओर चले आए। रास्ता अधिकतर चढ़ाई का था, लेकिन बड़े-बड़े वृक्षों और हरियाली के भीतर से था। एक डाक बँगले को छोड़ा। इधर बड़ी इलायची के बहुत-से बगीचे थे। किसी वक्त हिन्दुस्तान के लिए बड़ी इलायची नेपाल दिया करता था, लेकिन पिछली (1929-32 ई.) मन्दी में इलायची का दाम बहुत गिर गया। नेपाल ने इलायची की खेती की उपेक्षा की। आजकल के सिक्किम की आबादी में सबसे अधिक संख्या गोरखा लोगों की है, जो नेपाल से आकर यहाँ बस गए हैं।

उन्होंने यहाँ भी इलायची की खेती तैयार कर दी। इलायची के पत्ते हल्दी या कचूर के पत्ते जैसे होते हैं, और फलियाँ जड़ के पास छोटे-छोटे धागों में लगती हैं। गधे बहुत धीमे-धीमे चल रहे थे, यह इसी से मालूम हुआ होगा, कि हम दो दिन में लाछेन से सिर्फ 22 मील आ सके थे। आज पुल पार करते वक्त कोड़ी 7 (67) वर्ष की एक भोटिया भिक्षुणी आ मिली। वह भी बेचारी धीरे ही धीरे चल सकती थी। हमने भी सोचा कि 4 की जगह 5 अच्छे होते हैं, इसलिए अनी (भिक्षुणी) को भी साथ कर लिया। सुन्तम् ढाई मील रह गया था, तभी गधों ने हिम्मत हार दी। अभी साढ़े तीन ही बजे थे, लेकिन आज चढ़ाई काफी पड़ी थी, इसलिए यदि नोर्बू और छेरिङ् विश्राम लेना चाहते थे, तो अपराध नहीं करते थे। यहाँ हरियाली भी थी, चरने के लिए घास थी, पास में पानी का झरना था, सूखी लकड़ी ऐसे ही जंगल में पड़ी हुई थी, खाने-पीने का सामान हमारे पास मौजूद था। इसलिए रात को यहीं ठहरने का निश्चय किया गया। हाँ, उस वक्त हमें किसी ने बतलाया नहीं था, कि यहाँ चीते या तेंदुए हैं और नोर्बू तथा छेरिङ उनके लिए रसगुल्ले से भी ज्यादा मीठे हैं। यदि यह मालूम हुआ होता, तो हम जरूर नोर्बू और छेरिङ को मनाकर अगले गाँव तक ले जाते। खैर, उनका भाग्य अच्छा था। हमने उन्हें रात-भर ऐसे ही छोड़ दिया और कोई चीता-तेंदुआ उनके पास नहीं आया। अब चाय रसोई तैयार करने के लिए हम 3 आदमी थे। 3 कोड़ी 7 वर्षवाली—पूछने पर बुढ़िया ने यही कहा था—अनी अभी हाथ-पैर चला सकती थी। उसकी पीठ पर तो इतना सामान था कि उसे लेकर दो मील चलने ही में मैं थौस करके बैठ जाता। इस जगह आने से थोड़ा पहले मीठी चाय और छङ् की दुकान मिली, हमने वहाँ मीठी चाय पी, और पैसे की तीन-तीन नारंगियाँ खरीद लीं। अनी से दलाई लामा और भोट के दूसरे लामाओं के बारे में बात होती रही। वह शायद ल्होखा प्रदेश की थी, उधर भी कोई लड़का था, जिसे दलाई लामा का अवतार कहा जाने लगा था। अनी ने कहा—"मैं भी दर्शन करने गई थी। अभी छोटे-छोटे हाथ हैं, तीन बरस के तो रिन्पोछे (रत्न-महाराज, महागुरु) हैं ही। मेरे सिर पर अपना हाथ रखकर उन्होंने आशीर्वाद दिया।" जब तक दलाई लामा का अन्तिम स्वीकार नहीं हो जाता, तब तक न जाने कितने छोटे-छोटे हाथ इस तरह आशीर्वाद देते रहेंगे। रात को मेतोक् का दाँत दुखा, मैंने गरम पानी में नमक डालकर कुल्ली करने के लिए कहा।

अगले दिन (10) हम 5 बजे रवाना हुए। 4 मील का रास्ता साढ़े तीन घंटे में पूरा किया और मंगन पहुँच गए। मंगन बाजार सड़क की बगल में है। 9, 10 दुकानें हैं, जिनमें दो पान की हैं, जिसका अर्थ है, भारतीय सभ्यता यहाँ पूरे जोर-शोर के साथ पहुँच गई है। छाता (बलिया) के बाबू रमाशंकर की दुकान पर लसकरीपुर (एकमा) के छब्बूराम गुमाश्ता थे। छपरा की बोली बोलते ही पीले कपड़ों का भेद-भाव जाता रहा, अब वह बिना भातए खिला यहाँ से कैसे जाने देते? भात

बनने लगा। मैं मेतोक् और अनी को खाना बनाकर खा लेने के लिए कह आया। साप्ताहिक 'विश्वमित्र' मिल गया। देश-विदेश की खबरें पढ़ीं। दोपहर के करीब, फिर पाँचों का काफिला रवाना हुआ। हमें तो गर्मी सता रही थी, और छेरिङ नोर्बू अशर्फी की चाल से चल रहे थे। एक बड़ा झूलेवाला पुल आया, उसे पार कर थोड़ा आगे जाने पर लाछेन् के खच्चरवाले मिले। एक नौजवान ने तम्बाकू की 2, 3 सूखी पत्तियों और कागज से सिगरेट बना के मेतोक् को पीने के लिए दी। इससे भी बड़ा काम उसने किया—उसने हमें सूचित कर दिया कि इस जंगल में चीते, तेंदुए (जिक्) लगते हैं, गदहों से खबरदार रहना। हम कुछ ही मील और आगे बढ़ सके, कि नोर्बू और छेरिङ को आगे ले चलना मुश्किल होने लगा। आस-पास बहुत-से सूखे वृक्ष गिरे पड़े थे, पानी भी पास में था, और सामने जंगली बाँस का ठट लगा था। जंगल तो इतना घना था, कि शाम से पहले ही अँधेरे ने वहाँ बसेरा कर लिया था। मेतोक् को बुखार भी आ गया था। यहीं हमने गदहों की पीठ पर से सामान उतारा, मेतोक् कोई काम करने में असमर्थ थी। वह टाट बिछाकर लेट गई। अनी को मैंने भोजन बनाने के लिए कहा और स्वयं बाँस की पत्तियाँ तोड़ने लगा। हाथ कई जगह छिल गए, लेकिन अपने दोनों साथियों के खाने-भर के लिए मैंने पत्तियाँ तोड़ लीं। चीतों से भी बचने का इन्तिजाम करना था। मैंने दो जगह बड़े-बड़े लक्कड़ लगाकर खूब आग तैयार कर दी। आग के पास जंगली जानवर नहीं आते, यह मालूम था। हमने अपना सामान तो थोड़ा हट करके रखा, लेकिन नोर्बू और छेरिङ को दोनों आगों के बीच में बाँध दिया। अनी और मैंने कुछ खाना खाया, मेतोक् को 104 डिग्री से कम बुखार न रहा होगा। कल ही से मैंने देखा था कि वह चश्मे के ठंडे पानी को पीती रहती है। गर्मी लग रही हो, तो बर्फ जैसे ठंडे और अति मधुर जल को कौन नहीं पीना चाहेगा। मैंने मेतोक् को कई बार मना किया था, लेकिन उसने माना नहीं। उस रात को तो वह बुखार में बेसुध थी, लेकिन मुझे गदहों की फिक्र थी। अँधेरा हो गया, ऐसा अँधेरा कि दहकती आग और उसके हाथ-डेढ़-हाथ आस-पास को छोड़कर कुछ नहीं दिखाई पड़ता था। कितनी ही देर तक कीड़ों और पतंगों की झनकार सुनाई देती रही, फिर रात साँय-साँय करने लगी। 9 या 10 बज गए, जब 'क्यू' 'क्यू' की आवाज कान में आई। अनी ने कहा—"जिक" (चीता या तेंदुआ)। अब नींद किसको आती, मेरा ख्याल कभी जिक की आवाज की ओर जाता, और कभी नोर्बू-छेरिङ की ओर, लकड़ी जैसे ही जल जाती, उसे ढकेलकर आग पर कर देता। मेरे हृदय में भय नहीं, बल्कि उत्साह ज्यादा था। आदमी खतरे के जीवन का जब दिल लगाकर सामना करता है, तो उसके दिल में एक तरह का उत्साह, एक तरह का आनन्द आता है। वह मात्रा में और भी बढ़ जाता है, जब उसको अकेले ही कई साथियों की रक्षा का भार अपने ऊपर लेना पड़ता है। रात को थोड़ी बूँदा-बाँदी हुई, खैरियत यही हुई कि

ज्यादा पानी नहीं बरसा, नहीं तो आग को जलाए रखना मुश्किल होता।

11 नवम्बर को चाय पीकर रवाना हुए। आसमान में बादल अब भी थे। मेतोक् को अब बुखार नहीं था, नोर्बू और छेरिङ भी ताजे हो गए थे। सड़क अच्छी थी। चश्मे जगह-जगह बह रहे थे। चारों ओर से पक्षियों का कलरव सुनाई देता था। दो घंटा चलने के बाद हम दिक्छू पहुँच गए। यह 9, 10 दुकानों का अच्छा बाजार है। दुकानदारों में कुछ मारवाड़ी और कुछ बिहारी भी थे। मीठी चाय की दुकान थी। गदहों को शङ्दम् तक के लिए लिया था, किन्तु दोपहर बाद मेतोक् को फिर बुखार आ गया। आगे कैसे चला जाय? गर्मी भी बहुत बढ़ रही थी, और लाछेन जैसी ठंडी जगह के व्यक्ति को और गर्म जगह ले जाना अच्छा नहीं था। मैंने इधर-उधर पूछा, तो मालूम हुआ कि गनतोक् के बाबू तोब्दन् यहाँ आए हुए हैं। वह शिक्षित व्यक्ति थे। उनसे परिचय हुआ। उन्होंने कहा कि यहाँ से गनतोक् तक घोड़े का इंतिजाम हो जाएगा, आप मेरे साथ चलें। लेकिन मेतोक् बीमार थी, उसे छोड़कर मैं कैसे जाता। मेतोक् का परिचित लाछेन का एक आदमी आ गया। उसने कहा कि कल मैं सवेरे लौट आऊँगा, फिर मैं मेतोक् को ऊपर ले जाऊँगा। मेतोक् का बुखार भी सवेरे उतर गया था। अनी को खाने-पीने के लिए मैंने पैसा दे दिया। मेतोक् ने विश्वास दिलाया कि कोई चिन्ता नहीं, आदमी आता ही होगा।

गनतोक् यहाँ से 13 मील था। एक-एक रुपये पर दो कुली सामान ले जाने के लिए मिले और तीन रुपये पर सवारी का घोड़ा। सवा 10 बजे तोब्दन् के साथ मैं गनतोक् के लिए रवाना हुआ। पहले साढ़े आठ मील की चढ़ाई थी—पेलुङ्ला जोत को पार किया। आध मील पर चाय की दुकानें थीं, चाय पी। फिर थोड़ा आगे जाने पर गनतोक् दिखाई देने लगा। दाहिनी ओर के पहाड़ पर सिक्किम की महारानी का महल था। पिछली (1934 ई.) तिब्बत-यात्रा में जब गनतोक् आया था, तो महाराज और महारानी अपने महल में ही मिले थे। दोनों ने कितनी ही देर तक तिब्बत में मेरे काम और बौद्धधर्म के बारे में बातचीत की थी। मैंने अपनी लिखी तिब्बती भाषा की पहली पुस्तक भेंट की थी, जिसे महारानी उस वक्त अपने गुम्बा में उतरे एक लामा को दिखलाने गई थीं। उस साल भी मैंने महारानी को उनके भाई रकसाकुशो के महल में देखा था और देर तक बातचीत हुई थी। अब मालूम हुआ, कि महाराज और महारानी का सम्बन्ध-विच्छेद हो गया है और महारानी अब इस महल में रहती हैं। यह भी बतलाया गया कि महारानी को कोई लड़की है, जिसे महाराज स्वीकार नहीं करते; उनकी चलती, तो दूसरे हिन्दू महाराजाओं की तरह अपनी रानी के साथ पेश आते, लेकिन महारानी भोट-देश की स्त्री हैं, एक बड़े सामन्त की लड़की हैं, काफी अकल रखती हैं; वह अँगरेजी सरकार के राजनीतिक-विभाग तक पहुँच गईं और अब डटकर गन्तोक् में रहती हैं।

मैं बाबू तोब्दन के घर पर ठहरा। डाकखाने में कुछ चिट्ठियाँ मिलीं, लेकिन

कितनी ही चिट्ठियाँ को उन्होंने लौटा दिया था। हाईस्कूल के अध्यापक दो बिहारी मित्रों—श्री ब्रजनन्दन सिंह और संस्कृताध्यापक मिश्र जी से भेंट हुई। गेशे धर्मवर्द्धन दार्जिलिंग में थे, उन्होंने सिलीगुडी में आने के लिए तार दे दिया। 14 नवम्बर को 11 बजे की मोटर से रवाना हुए। 1 घंटे में शिङ्ताम पहुँच गए। मेतोक् बीमार न हुई होती, तो गधों को लेकर यहाँ आना था। 7 बजे सिलीगुडी पहुँच गए। घंटे-भर बाद गेशे भी आ गए, और 9 बजे हम कलकत्ता मेल में बैठ गए।

(क) पटना और प्रयाग में—15 नवम्बर को 7 बजे सवेरे हम सियालदह पहुँच गए। धावले, पं. बनारसीदास चतुर्वेदी और विगलानन्द स्टेशन पर मिले। हम वहाँ से महाबोधिसभा में गए। अबकी बार की खोजों का अखबारों में ज्यादा प्रचार हुआ था, वैसे तो पहली तिब्बत-यात्रा से लौटने के बाद ही मेरे कार्य के महत्त्व को माना जाने लगा था। वक्तव्य के लिए अखबारवाले दौड़ने लगे। मैं अपनी खोजों के महत्त्व को समझता था, और यह भी समझता था कि लोगों को जब उसका पता लगेगा, तो जरूर मुझे बाजार में लाने की कोशिश की जाएगी, लेकिन मैं अब उस अवस्था में था, जब कि मुझे उसकी प्यास नहीं रह गई थी। साथ ही मैं यह भी जानता था, कि जिन हृदयोद्गारों को मैं 'बाईसवीं सदी', और 'साम्यवाद ही क्यों?' में प्रकट कर चुका हूँ, वे दिल अब भी मौजूद हैं। अभी मैंने बहुत जोर देकर अपने को गरीबों के लिए लड़ने के क्षेत्र से अलग रखा था, शायद ज्यादा दिनों तक मैं वैसा न कर सकता था। 1921-22 में जब असहयोग का खूब जोर था, तब भी मैं अपने मित्र नारायन बाबू से कहा करता था, कि आप (कांग्रेस) के राज्य में भी न जाने कितनी बार मुझे जेल जाना पड़ेगा। मैं भी भली-भाँति जानता था कि जो आज मेरे सम्मान के लिए होड़ लगा रहे हैं, मानपत्र पर मानपत्र दे रहे हैं, वही कार्यक्षेत्र में आने पर अपमानित करने में कुछ भी उठा न रखेंगे। मेरा यह मतलब नहीं, कि मेरे प्रशंसकों में सभी ऐसे निकले, कुछ तो सिर्फ इतना ही अफसोस प्रकट करते रहे, कि मैंने अपने उसी काम को क्यों नहीं जारी रखा। शायद उनको मालूम नहीं था, अब तक जितने हस्तलिखित महत्त्वपूर्ण ग्रन्थों का फोटो या कॉपी करके मैं ला चुका, वे छापने पर 800 सौ फार्म से कम न होंगे। छपाई की बात तो अलग, अच्छी धुलाई न होने के कारण उस समय बहुत-से फोटो खराब हो रहे थे, लेकिन उनकी परवाह ऐसे ही लोगों को थी, जो विद्वान् और विद्याप्रेमी थे, किन्तु पैसा उनके पास नहीं था।

कलकत्ता में 5 दिन (15-19 नवम्बर) रहा। महामहोपाध्याय विधुशेखर शास्त्री, महामहोपाध्याय फणिभूषण, डॉक्टर सुनीतिकुमार चटर्जी आदि-आदि विद्वानों से विचार-विमर्श हुआ। हिन्दी साहित्यिकों ने स्वागत किया। क्षीरोद बाबू (क्षीरोदकुमार राय) मिले और अपने साथ एक दिन बेहाला ले गए। यह उनका आखिरी दर्शन था। एक सहृदय मित्र के नाते ही मुझे उनके वियोग पर अफसोस नहीं होता, बल्कि

सबसे अधिक अफसोस इसलिए होता है, कि क्षीरोद बाबू की प्रतिभा को अपना जौहर दिखाने का मौका नहीं मिला। जब जायसवाल जी ने उन्हें पटना म्यूजियम के क्यूरेटर होने के लिए जोर दिया, तो झट बंगाली, बिहारी का सवाल उठ गया। यदि वह बिहारी होते, तो फिर कायस्थ-भूमिहार का सवाल उठ जाता। एक तो हम ऐसे ही गुलाम हैं, दूसरे हमारा महासड़ा समाज ऐसा है, कि यहाँ ताजी हवा में साँस लेने का अवसर ही नहीं मिल सकता। 20 नवम्बर को सवेरे ही मैं पटना पहुँच गया और 21 अप्रैल तक 5 महीने पटना में रहा। बीच में कुछ दिनों के लिए प्रयाग, बनारस, बलिया, छपरा गया था। इतने दिनों तक एक बार कभी पटना में नहीं रहा। जायसवाल जी के साथ रहने का जैसे यह सबसे लम्बा समय था, वैसे ही आखिरी समय भी था। 22 नवम्बर को टाउनहाल में काशीवासियों ने मानपत्र प्रदान किया। 24 नवम्बर को वहीं पर प्रोफेसर पुणताम्बेकर के सभापतित्व में मुझे तिब्बत-यात्रा पर व्याख्यान देना पड़ा। यात्रा के सिलसिले में खान-पान का जिक्र आना जरूरी था। मैंने वहाँ याक का मांस खाया था। याक और गाय एक ही जाति हैं। यात्रा के वर्णन में इसका भी जिक्र आ गया। खैर, श्रोताओं में किसी ने इस पर आपत्ति नहीं की। आपत्ति करने का सवाल क्या था, मैं तो आपबीती सुना रहा था, लेकिन पीछे कितने ही धर्मधुरन्धरों ने इसके विरुद्ध कलम उठाई। कुछ तो कहते थे—खाया सो खाया, लेकिन इसका यहाँ जिक्र क्यों करते हैं? मुझे यह कोई ठीक तर्क नहीं जँचा। हिन्दू विश्वविद्यालय के छात्रों के सामने व्याख्यान देना पड़ा, वहाँ भी किसी की निन्दा का ख्याल किये बिना मैंने अपने अनुभवों और विचारों को नवयुवकों के सामने रखा। 28-30 नवम्बर को सारनाथ में बौद्धों का वार्षिकोत्सव था, मैं भी उसमें शामिल हुआ। हिन्दू विश्वविद्यालय में पंडित सुखलाल जी और पंडित बालकृष्ण मिश्र से मिलकर बड़ी प्रसन्नता हुई, दोनों ही ने संस्कृत के दर्शन का गम्भीर अध्ययन किया था, दोनों ही भली-भाँति अनुभव करते थे, कि संस्कृत का दर्शन ब्राह्मण हो या जैन, तब तक नहीं समझ सकता, जब तक कि उसकी सबसे महत्त्वपूर्ण कड़ी बौद्धदर्शन को नहीं समझा जाएगा। बौद्धदर्शन के अधिकांश ग्रन्थ बौद्धधर्म के साथ-साथ भारत से लुप्त हो गए और अब वे फिर से मिले हैं, यह उनके लिए बड़ी खुशी की बात थी। पंडित सुखलालजी तो दर्शन ही नहीं, दूसरे विषयों में भी बहुत उदारता रखते हैं।

पहली दिसम्बर को मैं पटना आ गया था। जायसवाल जी इधर अब अपने बचे समय का अधिक-से-अधिक उपयोग ऐतिहासिक अनुसन्धान में करना चाहते थे। उन्होंने बड़ी गम्भीरता के साथ सलाह करनी शुरू की थी, कि चलकर बनारस में रहूँ, बिलकुल साधारण तौर से और सरल से सरल जीवन में। उन्होंने हिन्दू विश्वविद्यालय को भी लिखा था, लेकिन आदमी का मूल्य जीवन में समाज बहुत कम लगा पाता है।

15-17 दिसम्बर को बलिया में जिला साहित्य-सम्मेलन का सभापति होकर मुझे जाना पड़ा। मैंने भाषा और साहित्य के बारे में अपने विचार प्रकट किये। संस्कृत-कॉलेज में मैंने तिब्बत में प्राप्त संस्कृत ग्रन्थों के महत्त्व पर संस्कृत में व्याख्यान दिया। आनन्द जी भी बोले और इन पुस्तकों के छपाने में आर्थिक कठिनाइयों का जिक्र किया। मुझे यह कुछ बुरा-सा लगा। मेरी उपस्थिति में ऐसा कहना चन्दा माँगने-जैसा मालूम पड़ रहा था। बलिया में मल्ली (भोजपुरी) भाषा के मौखिक साहित्य के संग्रह के लिए एक उपसमिति बनाई गई। मैंने 1932 में ही मातृभाषाओं के मौखिक साहित्य की रक्षा की और पाठकों का ध्यान दिलाया था, लेकिन अभी उनके इस महत्त्व को नहीं समझ सका था, कि मातृभाषाओं को शिक्षा का माध्यम बनाना चाहिए।

20 दिसम्बर को मैं पटना आया और तब से लगातार 4 महीने वहीं रहा। इसी बार 26 दिसम्बर को ब्रह्मचारी विज्ञानमार्तंड पटना आए। जायसवाल जी उनकी विद्वत्ता को देखकर कितने प्रभावित हुए और सहायता के लिए कितने तत्पर हुए थे, इसे मैं अन्यत्र लिख चुका हूँ। इस साल के हिन्दी साहित्य-सम्मेलन के सभापतित्व के लिए मेरा भी नाम रखा गया था। बिहार में तो मैंने अपने दोस्तों से कह दिया था कि मैं सम्मेलन के वक्त भारत में नहीं रहूँगा, इसलिए मेरे लिए सम्मति न दें, और उन्होंने सम्मति नहीं दी। लेकिन, दूसरे प्रान्तों ने मेरे नाम पर वोट दिया। यद्यपि श्री जमुनालाल बजाज गाँधी जी का वरदान लेकर सभापति होने के लिए खड़े थे, और उनके चेलों ने जी लड़ाकर कोशिश की थी, तो भी उन्हें मुश्किल से सफलता मिली। मुझे पता नहीं था, नहीं तो मैंने अपने नाम को वापस ले लिया होता। पटना में ज्यादा रहने का कारण मेरा टॉन्सिल का फिर से उभर कर आने लगा, फिर उसे आपरेशन करके निकलवा देने की बात हुई। 1934 से ही मैंने साल-साल के लिए यह बीमारी पाल ली थी। 11 जनवरी से 31 जनवरी तक तो पिछले सालों जैसी चिकित्सा होती रही, और बीच में कई दिन मैं अस्पताल में रहा। डॉक्टर हसनैन की राय हुई कि इसको निकलवा देना चाहिए; लेकिन आपरेशन तब तक नहीं हो सकता, जब तक कि टॉन्सिल की जगह निरोग न हो जाए। निरोग करने के लिए मुझे पटना में रहना पड़ा।

जनवरी (1937) के अन्त में असेम्बली के चुनावों का परिणाम निकलने लगा। 3 फरवरी को मालूम हुआ कि बिहार की असेम्बली में कांग्रेस के 95 आदमी गए। यद्यपि पिछले 10 सालों से मैं सक्रिय राजनीति से अलग था, तो भी मेरी सहानुभूति कांग्रेस के साथ थी—1931 में कुछ दिनों के लिए मैंने जरूर कुछ सक्रिय भाग लिया था। जायसवाल जी से भारतीय राजनीति और साम्यवाद पर अक्सर बात होती रहती थी। चुनाव के दिनों में भोजपुरी और मगही में बहुत-सी कविताएँ और गाने निकले थे, जिनमें किसानों को सम्हलकर अपने हित को देखते हुए वोट देने की बात कही

गई थी। मैंने ऐसी बहुत-सी नोटिसों को इकट्ठा किया था। मैं जायसवाल जी को उन्हें सुनाता रहता था। जायसवाल जी के जन्म के समय उनके पिता बहुत गरीब थे। चाची की नादिरशाही के कारण उनकी माँ को कई साल उपेक्षित रह नैहर में दिन काटना पड़ा था। जायसवाल जी का ननिहाल भी बहुत गरीब था। दूसरे लड़कों की देखादेखी वह भी मिठाई माँगते, तो उन्हें चने के सत्तू में गुड़ मिलाकर छोटी-छोटी गोलियाँ बना के लड्डू के नाम से दी जाती थीं। जायसवाल जी जब पक्के साहबी ठाठ से रहते थे, जब उनके यहाँ बैरा-खानसामा खाना बनाकर मेज को सजाते थे, तब भी उन्हें गुड़ मिला चने का सत्तू का लड्डू भूलता नहीं था, और वह उसे बड़ी रुचि से खाते थे। एक नई महत्त्वाकांक्षा, और उसी के लिए स्वीकार किया गया नया जीवन, बचपन के उस जीवन को भुलवा देना चाहता था, लेकिन जायसवाल जी उसे भूलने को तैयार नहीं थे। उनका मिजाज कड़ा था। वह बड़े हठीले थे, यद्यपि मेरे सम्बन्ध में उनके मन का यह रूप कभी प्रकट नहीं हुआ। मैंने देखा था, उनका नेपाली रसोइया लक्ष्मिन खाना पकाने में कोई गलती कर बैठा। जायसवाल जी बहुत गुस्सा हुए, और उसे फटकारने लगे। सब लोग जानते थे कि आज लक्ष्मिन की साहेब खुशामद करेंगे। उन्होंने सिर्फ आँखों से आँसू-भर नहीं बहाया, उन्हें अपने आचरण पर बहुत दुख हुआ। उन्होंने लक्ष्मिन को बुलाकर कहा—देखो लक्ष्मिन! मैंने बहुत बुरा किया, तुम मुझे माफ कर दो। फिर उसे क्या-क्या इनाम-उनाम दिया।

जाड़े के दिनों में रात के वक्त वह चौबन्दी पहन लेते और जमीन पर आसन बिछा पलथी मारकर बैठ जाते, फिर उनकी कथा शुरू होती, जिसमें जुमई मेहतर से लेकर घर-भर के नौकर शामिल हो जाते। कभी भूतों की कथा शुरू होती थी। वह किसी वृक्ष पर एक बड़े भूत को बतलाते। नौकरों में किसी ने पहले भी इस कथा को सुना होता और अँधेरे-धुंधेरे में कभी भय लगा होता, इसलिए उनमें से कोई अपनी आँख देखी बात कहने लगता, फिर उस रात को कितनों को आँख खोलना मुश्किल हो जाता। जुमई से एक दिन वह आसमान में एक सफेद दाढ़ीवाले पुरुष की बात बतला रहे थे। जुमई ने कहा—हाँ भइया! मैंने देखा था, चाँदी जैसी सफेद, लम्बी-लम्बी दाढ़ी, फिर आग-सा चमकता चेहरा...! जायसवाल जी ने बड़ी गम्भीरता से कहा—बस-बस जुमई! वही अल्ला मियाँ थे। भूतों के बारे में वह लड़कपन से ही बड़े निर्भीक थे। मिर्जापुर में उनके घर के पास लोग जोग-टोन करके मिठाई, बकरा छोड़ आते। बालक काशीप्रसाद मिठाई हाथ में ले लेते और बकरे पर चढ़कर उसी रात को लड़कों की पलटन बटोरते और मिठाई बाँटकर खाते।

असेम्बली के चुनाव का परिणाम निकला। हर जगह कांग्रेस ने सरकार को करारी हार दी थी। जायसवाल जी और मैं राजनीतिक वार्तालाप में एक-दूसरे के पूरक हुआ करते। उन्हें आक्सफोर्ड में पढ़ते वक्त साम्यवाद की हवा लगी थी। वह इतने खतरनाक समझे गए थे, कि विश्वास नहीं था, वह हिन्दुस्तान में रहने पाएँगे।

लेकिन धीरे-धीरे वह आग राख के नीचे दब गई। कुछ विद्या-व्यसन और कुछ आराम के जीवन ने उन्हें ऐसा करने के लिए मजबूर किया। तो भी अपने को दबा रखना उनके लिए बड़ा मुश्किल था। 10 दिन तक गौरांग प्रभुओं के सामने वह नम्रता और शिष्टाचार दिखाते, फिर अनुचित कोई बात आती, तो उबल पड़ते। ऐसे आदमी पर भला अँगरेज़ प्रभु क्यों विश्वास करने लगे? कांग्रेस के चुनाव और उस वक्त के सर्वप्रिय गीतों को देखकर उनको विश्वास हो चला कि अब वह शक्ति मैदान में आ रही है, जिसमें क्रान्ति करने की क्षमता है। उन्होंने 'माडर्न रिव्यू' और दूसरे पत्रों में उस वक्त कुछ लेख लिखे, जिसमें बतलाया कि अब पुरानी दुनिया नहीं रहेगी, शोषित-पीड़ित मूक श्रमिक जनता ने अँगड़ाई ली है। उन्होंने जमींदारी के खिलाफ लिखा था, इसलिए बिहार के बड़े-बड़े जमींदार बहुत रुष्ट हो गए। एक बड़े जमींदार-नेता ने उनको धमकी दी, कि हम लोग आपका बायकाट करेंगे और मुकदमा नहीं देंगे। जायसवाल जी ने इसका बड़ा कड़ा जवाब दिया था। तरुणाई के बोये बीज अब फिर ऊपर उठते आ रहे थे।

डॉक्टर श्चेर्बात्स्की के पास मैंने कुछ पुस्तकों के और विवरण भेजे थे। 8 फरवरी को उनका पत्र मिला। उन्होंने मुझे रूस आने के लिए लिखा और यह भी कहा कि मैंने सोवियत सरकार से वीसा भेजने के लिए लिखा-पढ़ी की है। दो दिन बाद डॉक्टर वोगीहारा (जापान) का पत्र आया, उन्होंने पुस्तकों की प्राप्ति पर बहुत सन्तोष प्रकट किया और योगाचार-भूमि को सम्पादित करने के लिए उत्सुकता दिखलाई। फरवरी में रात के 3-4 बजे तक जागते रहना मेरे लिए मामूली बात हो गई। इस समय 'प्रमाणवार्त्तिकवृत्ति' (कर्णकगोमी) और दूसरे ग्रन्थ प्रेस में थे। उनके प्रूफों को देखना पड़ता था। उधर 'ईरान' पर एक पुस्तक लिख रहा था। तिब्बत में प्राप्त पुस्तकों का एक सविवरण सूची-पत्र भी बना रहा था। पटना के विद्यार्थियों के सामने भी कभी-कभी लेक्चर देने के लिए जाना पड़ता था।

अब टॉन्सिल ठीक हो गई थी। 20 मार्च को मैं अस्पताल चला गया। 22 को टॉन्सिल काटकर निकाली गई। डॉक्टर हसनैन एक सिद्धहस्त शल्य-चिकित्सक थे। यद्यपि टॉन्सिल इतनी खराब हो गई थी, कि जहाँ से पकड़ते वहीं से फुस-फुस निकल आती, लेकिन उन्होंने बड़ी सफलता से आपरेशन किया। क्लोरोफार्म सूँघने पर मेरे मन की जो हालत हुई, उसने प्रत्यक्ष दिखला दिया, कि यह शरीर आत्मा से बिलकुल शून्य है, यहाँ जीवात्मा जैसी कोई चीज नहीं। 1 बजकर 5 मिनट पर क्लोरोफार्म की टोपी मेरे मुँह पर रखी गई। मालूम हुआ, पेट के भीतर कोई चीज भर रही है। फिर कलेजा हिलने लगा, पहले धीरे-धीरे वेग, तीव्र, तीव्रतर और तीव्रतम हो गया। जान पड़ा, अब वह शून्य हो रहा है। हाथ पहले बेकाबू हो गए, कान कुछ देर तक जागता रहा, फिर कानों में आनेवाले शब्द विकृत होने लगे। अन्त में सिर में सिर्फ चेतना रह गई, और थोड़ी देर में वी भी बुझ गई। मुझे समझ में आ

गया, कि शरीर भी एक बहुत ही सूक्ष्म यंत्र-सा है। आपरेशन एक घंटे तक होता रहा, और ढाई बजे (क्लोरोफार्म देने से 1 घंटा 25 मिनट बाद) मुझे होश आया। 29 मार्च को मैं अस्पताल से चला आया।

10 अप्रैल को मैं और जायसवाल डॉक्टर बीरबल साहनी का व्याख्यान सुनने साइंस-कॉलेज में गए। डॉक्टर साहनी ने पुराकल्प के वनस्पतियों के बारे में जादू की लालटेन के साथ एक लेक्चर दिया। उसमें उन्होंने बतलाया कि कश्मीर-उपत्यका में पुराने पत्थर के हथियार मिले हैं, और हिमालय के पार भी। उस वक्त हिमालय इतना ऊँचा नहीं था, बहुत सम्भव है, पुराण पाषाणधारी मानव हिमालय के इस पार से उस पार जाता रहा हो। व्याख्यान समाप्त हुआ। जायसवाल जी ने किसी पुराण का नाम लेकर कहा, यह बात वहाँ भी आई है। मैंने कहा—मनुष्य की भाषा उस समय शायद इतनी विकसित नहीं थी कि उसकी अपनी इन यात्राओं का वर्णन अगली पीढ़ियों द्वारा हमारे पास पहुँचा। डॉक्टर साहनी भी हमारे साथ जायसवाल जी के घर भोजन करने के लिए जा रहे थे। उनसे पूछा गया, तो उन्होंने मेरी बात का समर्थन किया। जायसवाल जी को कितने ही विद्वान जिद्दी कहते थे। लेकिन वह जिद्द वहीं करते थे, जहाँ बहुत विचार करने के बाद उनके निर्धारित मत को कोई हल्के दिल से उड़ा देना चाहता था। ब्राह्मी लेखों के पढ़ने, मूर्तियों की विशेष-कालिकता आदि कितनी ही बातों में न जाने कितनी बार मैंने अपना मतभेद किया होगा। वह तुरन्त स्वीकार तो नहीं करते थे, लेकिन तुरन्त विचार करने लगते थे और जान जाने पर अपनी गलती को साफ प्रकट करते थे। उनकी बुद्धि बहुत तीक्ष्ण थी, और विचार करते वक्त चित्त में एकाग्रता गजब की आ जाती थी। एक दिन वह चित्त की एकाग्रता की बड़ी तारीफ कर रहे थे। मैंने कहा—चित्त की एकाग्रता बड़ी अच्छी है—लेकिन बाज वक्त बड़े खतरे की चीज है। मान लीजिए आप किसी पुराने शिलालेख को पढ़ रहे हैं, वहाँ कोई अक्षर बिलकुल मिट गया है। चित्त पर आप बहुत जोर देते हैं, और फिर मन में बना हुआ अक्षर वहाँ पत्थर पर दीखने लगता है। उन्होंने कहा—ठीक है।

पहली यात्रा में तिब्बत से कनजुर और तनजुर खरीदकर लाया था, जो पटना में रखे थे। रंगून यूनिवर्सिटी ने अपने लिए एक कनजुर-तनजुर मँगा देने के लिए मेरे पास लिखा। मैंने लिखा कि नरथङ के कनजुर-तनजुर यहाँ हैं, आप चाहें तो ले सकते हैं; लेकिन यदि सुपाठ्य कनजुर-तनजुर चाहते हैं, तो तेरगी से मँगवाने होंगे, लेकिन उसमें समय लगेगा। उनको जल्दी थी, उन्होंने हमारी ही कनजुर-तनजुर को मँगा लिया। मुझे अब पटना के लिए सुपाठ्य कनजुर-तनजुर की जरूरत थी। पिछली यात्रा में एक बहुत अच्छा कनजुर लाया था, मगर पैसा न होने के कारण उसे कलकत्ता भेज देना पड़ा। अब की मालूम हुआ, कि ल्हासा में नया कनजुर बना है। मैंने उसे भेजने के लिए लिख दिया। वह उसी साल आ गया। पीछे (1940) तेरगी

का कनजुर भी पहुँच गया। अब तिब्बत से बाहर तिब्बती साहित्य का इतना अच्छा संग्रह और कहीं नहीं है, जितना कि विहार रिसर्च सोसाइटी में रखा मेरा संग्रह।

डॉक्टर श्चेर्‌वात्स्की मुझे सोवियत में बुलाने के लिए प्रयत्न कर रहे थे। यदि जुलाई से पहले मुझे भारत छोड़ना रहता, तो यूरोप-यात्रा के वक्त लिया गया मेरा पासपोर्ट काफी था। किन्तु यह कोई ठीक नहीं था, कि तब तक सोवियत वीसा की खबर आ जाय। इसलिए जरूरी था,पासपोर्ट की मियाद 5 साल और बढ़वा दी जाय। मैंने 17 अप्रैल को बिहार-सरकार के पास इसके लिए दरख्वास्त दे दी। पीछे जायसवाल जी ने भी सरकार के पूछने पर लिख दिया कि वह केवल अनुसन्धान कार्य के लिए जा रहे हैं। बोलशेविकों का रूस खतरनाक मुल्क है, 1940 में मैत्री के जमाने में भी पासपोर्ट देने का अधिकार भारत-सरकार ने अपने हाथ में रखा है, तो उस वक्त की तो बात ही क्या? बिहार-सरकार ने मेरी दरख्वास्त भारत-सरकार के पास भेज दी। अपने प्रूफ के काम के लिए मैं 22 अप्रैल को प्रयाग गया। डॉक्टर बद्रीनाथ प्रसाद और पंडित उदित नारायण त्रिपाठी के घर, यही दोनों मेरे ठहरने के अड्डे थे। मैं डॉक्टर बद्रीनाथ के यहाँ ठहरा था। 23 को पंडित मोहनलाल नेहरू ने मुझे एक व्याख्यान देने के लिए कहा। पंडित जवाहरलाल जी ने मिलने के लिए बुलाया। बड़े आदमियों से अलग रहना—मेरा कुछ स्वभाव-सा हो गया है। पिछले वर्ष की बात है, ब्रह्मचारी गोविन्द (जर्मन) आनन्दभवन में ठहरे थे। एक दिन मैं उनसे मिलने गया। मेरे साथ चित्रकार पंडित शम्भूनाथ मिश्र भी गए थे। उन्होंने श्री विजयलक्ष्मी पंडित से मिलना चाहा, और मुझसे पूछे बिना ही मेरा भी नाम लिखकर पुर्जी भेज दी। उन्होंने मिलने से इनकार कर दिया। मुझे मालूम हुआ, तो शम्भूनाथ जी से नाराजगी तो जाहिर की, साथ ही विजयलक्ष्मी जी के इस आचरण पर मुझे बहुत खेद हुआ। जवाहरलाल जी से मिलने का मुझे कोई काम नहीं था, इसलिए मैंने पत्रवाहक से जवाहरलाल जी के यहाँ जाने में अपनी असमर्थता प्रकट की। मैंने उस दिन (23 अप्रैल) की डायरी में लिखा था—'शाम को पंडित जवाहरलाल जी की ओर से श्रीमती विजयलक्ष्मी पंडित ने कल 10 बजे दिन का निमंत्रण भेजा। विजयलक्ष्मी जी का नाम सुनते अनिच्छा हो आई। पिछले वर्ष शम्भूनाथ मिश्र ने गलती से मेरा नाम अपने साथ रखकर भेंट के लिए पुर्जा भेजा। मैं तो ब्रह्मचारी गोविन्द से मिलने गया (था)। उसका इनकार में उत्तर पाकर मुझे अफसोस हुआ। आज वही भाव जाग्रत हो आए। मैंने कल आने की अस्वीकृति ही नहीं दे दी, बल्कि जवाहरलाल जी का ख्याल करके भी उधर जाने के प्रति विरोधी इच्छा हो रही है। नाम की निस्सारता मुझे खूब मालूम है। काल—अनन्त संवत्सरों का समूह—दो हजार वर्षों तक भी हमारे नाम को ढो नहीं सकता।'

अगले दिन शाम के वक्त पं. जवाहरलाल जी का फिर पत्र आया कि (आपको) अवकाश न मिलने पर हम खुद आएँगे। बीमारी से अभी वह हाल ही में उठे थे,

इसलिए उनको कष्ट देना मैंने उचित नहीं समझा। दूसरे दिन मैं आनन्दभवन गया। अधिकतर तिब्बत-यात्रा के सम्बन्ध में बातें होती रहीं। उन्होंने पूछा—तिब्बत में कोई साइंस सम्बन्धी पुस्तकें भी मिली हैं? मैं समझता हूँ कि आयुर्वेद और आयुर्वेदिक-रसायन भी आरम्भिक साइंस की चीजें हैं, इसलिए मैं उनका नाम ले रहा था। इसी समय कृपलानी जी टपक पड़े। उन्होंने समझा कि पीले कपड़ेवाला साधु अनापशनाप बक रहा है। उन्होंने मुझे समझाना चाहा कि साइंस किसे कहते हैं। मन तो आया, कि कोई उसी तरह का जवाब दूँ, किन्तु कृपलानी जी से यह पहली ही बार साम्मुख्य हुआ था, इसलिए मैं चुप रहा।

(ख) लाहुल में दूसरी बार—अभी सोवियत के वीसा का पता नहीं लगा। गर्मी आ गई थी। में इधर कई वर्षों से मैं अपने काम के सिलसिले में ठंडे मुल्कों में चला जाया करता था, इसलिए सोचा अबकी लाहुल क्यों न चले चलें। ठाकुर मंगलचन्द और कलाकार रोइरिक के निमंत्रण भी आ गए थे। रूस के बारे में जब तक कोई निश्चय नहीं हो जाता, तब तक मैं दूर जाना पसन्द नहीं करता था। मैं और आनन्द जी लाहुल के लिए चल पड़े। दिल्ली होते लाहौर पहुँचे। लाहौर में 7 मई को लाजपतराय-हॉल में 'तिब्बत में तीन बार' पर एक व्याख्यान देना पड़ा। यहाँ एक सज्जन आगा मुहम्मदअली शाह से मुलाकात हुई। उन्होंने कहा, मेरे पास कुछ बहुत पुरानी भोजपत्र पर लिखी बौद्ध पुस्तकें हैं, आप उन्हें देखिये। अगले दिन मैं उनके घर पर गया। उनके पास दो भोजपत्र और कागज पर तीन पुस्तकें और कुछ मिट्टी की मुद्राएँ थीं—25 इंच लम्बे 5 इंच चौड़े दो सौ पत्रे (भोजपत्र) महावस्तु के थे, लिपी शारदा थी। यह 'महावस्तु' (विनय) की खंडित पुस्तक थी, बाकी दो पुस्तकें भी 7वीं सदी के आसपास की थीं। उन्होंने बतलाया कि ये चीजें उन्हें किसी पेशावरी से मिलीं। वह आदमी इन्हें लाल काफिरों के प्रदेश (चितराल और अफगानिस्तान के बीच) से लाया था। वह जगह पत्थर की बड़ी बुद्धमूर्ति (ध्यानावस्थित) है। खोदने पर वहाँ से एक मिट्टी का कुसूल (कोठिला) निकला। उसी में तीनों पुस्तकें और कुछ मिट्टी की मूर्तियाँ मिलीं। गुणाढ्य, अश्वघोष आदि कितने ही बड़े-बड़े विचारकों के ग्रन्थ आज हमें प्राप्य नहीं हैं। उनमें से बहुत-से सदा के लिए लुप्त हो गए होंगे, लेकिन गिलगित, काफिरिस्तान, गोबी मरुभूमि, और तिब्बत के भंडारों तथा स्तूपों में हमारे साहित्य के न जाने कितने अनमोल रत्न अभी भी छिपे पड़े हैं। आगा मुहम्मदअली कुछ सौ रुपयों में पुस्तकें देने के लिए तैयार थे, मैंने दो-चार जगह चिट्ठी भी लिख दी, लेकिन मालूम नहीं किसी ने उन पुस्तकों को लिया या नहीं।

लाहौर से हम दोनों अमृतसर-पठानकोट होते जोगिन्दर नगर पहुँचे, फिर मंडी की लारी मिली। रास्ते में पहाड़ की घूमघुमौआ चढ़ाई में आनन्द जी तथा दो-एक सहयात्रियों को कै हुई। इस रात को हमें मंडी में रहना पड़ा। अगले दिन कुल्लू

(अखाड़ा बाजार) पहुँच गए। ठाकुर मंगलचन्द वहाँ मौजूद थे। मैंने रूस की यात्रा के लिए जहाँ-तहाँ से 700 रुपये जमा किये थे। 600 रुपये मैंने यहीं कुल्लू के सेविंग बैंक में जमा कर दिये। 12 मई को आनन्द जी और मैं नगर गए। कटराई तक लॉरी से जाकर नदी पार हुए। दो मील की चढ़ाई के बाद नगर मिला। यहाँ शाङ्री के राजा का महल है, जो अब डाक बँगले के रूप में परिणत हो गया है। गर्मियों में असिस्टेंट कमिश्नर यहीं रहते हैं—मिस्टर शटलबर्थ ने न जाने कितनी गर्मियाँ यहाँ बिताई होंगी। कुछ दूर और ऊपर चढ़कर हम उरुस्वती पहुँचे। प्रोफेसर रोइरिक और उनके दोनों पुत्र जार्ज और स्वेतस्लाव मिले। जार्ज भोटभाषा के अच्छे पंडित हैं, और उनके छोटे भाई अच्छे चित्रकार। यहाँ पुस्तकों का भी अच्छा संग्रह है। रहने का आग्रह था, किन्तु अभी तो हमें लाहुल जाना था, इसलिए दो दिन रहकर हम कुल्लू चले आए।

नारायण (जायसवाल-पुत्र) के पत्र से मालूम हुआ, कि जायसवाल जी को फोड़ा हो गया है और उसका ऑपरेशन हुआ है। 21 अप्रैल को जब मैं पटना से चला, तो उस वक्त जायसवाल जी के गर्दन पर जरा-सी फुन्सी हुई थी और उस पर वह पानी की पट्टी बाँध रहे थे। मुझे यह ख्याल नहीं हो सकता था, कि उसी फुन्सी ने इस फोड़े का रूप धारण किया है। पत्र में कोई भय की बात नहीं थी। हम लोग 17 तक कुल्लू ही में रहे। शाम को नदी पार हो ऊपर की ओर कुछ दूर तक हम दोनों टहलने जाया करते थे। उस वक्त बगूगोशे (चेरी) के फल पके हुए थे। एक दिन हम एक बाग में गए, वहाँ से कुछ फल खरीदकर खाना चाहते थे, किन्तु बाग के मालिक ब्राह्मण ने अपने घर में ले जा ताजे बगूगोशे तोड़कर खिलाए। बड़े संकोच के साथ हम दाम देने लगे, लेकिन वहाँ लेने के लिए कौन तैयार था?

18 मई को ठाकुर मंगलचन्द के साथ हम उनके बँगले हरिपुर में गए। मनाली यहाँ से डेढ़ मील रह जाता है। जमीन बहुत है लेकिन उन्होंने थोड़े ही हिस्से में बाग लगाया है। मकान पुराना है, लेकिन ठाकुर साहब ने उसमें थोड़ा परिवर्तन करके कुछ नए ढंग का बना लिया है। चारों तरफ बड़ा सुन्दर प्राकृतिक दृश्य है। मालूम हुआ, पास के गाँव में कोई पुराना मन्दिर है। शाम को हम उधर गए। पहाड़ की जड़ में कार्तिकेय की मूर्ति है। कई पुरानी मूर्तियाँ हैं, लेकिन कला की दृष्टि से अच्छी नहीं। गुप्तकाल में भी ऐसा थोड़े ही रहा होगा, कि देश में सभी जगह सभी कलापूर्ण मूर्तियाँ ही बनती हों। यहाँ के देवता के अपने खेत हैं, जिससे काफी आमदनी होती है। देवता एक बूढ़े आदमी के सिर पर आता है—उसे ओझा कह लीजिए, किन्तु यहाँ गुर कहा जाता है। गु' भूत-भविष्य सब जानता है। मैंने कहा—अच्छी बात है, हम भी गुर से कुछ पूछते हैं। बूढ़ा गुर बैठ गया। थोड़ी देर में देवता भी आ गया। मैंने पूछा-कि रटङ्जोत कब खुला, देवता लोग कब आए? उसने जवाब दिया—सतयुग में। और भी कई बातें पूछीं, जिनमें एक यह भी थी

कि, व्यास का पानी जो नीचे की ओर जा रहा है, ऊपर रटङ्जोत की तरफ कब जाएगा? उसने इसका भी कुछ जवाब दिया था।

अगले दिन (19 मई) हम दोपहर बाद लाहुल की ओर रवाना हुए। मनाली (मनुवाली; मनु ऋषि का स्थान) में तीन घंटा ठहरना पड़ा। थोड़ी बूँदा-बाँदी होती रही, एक जगह खेत बोया जा रहा था। उस दिन ख़्वाड़ गाँव में रहे। यह गाँव कनेत (= खश) लोगों का है। इनकी मुखमुद्रा में मंगोल-छाप नहीं है। कोई-कोई तो लुंगनास होते हैं। यह जगह 8 हजार फीट ऊँची होगी। जिस घर में हम ठहरे थे, उसका मालिक तीन मास पहले पहाड़ में लकड़ी काटते वक्त गिरकर मर गया। 20 मई को साढ़े 7 बजे ही रवाना हुए। 2 मील आगे डाक बँगला है। फिर राला का मुंशीखाना और सराय मिली। यहीं से चढ़ाई शुरू हुई। सीधी चढ़ाई थी। 1933 में तो हम ऊपर से नीचे की ओर आए थे, इसलिए कुछ मालूम नहीं हुआ था, पर आज की थकावट के बारे में कुछ मत पूछिये। सवा दो घंटे की चढ़ाई के बाद हम पगडंडी से सड़क पर पहुँच गए। यहीं भोजन हुआ। आगे बर्फ थी। 1 मील जाने पर चढ़ाई आसान हो गई। किन्तु पतली हवा के कारण थकावट बहुत बढ़ी। इधर कई महीनों से बैठे-बैठे जो प्रूफ देखता रहा, उसके कारण शरीर तुरन्त परिश्रम करने लायक नहीं था। आनन्द जी अच्छी तरह चलते थे, और मैं पिछड़ने लगा। खड़ी उतराई में मैंने कहीं-कहीं फिसलकर पचास-पचास साठ-साठ फीट की दूरी तय की। 6 मील तक लगातार बर्फ रही। फिर कम होने लगी। खूब अँधेरा होने पर पौने नौ बजे रात को मैं खोकसर (10 हजार 512 फीट) पहुँचा। सारा बदन चूर-चूर था, रात को खूब नींद आई। सीसू (10 हजार 1 सौ फीट) और गूँदला (10 हजार 314 फीट) में एक-एक रात रहते 23 मई को हम केलङ् (10 हजार 383 फीट) पहुँच गए। 25 तारीख तक यहीं रहे। फिर 26 को ठाकुर मंगलचन्द के घर पर कोलङ् पहुँच गए। ठाकुर साहब के पुराने और पास के गाँव का अब कहीं पता नहीं है। कुछ साल पहले 18 मील ऊपर से आनेवाला नाला प्रलय का वाहन बन गया, एक भारी हिम-राशि फट गई और बड़े-बड़े पत्थरों और लाखों मन मिट्टी ढकेलती आगे बढ़ने लगी। खैरियत यही हुई कि यह सब दिन में हुआ और चन्द घंटे पहले ही इस प्रलय के हहास को सुन के गाँववालों को खबर लग गई और वे जान लेकर भाग गए। मकान उसी मिट्टी के नीचे दब गए।

मैं 25 मई से 6 जून तक कोलङ् में रहा। पाँचवें दिन (29 मई) की चिट्ठी से मालूम हुआ कि जायसवाल जी की हालत सुधर नहीं रही है। 31 के पत्र से पता लगा कि वैसे अच्छे हैं, किन्तु जब तक बुखार नहीं छोड़ता तब तक खतरे से खाली नहीं। 2 जून को हम लोग दार्चे की ओर गए। जसपा का बँगला देवदारों के वन में है। यहाँ एक बहुत जागता देवता है, जिसके डर के मारे लोग सूखे वृक्षों को भी काटने की हिम्मत नहीं करते। जिस देवदार के नीचे देवता का थान है, वह हजार

साल का पुराना होगा। वहाँ से और आगे चलकर हम उस जगह पहुँचे, जहाँ 4 सौ वर्ष पहले एक बड़ा गाँव था, और जैसा कि मैंने पहली यात्रा में लिखा है, एक बूढ़े के अपमान के कारण बगल के पहाड़ के लाखों पत्थर टूटे और गाँव बरबाद हो गया। हमने जाकर वहाँ कुछ पत्थर हटाये, और उनके नीचे भोजपत्र पर तिब्बती अक्षर में लिखे कुछ मंत्र पाये। आगे बड़े-बड़े पत्थर थे, जिनको हाथ से हटा नहीं सकते। यह तो पता लग गया, कि यहाँ कोई गाँव जरूर था। यदि कभी हमारे देश में पुरातत्त्व का ज्यादा शौक हुआ तो यहाँ की खुदाई में बहुत-सी चीजें मिलेंगी।

5 जून को हम लोग खङ्सर गए। ठाकुर मंगलचन्द का पैतृक घर यहीं है, जिसमें कि उनके बड़े भाई के लड़के ठाकुर प्रतापसिंह और पृथ्वीचन्द रहते हैं। उस युग में इन पहाड़ों में दस-दस पाँच-पाँच गाँवों के राजा हुआ करते थे। यहाँ भी वर्तमान ठाकुरों के पूर्वज राजा रहते थे। मकान पुराने ढंग का है, उसके चारों ओर किला था, दूर तक देखने के लिए एक मीनार अब भी खड़ी है। मकान के भीतर एक मन्दिर है, जिसमें दो-एक पीतल की भारतीय मूर्तियाँ हैं। कितनी ही हस्तलिखित पोथियाँ भी हैं, किन्तु घर के मालिक और पुजारी न थे, इसलिए हम देख नहीं सके।

6 जून को दिल घबड़ा देनेवाली धूपनाथ की चिट्ठी आई। उन्होंने लिखा था, 'शायद अब साहेब की अमृतबानी सुनने को न मिलेगी। जीवनशक्ति धीरे-धीरे नष्ट होती जा रही है। मैं तो निराश होकर आज घर लौटा जा रहा हूँ। शायद एक-दो दिन के बाद अशुभ सूचना आपको मिल जाय, तो कोई आश्चर्य नहीं।' धूपनाथ ने 13 दिन पहले की अवस्था देखकर वे पंक्तियाँ लिखी थीं, जल्दी करने पर भी मैं 12 दिन से पहले पटना नहीं पहुँच सकता था, तो भी चित्त चलने को आकुल हो गया—शायद अन्तिम दर्शन हो जाय। पटना छोड़ते वक्त ऐसी कोई बात नहीं थी। अशुभ की कल्पना से ही चित्त शून्य-सा मालूम होता था। दूसरे ही दिन (7 जून) मैंने ठाकुर मंगलचन्द और आनन्द जी से विदाई ली। केलङ् से तार भेज दिया। 8 जून को हम घोड़े पर जा रहे थे—ठाकुर मंगलचन्द भी साथ थे। रास्ते में बूँदें पड़ने लगीं। हमारे निकलते-निकलते पहाड़ से कितने ही पत्थर आ गिरे। संयोग था जो हम आगे निकल गए थे। मैदान से भी अधिक खतरा इन पहाड़ों में है—मानवजाति खतरों में ही पलकर तो बड़ी हुई है। गूँदला से मैं अकेला था। साढ़े तीन बजे खोकसर पहुँचा। अगले दिन (10 जून) खोकसर ही में रहना पड़ा। रात-भर और दिन के 9 बजे तक वर्षा होती रही। यहाँ वर्षा होने का मतलब था, रटङ्जोत पर बर्फ का पड़ना। जब तक रास्ते के बारे में ठीक पता न लग जाय, तब तक आगे बढ़ना अच्छा नहीं था।

(ग) नगर में (11-15 जून)—अगले दिन सवा पाँच बजे रवाना हुए। चढ़ाई में बर्फ 1 मील से भी कम रह गई थी। सवा दो घंटे में जोत पर पहुँच गए। आँगन में बर्फ काफी थी। 3 बजे तक मनाली पहुँच गए। नारायण की चिट्ठी मिली—घाव

भर रहा है, लेकिन बुखार अब भी है। उरुस्वती की मोटर पहुँची हुई थी। आधे घंटे में कटराई पहुँच गए और 5 बजे उरुस्वती। दो हफ्ते रोइरिक-परिवार के साथ रहने का मौका मिला। क्रान्ति के पहले रोइरिक-परिवार रूस का एक धनी जमींदार परिवार था। क्रान्ति के कारण दूसरे जमींदारों और पूँजीपतियों की तरह इनकी भी जायदाद जब्त हो गई और कलाकार रोइरिक रूस से बाहर निकल गए। आजकल उनका परिवार अमेरिकन प्रजा है। आज भी उनके पास लाखों की सम्पत्ति है। मैं समझता था सफेद रूसियों की भाँति ये लोग भी सोवियत-विरोधी होंगे, लेकिन मेरी धारणा गलत निकली। सोवियत-रूस से उनको उतना ही प्रेम है। उस वक्त कुछ रूसी उड़ाकों ने उत्तरी ध्रुव के रास्ते अमेरिका की यात्रा की थी। सारी दुनिया ने उनकी यात्रा का स्वागत किया था। रोइरिक-परिवार के आनन्द की कोई सीमा नहीं थी। वृद्धा रोइरिक तो और भी मृदु स्वभाव की हैं, वह अधिकतर योगध्यान में रहती हैं। योगध्यान के प्रति मेरी तो कोई श्रद्धा नहीं है, किन्तु मैं उनके मधुर बर्ताव से अवश्य प्रभावित हुआ। प्रोफेसर रोइरिक डॉक्टर श्वेर्वात्स्की के घनिष्ठ मित्र थे। लेनिनग्राद में बौद्ध-विहार स्थापित करने में दोनों ने बड़ा काम किया था। उन्हें मालूम हो गया था कि मैं रूस जानेवाला हूँ, इसलिए उनकी पुरानी स्मृतियाँ ताजा हो गईं।

यहाँ रहते हुए मैं जार्ज से रूसी पढ़ता, वह इन्दो-यूरोपीय भाषातत्त्व के पंडित हैं, इसलिए उनके साथ रूसी पढ़ने में बड़ा आनन्द आता था। जार्ज ने एक बड़ा तिब्बती-कोष तैयार किया था। मेरे अपने भोट-संस्कृत-कोष में कितने ही नए शब्द थे, इसलिए हम दोनों कोषों को मिलाते जाते थे, और वह अधिक शब्दों को नोट कर लेते थे। मैं लाइब्रेरीवाले घर के कोठे पर रहता था, जो कि परिवार के बँगले से कुछ सौ गज ऊपर था। इसके चारों तरफ बड़े-बड़े देवदारों का घना जंगल था। दुतल्ला मकान भी देवदार की लकड़ी का ही बना था। जिधर देखें, उधर देवदार की सूई जैसी हरी-हरी पत्तियाँ दिखलाई पड़तीं और साँस में हर वक्त देवदार की सुगन्धि आती थी। मैं देवदार की भूमि में नहीं पैदा हुआ, लेकिन न जाने क्यों वह मुझे इतना प्रिय मालूम होता है। मैं उसे प्राकृतिक सौन्दर्य का मानदंड समझता हूँ। यहाँ मैं देवदार-वन का एक अंग बन गया था। दोपहर को खाने तथा बाद में रूसी-पाठ, कोष-मिलान और चाय-पान के लिए नीचे जाता था, बाकी 20 घंटे यहाँ, इस कोठे पर। पुस्तकालय में फ्रेंच और इंगलिश की बहुत-सी पुस्तकें और अनुसन्धान पत्रिकाएँ थीं। वहाँ पढ़ने में बड़ा आनन्द आता था। चारों तरफ के जंगल में चीते आते रहते थे। यद्यपि इस ऋतु में वे नीचे की ओर नहीं दिखाई पड़ते थे। पहले चीता मारने का इनाम मिलता था, अब वह बन्द हो गया था, जिससे चीतों की संख्या बढ़ गई थी। बागों में फल खाने के लिए रात को रीछ भी आते थे।

(घ) जायसवाल की मृत्यु—25 जून को डॉक्टर श्वेर्वात्स्की के दो पत्र आए, जिनमें लिखा था कि वीसा की कोई बात नहीं, आने का समय लिखने पर

प्रबन्ध हो जाएगा। उसी दिन चेतसिंह का तार मिला—'Condition unchanged your presence required' (अवस्था नहीं बदली, आपका रहना जरूरी है।)

अगले दिन (26 जून) साढ़े 4 बजे सवेरे मैं नगर से रवाना हुआ। पुल पार हो मोटर पकड़ी। साढ़े 5 बजे कुल्लू पहुँचा, वहाँ से लारी मिली। 4 बजे जोगिन्दर नगर पहुँचा और लाहौर होते 29 जून को सवेरे 5 बजे पटना पहुँच गया। 30 जुलाई तक यहीं रहना पड़ा। इस समय होमियोपैथी की दवा हो रही थी, किन्तु साथ ही इन्सुलिन और ग्लूकोज भी दिया जाता था। पहले की अवस्था को तो मैंने देखा नहीं था, बतला रहे थे कि सारा शरीर और मुँह फूल गया था। घाव अब भी बहुत बड़ा था, सूजन हट गई थी। घाव थोड़ा भरा था और ज्वर 100 डिग्री था। लेकिन अब मुझे जायसवाल जी को स्वस्थ-मस्तिष्क रूप में देखने का मौका नहीं मिल रहा था। उनकी मानसिक वृत्तियाँ विश्रृंखलित थीं। बीच-बीच में स्मरणशक्ति बिखर जाती थी। पासपोर्ट 5 वर्ष के लिए फिर से नया होकर चला आया था। अगले दिन (30 जून) इन्सुलिन का इंजेक्शन बड़ी मुश्किल से दिया जा सका। घाव में पीप ज्यादा थी। दिमाग अर्थप्रमत्त अवस्था में था। बोलते अधिक थे। निर्बलता बढ़ गई थी।

7 जुलाई को समाचार मिला, कि कांग्रेस ने मंत्रिपद स्वीकार कर लिया। जायसवाल जी ने कई बार इसके बारे में पूछा और खबर सुनकर उन्हें बड़ी प्रसन्नता हुई। 8 जुलाई को लद्दाख से पत्र आया, कि गर्मियों में यारकन्द (चीनी तुर्किस्तान) का काफिला जाएगा। अगले दिन (9 जुलाई) ब्योदोसान (जापान) का पत्र आया, उन्होंने जापान आने के लिए निमंत्रण दिया था। अब रूस, यारकन्द, जापान और तिब्बत चार जगहें थीं, जहाँ मैं जा सकता था। लेकिन अभी तो जायसवाल जी की बीमारी को देखना था। उसमें कोई सुधार नहीं हुआ। उन्होंने उस दिन न घाव धुलवाया न इंजेक्शन लिया। दिन-भर यही धुन रही, कि मुझे कांग्रेस के जुलूस में ले चलो। खादी का अचकन और पाजामा पहिना और जबर्दस्ती अपनी चारपाई को उठवाकर बरसाती में ले गए। दिन-भर वहीं पड़े रहे। एक ओर कमजोरी बढ़ती जा रही थी, दूसरी ओर वह बोलते बहुत थे। वह मस्तिष्क जो गम्भीरता और सूक्ष्मता में लासानी था, अब 5 बरस के बच्चों की तरह का हो गया था। दवा लेने से भी इनकार करते थे, घाव भी नहीं धुलवाना चाहते थे। मैंने उनके जीवन पर एक दृष्टि डालते हुए 12 जुलाई को लिखा था—'जायसवाल विद्या में, लिखने-बोलने में प्रवीण रहे। यह राजनीति से अलग रहे। इतना होते हुए भी वह हाईकोर्ट-जज या किसी दूसरे पद पर क्यों नहीं गए? किसी समय वह अधिकारियों को भले ही प्रसन्न करना चाहते हों, किन्तु खुशामद उनके स्वभाव में नहीं थी। स्वाभिमान की मात्रा बहुत अधिक है। गर्म मिजाज हैं। अच्छी प्रैक्टिस होने पर भी रुपया नहीं जमा कर पाये, क्योंकि मितव्ययिता जानते ही नहीं। घर पर, घर के सामान पर, लड़कों पर, यार-दोस्तों पर आँख मूँदकर खर्च करते रहे।'

इन्हीं दिनों में कॉलेज के विद्यार्थी अली अशरफ से भेंट हुई। पीछे तो वर्षों हमें जेल में साथ रहना पड़ा। बाहर साथ-साथ काम करना पड़ता था। अशरफ ने 'साम्यवाद ही क्यों?' का उर्दू में अनुवाद करना शुरू किया था।

पंडित रामावतार शर्मा का दर्शन विद्यार्थी-अवस्था में बनारस में हुआ था। उसके बाद भी दो-एक बार भेंट हुई थी। जब मैं बिहार में राजनीतिक काम करने लगा, उस वक्त तो कई बार मुलाकात होती। वह कितनी ही बार मुझे राजनीति छोड़ अनुसन्धान क्षेत्र में आने के लिए कहते थे। अनुसन्धान क्षेत्र में आया और फिर पटना में भी जाड़ों में रहने लगा; लेकिन जब मैं तिब्बत में पहली बार गया था, उसी वक्त (3 अप्रैल, 1929) उनका देहान्त हो गया—उनका जन्म 1877 ई. में हुआ था। वह जब जीवित थे, तब मैंने उनके 'संस्कृतकोष' को जहाँ-तहाँ सुना था। 21 जुलाई को मैं उनके घर पर गया। कोष को देखा, 301 पृष्ठ में प्राय: 6 हजार श्लोकों में अकारादि-क्रम से उन्होंने इस कोष को बद्ध किया है। श्लोक में आए शब्दों का विस्तार उन्होंने कई जिल्दों में लिखा था। मुखबन्ध के श्लोक हैं—

श्रीदेवनारायणशर्मण: श्रीगोविन्ददेव्याश्च महामहिम्नो:,
प्रणम्य पित्रोश्चरणाम्बुजाते आचार्य गंगाधरशास्त्रिणश्च।
रामेण सारंगभवीद् भवेन काश्यां यदारम्भिमहाभिधानम्,
समापतिं तत् किल विश्वविद्यासर्वस्वमेतत् कुसुमाख्यपुर्याम्॥

पंडित रामावतार शर्मा में अप्रतिम प्रतिभा थी, लेकिन उनका मन कभी स्थिर होकर एक काम में नहीं लग सकता था; नहीं तो न जाने उन्होंने कितने ग्रन्थ रचे होते। यही एक ग्रन्थ है, जिसके श्लोक-भाग को उन्होंने समाप्त किया था, लेकिन वह अब भी अप्रकाशित है।

25 जुलाई को मालूम हुआ कि जायसवाल जी की पीठ पर दो जगह और फोड़े हो गए हैं। अभी तो एक फोड़े ने ही प्राणों को संकट में डाल दिया था, अब क्या आशा हो सकती थी?

काश्यप जी का तार आया था, इसलिए 30 जुलाई को मैं सारनाथ गया। इस वक्त सारनाथ में एक हाईस्कूल की बातचीत हो रही थी। बनारस संस्कृत कॉलेज के पाठ्यविधान में भी परिवर्तन करने की जरूरत थी। युक्तप्रान्त में कांग्रेस ने मंत्रिमंडल सँभाल लिया था। मुझे प्रयाग होते हुए लखनऊ जाना पड़ा। वहाँ शिक्षामंत्री पंडित प्यारेलाल से बातचीत हुई। उनसे दोनों संस्थाओं के बारे में बातें कीं। प्रान्त के कितने ही परिचित उस समय लखनऊ में थे, लेकिन मुझे तो पटना जाने की फिक्र पड़ी थी। 4 अगस्त को साढ़े 5 बजे शाम की गाड़ी से मैं रवाना हुआ, और अगले दिन (5 अगस्त) को पौने 5 बजे सवेरे पटना उतरा। पटना जंक्शन से जायसवाल

जी का घर बिलकुल नजदीक है। कुली के साथ वहाँ पहुँचा। कुली ने बरसाती के बाहर बाँस की अर्थी पड़ी देखकर कहा, "यहाँ तो अर्थी है।" देखते ही दिल सन्न हो गया। आखिर वह अत्याहित होकर ही रहा। मालूम हुआ, कल (4 अगस्त) सवा 6 बजे शाम को जायसवाल जी ने प्रयाण कर दिया। 3 जहरबादों ने जीवन को समाप्त कर दिया। बतला रहे थे, स्मृति अन्त तक कायम रही। लेकिन वह स्मृति वही रही होगी, जिसे मैं देखकर गया था। मैंने अपने हृदयोद्गारों को 5 अगस्त की डायरी में लिखा था—'हा मित्र! हा बन्धु! हा गुरो! अब तुम मना करनेवाले नहीं हो, इसलिए हमें ऐसा-वैसा कहने से कौन रोक सकता है। हो सकता है तुम कहते—हमने भी तो आपसे सीखा है, किन्तु तुम नहीं जानते (कि) मैंने कितना तुमसे सीखा है। इतनी जल्दी प्रयाण! अभी तो अवसर आया था, अभी तो तुम्हारी सेवाओं की इस अभागे देश को बहुत जरूरत थी। आह! सभी आशाएँ खाक में (मिल गईं)!! जायसवाल! ओः ऐसा!! दुनिया के लिए (कुछ) करना ही होगा। तुम्हारे बहुत-से स्नेहभाजन थे, मैं भी उनमें एक था। समय दूसरों के दिल से वियोग के दुख को क्षीण भले ही करता जाएगा, किन्तु स्मृति उसे दिन-पर-दिन ताजा करती जाएगी, तुम्हारा वह सांगोपांग भारत का इतिहास तैयार करने और साम्यवाद के लिए मैदान में कूदने का ख्याल!! हा! वंचित श्रमिक वर्ग!! सहृदय मानव! निर्भीक अप्रतिम मनीषी! दुनिया ने तुम्हारी कदर न की!!'

साढ़े 8 बजे श्मशान-यात्रा आरम्भ हुई। मैंने भी अर्थी में कन्धा लगाया। राजेन्द्र बाबू, कांग्रेस-मंत्री डॉक्टर महमूद और अनुग्रह बाबू, हाईकोर्ट के जज और कितने ही मंत्री श्मशान तक गए। गंगा के किनारे चिता चिनी गई, और साढ़े 11 बजे तक शरीर जलकर राख हो गया, राख गंगा में बहा दी गई, अब मेरा हृदय खाली था।

2, 3 दिन तक मैं ज़ायसवाल जी की चिट्ठियों में से कितने ही महत्त्वपूर्ण पत्रों को छाँटने में लगा था। मैं उनकी एक जीवनी लिखना चाहता था, लेकिन उस वक्त वह काम नहीं हो सकता था।

3 सितम्बर तक पटना ही में रहा। 16 अगस्त को डॉक्टर श्वेर्‌वात्स्की का पत्र आया। उसमें लिखा था कि तेहरान में मेरा वीसा तैयार है। अब रूस जाना निश्चित था। कुल्लू से सेविंग बैंक का रुपया मँगवाया। 30 अगस्त को यह भी मालूम हुआ, कि बिहार सरकार ने तिब्बत जाने के लिए 6 हजार रुपया मंजूर किया है। लेकिन अभी तो पहले रूस हो आना जरूरी था। पटना में रहते हुए मैंने 'गाँधीवाद और साम्यवाद', 'दिमागी गुलामी', 'जमींदारी प्रथा' आदि कई लेख लिखे।

बनारस होते हुए 4 सितम्बर को प्रयाग पहुँचा। यहाँ कॉलेज के छात्रों ने व्याख्यान देने के लिए जोर दिया। पहला व्याख्यान 6 सितम्बर को विश्वविद्यालय के छात्रों के सामने पंडित जवाहरलाल के सभापतित्व में 'हमारी कमजोरियों' पर हुआ। दो और व्याख्यान हुए।

मेरे पास अभी सात-आठ सौ ही रुपये थे, प्रयाग में कुछ और रुपयों का इन्तिजाम हुआ, जिसमें 100 रुपये पंडित जवाहरलाल जी ने दिये। उनसे रुपया लेना मुझे ठीक नहीं जँचता था, लेकिन इनकार भी नहीं कर सकता था। 11 बजे दिल्ली पहुँचा। पास के रुपयों को देकर टामस कूक से 60 पौंड के ट्रैवलर्स-चेक लिये। मुझे ईरान के रास्ते जाना था, और ईरान-काउन्सल उस समय शिमला में था। मैं उसी रात शिमला के लिए रवाना हो गया। 12 सितम्बर को शिमला पहुँचा। रायबहादुर काशीनाथ दीक्षित और मिस्टर एन.सी. मेहता के यहाँ ठहरा। विपिन बाबू असेम्बली की बैठक के लिए शिमला आए हुए थे, उन्होंने भी कोशिश की और 14 सितम्बर को ईरान का वीसा मिल गया। दूसरे दिन मैं दिल्ली पहुँचा। अभी तक मेरे पास सिर्फ 60 पौंड थे, जो पहलवी पहुँचकर 40 पौंड ही रह जाते। इसके बारे में मैंने अपने विचार को लिखा था—'अच्छा, अँधेरे में कूदने की तो अपनी आदत ही है।' प्रयाग से कुछ और रुपया आ गया और मैंने 40 पौंड के और चेक ले लिये। अब मेरे पास सौ पौंड और एक सौ अस्सी रुपये थे।

17 तारीख को मैंने दिल्ली से प्रस्थान किया। 19 सितम्बर को ट्रेन डेढ़ 1 बजे क्वेटा पहुँची। होटल की तजवीज ही कर रहा था, कि उसी समय दो आर्यसमाजी सज्जन आ गए। उन्हें पंडित इन्द्र ने दिल्ली से लिख दिया था। आर्यसमाज में गया। भूकम्प से उजड़ा क्वेटा बस रहा था। दुकानें बहुत-सी बन गई थीं, किन्तु शहर अभी आबाद नहीं हुआ था। यहाँ आसपास बाग बहुत हैं, पानी मीठा और बहुत अच्छा है। ईरानी ढंग की जमींदोज नहरें भी निकाली गई हैं।

उस वक्त क्वेटा से नोक्कुंडी को हफ्ते में सिर्फ एक ट्रेन जाती थी और सो भी सोमवार को।

20 सितम्बर को हमारी ट्रेन साढ़े 11 बजे दिन को रवाना हुई। साढ़े 11 रुपये में नोककुंडी का ड्योड़े का टिकट मिला। हमारे डिब्बे में सरदार रामसिंह, एक दूसरे सज्जन भी ईरान की सैर के लिए जा रहे थे। यह गाड़ी सिर्फ मुसाफिरों ही के लिए नहीं थी, बल्कि रास्ते में रेलवे नौकरों को वह रसद, तनख्वाह और पानी भी देती चलती थी। हर लांडी (कुलियों की बैरक) में उसे ठहरना पड़ता था। दालबन्दी से पहलेवाला स्टेशन एक सौ मील से ऊपर है और दालबन्दी से अगला नोककुंडी का स्टेशन भी 100 मील से ऊपर है। गाड़ी भी धीरे-धीरे चलती है। 21 तारीख को ढाई बजे दिन को हम नोककुंडी पहुँचे। पासपोर्ट देखा गया। पचीस रुपये देकर पचीस तुमान भुनाए। कुछ चीजें खरीदीं। 6 रुपया जाहिदान का किराया देकर लॉरी पर बैठे। दो बजे रात को खाली लांडी में सो गए। सवेरे 7 बजे फिर रवाना हुए। अँगरेजी सीमान्त-चौकी, किला-सफेद 3 मील रह गया, तो पेट्रोल खतम हो गया, लॉरी वहीं खड़ी हो गई। टहलते हुए चौकी पर पहुँचे। पासपोर्ट दर्ज किया गया।

तिब्बत के सीमान्त पर

किन्नर देश में वर्षा के बहुत कम होने से यात्रा करने में कोई कठिनाई नहीं थी। हमने किन्नर के छोर पर अवस्थित भारत के अन्तिम गाँव नम्ग्या तक की यात्रा को कर लेना अच्छा समझा। 12 जून को यात्रा के लिए आवश्यक सामान को पुण्यसागर बाँधने लगे। तहसीलदार के एक चपरासी ने साथ दिया और उसके लिए ऐसे आदमी को चुना, जो रास्ते में आदमी और घोड़े का प्रबन्ध आसानी से कर सके। 13 तारीख को सवेरे अभी पेट में कुछ गड़बड़ी थी ही, इसलिए थोड़ा दही खाकर चल पड़े। यहाँ से घोड़ा नहीं लिया, क्योंकि अगला पड़ाव पंगी छह ही मील पर था, जो हमारे रोजाना के टलहने से एक ही मील दूर था। दो भारवाहक सामान लेकर चले। प्राय: समतल तिब्बत-हिन्दुस्तान सड़क थी जो शिमला से तिब्बत की सीमा तक जाती थी। अंग्रेजों ने इसे पश्चिमी तिब्बत पर हाथ साफ करने की नियत से बनवाया था और इसीलिए इधर की सीमा को अपने नक्शों में अनिश्चित रखा था। सड़क हरे-भरे जंगलों से जा रही थी, जिनमें देवदार और नेवजा (चिलगोजा) के दरख्त थे। देवदार की बाहरी छाल सूखी पपड़ी-जैसी होती है, और नेवजा की हरी। पेड़, डालियाँ और पत्ते दोनों के सुन्दर होते हैं, पत्तियाँ बारहों महीनें हरी रहती हैं। छल के सौन्दर्य में नेवजा बढ़कर है। नेवजा के ही फलों में से चिलगोजा निकलता है, इस प्रकार वह यहाँ अधिक मूल्यवान् समझा जाए, तो कोई आश्चर्य नहीं।

पंगी शिमला से 144 मील 6 फर्लांग पर है। अन्त में ही थोड़ी-सी चढ़ाई मिली। थोड़ा विश्राम करके फिर आदमी लिये।

आदमी की मजूरी दो आना प्रतिमील नियत है, अगले पड़ाव रारंग तक 12 आना देना चाहिए था, लेकिन मैंने एक-एक रुपया दिया। घोड़ेवाला 8 मील के लिए 4 रुपया माँगता था और दया जतलाते एक रुपया छोड़ने को कहा। मैंने घोड़ा नहीं लिया। सिर्फ एक जगह अधिक चढ़ाई थी, नहीं तो समतल-सी ही जमीन थी। आज 14 मील पैदल चला था, इसलिए रारंग पहुँचते-पहुँचते थक गया। पंगी और रारंग दोनों गाँवों के लोग पानी-पानी पुकार रहे थे और पास के खड्डों में बहुत-सा पानी बेकार बह रहा था। दूसरे से नहर द्वारा पानी लाना उनके वश की बात नहीं थी।

14 जून को गाँव के भीतर मन्दिरों को देखने गए।

वैसे चिनी में भी बौद्ध-धर्म का प्रभाव है, लेकिन रारंग तो बिलकुल बौद्ध गाँव है। एक मन्दिर में चौरासी सिद्धों के चित्र दीवार पर हाल में अंकित चित्र थे। कुछ देर में घोड़ा भी आ गया और उस पर सवार होकर जंगी चले, जो यहाँ से 7 मील के करीब थी। जंगी बहुत पुरानी बस्ती है, गाँव भी बड़ा है। सामने सतलज पार मोरंग गाँव है। वहाँ का 'पांडवों' का किला दिखलाई दे रहा था, जो एक छोटी टेकरी पर था। कनौर में कई भाषाएँ बोली जाती हैं, यहाँ की भाषा भिन्न थी, लेकिन चिनी में

बोली जानेवाली हम्कद् भाषा सब जगह चलती है।

लिप्पा (8,900 फुट)—लिप्पा सड़क से कुछ हटकर है, लेकिन हमने उसके बारे में जो बातें सुनी थीं, इसके कारण वहाँ जाना आवश्यक जान पड़ा। घोड़े और दो भारवाहक मिल गए। तीन मील हिन्दुस्तान-तिब्बत सड़क से चले, फिर बाईं ओर का रास्ता लिया। चढ़ाई पहले दो मील की आई और मार्ग भी कठिन था। सबसे बुरी बात तब होती थी, जब तीखी ढलुआ धरती पर जाना पड़ता था, डर लगता था, कि पैर फिसला और न जाने कहाँ पहुँचे। पर्वत की यात्रा वही अच्छी तरह कर सकते हैं, जो पेड़ पर अच्छा चढ़ना जानते हैं और जिनका शरीर हल्का है। इन दोनों कमियों के साथ-साथ अब आयु का बोझ भी मेरे ऊपर था। खैर, जब चल पड़ा, तो पीछे लौटना नहीं हो सकता था। आखिर पहाड़ की एक बाँही पर पहुँचे, जहाँ से सामने लिप्पा का बड़ा गाँव दिखलाई पड़ रहा था। जंगलात का क्वार्टर पीछे छूटा, लकड़ी के पुल से एक नदी पार की, जो अपेक्षाकृत बड़ी थी। फिर छोटी थार के पुल पर से गुजरे। यहाँ बहुत-सी पनचक्कियाँ लगी थीं। देवराम ज्योतिषी लिप्पा के रहनेवाले थे, जिनका पंचांग लद्दाख और तिब्बत तक चलता है। उनके लड़के सोनम् डुब्ग्ये अगवानी के लिए आए और अपने साथ गुम्बा (विहार) में ले गए, जिसे कि उनके बाप ने बनवाया था। चढ़ाई कठिन थी, पर मैं घोड़े पर चढ़कर गया। गुम्बा गाँव के ऊपर बीच में है, जिसके ऊपर भी घर हैं। एक बड़ी शाला में आसन लगा, जिसमें मैत्रेय (भावी बुद्ध) की मूर्ति थी। पहले बड़ी प्रसन्नता हुई, जो तब पछतावे में बदल गई, जब रात को पिस्सुओं ने नींद हराम कर दी।

सारनाथ मन्दिर की दीवारों पर जापानी चित्रकारों ने बुद्ध के जीवन-सम्बन्धी चित्र बनाए थे, जिनके कार्ड सुलभ थे। उन्हीं को देखकर लद्दाखी चित्रकार ने यहाँ की दीवारों को चित्रित किया था, जो बुरा नहीं था। ल्हासा का कंजूर ग्रन्थ-संग्रह रखा हुआ था, और तेर्गी का वृहत्संग्रह तंजूर आजकल रास्ते में था। नीचे गाँव से बाहर एक और भी कंजूरशाला थी, जिसमें कंजूर की पोथियाँ रखी हुई थीं। उस दिन विशेष उत्सव था। पहले पुस्तकों को पीठ पर रखे स्त्री-पुरुषों ने जुलूस निकाला और अन्त में कंजूरशाला के पास नर-नारी नृत्य करने लगे। मन्दिर से शराब की सदाव्रत बँट रही थी। नाचना क्या, हाथ-में-हाथ मिलाए टहलना था। एक ओर स्त्रियों की पाँती थी और दूसरी ओर पुरुषों की।

16 जून को भी मैं लिप्पा में रहा। कनौर के सबसे धनी वंशीलाल जी लिप्पा के रहनेवाले यहाँ के जेलदार थे। कुछ पीढ़ियों से उनके घर में कनौर के बाहर की पहाड़ी स्त्रियों से ब्याह करने का रिवाज था, क्योंकि वे उच्चकुलीना समझी जाती थीं। लोक-नृत्य में वे भी कल शामिल हुई थीं। उपत्यका को देखने से मालूम होता कि पहले यहाँ बस्ती अधिक थी, बहुत पुराने खेतों के निशान मिलते थे, सामने पश्चिमवाली ढाल में देवदार की जड़ों के कुच्छे मिलते हैं, अब वह ढलान बिलकुल

नंगी है। ऊपर एक किला है, जिसमें ओखल के पत्थर पाये जाते हैं, ओखल चावल कूटने ही के काम नहीं आती, बल्कि किसी समय उसी से आटा पीसा जाता था। इसी तरफ से जाने पर चार दिन में आदमी स्पिती पहुँच सकता है। पुराने जमाने में स्पितीवाले और मौका पड़ने पर यहाँ वाले भी लूटमार करने जाया करते थे। एक दिन के रास्ते पर असरँग में पनचक्की के पत्थर मिलते हैं। आक्रमणकारियों के आने की सूचना जगह-जगह आग जलाकर दी जाती थी। पूछने पर पता लगा, कि यहाँ पर भी ख-छ-रो-खङ् (मुसलमानी कब्रें) मिलती हैं। यहाँ के लोग यह भूल गए हैं, कि मुसलमान ही नहीं; बल्कि कभी उनके पूर्वज भी मुर्दों को कब्रों में गाड़ा करते थे। पुराने मकानों की अनगढ़ पत्थरों की दीवारें भी कभी-कभी निकल आती थीं। गुम्बा बनाते वक्त तीन मिट्टी के बरतन निकले थे। आजकल लिप्पा में न मिट्टी के बरतन बनते हैं, न उनका व्यवहार होता है।

आठ साल पहले नम्बरदार के कोठे पर देवता की कोठरी में असावधानी से आग लग गई, फलस्वरूप सारा गाँव नष्ट हो गया। इन पुराने गाँवों में प्राचीन काल की कितनी वस्तुएँ मिल सकती थीं, लेकिन मकानों में लकड़ी की बहुतायत होने से ऐसी आग जब-तब लग ही जाती है। फिर से मकान बनाने के लिए पंजीराम ने खेत में नींव खोदनी शुरू की। वहाँ मृतकघर निकल आया। पहले दीवार मालूम हुई। खजाने के लोभ से खोदने पर घर निकल आया, जिसकी दीवार में नीचे उतरने के लिए पत्थर की खुड्डियाँ थीं। घर ऊपर से पत्थर से ढका था। मेरी उत्सकुता बढ़ गई, जब मालूम हुआ कि हाल ही में पानी का कूप बनाते वक्त एक कब्र में नर-कंकाल निकला था। कंकाल पानी पड़ने से बहुत कुछ गल गया था, खोपड़ी भी टूटी हुई थी, लेकिन वह दीर्घकपाल थी, अर्थात् आज के लोगों की तरह आयत कपाल नहीं। क्या यहाँ खस लोग रहते थे? कन्नौर लोग अपने को खोसिया भी कहते हैं, पर इनकी भाषा किरात वंश की है। उसी वंश की, जिसकी भाषा के अवशेष चम्बा से आसाम के नागाओं तक के सारे हिमालय में मिलते हैं, और जिसे विद्वान मोन-ख्मेर कहते हैं। कब्र में कोई चीज नहीं मिली। मैं नए खड़े मकान की ओर चलने की सोचने लगा। उस समय मकान-मालिक एक काँसे का अर्द्धगोल कटोरा और एक मिट्टी का कुतुप ले आया, जो उसी कब्र में मिले थे। शायद कोई जेवर भी रहा हो, लेकिन पंजीराम उससे इनकार करते थे। कटोरा जर्जर हो गया था, और कुतुप का मुँह इतना सँकरा था, कि मेरा अँगूठा भी उसमें नहीं जा सकता था। इसमें शराब रख और कटोरे में भोजन रखकर मुर्दे के साथ गाड़ा गया था, इसमें सन्देह नहीं।

17 जून को प्रातराश जेलदार वंशीलाल के यहाँ किया। चार भाइयों में एक भाई मर गया। वंशीलाल जी स्वयं सातवें दर्जे तक पढ़े हैं। मझला भाई आठवें दर्जे तक पढ़कर घर का काम कर रहा था, सबसे छोटा रामपुर के हाई स्कूल में नवें दर्जे में पढ़ रहा था। लक्ष्मी के साथ सरस्वती की भी आराधना करना यह घर चाहता है,

यह इसी का प्रमाण था। माँ के कान-हाथ व गला सोने से पीला हो रहा था। वह भी कोची (नीचे की पहाड़ी) और बहू भी कोची थीं। इनका घर बहुत पुराना है, लेकिन रात को ऐसे समय आग प्रचंड हुई, कि कागज-पत्र-मूर्तियाँ और पोथियाँ तक जल गईं, किसी तरह लोग अपना प्राण लेकर भागने में सफल हुए।

कनम्-लिप्पा से कनम् की ओर चले, जो आठ-नौ मील से अधिक दूर नहीं है, लेकिन चढ़ाई बहुत सख्त है। कहीं-कहीं सीढ़ियाँ हैं, जिन पर घोड़े पर चढ़कर नहीं चला जा सकता, इसलिए बहुत कुछ पैदल ही चलना पड़ा। उतराई भी इतनी कड़ी थी, कि घोड़े का इस्तेमाल नहीं हो सका। डाँडे पर पहुँचकर वहाँ से लबरंग और कनम् के गाँव दिखलाई दे रहे थे, लेकिन वे काफी दूर थे। उतराई ही उतराई थी। अभी देवदार थे, लेकिन उतने घने नहीं थे। लबरंग का अर्थ है गुरु या लामा का महल। सात मंजिला, 20 हाथ चौड़ा, 25 हाथ लम्बा यहाँ का दुर्ग तो किसी ठाकुर का महल बतलाया जाता है। दीवार में छिले पत्थरों और लकड़ी की सुन्दर जोड़ाई, भीतर बैठकर तीर मारने के लिए छेद बने हुए थे। ऊपर की मंजिल गिर रही थी। लोगों को यहाँ के ठाकुर की बहुत क्षीण स्मृति है। मध्य-काल में लूट-पाट करने के लिए तिब्बतियों और कन्नौरों में होड़ लगी रहती थी। उस समय आवश्यकता पड़ने पर लोग इस दुर्ग में शरण लेते थे।

दुर्ग के पास ही सक्कनशू देवमन्दिर है, जो पत्थर का बना है। ओपंग सिंह का खानदान बहुत पुराना है, लेकिन अब निस्सन्तान है। कनौर में पांडव-विवाह का रिवाज है, जिसके कारण जनसंख्या बढ़ने नहीं पाती, और लड़ाई या निस्सन्तानता से उसके घटने की सम्भावना रहती है। लबरंग में 65 परिवार थे, पहले इससे अधिक रहे होंगे।

प्राय: दो मील उतरकर हमें सड़क मिल गई, और फिर कुछ दूर चलकर कनम् का डाक बँगला मिला। कनम् 10,000 फुट से 9,470 फुट ऊँचाई पर तथा शिमला से 170 मील 3 फर्लांग पर अवस्थित है। यहाँ भी ख-छे-रो-खङ् (मुसलमानी कब्रों) के होने का पता लगा। सड़क बनाने और खेत खोदने में कई कंकाल मिले थे, लेकिन लोगों ने उन्हें मुसलमानों का समझा। उन्हें क्या मालूम था कि इन कंकालों से उनके और उनके पूर्वजों के इतिहास पर बड़ा प्रकाश पड़ सकता है। कंजूर देवालय में भारतीय ग्रन्थों के दोनों वृहत् संग्रह—कंजूर और तंजूर-तिब्बती भाषा में रखे हुए थे। वृत्ति के लिए एक खेत भी है, जिसकी आमदनी से मकान की मरम्मत तथा साल-भर में एक बार पाठ करनेवाले भिक्षुओं को भोजन मिलता है। कनम् का देवता डबला बहुत धनी और शक्तिशाली है। लौटती यात्रा में मैंने 26 जून को कनम् को अच्छी तरह देखा। उस समय नम्बरदार की अध्यक्षता में डबला से बातचीत हुई थी, जो काफी रोचक थी। देवताओं के अनाचार को देवताओं की ही मदद से हटाया जा सकता है। चिनी के नीचे कोठी की देवी सारे कनौर की महामहिम देवी है। वह सैकड़ों बकरों की बलि लिया करती है, बुद्ध के धर्म को नहीं मानती।

चिरकुमारी होने से उसमें बहुत क्रोध है। मैंने उस दिन डबला देवता से इसी नियत से बात करनी चाही, कि डबला और देवी का ब्याह हो जाए, और बौद्ध पति का पत्नी पर प्रभाव पड़े। मैं हिन्दी में कहता था, और नम्बरदार अगरजीत उसे कनौर भाषा में डबला से कह रहे थे। नम्बरदार ने कहा कि हमारे देवता हिन्दी समझते हैं। मैं भी जानता था कि वह दुनिया की सभी भाषाओं को समझते हैं। लेकिन, देवता के सामने कोई ऐसा शब्द न निकल जाए, जिससे नाराज होने का डर हो, इसीलिए मैंने नम्बरदार को ही दुभाषिया बनाया। मेरे कहे अनुसार नम्बरदार ने पूछा—

—आप कोठी की देवी से ब्याह करेंगे ना?

डबला ने सिर को दोनों तरफ जोर से हिलाया, जिसका अर्थ था—मुझे शादी नहीं करनी है।

नम्बरदार—शादी करने में हर्ज क्या है, मनुष्यों की तरह देवता भी ब्याह करते हैं। क्या आप बिलकुल इनकार करते हैं?

फिर सिर हिला, अर्थात् नहीं।

नम्बरदार—तो किसके साथ कोठी की चंडिका देवी की शादी हो? वह बहुत बड़ी देवी है। उसके बराबर का कोई देवता नहीं है, न चिनी का, न ख्वांगी का, न पंगी का, न रारंग का, न जंगी का, न लिप्पा का और न लबरंग का। क्या चिनी के नरेन से शादी करनी चाहिए?

—नहीं, सगा-सम्बन्धी है, शादी नहीं हो सकती।

नम्बरदार—डम्बरसाहब, चिनी के देवता नारायण से नहीं, तो क्या सुंगरा के ग्रस मनसिर से होनी चाहिए?

—नहीं, वह भी सम्बन्धी है।

नम्बरदार—और कामरू के बदरीनाथ से? वह भी राज का माफीदार है और देवी भी माफीदार है।

—हाँ, हो सकती है—खुश होकर, उछलकर डबला ने प्रसन्नता प्रकट की।

नम्बरदार के और पूछने पर डबला ने चंडिका के ब्याह की आशा दिखाई, पर जैसा कि पीछे देवी से पूछने पर मालूम हुआ, वह ऐसे बन्धन में पड़ने को तैयार नहीं है। नम्बरदार साथ ही डबला देवता के महामंत्री हैं। पूछने पर डबला ने आमदनी खर्च का हिसाब माँगा, और कहा कि दो साल से हिसाब नहीं हुआ है।

कनम् तिब्बत के एक प्रसिद्ध लामा लोचवा रिन-छेन्-जङ्पो—(रत्नभद्र, अनुवादक) का गद्दी-स्थान है। रत्नभद्र 11वीं शताब्दी में हुए थे, वे तिब्बत के सबसे बड़े पंडितों में थे। संस्कृत के बहुत-से गम्भीर ग्रन्थों का अनुवाद उन्होंने तिब्बती में किया था। तिब्बत में जब महापुरुषों के अवतार मानने की परिपाटी चल गई, और हरेक विहार की गद्दी पर अवतारी महन्त स्वीकार किये गए लड़कों को बैठाया जाने लगा, तो इस लोचवा का भी अवतार पैदा हुआ। लोचवा की गुम्बा

पिछली मर्तबा उपेक्षित-सी दिखाई पड़ती थी, किन्तु अब की वह अच्छी हालत में थी। वहाँ कुछ भिक्षु भी मिले, जिनमें से कितने ही तिब्बत में पढ़कर आए थे।

स्पू (9, 200 फुट)—18 जून को हम कनौर के दूसरे महाग्राम सुंग नम् को देखने की लालसा से चले। कनम् के आगे कुछ ही दूर पर अब वृक्षों का अभाव हो गया। तिब्बत जैसे नंगे पहाड़ थे। रास्ता अधिकतर समतल था। सिर्फ श्याशो खड्ड के पास दो मील उतराई आई। धूप बहुत थी और यहाँ सुखद मालूम भी नहीं होती थी। खड्ड पर लोहे का पुल था। यहाँ जो नदी बह रही थी, वह भी स्पिती के सीमान्ती पर्वतों से आ रही थी। पुल पार हो नदी के बाएँ किनारे ऊपर की तरफ बढ़ने लगे। यह सड़क गांई थी। लोग, और अधिकतर स्त्रियाँ सड़क की मरम्मत कर रही थीं। दो मील के करीब जाने पर श्योशा गाँव मिला। यहीं पर भारवाहक और घोड़ा बदलना था। घोड़ा अच्छा नहीं मिला। सवार होने के समय उसको भड़कता देखकर चढ़ने का ख्याल छोड़ना पड़ा। एक मील पर जाने पर मालूम हुआ कि रास्ता बेमरम्मत और रोमांचकारी है। मैं शरीर से भी निर्बल था। सुंग-नम्‌वाले बड़ी प्रतीक्षा कर रहे थे, लेकिन वहाँ जाने का ख्याल छोड़ मैं लौटकर रात के लिए श्याशो के बिस्ट अमरनाथ के घर पर ठहर गया। वह पहले का बहुत धनी और प्रभावशाली घर था। सुंग-नम् से ऊपर ग्यापोंग में इनका और भी अच्छा घर था। अमरनाथ के पिता चरनदास, पितामह इन्दरदास और प्रपितामह नन्ताराम थे। नन्ताराम 1834 ई. में कनियम की लद्दाख सीमा में पथ-प्रदर्शक थे। इन्दरदास राजा के प्रभावशाली अमात्य थे। उनके समय ही इस घर की महती श्रीवृद्धि हुई। बीस साल पहले तक हालत बुरी नहीं हुई थी, फिर घर में पागल होने लगे। दो भाई मर चुके थे। संसारचन्द ग्यापोंग में झल्ला (पागल) होकर पड़ा है और अमरनाथ यहाँ। अमरनाथ की आयु उस समय 48 साल की थी, घर में कोई सन्तान नहीं थी, पति-पत्नी-माता—तीन प्राणी थे। अब भी खाने-भर के लिए सम्पत्ति थी, लेकिन लोग जहाँ-तहाँ लूट खाते थे। अब यह वंश उच्छिन्न होनेवाला है। कई पीढ़ियों से पांडव-विवाह होने के कारण घर बढ़े नहीं, आगे के लिए श्याशो के बिस्ट का नाम लेनेवाला कोई नहीं रहेगा। उस घर के दरो-दीवार से हसरत बरस रही थी। अमरनाथ बड़े चाव से बातें करते थे। कभी अकल की और कभी बेअकल की। इस साल बर्फ बहुत पड़ी थी, इसलिए बगल से जानेवाली छोटी खड्ड में काफी पानी था, नहीं तो यह सूख जाया करती है। बिस्ट का घर ही नहीं, बल्कि सारा गाँव श्रीहीन था।

19 जून को भारवाहकों की प्रतीक्षा किये बिना मैं चल पड़ा। चपरासी उनका प्रबन्ध करके साथ आ चलने के लिए था ही, पुण्यसागर भी साथ थे। रास्ता खड्ड के पुल तक पहला ही था, उसके बाद कुछ समतल भूमि से सड़क चली। एक डाँडा पार करने के लिए नदी की धार छोड़कर चढ़ाई चढ़नी पड़ी। फिर बँगले की ओर चढ़ाई रही।

स्पू बड़ा गाँव है। इसमें बहुत-से टोले हैं। शिमला से यह 1,886 मील पर अवस्थित है। इसका स्पू नाम क्यों पड़ा? कुछ लोग बतला रहे थे, कि यह फुग का अपभ्रंश है, खुन्नू फुग का अर्थ है कनौर की गुहा। यहाँ के लोगों की बोली तिब्बती है। अब तक हिन्दी से ही मैं काम चलाता था, जिसके समझनेवाले कनौर पुरुषों में सभी नहीं थे, और स्त्रियाँ तो कनौरी छोड़ दूसरी जानती ही नहीं। अब किसी के साथ बात करने में दुभाषिये की जरूरत नहीं थी, सबकी मातृभाषा तिब्बती थी। यद्यपि स्पू अन्तिम गाँव नहीं है, किन्तु इसके विशाल और हरे-भरे खेतों तथा बड़े गाँव को देखकर मोरावियन (जर्मन) मिशनरियों ने इसी को 1883 ई. में अपना प्रचार-केन्द्र चुना। रेस्लप् दम्पती पहले आए, और यहीं मरे। इसके और भी कितने ही मिशनरियों ने लोगों की दृष्टि के अनुसार सेवा करते अपने प्राण छोड़े। यह देखकर दुख हो रहा था, कि उनकी कब्रें अब लुप्त हो चुकी हैं, और उन पर के पत्थर बिखरे पड़े हैं।

उस समय श्याशो के इधर की सड़क नहीं बनी थी। वह 1907 ई. में बनी। डाक बँगला 1913 ई. में। मिशनरियों ने एक छोटा-सा गिरजा बनाया था, जो अब लुप्त हो चुका है। मिशनरी बढ़ई का काम जानते थे, उन्होंने बढ़ईगिरी के साथ-साथ मोजा-स्वेटर बुनना और शिक्षा-प्रचार का भी काम किया। आज गाँव की सभी स्त्रियाँ स्वेटर-मोजा बुन लेती हैं, यह उन्हीं की कृपा है। जर्मन पादरी मार्क्स ने—जो अच्छा बढ़ई भी था—यहाँ कई बड़े कमरों का एक बँगला बनाया, जो अब भी अच्छी हालत में था, यद्यपि उसके शीशे टूट रहे थे। उसके रहते मिडिल स्कूल के लिए इमारत बनाने की जरूरत नहीं होगी, पर अभी तो यहाँ कोई स्कूल नहीं था। स्पू के लोग सभी बौद्ध हैं। यहाँ कई बौद्ध मन्दिर हैं। लोचा लाखड़ (अनुवादक-देवालय) में बुद्ध के साथ सारिपुत्र, मौद्गल्यायन की भी मूर्तियाँ हैं। एक मिट्टी के अवलोकितेश्वर, एक लकड़ी की बोधिसत्व-प्रतिमा भी है। लोगों को स्त्री-पुरुष का कोई ख्याल नहीं, और वे बोधिसत्व को श्वेत तारा मानते थे। मन्दिर शताब्दियों पुराना है। अष्टसाहस्रिका प्रज्ञापालिका की हाथ की लिखी पोथी के चित्र भारतीय कलम के मालूम होते हैं। गाँव का दूसरा मन्दिर दोगंजुर है, जिसमें करोड़ों 'ओं मणि पद्मे हुम्' मंत्र लिखे कागजों से भरी बेलनाकार विशाल मानी है। श्रद्धालु समय-समय पर वहाँ जाकर मानी को घुमाते पुण्य लाभ करते हैं। कलिम्पोंग के पादरी थर्चिन् स्पू में ही पैदा हुए। उनके नेत्रविहीन भाई उस समय मानी चला रहे थे, जब मैं मन्दिर को देखने गया था। मानी के पीछे दो पुरानी बोधिसत्व मूर्तियाँ थीं, जिनकी बनावट भारतीय मालूम होती थी, अर्थात् वे सात-आठ सौ वर्ष पुरानी होंगी।

यहाँ पर भी खसों की समाधियाँ मिट्टी के बर्तनों के साथ मिलती हैं, लेकिन उनका कोई निश्चित स्थान नहीं, इसलिए फरमाइश पर खोद करके निकाला नहीं जा सकता। नम्बरदार देवीचन्द अब नम्बरदारी से मुअत्तल थे। वे तिब्बत में काफी घूमे हुए हैं। तूची के साथ पश्चिमी तिब्बत में गए थे। उनकी इस बात पर तो विश्वास

हो सकता था, कि तूची ने वहाँ से बहुत-सी हस्तलिखित पुस्तकें उचित-अनुचित ढंग से प्राप्त कीं; लेकिन यह विश्वास करने के लिए मन तैयार नहीं था, कि अधिक बोझ के कारण चित्रों को काटकर निकाल के पुरानी पोथियों को आग की भेंट कर दिया गया। कब्र से निकला हाथ का बना एक मिट्टी का कुतुष मिला, जिसको और लिप्पा की चीजों को भी मैंने चीफ-कमिश्नर साहब को किसी म्यूजियम में रखने के लिए दे दिया।

स्पू के लोगों को अब भी विश्वास था कि देश पर अंग्रेजों का ही शासन है। जब नोट और डाकखानों के टिकट अंग्रेजों के चल रहे थे, तो ये सीधे-सादे लोग कैसे विश्वास करते, कि अंग्रेज अब नहीं रहे। पगी का देवता तक इतना मूढ़ था, कि वह इस बात को मानने के लिए तैयार नहीं था। संयोग से इसी समय स्वदेशी टिकट मेरे पास पहुँच गया था, उसको भेजकर देवता को मनवाने की मैंने कोशिश की थी। देवता के मानने ही पर तो भक्त मान सकते हैं।

21 तारीख को भी हम स्पू ही में रहे। मिशनरियों के समय यहाँ डाकखाना भी था। स्कूल तो उसके बाद भी कितने ही सालों तक रहा, जिसे लड़कों की कमी के कारण तोड़ दिया गया। यहाँ के लोगों को मातृभाषा में पढ़ाया जाता, तो लड़कों की कमी नहीं हो सकती थी। हिन्दी में पढ़ाने की कोशिश की जाए, तो दो-तीन साल में उनके पल्ले क्या पड़ेगा? पहले दो साल तो यहाँ और इसके आसपास के तिब्बती भाषी इलाके में तिब्बती भाषा को ही माध्यम बनाना चाहिए। इस उपत्यका में स्पू, डबिलग, नम्या, खब्, टशीगंग में तिब्बती बोली जाती है, और पास के पहाड़ के परले पार हंगरंग के चांगो, नाको, मंगलिंग, लियो, चुलिंग आदि गाँव भी तिब्बती-भाषी हैं।

नम्या (9,800 फुट)—स्पू से आठ मील पर सतलुज के बाएँ भारत का अन्तिम गाँव नम्या है। यहाँ से दो मील और आगे यानी शिमला से 196 मील पर एक सूखा-सा नाला है, जो तिब्बत और भारत की सीमा—अब चीन और भारत की सीमा—है। लेकिन नम्या से आगे तिब्बत के प्रथम गाँव शिप्की में सतलुज के किनारे-किनारे नहीं जाया जा सकता, उसके लिए शिप्की का डाँडा पार करना पड़ता है। 22 तारीख को हम स्पू से रवाना हुए और दोपहर के करीब नम्या पहुँच गए। रास्ता अच्छा था, सवारी के लिए घोड़ा भी था तो उस सूखी-साखी पर्वतमाला में नम्या इन्द्रपुरी का एक टुकड़ा मालूम होता था। गाँव के आसपास की भूमि हरियाली से ढकी थी, खेतों में हरे-हरे नंगे जौ लगे थे। खूबानी (चुली) अखरोट के दरख्त हरे पत्तों से ढके थे। यहाँ भी कुछ अंगूर की बेलें थीं, जो और भी बढ़ाई जा सकती थीं, और वर्षा के अत्यन्त कम होने से अंगूर बहुत मीठा होता है, इसे कहने की आवश्यकता नहीं। पूछने पर यहाँ भी खसों की समाधियों के होने की बात मालूम हुई। लोगों ने बतलाया, इन समाधियों में बरतन जरूर मिलते हैं। बरतन मिलने का मतलब ही है, ये मुसलमानों की कब्रें नहीं हैं, हालाँकि लोग वैसा ही

विश्वास रखते हैं। गाँव से बाहर एक स्थान पर खुदवाया, तो सड़ी हड्डी निकली। गाँव कुछ ही साल पहले आग से जल गया था। उसके साथ कितनी ही ऐतिहासिक चीजें भी जली होंगी।

एक परिवार के देव-भवन में नेपाल की बनी धातु की तीन अच्छी मूर्तियाँ मिलीं। हस्तलिखित बौद्ध ग्रन्थ प्राय: प्रत्येक परिवार में मिल जाते हैं, और उनकी पुष्पिका में दाता और राजा का नाम भी लिखा होता है, जिससे यहाँ के इतिहास पर प्रकाश पड़ता है। नम्या तीस घरों का गाँव है। पांडव-विवाह ने जन-वृद्धि का निरोध किया, नहीं तो और भी परिवार होते।

नम्यावालों के दिल से कजाकों का भय अभी भूला नहीं था। मध्यवित्त और धनी कजाक बोल्शेविक-क्रान्ति से असन्तुष्ट हो अपनी जन्मभूमि छोड़कर सिंगक्यांग (चीनी तुर्किस्तान) में चले आए। वहाँ भी ठीक-ठिकाना न लगने पर लूटते-मारते तिब्बत में घुसे। पश्चिमी तिब्बत की कुछ गुम्बाओं को भी उन्होंने लूटा। उनके नम्या की तरफ बढ़ने की खबर आ चुकी थी। नम्या के तीस परिवार, अधिकतर निहत्थे या पलीतेवाली बन्दूकों के साथ कैसे उन हथियारबन्द खूँखारों का मुकाबिला कर सकते थे। कई दिन-रात तो लोगों की नींद हराम हो गई थी। अन्त में कजाक इधर न आकर लद्दाख की तरफ मुड़ गए, इस प्रकार संकट दूर हुआ। नम्या के लोगों को अभी क्या मालूम था, कि उनके आगे के गाँवों का जल्दी ही एक नया भविष्य होनेवाला है। शिप्की के लोग भी वही बोली बोलते हैं, जो नम्या के, उसी धर्म को मानते हैं, जिसे नम्यावाले। उस समय दोनों के लिए 'हनोज देहली दूर अस्त' की बात थी। उनको यह भी नहीं पता था, कि इस समय चीन में देवासुर-संग्राम मचा हुआ है, और साल ही भर में असुरराज चांग-काई-शेक को चीन से भागना पड़ेगा। माओ के नेतृत्व में नया चीन जनम रहा है, जो साल बीतते-बीतते तिब्बत का भी नेतृत्व करेगा। उस समय दो मील पर अवस्थित सूखा नाला चीन और भारत गणराज्य की सीमा बन जाएगा। फिर तिब्बत प्रगति में सरपट दौड़ने लगेगा और भारत का छकड़ा अपनी पुरानी गति से घिसटता रहेगा। कुछ ही समय बाद नम्यावाले आश्चर्य से सुनेंगे और आँख मल के देखेंगे, कि उस पार मोटरें दौड़ रही हैं, हवाई जहाज उड़ रहे हैं, हजारों एकड़ जमीन ट्रैक्टर से जुतकर तरह-तरह के अनाज और साग-तरकारी से लहलहा रही है। सदियों पिछड़ा देश कुछ ही सालों में बहुत आगे बढ़ जाएगा, निरक्षरता नष्ट हो जाएगी। मैले और गंदे रहनेवाले तिब्बती कपड़े और शरीर से साफ-सुधरे दिखाई पड़ने लगेंगे, और चाङ् थाङ् के उजड्ड मेषपाल सम्भ्रान्त पुरुष दीखने लगेंगे।

23 जून को सवेरे ही दूध-रोटी खाकर हम चल दिये। साढ़े 7 मील के रास्ते में पाँच मील पैदल चले। हल्की उतराई में सवारी की जरूरत नहीं थी। रास्ते में विश्राम करने की भी जरूरत नहीं पड़ी और 9 बजे स्पू पहुँच गए।

स्पू और दूसरे भी इधर के डाक बँगले सैर-सपाटा करने, प्रकृति का आनन्द लूटनेवाले अंग्रेज सैलानियों के लिए बने थे। इन बँगलों में अंग्रेजी की काफी पुस्तकें थीं। जो भी सैलानी नई पुस्तक पढ़कर खतम करता, वह उसे बँगले में रख जाता। सभी पुस्तकें सुरक्षित हैं, यह नहीं कहा जा सकता। मैं स्पू लौटकर फिर दो दिन ठहर गया, इसमें से कुछ समय पुस्तकों के पढ़ने में भी लगाया। डिकेन के उपन्यास 'मार्टिन चूजेल्वेट' को समाप्त किया, एकाध जगह कुछ चुभते वाक्य मिले, नहीं तो कोई चमत्कार नहीं था। इधर के लोगों को कनौरे लोग जाड़ या खइबा कहते हैं। जाड़ का मतलब जाट है। वह नाम क्यों दिया गया? खइबा का अर्थ बर्फानी लोग हैं, जो यथार्थ ही है।

25 जून को सवेरे चले। श्याशो के पुल तक पैदल ही आए। फिर घोड़े पर चढ़कर सारा 16 मील का रास्ता पूरा करके दोपहर के कुछ बाद कनम् के डाक बँगले में पहुँचे। आने पर कुछ बूँदाबाँदी हुई, ठंडक बढ़ गई। रेंजर श्री देवदत्त शर्मा आज ही सुंगनम् से आए थे। वह लिप्पा से कंडे-कंडे सुंग-नम गए थे, जिसका अर्थ है अजपथङ्ग-बकरियों के रास्ते गए थे। मैदानी आदमियों के लिए यह बड़ी हिम्मत की बात थी। शर्मा जी बड़े मुस्तैद आदमी, और हर तरह की तकलीफ उठाने के लिए तैयार थे। उनके पास से पाँच दिन पहले का—20 जून का—'ट्रिब्यून' अखबार मिला। अगले दिन कनम् ही में रहे। उसी दिन डबला देवता से बातचीत हुई थी।

27 को सवेरे जलपान के बाद फिर नीचे की ओर बढ़े। नम्बरदार अगरजीत का घोड़ा कमजोर था। रिकाब भी टूट गई और जीन भी जवाब देनेवाली थी। दो ही मील चढ़कर गए, फिर लिप्पा खड्ड पर जाकर उसे लौटा दिया। दोपहर से पहले जंगी पहुँचे। भारवाहक और घोड़ा तैयार था। भारवाहकों को भेजकर भोजन के बाद हम भी चल पड़े। घोड़ा बैठने लगा, दो मील की सवारी के बाद उसे भी लौटा दिया। रारंग में गाँव के बाहर की उसी मढ़ी में ठहरे, जिसमें पिछली बार ठहरे थे। प्राय: नौ हजार फुट की ऊँचाई पर भी मक्खियों के मारे आफत थी। मैंने मेहता साहब को कनौर के बारे में कुछ सिफारिशें लिख भेजी थीं। उन्होंने अपने जवाब में लिखा, कि फलों की बागबानी को बढ़ाने की ओर हम ध्यान दे रहे हैं। चिनी के लिए डॉक्टर भेजेंगे। तिब्बती पढ़ाई का भी शीघ्र प्रबन्ध करना चाहते हैं। मैंने उन्हें दूसरी चिट्ठी लिखी, जिसमें जंगी, अक्पा, रारंग के लोगों की पानी की तकलीफ की ओर ध्यान दिलाया और यह भी, कि यहाँ पानी की नहरें आसानी से निकाली जा सकती हैं।

28 को सवेरे चले। पंगी में थोड़ी देर ठहरे। यहाँ भी किसी को घड़े में हड्डी मिली थी। यह जिज्ञासा की चीज थी। फिर चलकर 12 बजे चिनी पहुँच गए।

परिशिष्ट-4

तिब्बत में चौथी बार
(1938 ई.)

गन्तोक में— 23 अप्रैल को मैं गन्तोक पहुँचा। महाराजा के प्राइवेट सेक्रेटरी रायसाहब बर्म्मक काजी के साथ पहली यात्रा में परिचय हो गया था। अपना थोड़ा-सा जो सामान था, मैंने उसे उनके घर पर रख दिया। काजी साहब अभी घर पर मौजूद नहीं थे, लेकिन उनके पास मैंने सूचना भिजवा दी। फिर ब्रजनन्दन बाबू से मिलकर पॉलिटिकल एजेंट के सहायक सोनम् काजी के पास गया। उनसे बात की। उन्होंने कहा कि कल साहेब से पूछकर आप को खबर दूँगा। मैं लौटकर बर्म्मक काजी के घर गया। मालूम हुआ, उन्होंने मेरा सामान ब्रजनन्दन बाबू के पास भेजवा दिया। मुझे इसके लिए दुख करने की जरूरत नहीं थी, पुलिस जिस तरह तत्परता दिखला रही थी, उससे उन्हें मालूम हो गया, कि यह कोई खतरनाक आदमी है। बाल-बच्चेवाले आदमी को खतरा मोल लेना अच्छा नहीं है। इस सबके ऊपर वह एक देशी रियासत के नमकख्वार थे, जहाँ कानून-कायदे का कोई काम नहीं। अंग्रेज शासक कहने के लिए तो कह देते हैं, कि यहाँ तो सब काम राजा के हाथ में है, लेकिन राजा की निरंकुशता की आड़ में वह खुद अपनी निरंकुशता चलाते हैं। देशी रियासत के राजा की तो और भी मुसीबत है, वह तो अंग्रेज रेजीडेंट के हाथ की कठपुतली है। व्यभिचार-दुराचार वह चाहे कितना ही करता रहे, इस बारे में चाहे वह आदमी से पशु हो जाय, कोई पूछ नहीं होती; लेकिन जहाँ उसने अपने श्वेतांग स्वामियों की मर्जी के खिलाफ जरा भी कोई बात की, तो अदालत-कचहरी, गवाही-साखी की भी जरूरत नहीं, राजा साहेब 24 घंटे के भीतर राज्य से निकाल दिये जाएँगे। फिर बेचारे बर्म्मक काजी को दोषी ठहराना उचित नहीं। मैं ब्रजनन्दन बाबू के पास गया, और चाहता था कि सामान लेकर किसी मन्दिर या धर्मशाला में ठहरूँ। ब्रजनन्दन बाबू ने कहा—मैं दूसरी जगह जाने नहीं दूँगा। मैंने कहा कि यह बड़े खतरे की चीज है, आप राज के स्कूल में नौकर हैं। उन्होंने कहा—आपका जाना मेरे लिए भारी अपमान की चीज होगी। मैंने और कोई यश का काम तो नहीं किया, किसी तरह पेट पालता रहा हूँ। आप मेरे दिल और आत्मसम्मान का ख्याल कर खतरे में पड़ने दीजिए। लाचार।

उनके घर के सामने ही थाना था, थाने का एक आदमी बराबर मेरी ओर देखता रहता था। मुझे अपने लिए तो कोई चिन्ता नहीं थी, लेकिन मित्रों का ख्याल करके जरूर कुछ बुरा लगता था।

अगले दिन (24 अप्रैल) बाबू सोनम काजी का खत आया, और मैं साढ़े 3 बजे ही पॉलिटिकल एजेंट के पास चला गया। मिस्टर गोर्ड ऐसे मिलनसार आदमी तो नहीं हैं, लेकिन मैंने अपने कामों के बारे में बतलाया। उनको यह भी मालूम था, कि बिहार सरकार और भारत सरकार इसके बारे में लिखा-पढ़ी कर रही है। तत्कालीन बिहार गवर्नर ने मेरे तिब्बत-सम्बन्धी खोजों की बड़ी प्रशंसा की थी, वह सोसाइटी के जर्नल में छपी थी। मैंने उसे भी उनके हाथ में दे दिया। 10, 15 मिनट ही में मेरा काम हो गया। उन्होंने परमिट देने के लिए हुकुम दे दिया। लौट के आने पर देखा कि पुलिस का रुख बिलकुल बदल गया। दूसरे दिन (25 अप्रैल) परमिट आ गया, और उसी दिन शाम को मैं कलिम्पोङ् चला आया।

कलकत्ता से फोटो का सामान लाना था, इसलिए 27, 29 अप्रैल वहीं बीता। पहली मई को सिलीगुड़ी से हम कलिम्पोङ् के लिए रवाना हुए। 8 मील जाने पर मोटर का एक पहिया उसी तरह साफ निकल गया, जैसा कि ईरान में हुआ था। यहाँ भी खैरियत हुई कि पहाड़ पर पहुँचने से पहले ही यह दुर्घटना घटी।

कलिम्पोङ् से गेशे और दूसरे साथियों के साथ मैं 4 मई को रवाना हुआ था, और 6 महीने बाद 3 अक्टूबर को गन्तोक लौटा था। यह मेरी चौथी तिब्बत-यात्रा थी, इसमें मैं बहुत-से साधनों से सज्जित होकर गया था। तिब्बत सरकार ने सभी पुराने पुस्तकालयों में लगी अपनी मुहरों को तोड़कर चीजों के दिखलाने की आज्ञा दे दी थी; साथ ही मुझे हर जगह 3 घोड़े और 3 गदहे सवारी-बारबरदारी के लिए देने का हुकुम दे दिया गया था और काम भी काफी हुआ। लेकिन उतना काम नहीं हो सका, जितने के लिए मेरे पास साधन थे। इस सारी यात्रा में जितना तरद्दुद और मानसिक कष्ट उठाना पड़ा, उसको लिखकर पुस्तक को और बढ़ाने की जरूरत नहीं, लेकिन ऐसी यात्रा का यह मेरा पहला अनुभव था, और मैंने देखा, कि उसके लिए व्यक्ति को अलग-अलग दोष देना बेकार है। दोष था, ठीक साधनों के एकत्रित न होने का। मैं अगर चार-पाँच बातों का ख्याल रख सका होता, तो यात्रा और सफल रहती। सबसे पहली बात यह, कि तिब्बत में सुकुमार आदमी ले जाने की जरूरत नहीं। जो आदमी शहरी ऐश-आराम की जिन्दगी में पला है, वह चाहे साहसी-सा भी मालूम होता हो, तो भी वह डट नहीं सकता, क्योंकि शहर के साहस और गाँव के साहस में काफी अन्तर है, और तिब्बत की यात्रा में तो उससे भी सौ गुने साहस की जरूरत होती है। जो आदमी हिमालय के पार के इन दुरूह स्थानों में भी अपने पहले के जीवन के सारे वातावरण को ले जाना चाहता है, उसको जरूर असन्तुष्ट होना पड़ेगा। दूसरी जरूरी बात यह है कि जानेवाला या तो पहले से किसी ऐसी

स्थायी जीविका में लगा हुआ हो, कि अपने को अयोग्य बनाने में उसे स्थायी हानि का डर हो अथवा वह भी उसी पथ का फकीर हो, और काम के महत्त्व को उतना ही अनुभव करता हो, जितना कि आप। तीसरी बात यह है, कि जमात के अनुशासन को मानता हो। जहाँ एक आदमी ने अनुशासन की अवहेलना शुरू की और उसके सुधारने की कोशिश नहीं की गई, तो वह रोग दूसरों में भी फैले बिना नहीं रहता। चौथी बात—तिब्बत में एक जगह से दूसरी जगह जाने में सवारी और सामान ढोने के लिए खच्चर-घोड़ों का मिलना उतना आसान नहीं है। मैंने सिर्फ पहली यात्रा में दो खच्चर खरीदे थे और उस वक्त कोई दिक्कत नहीं आई थी, क्योंकि धर्मकीर्ति खच्चर को सँभाल लेते थे, मैं भी देखभाल करता था। वह इसीलिए सम्भव था कि तब इतना लिखने या फोटो लेने का काम नहीं था और मैं ङोर् जैसी जगहों में नहीं गया था, जहाँ दाम देने पर भी घास-भुस नहीं मिल सकता। यदि आपने चरने के लिए छोड़ दिया और जानवर किसी के खेत के पास पहुँच गया, तो उसके पैर टूटे बिना नहीं रहेंगे। नीचे का साइंस वहाँ काम नहीं दे सकता, क्योंकि न उसे भाषा मालूम होगी और न वह लोगों से मेल-मुहब्बत करके काम ले सकेगा। अपना खच्चर न लेने पर भाड़े के खच्चरों के लिए कभी-कभी हफ्तों एक जगह रुके रहना पड़ेगा। इसके तरद्दुद से बचने का एक ही उपाय है, कि आप वहाँ के बड़े आदमियों को काफी रकम भेंट-पूजा में दे सकें, जिसके लिए आपके पास पाँच-सात हजार नहीं, ज्यादा रुपये होने चाहिए। पाँचवीं बात—साथी की रुचि दूसरी बातों में उतनी ही होनी चाहिए, जितनी कि इस काम में आपकी है, नहीं तो वह अपनी रुचि के काम में भी समय देने लगेगा, और असली काम में कमी होगी।

खैर, कलकत्ता से सामान लेकर हम कलिम्पोङ् पहुँचे, और 4 मई को 10 बजे तिब्बत के लिए रवाना हुए। सवारी और बोझ के लिए किराये पर खच्चर मिल गए थे। 7 तारीख को हम लिङ्तम् से आगे बढ़े। कठिन चढ़ाई आई। रास्ता अधिकतर खड़े पत्थरों को जोड़कर बना था, और खच्चर के पैर फिसलने पर बचने की उम्मीद नहीं हो सकती थी। हमारे खच्चरवालों का एक खच्चर लुढ़का, और उसको इतनी चोट लग चुकी थी, कि जब हम वहाँ से आगे बढ़े, तो बचने की उम्मीद नहीं थी। खच्चरवाले उसे वहीं छोड़कर चल पड़े। 9 मई को हम नथङ् से सवेरे ही चले। थोड़ी देर उतराई के बाद चढ़ाई शुरू हुई। ऊपर चारों ओर बर्फ थी, एक ओर एक सरोवर था। लोग बतला रहे थे, कि इसमें भूत, भविष्य, वर्तमान सब दिखाई देता है। आगे 14 हजार 300 फीट ऊँचा जालेप्ला का डाँड़ा आया। बादल आसमान में दौड़ रहे थे, लेकिन उस दिन बर्फ वर्षा नहीं हुई। उतराई उतरते उस दिन हम रिनछेनगङ में पहुँचे। जालेप्ला ही तिब्बत की सीमा है, यह हम बतला चुके हैं। 11 मई को हम फरी में पहुँच गए। दूसरे दिन मुझे बुखार आया। अगले दिन भी वह 103 डिग्री तक रहा। बुखार हटने का इन्तिजार यहाँ नहीं कर सकते

थे, क्योंकि यहाँ रहते उसके जल्दी दूर होने की उतनी आशा नहीं थी, जितनी कि कहीं नीची और गर्म जगह में। 15 मई को डंडी की गई और मैं अपने साथियों के साथ ग्यांची के लिए रवाना हुआ। डंडी में शरीर बहुत हिलता-डोलता था, जिससे थकावट भी होती थी, और भूख तो बिलकुल नहीं लगती थी। 21 मई को हम ग्यांची पहुँचे। तीन-चार दिन यहीं विश्राम करना पड़ा, फिर तबीयत ठीक हो गई। ल्हासा से हमारे लिए खरीदे तीन खच्चर भी आ गए, और तिब्बती सरकार की चिट्ठी भी, जिसके अनुसार हम 3 गधे, 3 घोड़े निश्चित किराये पर ले सकते थे। इस प्रथा को तऊ कहते हैं। यह एक तरह की बेगार है। एक गाँव का तऊ आगे किस गाँव में बदला जाएगा, यह सदियों पहले से निश्चित है—बदलने के गाँव को सची कहते हैं। सची छोटी भी होती है, लम्बी भी होती है। नए घोड़ों-गदहों को जमा करने में कुछ देरी लगती है, यदि सची बहुत नजदीक हुई, तो एक-एक दिन के रास्ते में दो-दो, तीन-तीन दिन लग जाते हैं।

शलू (27 मई-28 जून)—27 को हम शलू पहुँच गए। 28 को पुस्तकालय खोला गया। पहले साल जो पुस्तकें मिली थीं, उनमें दो-तीन गायब थीं। लेकिन एक नई पोथी बड़े महत्त्व की मिली। इसमें प्रसिद्ध नैयायिक ज्ञानश्री के लिखे 12 ग्रन्थ हैं। योगाचार भूमि के खंडित अध्याय भी यहाँ मिले। तिब्बती हस्तलिखित ग्रन्थों में छग-लोचवा की जीवनी मिली। यह विद्वान् 1220 ई. के आसपास भारत गया था, और नालन्दा में राहुलश्रीभद्र के पास रहा। वह लिखता है कि गरलोक (तुर्क) ने नालन्दा को नष्ट कर दिया था, तो भी कुछ मकान बाकी थे। गरलोक का हाकिम उड़न्तपुरी (बिहार-शरीफ) में रहता था। तिरहुत को उसने 'तीर्थकों का देश' कहा है। जान पड़ता है, वहाँ ब्राह्मणों का प्रभाव बहुत ज्यादा था। शलू के प्रधान विहार की भीतों में नेपाली कलम के सुन्दर चित्र हैं। कुछ चित्र अत्यन्त सुन्दर हैं। चित्रकार ने अपना नाम छिम्पा सोनम् बुम लिखा है।

19 जून को हम शिगर्चे चले गए। आगे जाने के लिए सरकार की चिट्ठी के पास रहने पर भी शिगर्चे के जोङ्पोन् की चिट्ठी लेनी थी, जिसका मतलब था, दो-तीन दिन और ठहरना। खैर, वहाँ से हम 27 तारीख को पोइखङ् पहुँचे और 2 जुलाई तक वहीं रहे। वहाँ की पुस्तकों और चित्रपटों के बहुत-से फोटो लिये। फिर शिगर्चे लौट आए। 5 जुलाई से 30 जुलाई तक बेकार बैठा रहना पड़ा, क्योंकि जिनको ग्यांची सामान लेने के लिए भेजा था, वे वहीं बैठे रहे। 14 जुलाई को मैंने मध्य-तिब्बत के अधिकांश लोगों के स्वभाव के बारे में लिखा था—'तिब्बत के लोग न जंगली हैं न सभ्य। पानी पीने की भाँति झूठ बोलने में अभ्यस्त हैं। बड़े से छोटे तक यही बात है, किन्तु यही बात तिब्बत-जातिक-अम्दो खम्बा और लद्दाखियों के बारे में नहीं कही जा सकती। कृतज्ञता और मुरव्वत का इनमें अभाव है। सच्चा मित्र मिलना असम्भव-सा है, बहादुर नहीं हैं, हाँ, धोखे से वार कर सकते हैं—और

तो भी सामने से नहीं। काम में सुस्त (होते हैं)। उद्योग और साहस के काम में इनका मन कम लगता है। विहारीय विश्वविद्यालयों में पढ़ने में भी वे पिछड़े हुए हैं। सिफारिश, सम्बन्ध तथा और कारणों से ये मठ तथा सरकारी उच्च पदों पर पहुँच ही सकते हैं, फिर प्रयत्न और परिश्रम की क्या आवश्यकता? ये सारे दुर्गुण इनमें कहाँ से आए? इसकी जिम्मेवारी यहाँ के लामों और धर्म पर है। लामा, मठों और अमीरों की जागीरें उठ जाएँ, शिक्षा का सार्वजनिक प्रचार हो, तो वे लोग बहुत जल्द ऊपर उठ सकते हैं। किन्तु, यह सब तो साम्यवाद ही कर सकता है। तिब्बत में राजनीतिक यंत्र के बदलने ही में देर होगी, नहीं तो बाकी सामाजिक, आर्थिक ढाँचे को बदलने में उनको दिक्कत नहीं पड़ेगी। तिब्बत में जाति-पाँति का न झगड़ा है, और न मजहबों का पारस्परिक संघर्ष। वहाँ जो कुछ भेदभाव है, वह है धनी और निर्धन का।'

ङोर् (31 जुलाई—15 अगस्त)—खच्चरों के चारे और ईंधन की अबकी बार ङोर् में तकलीफ हुई। हमारे दो खच्चरों को पत्थर मार-मारकर किसी ने लँगड़ा कर दिया था। खैरियत यह हुई, कि चोट बहुत ज्यादा नहीं आई। हमने चारे की दिक्कत से उन्हें शिगर्चे भेज दिया।

नरथङ् (16-28 अगस्त)—16 अगस्त को हम नरथङ् चले गए, और एक गृहस्थ के घर में ठहरे। अगले दिन बहुत ओले पड़े। तंत्र-मंत्रवाले लामा भगाने की कोशिश कर रहे थे, लेकिन ओले के देवताओं पर कोई असर नहीं हुआ। ऊपर के पहाड़ से ओले और पानी की एक जबर्दस्त बाढ़ चली। हमारे घर से डेढ़-दो फर्लांग के ऊपर नाला दो धाराओं में विभक्त हो जाता था, जिनमें दाहिनी धारा के बाएँ तट पर हमारा घर मौजूद था। घर-भर के लोग त्राहि-त्राहि कर रहे थे, और देवताओं को मना रहे थे। यदि बाढ़ हमारे ओर के नाले में आती, तो वह उस मकान को सूखे कागज की तरह गलाती-बहाती चली जाती। हम वहीं डटे रहे, इससे घरवालों को बड़ी हिम्मत हुई। मैंने कहा—हमारे पास ये भारत की धर्मपुस्तकें हैं, कभी हो नहीं सकता, कि देवता इस घर को नष्ट कर दें। और सचमुच बाढ़ ने दाहिने नाला का रास्ता नहीं लिया। नरथङ् में तालपोथी कोई नहीं थी, किन्तु यहाँ कई बड़े-बड़े भारतीय चित्रपट थे, जिनका फोटो लिया गया। स्लेटी पत्थरों पर 84 सिद्धों की मूर्तियाँ उत्कीर्ण थीं, उनका भी फोटो लिया गया। बोधगया मन्दिर के नमूने का पैरिस प्लास्तर पर साँचा उतारा गया। इस सबसे छुट्टी पाने के बाद साक्या के लिए रवाना हुए और शोङ्ला होते एक सितम्बर को साक्या पहुँचे।

साक्या में (1-15 सितम्बर)—पहली सितम्बर के दोपहर को हम साक्या में फुनछोग् प्रासाद में पहुँचे। कुशो डोनि छेनपो के यहाँ रहने का ज्यादा आराम होता, लेकिन फोटो खींचने के लिए हमें यहाँ आना पड़ता, इसीलिए हम वहाँ नहीं गए। फुनछोग् प्रासाद के लामा अब साक्य के महन्तराज थे। बहुत वर्षों बाद इस प्रासाद

के हाथ में प्रभुता आई थी, इसलिए पुराने घरों की नई तरह से मरम्मत, नए घरों का निर्माण, नए सामान का तैयार कराना आदि बहुत-से कामों में लामा का ध्यान बँटा हुआ था। कितने ही बढ़ई, सुनार और चित्रकार काम में लगे हुए थे। सभी घर उनसे भरे हुए थे। लामा ने बड़े स्नेह के साथ स्वागत किया, लेकिन किस घर में ठहराया जाय, इसके लिए उन्हें दिक्कत महसूस होने लगी। एक साधारण-सा घर खाली किया गया, और उसमें हम लोगों को जगह मिली। दो हफ्ता हम यहाँ पुस्तकों के फोटो खींचने में लगे रहे, काम में बड़ी ढिलाई होती थी। कुशो डोनिर्छेन्पो मब्जा गए हुए थे। चाम्कुशो यहीं थीं और 13 सितम्बर को जब मैं वहाँ गया, तो उन्होंने इस पर क्षोभ प्रकट किया, कि मैं उनके यहाँ क्यों नहीं ठहरा। मैंने अपनी दिक्कत उन्हें बतलाई। 15 तारीख को डोनिर्छेन्पो आ गए थे, इसलिए मैं उनसे मिलने गया। उनकी द्वितीय पत्नी दिकीला और पौने दो बरस की अनामिका लड़की भी आ गई थी। चलते-चलाते अपरिचित आदमी के पास छोटा बच्चा क्यों आए? यद्यपि चाम्कुशो ने उसे मेरे पास लाने की बहुत कोशिश की, किन्तु वह रोने लगी। लड़की बहुत ही सुन्दर थी, और कुशो डोनिर्छेन्पो कह रहे थे—बड़ी समझदार है। बुढ़ापे में अपनी एकलौती सन्तान के लिए पक्षपात स्वाभाविक था। मैंने कहा—यदि आप इसे पढ़ाएँगे, तो विदुषी होगी। उन्होंने कहा—हमारे घर में तो यही एक बच्चा है, इसे हम जरूर पढ़ाएँगे। मैं पिछली यात्रा के वक्त लिख चुका हूँ, कि डोनिर्छेन्पो और नए महन्तराज में पहले ही से अनबन थी। डोनिर्छेन्पो बहुत दुखी थे। चाङ्गुआ में उनके पास बहुत अच्छी जायदाद थी, मब्जा में भी काफी सम्पत्ति थी। अब वह 60 बरस से ऊपर के बूढ़े थे। वह चाहते थे, कि रियासत का काम छोड़कर विश्राम लें, लेकिन नए महन्तराज उन्हें वैसा करने दें तब न। कह रहे थे—न मुझे जाने की स्वतंत्रता मिलती है, न कोई काम ही मिलता है। मैंने भारत आने के लिए कहा, तो उन्होंने बड़े करुण स्वर में कहा—“मुझे भारत के तीर्थों के दर्शन करने की बड़ी लालसा है, लेकिन छुट्टी कहाँ मिले।”

16 सितम्बर को मुझे साक्या से विदाई लेनी थी, पहले महन्तराज से विदाई ली, फिर ताराप्रसाद के दोनों भाइयों के पास गया। यह देखकर प्रसन्नता हुई कि ताराप्रसाद में भी उजाला होनेवाला है। पहली दामो को कोई सन्तान नहीं थी। उन्होंने खुद ही अपनी बहन को सौत बनाया, और अब नववधू आसन्नप्रसवा थी। फिर कुशो डोनिर्छेन्पो के घर गया। तिब्बत फिर आने की मुझे बहुत कम आशा रह गई थी, क्योंकि एक तो अब मैं लौटकर राजनीति में प्रवेश करनेवाला था, जिसके कारण भारत में अंग्रेजी शासन के रहते मुझे इधर आने की कौन अनुमति देता? दूसरे मैं अपने साथ इतनी पुस्तकों के फोटो ले जा रहा था, जिनके सम्पादन और प्रकाशन के लिए दस-पन्द्रह वर्षों की जरूरत थी। यदि तिब्बत में फिर आना हुआ तो भी इसकी सम्भावना बहुत कम थी, कि डोनिर्छेन्पो तब तक जिन्दा रहेंगे। इसलिए

उनसे विदा होते वक्त मुझे बहुत अफसोस हो रहा था। चाम्कुशो और दिकीला अभी स्वस्थ थीं। उनकी लड़की भी तो पौने दो ही वर्ष की थी। फिर कभी आना हुआ तो इन्हीं से मिलने की आशा थी। मिलते-मिलाते 3 बजे हम साक्या से रवाना हुए।

भारी खतरे में— दूसरे दिन हम मब्जा पहुँचे। तऊ का रास्ता डोङ्ला से होकर एक दूसरे ला (जोत) से बहुत घूमकर के था। कुशो डोनिला ने एक दिन अपने घर पर रखा—और हम, 19 सितम्बर को वहाँ से रवाना हुए। 22 तारीख को जब हम डोब्था ला पार होकर नीचे जा रहे थे, तो रास्ते में कुछ तम्बू लगे देखे, पास में कुछ घोड़े चर रहे थे। हम तो पहले ही छेगा गाँव में पहुँच गए, किन्तु हमारे साथी कुछ पीछे आ रहे थे। उनसे तम्बूवाले एक आदमी ने कुछ पूछ-ताछ की। हमने इसे मामूली बात समझा। गदहे और बैल पर सामान को पहले ही रवाना कर दिया गया और हम लोग चाय पी साढ़े सात बजे रवाना हुए। आगे बहुत विस्तृत निर्जन मैदान मिला। 16, 17 मील तक कोई गाँव नहीं था। 3 मील चलने के बाद कुछ गदहेवाले मिले। उन्होंने कहा—आगे खाल में डाकू ठहरे हुए हैं, बहुत सजग होकर जाइए, उन्होंने हमारे सत्तू, मांस, छङ् और गदहों के पीठ पर की गद्दी छीन ली।

हमारे तीन साथी मील-भर पीछे बड़े ही इतमीनान से आ रहे थे। मेरे साथ साक्या से आया आदमी घोड़े पर चल रहा था। हम दोनों में एक ही पिस्तौल थी, और साथी पिस्तौल चलाना नहीं जानता था। मैंने लकड़ी के पिस्तौलदान से निकालकर पिस्तौल अपने हाथ में ले ली। पिस्तौलदान उसी के कन्धे से लटकता छोड़ दिया, जिससे डाकुओं को मालूम हो कि हम दोनों के पास पिस्तौल है, साथी के पास लम्बी तिब्बती तलवार भी थी। मुझे डर लग रहा था, कि हमारे सामान को डाकुओं ने कहीं छीन न लिया हो—इसी सामान में महीनों के लिये फोटो थे। हम जल्दी-जल्दी आगे बढ़े। कुछ दूर आगे जाने पर एक घसियारा मिला। उसने कहा—आगे डाकू हैं, सजग होके आना। एक छोटी-सी धार पार करने पर बालू का भीटा-सा आया। उसके आगे जाने पर डाकुओं का तम्बू रास्ते के पास ही मिला। उनके आठ घोड़े वहाँ चर रहे थे। मैं पिस्तौल हाथ में सँभाले चल रहा था। डाकुओं में से एक हमारे पास आया : उसने साथी के कमर में लम्बी तलवार देखी और मेरे हाथ में पिस्तौल। कहाँ से आए हो, पूछने पर साथी ने कहा—साक्या से आए हैं। हमें वह वहीं छोड़कर चला गया। दो और बालू के भीटे मिले और गधेवाले दूर जाते दिखाई पड़े। मैं घोड़ा दौड़ाकर उनके पास पहुँचा। उन्होंने बतलाया कि हमसे भी एक आदमी पूछने आया था। हमने कह दिया कि साक्या के महन्त का सामान है, हम आगे जा रहे हैं। यह अच्छा हुआ, जो हमने भी साक्या का ही नाम लिया। डाकुओं ने सामान को हाथ नहीं लगाया। पीछेवाले तीन साथियों के पास दो पिस्तौल थीं, लेकिन क्या मालूम उन्हें डाकुओं की खबर लगी है। मैंने अपने साथी को गदहों के साथ जाने के लिए कह दिया और पिस्तौल हाथ में पकड़े खच्चर को पीछे की

ओर मोड़ा। भीटे के पास आकर उसकी आड़ में मैं पिस्तौल सँभाले बड़ी उत्सुकता से यह सोचते खड़ा रहा, कि जैसे ही कोई आवाज आई, मैं डाकुओं पर झपट पड़ूँगा। लेकिन मैं गलती में था। मैं जिस भीटे की आड़ में खड़ा था, उससे सौ गज आगे एक और भीटा था, जिसके बाद डाकुओं का डेरा था। अगर वहाँ कुछ होता भी, तो मेरे पास तक आवाज नहीं आ सकती थी। मैं यह नहीं जान रहा था, मैं तो समझता था कि आज मृत्यु से मुकाबिला करना है। जितना ही ज्यादा खतरा था, उतनी ही ज्यादा मेरे हृदय में निर्भयता और उत्साह था। सारे शरीर में बड़े जोर से खून दौड़ रहा था। कुछ देर बाद साथी आए। गेशे ने बतलाया कि पूछने पर मैंने बतला दिया—साक्यालामा के आदमी अभी और पीछे से आ रहे हैं।

हम आगे चलकर तङ्गरा गाँव में साढ़े बारह बजे पहुँचे। छेगा से आए गधेवाले अपने गाँव को लौट गए, लेकिन घंटा-भर के भीतर ही देखा, कि वे फिर वहीं आ गए। उन्होंने बतलाया, कि डाकू गाँव से एक मील पर नदी के किनारे ठहरे हुए हैं। हमें डर लगा कि कहीं वे हमारे घोड़ों या दूसरे सामान को छीन न लें, इसीलिए हम लौट आए। गोवा (मुखिया) ने भी बात सुनी। बन्दूकधारी घुड़सवार डाकुओं का आतंक होना स्वाभाविक था। रात को सारा गाँव सजग होकर जागता रहा। जंजीरों में बँधे गाँव-भर के बड़े-बड़े कुत्ते छोड़ दिये गए। हम लोग अपनी पिस्तौलों को सम्हालकर छत पर लेटे—हमने आपस में पहरा बाँट लिया था। उस रात को नींद क्या आती?

अगले दिन (24 सितम्बर) को सुना कि डाकुओं के घोड़े तङ्रा वालों के खेतों में चर रहे हैं। डर के मारे कोई बोलने नहीं गया। हम लोगों ने गाँव से कुछ और आदमियों को लिया और साढ़े 10 बजे खम्बा जोङ् गए। हमारे सामने भारत लौटने के दो रास्ते थे, एक तो घूम-घुमौवे रास्ते से फरी होते कलिम्पोङ् पहुँचना और दूसरा था लाछेन् का रास्ता, जिससे एक ही दिन में हम तिब्बती सीमा के पार हो जाते। डाकू अब भी पीछा कर रहे थे, इसलिए हमने फरी के रास्ते का ख्याल छोड़ दिया। खम्बा के दोनों जोङ् पोनों से मिले। सरकारी चिट्ठी को उन्होंने रख लिया, रेडिङ्लामा की चिट्ठी मेरे नाम थी, उसे देखकर उन पर बहुत प्रभाव पड़ा। अपने ही यहाँ भोजन कराया और कितनी ही देर तक गपशप होती रही। उन्होंने किरुवालों को लिख दिया कि हम लोगों को याथङ् तक का तऊ दे दें, दो घंटा चलने के बाद हम किरु पहुँच गए। वहाँ लाछेन् के भी कुछ घोड़ेवाले आए थे। उनसे मालूम हुआ कि डाकू ऊपर के पहाड़ों की ओर आए हैं। गेशे का कहना था, कि वह अब भी हमारा पीछा कर रहे हैं। यह भी मालूम हुआ कि उनके पास तलवारों के अतिरिक्त सिर्फ तीन पलीतेवाली बन्दूकें हैं। पलीतेवाली बन्दूकें दूर तक की मार भले ही करें, लेकिन आठ गोली की पिस्तौलों के सामने उनकी हिम्मत नहीं हो सकती थी। 25 सितम्बर को सामान ढोनेवाले याकों के आने में देर हुई, इसलिए हम दो बजे

के बाद रवाना हुए। लाछेन् जोत पार करते वक्त वर्षा-बर्फ का मुकाबिला नहीं करना पड़ा, लेकिन हवा बड़ी तेज थी और सबको सर्दी लग रही थी। कई मील नीचे उतरकर हम रात को डोङ्गूके में रह गए, लेकिन सामान यहाँ तक नहीं पहुँच सका। 26 तारीख को चाय पीकर जब तक तैयार हुए, तब तक सामान भी आ गया, और उसी दिन हम याथङ् पहुँच गए। चीपोन् वङ्ग्यल् के लड़के के घर में ठहरे। गृहपति ने खच्चरों को खरीदने के लिए कहा। तीनों खच्चरों का साढ़े तीन सौ रुपया दाम कम था। लेकिन मुझे पहली यात्रा के दोनों खच्चरों का तजरबा था। उन्हें मैं फरी में जितने दाम में बेच सकता था, कलिम्पोङ् में उससे बहुत कम दाम मिला और हैरानी अलग हुई। गृहपति ने दाम तीन सौ पचास रुपये के अतिरिक्त हमारे तीन और अपने चार खच्चरों को गन्तोक तक भेज देने की बात कही। हमने उसे मान लिया।

28 को हम लाछेन् पहुँच गए। मालूम हुआ कि फिनलैंडवाली वृद्धा धर्मोपदेशिका अपने बँगले पर मौजूद है। हम भी उसके पास गए। बेचारी बुढ़िया तीस साल पहले बड़े उत्साह और श्रद्धा के साथ इन पहाड़ों में ईसामसीह के धर्म को फैलाने के लिए आई थी। उतनी सफलता तो उसे नहीं प्राप्त हुई, किन्तु लाछेन्वालों की उसने कुछ सेवा जरूर की। आज वह बहुत बूढ़ी थी। कान से भी कम सुनती थी। किसी वक्त भी मर गई तो आगे काम कौन चलाएगा, इस बात का ख्याल कर वह अपने देश से एक तरुणी को लाई थी। पहले तो वह ईसामसीह के धर्म पर लम्बा लेक्चर देती रही, फिर तरुणी का परिचय देते हुए कहा—यह संगीत जानती है। हमारे कहने पर तरुणी ने बाजा हाथ में ले लिया और पूछा, क्या सुनाएँ? मैंने कहा—फिनलैंड का कोई अपना गीत सुनाइए। उसने दो-तीन गीत सुनाए। फिर मैंने फिनलैंड के बारे में कुछ पूछा—बुढ़िया और तरुणी दोनों ही प्रशंसा करते नहीं थकती थीं। बुढ़िया ने कहा—पहले हमारा देश रूसियों का गुलाम था, लेकिन अब आजाद है, और उसे आजाद और सुखी देखकर मुझे जो आनन्द हुआ, मैं कह नहीं सकती। मैंने कहा—हम हिन्दुस्तानी उसे अच्छी तरह समझ सकते हैं, क्योंकि गुलामी कितनी कड़वी होती है, इसे हम जानते हैं। रूस के बारे में तरुणी कह रही थी—वहाँ लोग बहुत गरीब हैं, लाखों आदमी भूखे मर रहे हैं। मैंने कहा—आप यह दूसरे की सुनी-सुनाई बात कह रही हैं, आज से आठ महीने पहले मैं वहीं पर था, और मैंने वहाँ किसी को गरीब-भूखा नहीं देखा। चलते वक्त मैंने वृद्धा को धन्यवाद देते हुए कहा—आपको कष्ट देने के लिए हम क्षमा माँगते हैं। लेकिन अफसोस है, कि हम ईश्वर को नहीं मानते। वृद्धा को बहुत धक्का लगा। उसने कहा—मैं कितना अफसोस करती हूँ। मुझे भगवान् का प्रकाश मिला था, इसलिए मैं फिनलैंड से यहाँ आई, आपको भी भगवान् प्रकाश दें। तरुणी ने मेरे शब्दों को आश्चर्य से नहीं सुना, उसे नई दुनिया की हवा लगी थी। उसने कहा—बूढ़े लोगों को आज की बात का पता नहीं है।

19 सितम्बर को हम लाछेन् से रवाना हो गए।

2 अक्टूबर को गन्तोक चले आए। हम फरी गए होते, तो पिस्तौल वहाँ छोड़ देते। खम्वाजोङ् में पिस्तौल किसी को दे नहीं सकते थे, इसलिए गन्तोक तक अपने साथ ले आए। और यह हथियार के कानून के खिलाफ था। मैंने पुलिस सब-इन्सपेक्टर को एक चिट्ठी लिखी और एक पॉलिटिकल अफसर को यह कहकर पिस्तौलें पुलिस के हाथ में दे दीं, कि उन्हें ग्यांची में छुशिङ्शा के श्री धर्ममान साहु की दुकान में दे दिया जाय। 4 अक्टूबर को मोटर से सिलीगुड़ी आए, फिर अगले दिन रेल से कलकत्ता पहुँच गए।

✪✪✪